理論

形象想的哲學

唐或劉(剛)

劉根藁 著

理论刑事诉讼法学

周国均（君） 刘根菊 著

LILUN
XINGSHI
SUSONG
FAXUE

中国检察出版社

图书在版编目（CIP）数据

理论刑事诉讼法学／周国均，刘根菊著．—北京：中国检察出版社，2020.7
ISBN 978－7－5102－2418－8

Ⅰ．①理…　Ⅱ．①周…　②刘…　Ⅲ．①刑事诉讼法－法的理论－研究－中国
Ⅳ．①D925.201

中国版本图书馆 CIP 数据核字（2020）第 051950 号

理论刑事诉讼法学

周国均（君）　刘根菊　著

出版发行：中国检察出版社
社　　址：北京市石景山区香山南路 109 号（100144）
网　　址：中国检察出版社（www.zgjccbs.com）
编辑电话：（010）86423704
发行电话：（010）86423726　86423727　86423728
（010）86423730　68650016
经　　销：新华书店
印　　刷：北京玺诚印务有限公司
开　　本：710 mm×960 mm　16 开
印　　张：21　插页 2
字　　数：388 千字
版　　次：2020 年 7 月第一版　2020 年 7 月第一次印刷
书　　号：ISBN 978－7－5102－2418－8
定　　价：78.00 元

前　言

理论诉讼与诉讼理论，二者均为偏正词组。理论修饰诉讼，诉讼是中心语。此处的理论是指诉讼方面的理论，不是其他方面的理论。理论法学是指理论方面的法学，而不是其他方面的法学，如理实法学、实践法学、实证法学、经验法学等。

理论法学是一门涵盖其理，抽象难解的法学。理论法学似应包括理论刑事法学，推而广之，是否还包含理论刑法学、理论诉讼法学，笔者愚见，认为完全涵盖。理论诉讼法学涵盖刑事、民事、行政诉讼法学。理论刑事诉讼法学具有其“理论”特征，是一个独立的刑事诉讼法学部门。理论，其含义之二，指辩论是非；争论，讲理等。

理论刑事诉讼法学与刑事诉讼理论不同。前者是一个独立的法学部门；后者是指刑事诉讼中具有理论因子、因素或成分的理论，是理论刑事诉讼法学很重要的部分。

理论刑事诉讼法学中，“刑事诉讼法学”是中心词，“理论”是修饰词，或曰限定词。详言之，理论刑事诉讼法学仅指带有“理论”内容和特征的刑事诉讼法学，不包括实践刑事诉讼法学、实证刑事诉讼法学、理实刑事诉讼法学、考证刑事诉讼法学、数字刑事诉讼法学、图表刑事诉讼法学等。

理论刑事诉讼法学的内容主要包括：(1) 刑事诉讼法的理念、原理、原则、目的等；(2) 刑事诉讼法的类型、结构、模式等；(3) 刑事诉讼法的历史、演变、发展趋势等；(4) 刑事诉讼法与其他学科的交叉或相融合研究；(5) 对刑事诉讼法“古为今用”的研究；(6) 对刑事诉讼法“洋为中用”的研究；(7) 比较刑事诉讼法研究；(8) 其他形式的刑事诉讼法理论研究，例如法学博士学位论文（绝大部分）等。

理论刑事诉讼法学的文字应当概括明了、简洁凝练、通顺畅达等。文风应实事求是，朴实无华；绝无夸大、跟风吹拍等恶习。

全书力求做到：经纬交织，前后照应；论证充分，商榷恰当；所涉图表清晰，数据准确等。

在学术理论研究中，对于理论刑事诉讼法学的概念并不很清晰，但是，在大部分学术理论文章和专著中都贯彻和执行了它，随着认识的提高和研究的深入，逐步意识到应该创立一个新的学科门类，可谓之“理论刑事诉讼法学”，以区别并高于理实刑事诉讼法学、实践刑事诉讼法学、教义刑事诉讼法学和对策刑事诉讼法学等。

笔者二人以身作则，逐渐贯彻。例如，周国均25年前著的《侦查程序论》和24年前著的《律师辩护论》等专著，① 以及本书中所附列的其学术理论文章。刘根菊13年前主编的《刑事司法创新论》和《刑事诉讼程序改革之多维视角》等专著，② 以及本书中所附列的其学术理论文章。

一直以来，笔者倡导甚至要求博士、硕士研究生的学位论文选题要尽量贯彻理论刑事诉讼法学的理念、原理等。例如，已公开出版的下列博士学位论文：宋志军：《刑事证据契约论》（获教育部选出的全国百篇优秀博士论文提名奖）；李秀娟：《中国反腐败立法的构建研究》（获校级优秀博士论文奖）；封利强：《司法证明过程论——以系统科学为视角》（获校级优秀博士论文奖）；黄豹：《侦查构造论》；刘少军：《刑事诉讼中的对抗与合意》；马秀卿：《公诉权的法律社会学研究》；李娜玲：《刑事强制医疗程序研究》等。在硕士研究生学位论文中，15年前就有《刑事诉讼伦理观》《刑事诉讼客体论》《正当程序与程序正当研究》《刑事诉讼合意制度研究》《侦查权司法控制的理论基础》《我国强制侦查司法控制制度之构建》《刑事强制措施客体》《论检察官客观义务》《刑事判决的伦理》等。

① 周国均：《侦查程序论》，中国政法大学出版社1994年版；周国均：《律师辩护论》，中国人民公安大学出版社1995年版。

② 刘根菊主编：《刑事司法创新论》，北京大学出版社2006年版；刘根菊主编：《刑事诉讼程序改革之多维视角》，中国人民公安大学出版社2006年版。

目　录

第一章　证据理论与学术性

试论证明力强的证据和证明力弱的证据[*]

证据是司法人员依法收集到的能够证明案件真实情况的事实。它们是查明案件事实的唯一手段，是用以对被告人进行定罪量刑的根据。为了更好地收集、审查证据，可以从不同的角度进行分类，分析、研究同类证据的共同特点，总结收集、审查、判断、运用证据的规则，然后有的放矢地利用，这对证明案件真实情况、正确适用法律、有效打击敌人、依法惩罚犯罪、保证无罪的人不受刑事追究均具有重要意义。

原始证据和传来证据，控诉证据和辩护证据，直接证据和间接证据，是目前我国法学界公认和研究过的三种证据分类。为了推动证据分类理论研究的深入开展，本文拟提出证明力强的证据和证明力弱的证据加以探讨。

一、证明力强的证据和证明力弱的证据的划分标准及概念

根据证据证明作用的大小，可以将其划分为证明力强的证据和证明力弱的证据。

证明作用大的证据就是证明力强的证据，证明作用小的证据就是证明力弱的证据。证明力大包括两方面内容：一是反映案情清楚；二是在案件中与其他证据相比证明作用显得突出重要。如果某个证据能清楚地反映案件情况，但在案件中显得不突出重要，它的证明力就不强。如果某个证据在案件中虽然显得突出重要，但反映案情不清楚，它的证明力也弱。可见，反映案情清楚和证明作用突出重要是证明力强的证据的两个必备条件，二者缺一不可。

我国刑诉法规定的六种证据种类中，每一种证据里有的可能属于证明力强

---

* 作者：周国均。本文刊载于《法学研究》1983 年第 6 期。

的证据，有的可能属于证明力弱的证据。证明力强的证据和证明力弱的证据的表现形式主要有两种：第一，从全案证据的证明力看，有的证据证明力强，有的证据证明力弱。例如，侦查人员在犯罪现场发现并收集到一节带血迹的手指，同时，还收集到一个打火机、一只布鞋、一个锤把等。还在附近的枯井里找到了被害人的尸体（被害人十指完整无损）。经分析，司法人员认为一节断指很可能是犯罪分子遗留下来的。于是，经过侦查和调查，在公社卫生院发现一个断手指住院的人。在医生的协助下，侦查人员查明了一节血指正是这个人的，还发现他脖子上有被抓破的伤痕。对此人采取拘留措施。接着在其家中搜查出被害人的黑色手提包、线口袋等物证。在充分确实的证据面前，犯罪分子交代了其抢劫杀人的罪行，还交代了一节血指是他用手去捂被害人的嘴时被咬掉的。在此案中，一节血指不仅比现场上留有的血迹的证明力大，而且比一只鞋、一个锤把等证据的证明力大。所以，它在该案中是证明力强的证据。相比之下，其他证据的证明力就显得弱了。第二，在同一案件中，从对同一事实的证明程度来看，有的证据证明力强，有的证据证明力弱。例如，被告人承认在对某家实施爆炸时，走到窗户底下听见屋内闹钟还在嘀嗒嘀嗒地响，被害人正在灯下看书。于是，放下炸药包，就立即离开了现场，稍过一会，就听到了爆炸声。他供述作案时间时说好像是凌晨三四点钟。侦查人员在勘查现场时发现，闹钟被爆炸后的强烈震动震得停止走动了，时间正好指向四点。在这里，作为物证的闹钟证明的时间就比被告人供认的作案时间既清楚可靠，又突出重要。所以，二者相比，闹钟是证明力强的证据，被告人对时间的供认则是证明力弱的证据。

二、证明力强的证据的作用及应用规则

一般说来，证明力强的证据都有某种突出的特点。因此，在案件中所起的作用很重要。首先，侦查人员凭借一个证明力强的证据就能大大地缩小侦破范围。例如在特快列车上的碎尸案中，侦查人员开始在北京、天津、沈阳、丹东等铁路沿线大城市范围内寻找犯罪嫌疑人。之后，从包装碎尸的塑料布的血迹下发现了“77·2187”的电话号码和一个草写的“陈”字。这样，根据电话号码的突出特征，很快便把侦破范围缩小到北京市朝阳区某商店。抓住“陈”字进行调查，了解到该店200名职工中只有12名姓陈的。再对12人摸底排队，发现陈某某有杀人碎尸的重大嫌疑。经过继续侦查和收集证据，不久便破案。可见，“77·2187”和“陈”字这两个证据在破案中起到了十分重要的作用。其次，有时一个证明力强的证据可以被用来确定重大犯罪嫌疑分子。例如，在一起强奸案中，被害人陈述犯罪分子不仅左眼很小，而且右手大拇指上

还有一个小拇指。根据这两个具有突出特征的证据，很快找到了犯罪嫌疑人。再结合收集到的其他证据，很快破案。最后，在一定条件下，证明力强的证据是定案的重要根据。例如，在一起盗窃案中，侦查人员在犯罪现场的一间房屋一角发现一片湿漉漉的地方，上面还用一个扫把盖着。当时对此有些疑惑不解，只觉得此现象很反常，判定不了是不是证据及能证明什么。于是便把这个具有突出特征的痕迹记入了勘验笔录中。破案后，被告人承认他在盗窃过程中，因急于撒尿，但又不敢出屋，便在屋角撒了一次尿，之后便用一把扫把盖着。现场被尿湿的这个痕迹，在此案中对证明案情就有很重要的作用，因为它比门锁被撬坏的痕迹、地上留有鞋印的痕迹更具有特别的个性。在定案中，它当然是一个证明力强的证据。同时，也是定案的重要根据。

证明力强的证据证明作用大和在证明案件真实情况过程中有重要作用，在收集和使用时应注意以下几点：首先，在取证过程中，要及时、尽量千方百计收集、提取证明力强的证据；要尽可能注重和优先收集、提取证明力强的证据。当然，有时司法人员对什么是证明力强的证据和证明力弱的证据一时分辨不清，如犯罪分子在现场撒尿的湿迹就是如此。不过，只要司法人员初步认识到某种痕迹、物品具有突出特征，并估计到与案情有联系，就应当及时提取。其次，在破案过程中，要充分利用证明力强的证据具有的突出特征缩小侦破范围和确定重大犯罪嫌疑人。最后，在运用证据定案时，要优先运用证明力强的证据，再用证明力弱的证据来共同定案。

三、证明力弱的证据的作用及应用规则

证明力弱的证据与证明力强的证据相比，其证明力虽然相对较弱，但它们有多方面的作用。在此略举三种：首先，它能够被司法人员用来与证明力强的证据一起定案。在一定的条件下，证明力弱的证据还是不可缺少的定案根据。如在凶杀案中，现场呈现出的被告人拖拉被害人尸体留下的不太明显的痕迹、被告人作案时遗留下的但又被其掩饰过的足迹等。其次，有些证明力弱的证据，经过司法人员的努力，可以转化为证明力强的证据。例如，侦查人员在犯罪现场的房屋瓦片上发现一个指印，当时进行拍照，取下的痕迹很模糊。之后，携带瓦片到高一级刑侦技术部门请求再次利用良好的技术设备提取，结果取下几个很清晰的指纹，它们对破案起到了很大作用。最后，有时通过证明力弱的证据，可以发现证明力强的证据。例如，证人甲陈述他曾见到一个可疑人慌慌忙忙向河里扔一个蓝塑料布包着的东西，但不知道是何物。司法人员根据他的陈述，经过打捞，发现塑料布包的是一个人头。前者是证明力弱的证据，后者是证明力强的证据。在这里，证明力强的证据是司法人员通过证明力弱的

证据发现的。

导致证据证明力弱的原因是多方面的。除了犯罪行为遗留下的痕迹、印象或形象不清楚以及犯罪分子作案后破坏、掩饰、歪曲犯罪事实的行为等客观原因以外，司法人员主观上的原因，主要表现为：（1）因没有及时赶到发案现场进行勘验、检查，犯罪时留下的痕迹被日晒、雨淋、风吹等破坏或毁损。（2）由于没有及时向证人了解案情，因时间太久证人记不清，或因产生思想顾虑，陈述的案情不具体或不肯定。即使是被告人，由于时间相距太久，供认时由于记不起当时作案的具体情节和某些关键细节，其供认也可能不具体、不全面、不肯定和不可靠。物证由于存放的时间太久或保管不好，也有可能发霉变质、变形（赃物、赃款、毒药等），伤口也会愈合或溃烂等。（3）由于收集的方法不恰当。例如，对成年证人、被害人、幼童证人的询问，如果询问的方式、方法、地点或环境等不适合他们的特点，由于心情紧张或其他原因，陈述的案情可能不清楚、不具体。（4）收集时不认真细致。例如，对现场犯罪分子遗留的脚印或指纹、对被害人的胃液的提取、对毒物的化验等，如果不认真细致，都会造成证据的证明力弱。（5）司法人员或刑侦技术人员业务水平有限。例如，本来现场上留有犯罪分子的一个很清楚的立体脚印，但司法人员技术有限，结果取下的石膏模型不能清楚地反映原来的痕迹。（6）固定或保存得不好。例如，记载被告人供认犯罪情况的录音录像，因保管不好而受热或受潮，用作证据时，不能清楚、具体地重现原来记载的案情等。

鉴于证明力弱的证据具有多方面的作用，在实践中，应注意以下几点：（1）及时、细致地收集、固定和保存，以防止证明力减弱、破坏甚至消失。当然，有时司法人员一开始不了解证据的证明力强或弱，但这并不妨碍按照这条要求去做。（2）对于某些证明力弱可以转化为证明力强的证据，司法人员应当通过多方努力，采取有力措施促使其转化，以便更好地使用它们破案和定案。（3）凡是反映案情不清楚甚至不能证明案情的材料，不能当作证明力弱的证据采用。（4）证明同一种案件事实时，凡是证明力强的证据足以证明时，一般说来，可以不必采用相应的证明力弱的证据。

四、应注意的几个问题

1. 证明力强的证据和证明力弱的证据的划分是相对的，不是绝对的

这种划分是相对的，表现在三个方面：首先，强是相对弱而存在的，弱也是相对强而存在的。无弱就无所谓强，无强也就无所谓弱。某个证据的证明力强是相对另一个证明力弱的证据而显示出强的。反之亦然。不过，也不能由此

认为证明力强和证明力弱之间没有一定的界限。其次，证明力强的证据和证明力弱的证据在一定条件下可以相互转化。关于证明力弱的证据可以转化为证明力强的证据，在前面讲到指纹印的转化时已举例阐述过；关于证明力强的证据可能变为证明力弱的证据，在讲到对现场物证的收集不及时和保管不善时也举例论述过。最后，证据的证明力强或弱是就一个具体案件而言的。有时某一证据的证明力强或证明力弱要受其他证据的影响或制约。一般说来，在凶杀案中，凶器应当属于证明力强的证据。但是，在某个特定的具体案件中就不一定了。例如，被告人甲持菜刀杀乙致乙重伤。被告人供认是用菜刀杀的，被害人回忆说好像是用利刀砍的，目睹犯罪事实的证人证明是用一尺左右长的刀杀的。检查伤口的笔录证明是利器所致。被告人供述为了掩盖罪行，逃避惩罚，将菜刀丢到了大江中。此案中，凶器就不是非要有它才能定案的证明力强的证据了。因为，利用已收集到的被告人供认、证人证言、被害人陈述和检查笔录等证据就可以定案。由此可见，应当用唯物辩证的观点看待证明力强的证据和证明力弱的证据，不能搞绝对化、片面化。

2. 把证据划分为证明力强的证据和证明力弱的证据是不是搞法定证据

笔者的回答是否定的，二者有着本质区别。其界限在于：首先，法定证据制度把被告人的口供预先规定为最好的证据。不管被告人供认的情况是否清楚，是否符合客观实际情况，都一律预定为最可靠的完全证据，是“证据皇后”，法官仅凭它就能对被告人定罪判刑。我们的分类只把被告人供认当作一种普通证据种类对待，并不主观认为它是最佳证据。因为，被告人的供认有真的，也有假的，还有半真半假的。但是，法定证据制度对被告人供认的规定，并没有体现这些复杂情况。其次，法定证据制度还把某些证据规定为完全的、半完全的、多一半完全的、少一半完全的等。这些都是以客观唯心主义为理论基础而机械地作出的脱离实际情况的法律规定。我们的分类是根据证据客观存在的不同特点进行的。不预先规定某种或某几种证据的证明力最强或最弱，而是指出每一种证据种类中的证据或不同种类的证据在证明具体案情中，存在着证明力强和证明力弱的两种情况。证明力强或弱，在每个案件中，是相对存在的。最后，法定证据制度只允许法官（办案人员）在运用证据定案时像做数学题那样，依照法定规则机械地进行证据的加、减。这样就限制了法官在判断和使用证据时发挥主观能动作用。我们的分类只指出刑事案件中证据有强的、也有弱的。至于在某一起具体案件中，哪些证据是证明力强的证据，哪些证据是证明力弱的证据，这些都由办案人员根据证据在案件中的地位和作用由他们判定。在运用它们定罪判刑时，可由办案人员根据二者各自的优点、缺点按照证明案情的需要灵活运用。这样做，不仅不会限制办案人员的主观能动性，相反，还能充分调动和发挥他们的主观能动性。

3. 证明力强的证据和证明力弱的证据与直接证据和间接证据的关系

笔者认为，证明力强的证据中有直接证据，也有间接证据。证明力弱的证据中有直接证据，也有间接证据。例如，前述抢劫杀人案中的一节血指就是证明力强的间接证据。又如，目睹犯罪事实的证人陈述看见甲杀伤乙，但因视力不好，看到的凶手好像是甲，这个证据就是证明力弱的直接证据。

我国的证据判断原则*

在刑事诉讼中，证据是定案的基础。正确地判断证据是正确运用证据认定案件事实的前提。在不同的历史时期和社会制度中，都存在着与诉讼制度相适应的证据制度，而这些证据制度又规定了判断证据的原则。我国目前判断证据的原则是什么？法学界和政法部门的同志们正在竞相探究。有的同志认为，我国刑事诉讼证据判断的原则是实事求是；有的同志认为是从实际出发，依靠群众，实事求是，调查研究，重证据不轻信口供，证据和口供都必须经过查对，反对逼供，坚决废止肉刑，这些观点都有可取之处。但是，笔者并不完全赞同。笔者认为，我国刑事诉讼证据判断的原则是在批判改造“法定证据”制度中判断证据的“法定”原则，和“自由心证”制度中判断证据的“心证”原则基础上，吸收了它们的积极因素而建立起来的“法定确认”原则。

一、历史上三种判断证据的原则

在某些古代奴隶制国家和欧洲中世纪前期的封建制国家的控诉式（或曰弹劾式、控告式）诉讼程序中，曾经实行过神明裁判制度。这种证据制度规定，证明被告人有罪或无罪，不是靠言词证据和实物证据，而是靠“神判”。“神判”的方式很多，主要是水的考验和火的考验，也就是把捆住的被告人抛入水中，被淹死的就判他有罪，没有被淹死的就判他无罪；或者要被告人赤手到烈火中取物，烧伤的就判他有罪，没有烧伤的就判他无罪。这种所谓“神明”裁判，具有浓厚的宗教迷信色彩，纯粹是唯心主义，毫无可取之处。

随着社会的发展，到了16世纪至18世纪君主专制时期，欧洲的一些国家中，出现了审讯式（或曰纠问式）的诉讼程序，取代了控诉式的诉讼程序。形式证据制度（或曰法定证据制度）代替了神明裁判证据制度。其特点是由法律预先规定出各种证据的证明力。例如，把证据规定为完全的、不完全的、不太完全的、多半完全的、少半完全的。两个不完全的证据可以构成一个完全的证据。被告人在法庭上的供认是最完全、最充分的证据，是证据之王。与案

---

* 作者：周国均。本文刊载于《政法论坛》1983年。

件无关系的一个人的证人证言是完全的证据。共犯的攀供、间接证据和询问得来的材料是不完全的证据。完全证据是能够据以定案的充分证据；不完全证据虽有一定可信性，但不足以作为定案的证据。法律还规定，当两个人的证言不一致时，男子的证言优于女子的证言，显贵人的证言优于平民的证言，学者的证言优于非学者的证言，僧侣的证言优于世俗的证言，等等。还规定，书面证据副本的证明效用永远不如原本的效用大。这种证据制度中判断证据的原则是“法定”，其特点是法律预先机械地规定出各种证据的证明力及其取舍；法官必须按照法定的条件，而不是根据自己的法律意识和理智来判断证据。

到了 18 世纪末至 19 世纪初，随着欧洲各国资产阶级革命的胜利和资本主义制度的确立，在刑事审判中辩论式的诉讼程序取代了审讯式的诉讼程序，法官“自由心证”制度代替了“法定证据”制度。法官“自由心证”制度的基本内容是：对证据的证明力和取舍，法律不预先规定，而是由法官根据自己的“良心”“理智”自由地作出判断。1808 年《法国刑事诉讼法典》第 342 条对自由心证原则作了规定，其他资本主义国家相继作出了类似的规定。例如，《德意志联邦共和国刑事诉讼法典》第 261 条规定：“自由判断证据。对于采用的证据的效力，法庭是根据审理全部案件的过程中所建立的内心确信来进行判断的。”“心证”原则规定对证据的判断只由法官凭自己的法律意识和理智自由地进行，法律并不干预或限制。

二、正确看待判断证据的“法定”原则和“心证”原则

法定原则的特点是法律预先规定各种证据证明力的大小和取舍。它是以客观唯心主义为其哲学基础的。封建君主制定出这种法定原则，目的是防止地方封建法官主观断案和利用审判权闹独立性，以利于维护中央集权的封建专制统治。法定原则把被告人的口供规定为证据之王，预先机械地规定证据的证明力，限制了法官在判断证据过程中的理智活动等，这些都是我们应该批判和扬弃的。但是我们也应看到，这种法定原则，比起神判原则，在刑事诉讼史上毕竟是一个进步。第一，它强调了对证据力的判断，是由人以法律来规定，而不是相信“神”的力量；第二，对证据证明力的规定，虽然绝大部分是形而上学的，但这样做的本身体现了在判断证据方面重视法律的作用；第三，虽然法定原则对法官判断证据有限制其发挥理智的一面，但是它又有防止法官自由擅断的一面；第四，法定原则对某些证据证明力的规定也不是完全没有一点合理的因素，例如，书面证据的副本的证明效用永远不比原本的效用大、对于共犯的攀供不能轻易相信、与案件无关系的证人证言比较客观等。

心证原则规定对证据的判断仅凭法官的“良心”“理智”“法律意识”，

丝毫不受法律的约束，这是以主观唯心主义为其哲学基础的。按照这种心证原则判断证据和认定案件事实，一般说来，并不能达到“实质真实”。因为对证据的判断，法律不作丝毫规定，只凭法官自由地加以判断。从阶级立场看，这些法官是资产阶级精心挑选和训练出来并效忠于资产阶级的奴仆，囿于资产阶级的偏见，这就使得他们不可能如实地、正确地判断证据。恩格斯指出：“治安法官和陪审员一样，他们都是富者，他们本身都是中产阶级出身的。因此他们偏袒自己的同类，而是穷人的天生的仇人。”资产阶级法官的世界观是唯心主义的。唯心主义者认为，人的认识并不是客观事物在人们头脑中的反映，而是头脑里先天固有的。他们还从唯心主义的不可知论出发，认为案件的真相不可能真正查明，而只能达到“高度的盖然性”“在裁判方面没有也不可能有绝对的确实性”。因此，法官自由心证往往是他们对证据或案情的主观推断和猜测。资产阶级法官任凭自己的“良心”“理智”等判断证据和认定案件事实，只能达到资产阶级所追求的镇压劳动人民、维护资产阶级利益的“真实”，而不可能达到案件的实质真实。同时，心证原则任凭法官自由判断证据，还会使资产阶级法官有权随心所欲地搞主观擅断。不过，我们也应该看到，心证原则也有某些积极因素。第一，心证原则认为证据的证明力不应该是法律预先规定和囊括得了的，而应该在搜集到证据以后，由法官判定；第二，心证原则规定判断证据的主体是法官，这就使法官从法定证据制度的那种法律束缚下解放出来，使其能充分地发挥理智作用；第三，社会现象是极其复杂的，证据形式和内容是各种各样的，判断证据是一种复杂的思维活动，心证原则不预先机械地用法定的形式规定证据的证明力，而让法官判断，这是符合客观实际要求的。上述这些同判断证据的法定原则相比，不得不说是一个进步。

三、我国的证据判断原则应当是“法定确认”原则

从中华人民共和国成立到现在，我国已有三十多年的刑事诉讼历史。在判断证据和审理案件的过程中，尽管我们没有自觉地总结、概括和提炼出我国证据判断的原则是什么，但是，在长期的司法实践中，国家根据工人阶级和广大人民的利益需要，从实际出发，逐步制定出了一些搜集、保全、审查和判断证据的法律规定；对证据的判断，一直是由办案人员（包括侦查、检察和审判人员）依照法律规定的原则进行的。对于这些事实，笔者认为可以概括为判断证据的“法定确认”原则。刑事诉讼法是我国几十年刑事诉讼经验的总结，而判断证据的“法定确认”原则在刑事诉讼法中已经有所规定和体现。第一，在强调“法定”方面，对于什么是证据，刑事诉讼法第 31 条规定：“证明案件真实情况的一切事实，都是证据。”证据有下列六种：（1）物证、书证；

（2）证人证言；（3）被害人陈述；（4）被告人供述和辩解；（5）鉴定结论；（6）勘验、检查笔录。同时还规定："证据必须经过查证属实，才能作为定案的根据。"对于如何对待被告人的供述和辩解，第35条规定："只有被告人供述，没有其他证据的，不能认定被告人有罪和处以刑罚，没有被告人供述，证据充分确实的，可以认定被告人有罪和处以刑罚。"这条规定，体现了"要重证据，重调查研究，不轻信口供"的原则，从立法上根本否定了法定证据制度把被告人的口供当作"证据之王"的口供主义。对证人证言如何审查和判断，第36条规定："证人证言必须在法庭上经过公诉人、被害人和被告人、辩护人双方讯问、质证，听取各方证人的证言并经过查实以后，才能作为定案的根据。"另外，从第62条至第90条，对搜集保全和判断证据作了许多限制性的规定。第二，在强调"确认"方面，也就是由谁确切地判断证据真伪方面，我国刑事诉讼法也有某些原则性的规定。例如，第3条规定："对刑事案件的侦查、拘留、预审，由公安机关负责。批准逮捕和检察（包括侦查）、提起公诉，由人民检察院负责。审判由人民法院负责。其他任何机关、团体和个人都无权行使这些权力。"该条还规定："人民法院、人民检察院和公安机关进行刑事诉讼，必须严格遵守本法和其他法律的有关规定。"《人民法院组织法》第4条规定："人民法院独立进行审判，只服从法律。"上述规定表明，办理刑事案件的权力只属于公、检、法机关，办案过程中必定要审查判断证据，因此，审查判断证据的权力也只属于公、检、法机关的具体办案人员。至于公、检、法机关办案人员如何判断证据，我国刑事诉讼法只是原则上规定"必须严格遵守本法和其他法律的有关规定"进行。这就表明，判断证据的主体是公、检、法机关办案人员，对证据真伪的判定，只能由他们根据案情，根据自己的世界观、方法论和法律意识以及专业知识，通过对证据的对比、分析、研究、审查等一系列复杂的思维活动，达到主客观的统一，而加以"确认"。

马克思主义对世界上一切事物历来采取历史的、发展的看法。新事物是由旧事物发展而来的。没有旧事物就没有新事物。新旧事物之间有密不可分的历史联系性。新事物产生的过程是对旧事物"否定之否定"的过程。恩格斯指出："在辩证法中，否定不是简单地说不，或宣布某一种事物的不存在，或用任何一种方法把它消灭。"而是说，"每一种事物都有它的特殊的否定方式，经过这样的否定，它同时就获得发展。"① 毛泽东同志指出："我们决不拒绝继

① ［德］弗里德里希·恩格斯：《反杜林论》，人民出版社1999年版，第139页。

承和借鉴古人和外国人，哪怕是封建的和资产阶级的东西。”① 不过，批判继承的过程，正如同我们对于食物一样，必须经过自己的口腔咀嚼和胃肠运动，送进唾液胃液肠液，把它分解为精华和糟粕两部分，然后排泄其糟粕，吸收其精华。前面已经讲过，判断证据的法定原则和心证原则都有某些积极因素。我国判断证据的“法定确认”原则，正是以上述恩格斯和毛泽东同志的教导为指导，吸收了法定原则和心证原则的某些积极因素而逐步形成的，这是客观事实。

我国“法定确认”原则与法定证据制度中的法定原则有着本质的不同。法定原则的“法定”是法律预先机械地规定出各种证据的证明力和取舍，把被告人的口供当作证据之王，法官只能通过计算证据的多少来认定案件事实，这就限制了法官在判断证据过程中的理智活动。我国“法定确认”原则中的“法定”，则是法律不预先机械地规定出各种证据的证明力和取舍；不把被告人的口供当作证据之王，而只当作一种普通证据；法律只规定办案人员在审查和判断证据中应遵循的程序和规则。这种法律规定，不仅不限制或束缚办案人员在判断证据过程中的主观能动作用，相反，却能使他们的思维活动沿着正确的轨道进行。前者的“法定”，是由反动统治阶级中某些人的主观臆断规定的；后者的“法定”，是无产阶级根据客观实际需要从司法实践中总结出来的。前者的目的是防止地方法官在办案过程中自由擅断和闹独立性，以维护封建专制的中央集权统治；后者的目的则是让司法人员能够真正地发现案件的“实质真实”，使案件得到正确的判处，以便打击敌人，惩罚犯罪，保护人民，巩固无产阶级专政。

我国的“法定确认”原则同自由心证制度中判断证据的“心证”原则也有着根本不同。“确认”是由用无产阶级世界观和方法论武装起来的我国办案人员运用法律专业知识分析、研究、判断证据；“心证”则是由满脑子资产阶级世界观和方法论的资产阶级法官进行的。前者要求办案人员判断证据时必须遵守我国法律中关于收集、保全、审查和判断证据方面的有关规定；后者只要求资产阶级法官根据自己的“良心”“理智”自由判断。前者的目的是查明案件事实，使案件得到公正、合法的处理，从而打击敌人，惩罚犯罪，保护人民，巩固无产阶级专政；后者的目的则是镇压劳动人民的反抗，维护资产阶级的根本利益，巩固资产阶级专政。我国“法定确认”原则的优越性就在于，它既可以使办案人员在判断证据的过程中必须依法进行，又能够使司法人员的主观能动作用得到充分发挥。

---

① 《毛泽东选集》(第3卷)，第817页。

健全和完善我国的“法定确认”原则，笔者认为必须做好以下两个方面：第一，要经过司法实践进一步摸索和总结搜集、保全、审查、判断证据，认定案件事实的丰富经验，大力提倡和开展证据理论方面的科学研究，在此基础上逐步制定出适合我国国情的“证据法”。第二，要重视和加强对办案人员的培训工作，提高他们的政治思想觉悟、法学理论和业务水平，端正思想路线。因为证据的判断是一项艰巨的工作，是一种复杂的思维活动，要使这种复杂的思维活动正确地进行，必须具备许多条件。例如，要能站稳无产阶级立场，要能以无产阶级世界观和方法论为指导，要懂得思维逻辑和形式逻辑，要掌握较多的法学专业知识，要有较高的业务水平，要有较丰富的司法实践经验和社会生活经验，等等。这就需要加强无产阶级世界观教育，加强辩证唯物论和历史唯物论教育，多学习一些政法专业知识，多参加政法工作实践，等等。对在办案中做出突出成绩的，要及时肯定，予以表扬；对办案中有缺点、错误的，要热情帮助他们总结和吸取教训，以不断提高判断证据和审理案件的水平。

研究生学位论文“学术性”之探究*

——以刑事诉讼法学论文为视阈

何谓“论文”？有学者认为：“论文是一个包容较广的概念。报纸上发表的政治思想评论，学术刊物上发表的专业论文，学术会议上提交的论文或报告，大学生、研究生所撰写的学位论文，都属于论文的范围。但总起来说，不外乎哲学社会科学论文和自然科学论文两大类。”① 笔者认为，此概念基本正确，但亦认为，论文不仅仅限于报纸上发表的文章，更多的是在期刊上发表的文章。一般而言，论文不包括报告稿，含向参会听众所做的报告（“研究性报告”“博士后出站报告”等除外）稿，也不包括研究报告（调查报告、实证研究报告、申报项目报告等）。

有论者说：“简言之，学术论文就是表述科研成果的文章，又称科学论文。在自然科学和社会科学领域中，人们总是不断地有所发现、有所发明、有所创造、有所提高，从而促进社会生产的发展，促进科学文化的进步。带着这样的目的，通过对各个不同领域、不同学科中某类事物、某些现象、某种问题，进行系统的研究、实验、探索，总结其规律，揭示其本质，从而得出正确研究结论，提出新的见解，并上升到理论高度进行论证和说明，这种对科学成果、学术见解的文字表述，就是所谓的学术论文。在社会科学领域，这类文字常常以理论探索的形式出现，被称为学术论文，或简称论文。篇幅较长、涉及问题较重大者，人们又称之为学术专著和理论专著。”② 笔者完全赞同论者对学术论文的界定、产生和分类。

在高等院校和科研机构，为取得某级学位而进行科学研究后撰写的学位论文，如博士论文、硕士论文、学士论文等，均是科研成果之一。《中华人民共和国学位条例》第6条规定：“高等学校和科学研究机构的研究生……通过博

---

* 作者：刘根菊。本文刊载于《中国政法大学学报》2013年第4期。

① 吕文源主编：《论文写作发凡》，湖北教育出版社1990年版，第1页。

② 徐振宇、李保初、桂清山编著：《汉语写作学》，北京师范大学出版社1995年版，第416页。

士学位的课程考试和论文答辩，成绩合格，达到下述学术水平者，授予博士学位：（一）在本门学科上掌握坚实宽广的基础理论和系统深入的专门知识；（二）具有独立从事科学研究工作的能力；（三）在科学或专门技术上做出创造性的成果。”《中华人民共和国学位条例暂行实施办法》第13条也规定：“博士学位论文应当表明作者具有独立从事科学研究的能力，并在科学或专门技术上做出创造性的成果。”对于博士学位论文的字数，目前国内各大学基本都规定不得低于12万字，但是，对于最高字数标准，则多数没有规定，也有学校认为，博士学位论文字数的最高限，一般不超过15万字。① 通行的做法是，每篇博士学位论文不得少于12万字（实践中大多是多少字由各教育单位自定或默许，一般是20~30万字，40万字的也有）；硕士学位论文字数，原则上不少于2万字（实践中，多者可放宽至3~5万字）；学士学位论文一般控制在5000字左右（实践中长者允许1~2万字）。上述这些论文均要求在内容上具有学术性。

有学者称：“学术论文是用来表述学术研究成果的一种文体。学术论文的上位概念是论文（议论文）。论文与其他文体如记叙文、抒情文的区别在‘论’，即论述、论证、论说。论文，以是否具有学术性为标准，可以分为学术论文和非学术论文。非学术论文，一般指报刊、杂志上的论文。例如，社论、评论、短论、时评、评论文章等。学术论文，包括报刊上的学术论文、专题研究论文（长篇专题研究论文，即所谓专著）、学位论文，是用来表述成果的文体。”② 笔者认为，此种观点基本上是正确的，但是，称一般报刊上发表的论文，是非学术论文，有失片面。因为有的报刊上也发表含有很浓学术要素的论文，如《检察日报》的“观点版”，《人民法院报》的“理论周刊”版上每周发表的学术理论文章，故此并不能说一般报刊上发表的文章都不属于学术论文。笔者认为，是不是学术论文，不应以在何报、何刊上发表为依据，而应当视该论文是否具有“学术性”要素为依归。笔者认为，论文是否具有“学术性”是判断某篇论文是不是学术论文的唯一标准。广视近年来出版的一些与此有关书籍，③ 都没有谈及或论及这个标准。在此笔者就此问题作专门研讨。

① 于志刚：《学位论文基本结构与写作规范》，国家行政学院出版社2006年版。

② 梁慧星：《法学学位论文写作方法》，法律出版社2006年版，第5页。

③ 陈瑞华：《法学论文写作资料检索》，北京大学出版社2011年版；段明莲：《学位论文与参考文献著录规范》，北京大学出版社2009年版；肖东发、李武编著：《学位论文写作与学术规范》，北京大学出版社2009年版；于志刚：《学位论文基本结构与写作规范》，国家行政学院出版社2006年版；朱景文主编：《研究生学位论文写作笔谈》，中国人民大学出版社2009年版。

何谓“学术”?《现代汉语词典》称:“学术”是指“有系统的、较专门的学问”。《新华字典》称:“学术”是指“比较专门的有系统的学问”。《辞海》称:“学术指较为专门的、有系统的学问。”《现代汉语词典》又解释“学术”中的“学问”,它称:“学问”是指“正确反映客观事物的系统知识”。鉴于上述解释,笔者认为,“学术”似应理解为“有专门的、比较系统的、能反映客观事物的知识的总称”。至于有学者说:“学问”简言之即“学问之术”;“学术”是指“研究学问的专长”。[①] 笔者认为,这些说法有望词猜义之感,似不妥。亦有学者认为:“学术,系统专门之学问。”[②] 笔者认为,此定义过于简单,亦似不可取。

学位论文(学士、硕士、博士三级)是学术论文的一类。它是指表明作者独立从事科学研究,在科学或专门技术上做出创造性成果并形成文字,作为申请相应学位评审的学术论文。它必须是一篇由章、节、目或三个层次内容组成的、系统的、完整的学术论文。

研究生学位论文的“学术性”要素甚多,笔者认为,择其要者有下列五种:

一、科学性

一般而言,科学是反映自然、社会、思维等客观规律的分科的知识体系。[③] 科学性,则是指某事物具有上述属性。大学者任继愈强调:“学术文章因人而异,好比人的性格不能强求一律。所谓‘文如其人’,即文章的风格,也指人的品格……学术论文最要求的是文章科学性。如果内容缺乏科学性,就等于患了软骨病,站不起来,成为不治之症。学术文章,‘先有学术’,再谈文章,因为文章的支柱是它的学术内容,而不是辞藻、结构、章法。”[④] 笔者认为,此语喻义极深。对研究生学位论文的科学性,有的学者认为:“学术论文要具有科学性。学术论文的科学性,首先表现在论文的内容要实事求是,从实际出发,正确反映客观规律……社会科学论文,则是对历史现象、哲学命题、文艺法则、经济规律等进行深入细致的研究之后,形成的正确认识,提出新的看法、新的理论……其次,学术论文的科学性,表现在所阐述的知识、理

① 方集理:《论更新》,吉林大学出版社 1993 年版,第 254 页。

② 孙海龙、高翔:《司法与学术的对话》,载《人民法院报》2012 年 11 月 2 日第 7 版。

③ 《现代汉语词典》,商务印书馆 1996 年修订版,第 711 页。

④ 邓九平主编:《谈治学》(下),大众文艺出版社 2000 年版,第 715 页。

论的准确性，立论、分析、论断都要恰如其分，不夸大也不缩小，不溢美也不障恶，恪守‘信而达’的标准。再次……还表现在强调知识、理论体系的系统性、完整性，不能把支离破碎的见解凌乱地纳入文章中，便充作学术论文。”①

笔者认为，上述内容是从学术论文的内容、论述的方法、理论的体系三个方面来概括的，是完全正确的，但科学性还不只这些。因为，这些只是论文中的形式要件，更主要的应当是客观、真实、准确地剖析某些事物，把握它们的本质和规律，求得正确的判断或结论，以指导实践，这才是论文的实体要件。无论研究自然科学还是社会科学，其任务都是正确地认识和改造世界，使人类社会不断地向更高的文明发展。

恩格斯说：“人类的历史……是人类本身的发展过程，而思维的任务……就在于通过一切迂回曲折的道路去探索这一过程的依次发展的阶段，并且透过一切表面的偶然性揭示这一过程的内在规律性。”② 可见，科学研究的任务就是发现和揭示事物的内在规律性。学术论文，包括研究生学位论文，都属于科学研究的范畴，因此，也应强调科学性。欲做到研究生学位论文具有科学性，就应当将上述形式要件与实体要件相结合。有学者认为，首先要坚持实践检验真理的准则；要坚持独立思考的原则；要严密论证、合乎逻辑。③ 也有的论者认为，要求作者在立论上，不得有个人好恶的偏见，不得主观臆造，切实地从实际出发，必须从中引出符合实际的结论；在论据上，尽可能地占有资料，以充分、确实、有力的论据作为立论的依据；在论证上，经过周密的思考，严谨而有逻辑地论证。④ 上述关于如何具有科学性的观点无疑是正确的，但不够系统、深刻。笔者认为，在上述基础上，似还应做到以下几点：首先，作者应当有一个坚持客观、求实的科学态度，从思想上重视在论文的选题、调研、分析、研究和得出结论、论断等方面尽量做到实事求是，忠于事实真相，既不虚夸，又不缩小，既不粉饰，又不伪造。其次，作者必须有良好的科研素质。为此，应当在学习和在科研工作中注意锤炼，长期坚持，以求达到。再次，要坚持运用唯物辩证的思想方法对待研究、分析、论述所涉问题，防止盲目性、武

① 徐振宗、李保初、桂青山编著：《汉语写作学》，北京师范大学出版社 1995 年版，第 417~418 页。

② 恩格斯：《反杜林论》，人民出版社 1999 年版，第 6 页。

③ 吕文源主编：《论文写作发凡》，湖北教育出版社 1990 年版，第 6~7 页。

④ 李景隆：《学术论文与其他科研应用文写作》，中央广播大学出版社 1987 年版，第 3 页。

断性、臆想性、片面性等错误出现。最后，要有细致周密、一丝不苟、精益求精的研究问题的作风，杜绝马虎应付、粗心大意、凑合成篇的现象发生。

二、创造性

何谓创造性？创造性是指努力创新的思想和表现。虽然创造与创见均有"开始"之意，但创造性与创见性相比，略有差异。① 创见性，仅指独到的见解；而创造性，还包含创新的思想、行为、结论、绩效、成果、产品、速度、成绩、水平等。毛泽东同志曾经告诫我们："人类总得不断地总结经验，有所发现，有所发明，有所创造，有所前进。"② 这就要求各行各业的人们应当对社会有所发现和发明创造，它是创造性产生的思想源流。《创造力的运用》一书的作者美国学者奥斯本说，人类文化的历史，从实质上可以说是人类独创力的记录。如果科学研究工作者只能继承，不能创造，那么人类的文明和历史就不会有所前进了。③ 这就告诫我们，人类是靠创造各种新技术，创造精神和物质财富，使自身乃至社会不断发展、前进的。可以说无处无创造，问题是看你创造或者不创造。研究生写好学位论文，其目的应当是进行创造性的劳动，为人类社会增加精神财富。

创造性，或曰创新性，是学位论文最活跃的生命力。创造性也指独到见解性，表现为"言前人之未言，道他人之未道，闪烁着智慧的精华"。④ 清代学者戴震讲治学方法时，强调"空所依旁"，即不要依傍前人之成说。"从一定意义上讲，研究学问，'空所依旁'确实是必要的。一方面，我们不能忽视前人已取得的成就，另一方面，我们也不应受前人已有结论的束缚。这两个方面是相辅相成的……前人已提出的结论，只能是更前进一步的探索的引导。"⑤ 还有学者认为，"学术论文的独创性，并不要求论文中提到的见解是空前绝后的、绝无仅有的，而是指在论文研究的范围内，要有真知灼见，有独立看法，绝不人云亦云，单纯重复前人的发现。具体讲有两种情况：一是在自己研究的课题范围内，前人未曾发现，未曾接触的问题，或者虽有接触而语焉不详，个人经过认真研究探索，提出新的看法，且能做到论据确凿，论证清楚，或谓之

① 《现代汉语词典》，商务印书馆 1997 年版，第 198 ~ 199 页。

② 参见《人民日报》1964 年 12 月 31 日。

③ Alex F - Osborn, Applied Imagination, Creative Education Foundation Inc. New York; 1963.

④ 吕文源主编：《论文写作发凡》，湖北教育出版社 1990 年版，第 7 页。

⑤ 王力、朱光潜：《怎样写学术论文》，北京大学出版社 1981 年版，第 51 页。

成理，持之有故。这样，论文就有新意，有创见。二是自己研究的课题，前人已经进行过大量的研究，在吸收前人成果的基础上，以新的材料、新的高度继续进行探索，提出自己的见解。这样的论文，也具有很高的学术价值。”① 笔者认为，学术论文的创造性，可用四句话概括：“言他人未言之言（含事和理），言他人未言明之言，言他人未敢言之言，言他人未言正之言。”笔者还以为，创造，有大创、中创和小创；有原创、继创；有原理创、观点创；等等。就学术论文而言，可以在如下几个方面实现创造：(1) 选题新；(2) 立论新；(3) 新概括；(4) 新角度；(5) 新主张；(6) 新质疑；(7) 新资料；(8) 新方法。

关于创造性问题，许多高校如中国人民大学、中国政法大学、中国人民公安大学等博士学位论文的作者会在“独创性说明”中称：“本人郑重申明：所呈交的论文是我个人在导师指导下进行的研究工作及取得的研究成果。尽我所知，除了文中特别加以标注和致谢的地方外，论文中不包含其他人已经发表或撰写的研究成果，也不包含为获得××大学或其他教育机构的学位或证书所使用过的材料。”由此可见，“独创性说明”郑重申明的“独创性”包括两个方面：其一，申明该博士论文是他“个人在导师指导下进行的研究工作及取得的研究成果”；其二，申明“除了文中特别加以标注和致谢的地方外，也不包含××大学或其他教育机构的学位或证书所使用过的材料”。这是一种既从正面肯定何谓“独创性”，同时，又从反面否定抄袭或者变相抄袭他人成果或资料的表达方法，可谓正反并用，强化了“独创性”。

如何使研究生学位论文具有创新性？这是一个十分重要的问题。应当具有创新性，是论文的目标、任务，而如何实现创新性，则需要有创新的措施、手段，技巧方法等，二者之间因果关系密切，相辅相成；只有创新目标，而无创新措施、手段等，则只能是纸上谈兵；无创新目标，只有创新措施、手段等，则是盲动，效果会事倍功半或者一事无成。为使二者统一起来，笔者认为，主要应当做到如下几点：

（一）要有创造（创新）目标

古人云：凡事预则立，不预则废。预，就是预先确立的目标。目标，指人们想要达到的境地或标准。② 撰写学位论文，应当有创新境界和标准。就此，季羡林先生说：“没有创见，不要写文章，否则就是浪费纸张。有了创见写论

① 徐振宗、李保初、桂青山：《汉语写作学》，北京师范大学出版社1995年版，第418页。

② 《现代汉语词典》，第903页。

文，也不要下笔千言，离题万里。空洞的废话少说，不说为宜。”① 这说明，写论文应当有一个创新的目标，并为其实现说理和论证，做到文需而言，不离不泛。

有学者认为：“如何能在科学研究中取得创造性的研究成果，写出有创造性的学术论文呢？这就要求科学工作者要有创造力。人们的创造力是由创造才能和创造精神这两个方面形成的。提高创造力就必须刻苦钻研掌握广博的专业知识和提高科学研究能力。培养创造精神，必须要不断地增强革命事业的信心……发展科学事业做出贡献的远大理想。这样才有顽强的意志，百折不挠地在科学研究中作出成绩。”② 笔者认为，这种观点是正确的。然而，笔者还要强调的是，欲写出创新论文，还必须做到以下两点：一是确定创造（创新）的目标，因为创新目标是产生创新能力的源泉；二是要有努力的方向，如此才能产生出新观点和进行殚精竭虑的学习及思考，并付诸催生新颖火花的行动。

（二）要有创新的勇气

勇气，即敢作敢为毫不畏惧的气魄。③ 创新，是创建出原来没有的理论、原理、原则和观点等。创新必然要破旧，破旧就会遇到阻力。欲把新的观点树立起来就要有勇气冲破阻力；创新必然会碰到艰难，克服乃至战胜困难就需要有毅力；创新会遇到传统势力的禁锢和抵抗，对此，就要有敢于战胜它们的决心；创新会遭到守旧者之反对，因此，必须有勇气坚持真理，排除非真理之气度等。

（三）要有创新的思维

一般认为，创新思维，指进行分析、综合、判断、推理等认识活动的过程。④ 哲学家认为，思维是“特殊组织的物质——脑——的最高产物，通过表象、概念、判断等反映客观现实的一种能动的过程。思维始终是与一定的物质运动、形式，即与人脑的活动联系着的。”⑤ 既然思维是人们认识事物的活动，那么，创新就必须遵循思维规律。

创新思维，要求创新者恪守唯物辩证法规律，它要求创新者客观地、发展

① 季羡林：《谈读书治学》，当代中国出版社 2006 年版，第 179～180 页。

② 李景隆：《学术论文与其他科研应用文写作》，中央广播电视大学出版社 1987 年版，第 4 页。

③ 《现代汉语词典》，第 1517 页。

④ 《现代汉语词典》，第 119 页。

⑤ ［苏］罗森塔尔、尤金编：《简明哲学词典》，生活·读书·新知三联书店 1973 年版，第 322 页。

地、全面地对待和处理前人观点、原理、原则等和自己的创新活动。创新思维，要求作者遵循辩证逻辑、形式逻辑规律，无论是立论和论证自己的观点还是与他人商榷问题均应合乎逻辑，前后不混乱，相互不矛盾，使论述顺理成章，使商榷有条不紊。创新思维，包括要注重运用归纳推理、演绎推理、类比推理。推理要符合推理规范，大前提真实，小前提明确，大小前提对应和有因果联系，推导符合思维规律。无论是事实推理、论证推理还是法律推理等均应如此。

（四）要有创新的措施

措施，即针对某种情况而采取的处理办法。① 毛泽东同志告诫我们："我们不但要提出任务而且要解决完成任务的方法问题。我们的任务是过河，但是没有桥或没有船就不能过。不解决桥或船的问题，过河就是一句空话。不解决方法问题，任务也只是瞎说一顿。"② 对于上述方法（措施）与任务的关系，毛泽东同志运用形象比喻的手法，表述得十分贴切，通俗易懂。创新的措施对撰写研究生学位论文具有重要的指导意义。创新的措施很多，主要有：搜集和阅读大量的相关论文和资料，寻找新突破的论点；运用最新的外文资料，在借鉴的基础上论证自己的观点；运用最新的理论知识和实践资料，充实论文的内容；运用与相邻学科理论交叉、融合，实现杂交后的创新；等等。

在历史上，文章大家们对"新"的要求并不苛求，对一篇文章来说，全新固然可贵，但是只要"语陈而意新"，只要"语同而意异"，只要"善翻古人之意"，只要索得"精意"（戴师初语），那就像艳美的女子穿上破旧的衣衫一样，也会令人感到"美好且新奇"。③ 笔者认为，诗歌与一般文章方面对"新"的要求是这样，对学术论文亦可如此。详言之，可以是题目新，可以是论点新，可以是论据新，可以是资料新，可以是视角新等。新可以是全新、大新、中新和小新等，不必苛求样样皆全新。

三、重理性

重理性，是指特别重视一般学术论文和研究生学位论文的理论性，它包括视角独特，理论深刻、知识广阔。它应当有别于政论文、说理文、说明文以及描述式论文、评析式论文、辩驳式论文、综述式论文等。

重理性中的理论，是指人们由实践概括出来的关于自然界和社会的知识的

① 《现代汉语词典》，第 220 页。

② 《毛泽东选集》（第 1 卷），第 134 页。

③ 刘锡庆、齐大卫主编：《写作》，北京师范大学出版社 1986 年版，第 61 页。

有系统的结论。① 它表明是从实践中抽象升华而来的结论，而不是头脑里萌生出来的臆断，存在于自然界和社会中。毛泽东同志指出：“马克思主义的哲学辩证、唯物论有两个最显著的特点……再一个是它的实践性，强调理论对实践的依赖关系，理论的基础是实践，又转过来为实践服务。”② 这段语录，更阐明了何为理论和理论源于实践。

研究生学位论文要有重理性，是由它的性质决定的。从内容上，学位论文强调的是科学性和严肃性，讲究观点独到，言之成理，持之有故。从体式上，它是先提出问题，再进行论证，最后得出结论，讲究循体正本，而不追求曲折变化。在论证风格上，主要是正面说理，真正平实地分析论证。学位论文不重在说理，就不能称之为学位论文；学位论文体现的是作者观点独到，不随波逐流，不人云亦云，“不提倡论战，排斥宣传性、鼓动性、不事夸张与渲染”等。③

重理性，首先要懂得理论。要懂得理论就必须学习和掌握理论，使自己具有理论素质和功底，从而熟练地运用理论。其次，重理论是指理论是整个学术论文的根基，就研究生学位论文而言，理论的内容，似应占全文的80%以上。重理性中的理论，既包括本学科中的基本理论，又包括相邻学科的理论。就前者而言，各学科、各专业都有自身的原则、制度、体系等；就后者而论，可以借鉴、引进社会科学中其他专业的理论到法学学科中来，如比较法学、法哲学、法经济学、法人权学、法伦理学、法社会学、法价值学、法逻辑学、法心理学、法行为学、法文化学、系统法学、法场域学、法语言学、法史学、法文献学、法传播学、法廉政学、法预防学等。对此，中科院院士、上海大学前院长钱伟长说：“现代社会中，自然科学、技术科学、社会科学和人文科学之间的传统学科分割界线即将消除，不同学科之间相互取长补短，将融合一个完整的科学知识体系。”④ 钱老讲的多学科交融，其范围更广，不仅是社会科学相邻学科知识之间的交融，就是社会科学与自然科学、人文科学等学科的知识之间亦可相互交融，当然包括法学与其他学科知识的互相交融。

做到重在理论性，可采用以下三种方法：

---

① 《现代汉语词典》，第774页。

② 《毛泽东选集》（第1卷），第273页。

③ 徐振宗、李保初、桂青山编著：《汉语写作学》，北京师范大学出版社1995年版，第417页。

④ 转引自汤唯建：《民事诉讼法学研究方法的多元递进》，载《法学研究》2012年第5期，第34页。

（一）以本学科知识为基础，引进相邻学科知识进行交叉式、融合式研究

例如，笔者指导的博士生撰写过的论文有：宋志军的《刑事证据契约论》（与民法学交融，2007年获校级优秀博士论文奖，上报后，获2009年教育部在100篇博士论文中评选出的三篇全国优秀论文提名奖第一篇，法律出版社2010年版，26.7万字）；李秀娟的《反腐败公约与我国刑事诉讼比较研究》（与廉政学交融，2006年获校级优秀博士论文奖，中国方正出版社2007年版，30.6万字）；封利强的《司法证明系统论》（与系统论交融，2010年获校级优秀论文奖，中国政法大学出版社2012年版，33.3万字）；黄新民的《刑事诉讼伦理论》（与伦理学交融）；刘少军的《刑事审判的对抗与合意》（与哲学交融，中国人民公安大学出版社2009年版，35.8万字）；李娜玲的《刑事强制医疗程序研究》（与法医学交融，中国人民公安大学出版社2011年版，25.5万字；该文的部分内容与2012年通过的新刑事诉讼法第五编“特别程序”中第四章“依法不负刑事责任的精神病人的强制医疗程序”的部分规定相契合）；马秀卿的《公诉权的法律社会学研究》（与法社会学交融，法律出版社2012年版，25万字）；李利君的《刑事公诉行为研究》（与行为学交融）；程绍燕的《刑事听证程序价值论》（与价值学交融）；裴艳的《比较法视野下的预审制度研究》（与比较法交融）等。做到借鉴和引进相邻学科进行交叉、交融研究，首先，应当学习、研究相邻学科的教材、论文乃至专著，掌握其内容和理论体系。这就要求作者进修或者自学一门相邻学科的知识，达到熟记于心、运用自如的地步。为此，在确定学位论文题目时，应当及早下功夫。在论文提纲中，应当把相邻学科知识交融进去，甚至大、小标题中有其体现。其次，在写作过程中，还可边写边加深相邻学科知识理解和研究及运用，做到既水乳交融，又能使相邻学科知识注入论文当中，并支撑对本论文理论的拓展和加深。在这个问题上，要防止出现本学科知识与相邻学科知识没有契合、没交叉、不和谐相融，乃至出现“两张皮”的现象。

（二）选择前人未曾研究过的新题目，紧扣主题并运用各种理论知识进行纵横论证

新题，要求写出新观点、新内容。例如，刑事诉讼博弈论、刑事诉讼场域论、刑事诉讼谦抑论等。还要重点运用一至两个学科的知识、原理等对论题辅佐和壮势。这种方法的难点在于很难选择一个前人未写的新题目。虽然，不要求像第一种方法那样全面、深刻、系统地收集相邻学科知识并交叉、融合、渗透到论文中去。但要做到此点，就必须广阅各种知识，熟悉本学科、本专业的

过去和当时的研究状况，反复斟酌，择优采用。若此项基本功未做到厚实，就有可能自认为是新题，却是前人早已研究过的老题，自己努力研究和写出的论文，很可能是重复劳动，或者很少能写出新意。笔者指导的博士论文有：黄豹的《侦查构造论》（中国人民公安大学出版社 2006 年版，27 万字），李岩峰的《法官自由裁量权论》，刘蕾的《刑事审判中的当事人选择权研究》等。

不少硕士、博士生常常抱怨，现在撰写学术论文的人太多了，新题目再也找不到了，只能撰写前人已写过的相同题目，显得十分无可奈何。笔者并不同意这种观点。笔者认为，只要从入学第一学年起，在重点学习诸位导师讲授的本专业知识的同时，广猎自己感兴趣的各种社会科学知识，经常听取各种学术专题讲座等，可以发现新题目；在自己感到觅新很困难时，应当多向导师请教，与导师商量，共同寻找新题目。另外，也可以向师兄师姐、室友、朋友进行咨询和求助。

笔者认为，在选择、确定学位论文题目时，应当坚持六条原则：（1）理实结合以理论研究为主原则；（2）远近结合以研究长远规律为主原则；（3）中外古今结合、借鉴外国和古代知识，以为现代法治建设服务为主原则；（4）利用已有资料与自身长处相结合原则；（5）题目大小适中原则，即预计在三年内能完成 20 万字左右博士论文原则；（6）导师与学生相结合、以学生自主选题为主原则。这六条原则，即使指导法学硕士、法律硕士研究生撰写学位论文也是如此。笔者与学生合著的论文有：刘根菊、宋志军合著的《我国刑事诉讼改革趋势前瞻》；刘根菊、李秀娟合著的《对外逃贪官缺席审判制度之构建》。学生自著的有：王长蓥的《论刑事诉权》、杨琨的《论刑事强制措施客体》、尹立菊的《论刑事判决的伦理》、王剑宇的《对人民监督员制度的前瞻》、霍熠的《论检察官客观义务》、武培、王剑的《我国强制侦查司法控制制度之构建》、王树全的《证据不足不起诉的决定及其救济程序》[①] 等。笔者从培养博士、硕士研究生的实践中深刻体会到，这六条原则是必要的，效果是好的。

（三）采用新视角

即使寻找不到新题目而写老题目，也必须学习和运用新视角进行研究和阐述。新视角，是指观察问题的崭新角度。新视角可以是法学以外的社会学、经济学、心理学、行为学、文化学等视角。

---

① 刘根菊等：《刑事诉讼程序改革之多维视角》，中国人民公安大学出版社 2006 年版。

翻阅已撰写和出版的研究生学位论文发现，有的论文题目与前人已写的一字不差，内容绝大部分雷同，给人有疑似克隆或抄袭之感，这是完全不应该的，这种论文答辩，也是难以通过的。据笔者观察，有极少数通过答辩的论文，70%的内容是用自己的话语重述前人观点和内容；有的是对各种资料（含中外文资料）或者观点综述后稍加评论；有的是对实践经验的描述或者总结；有的是对大量外文资料的援引和堆砌，既不分析，也不研究，不伦不类或晦涩难懂；有的不是用论证的语言而是口语化的平铺直叙；等等。这些都与重理性特点不符，是学位论文不应当有的，也是不允许的，甚至是应当杜绝的。

四、商榷性

商榷性中的“商”指商量，“榷”指探讨，二者珠联后的“商榷”，即为商量探讨。学位论文内容中应当有商榷的元素。广视以往的学位论文，有的对他文中论点、论证或者资料等进行批驳，有的进行商榷，有的进行探讨，有的进行辩论，有的进行评析、评判、评论或者讨论，等等。为了既体现上述含义，又体现学术民主，笔者不提倡主观武断的做法和反对学霸恶习，认为采用“商榷”一词比较适合并能涵盖其义。

（一）学位论文和一般学术论文的独立（创）见解，决定了其应当具有商榷性

学位论文的独立（创）见解，是指文章具有独立于他说的见解或者前人没有提出过的观点。独立，亦指不依靠他人。① 见解，指对事物的认识和看法。② 独立见解，亦指不依靠他人，或者与他人观点不同的见解。独创见解，还指独特的创造性见解。③ 独立（创）见解，包括两个方面：（1）前人未发现、未论及的问题，或者虽有论及但语焉不详，本人经过研究后提出新的看法，且能言之成理，持之有故。（2）虽然前人已经进行过研究，在吸收已有成果的基础上，以新的材料、新的高度继续进行探究，提出新的见解。要做到自己的观点独立于他人，首先不能人云亦云，简单重复旧学，而应当另立新学；其次对旧学必然要进行评述、评断、评判和商讨等。最后要将独立（创）见解与旧学、前学进行分析、比较、研究，并阐明己见确实优于他说的理由。

（二）为纠偏、改错，决定了其应当具有商榷性

在自己研究范围内，定会发现他文中不准确、不正确的观点，甚至数量还

---

① 《现代汉语词典》，第309页。

② 《现代汉语词典》，第620页。

③ 《现代汉语词典》，第309页。

不少。既需要指出其不准确、不正确之处，更要阐明纠偏、改错的充足理由，这就决定了必然需要进行商榷。为了维护学术的科学性和尊严，对不准确、不正确的观点、思想等进行校正、评述乃至批判，以正本清源。为了不让不准确、不正确的看法、提法、论调等广为流传，混淆视听，危害后学，必须进行纠正、反驳等，以商榷的态度和行为实现之。纠偏，即纠正偏向或偏差。① 偏向，指不正确的倾向。学术（位）论文中，不良倾向主要有：学术风气不正，不据事论理而主观武断，甚至打棍子、扣帽子；言辞粗俗，空话、套话、废话连篇；崇洋媚外甚至言必称英美，语言欧化常见；大量引用注释而不注重以实论理和以事论理，平铺直叙地列摆前说，或者自说自话，而无独立见解或新界说；等等。为了纠偏，首先必须正己，即在自己论文中不出现上述问题，做到以身作则；其次对于比较严重的偏向，可采商讨、评述、评论、批评甚至批驳等方法纠偏。

改错，即改正错误，学术（位）论文中，常见的错误有：论述的内容与题目不符，即文不对题；观察问题主观片面或者形而上学；论点、论据或者结论很难成立，甚至前后矛盾；引文张冠李戴，引注不正确；逻辑推理混乱；遣词造句严重不通，主谓宾搭配南辕北辙，标点符号错误等。欲改错不出错，首先应当看准错处，有针对性地或者有的放矢地指明错处。其次若能指出错因和危害，使对方心服口服甚至心悦诚服最好。再次改错应当摆事实、讲道理，不得歪曲对方观点，不得以势压人，不得挖苦讽刺。最后应当进行平等协商，也可以进行辩论等。

（三）为超越前学，决定了其应当具有商榷性

超越前学，泛指超越前人的观点或者学说。超越既有全新超越，亦有部分超越。超越必然要经过批判、批评、批驳等过程。详言之，无论是自然科学还是社会科学，作者欲在自己研究的课题范围内超越前人，都必须了解和掌握前人已取得的成就、成绩或者成果。在此基础上，再进行继承性或者批判性研究，就必须进行商榷。在社会科学领域，马克思继承了古代自发的朴素的辩证法思想，改造了黑格尔的唯心主义，把辩证法与唯物主义有机地结合起来，创立了自古以来没有过的、立于科学基础之上的唯物辩证法。又如，马克思在科学的劳动价值的基础上，进一步分析了货币怎样变成资本和资本价值增值的过程，创造了剩余价值学说。恩格斯说，剩余价值的创立，是马克思著作的划时代的功绩，它使社会主义者早先像资产阶级经济学者一样在深沉的黑暗中摸索

---

① 《现代汉语词典》，第 674 页。

的经济领域，得到了明亮的阳光照耀，科学的社会主义就是从此开始，以此为中心发展起来。① 由此可见，创立一个学说或者理论，都是在批判地继承前人成果的基础上获得的。创立宏大的学说是这样，建立、确立一般的原理、原则、观点等道理亦同。

为超越前学，必须了解前学的详细内容；找出前学的错误、谬误或者不当之处；再对其进行分析、批驳、批判、批评、商探、商榷等，发表自己超越前人的观点、见解和结论等。至于前学的详细内容，包括前学产生的时代背景、历史条件、发展轨迹、理论观点要素、思想体系等，尽量详细地掌握它们，才能为下一步研究打下广泛、坚实的基础；找到前学的错误、谬论或者不当之处，以便做到靶点明确，有的放矢，而不是盲人摸象，闭眼捉雀。分析应当唯物辩证，入情入理；批判、批驳应当据实而批，以理服人，态度谦和，平等相对，不以势压人，不胡言乱语等。阐明自己超越前学的观点，应当讲清楚超越的内容是什么，例如是论点、论据、结论抑或是原理、原则、行文的正确等。论证超越它的理论依据、事实根据；超越它的理论价值和实践价值；尚须继续研究的展望；等等。

（四）为强化文气，决定了其应当具有商榷性

“文气”是一个既古老又生疏的概念。说它古老，因为它已有两千多年的历史；说它生疏，因为“文气是近代文章上所忽略的一个方面”。② 在我国古代，孟子是论“气”第一人，但他所讲的“气”，主要指人的思想修养。以“气”论文的第一人是曹丕，他认为“文以气为主”。尔后，南北朝文学批评大家刘勰继续以文气论文。唐代韩愈在文气论文方面作出了较大的贡献。清代桐城派从技巧处着眼，沿着气势、气脉的路子探讨文气理论。由上可知，我国历代众多的文论家，从各自对文章本质的理解赋予“文气”不同的含义。从孟子用气论作者其人，到曹丕将“气”引入文论；从笼统地讲风格体貌到具体地讲文章的气势、气脉。其间，“气”演变为多层次的概念，派生出许多具体的范畴。当侧重讲人身之气时，可称为志气、意气、神气、生气、才气等；侧重讲文章之气时，可称为气势、气脉、气韵、骨气、气度等。③

现代有学者认为：“文气是文章的重要组成部分。假如以人体喻文章，那

---

① 《马克思恩格斯选集》（第3卷），第243页。

② 夏丏尊、叶圣陶：《文章讲话》，转引自刘锡庆、齐大卫主编：《写作》，北京师范大学出版社1986年版，第145页。

③ 夏丏尊、叶圣陶：《文章讲话》，转引自刘锡庆、齐大卫主编：《写作》，北京师范大学出版社1986年版，第145～147页。

么，主旨是灵魂，材料是血肉，结构是骨骼，语言是外衣，而文气，就是血脉和气息。一个人血脉旺盛，气息畅通，人就健康，生机勃勃，若气息奄奄，血脉受阻，这个人就失去了生命，文气对于文章的重要性，与此同理。”① 笔者认为，该论者的观点正确，比喻贴切、形象。一般而言，文论者认为，欲增强文章的“文气”，首先，就必须运用逻辑知识，形成强大的逻辑力量，感染读者；其次，通过谐调的字句音节表现。前者，从思想内容上增强逻辑力量是形成文气的雄厚根基，后者是从表现形式上讲究技能技巧发挥文气的有效的“助剂”。② 这种从内容与形式相统一方面阐述文气的产生和作用是十分正确的，也是深刻的。笔者认为，文气，就是文章的气势、气脉、气韵、骨气等。文章有了文气，就有了强大的生命力，显示出情感激扬、气势磅礴；文章有了文气，就会情理并茂，论证量大，说服力强；文章有了文气，就能说服读者，征服对手。否则，则是气势薄弱、气脉不畅、气韵不匀、骨气不硬等。

一般说来，要使文章具有文气，在思想内容方面要求论文具有强大的逻辑力量，它来自对事理的正确、深刻认识；对事理的准确、周密的剖析。其次，在表现形式方面要求讲究技能技巧。为此，在语言运用方面讲究字正气畅、抑扬顿挫、调随声变等。作为文章范围中一枝独秀的研究生学位论文，在文气上，除了要遵循上述对一般文章的要求外，还应当具有独特的要求。首先，它体现在纲目清晰、显豁，合乎事物发现规律，推理判断严密。其次，找准对方的错误、谬误或者有违常理的论述，逐字、逐条或者逐段地进行梳理、剖析，用事实进行辩驳，对模糊之处进行澄清等。再次，正面论证已方的观点并有客观存在的事实和充足的理论根据。最后，文句精练，干脆利索；商榷性多，辩驳性强，掷地有声，结论准确，胜过对方等。

五、建言性

建言性，是指以口头、书面等形式向集体、领导等提出自己主张和建议等（对策、措施等）的属性。③ 建言的主要特点是，只具有劝谏性的参考作用，不具有强制性，但需要有针对性、可用性和可选择性。建言具有多种作用，例如，它可以为建言者的上级开阔视野，拓展思路；可以帮助上级择取未想到的

① 夏丏尊、叶圣陶：《文章讲话》，转引自刘锡庆、齐大卫主编：《写作》，北京师范大学出版社 1986 年版，第 147 页。

② 夏丏尊、叶圣陶：《文章讲话》，转引自刘锡庆、齐大卫主编：《写作》，北京师范大学出版社 1986 年版，第 159 ~ 160 页。

③ 《现代汉语词典》，第 621 页。

对策、措施等；可以沟通上下级之间的关系和情感，增强凝聚力；可以调动各方面的积极性和才智，形成巨大的整体力量；等等。

从已有的博士、硕士学位论文观之，为数甚多的作者没有提出建言（考证论文、科学实验等除外），整篇内容主要是正面阐述，极少有驳论、立论，这无疑是一个缺憾。学位论文理应有建言的内容。建言，在古代称谏言，又称进谏。谏，旧指规劝君主或者尊长。谏像流水般自然，比喻非常乐意听取意见。明代清官海瑞，在明嘉靖年间，对全国赋税繁重、民不聊生，极为不满。海瑞借与嘉靖皇帝下象棋的机会，巧妙地劝谏皇帝对“天下钱粮减三分”，皇帝高兴之时，欣然同意，自此，百姓大得其利。① 可见，建言自古有之，作用不可小觑。建言，本应是学术观点的必备元素。学术观点，包括论文作者独立的思考、看法和设想等。它不应该是抄袭、剽窃、照搬、重复或者模仿他人的内容。建言，是作者学以致用的表现和行动。理论欲为现实服务，就必须有建言。可见，学位论文中的建言必不可少。写研究生学位论文，是在进行科学研究并形成理论。理论有的有学术价值，有的有实用价值，有的二者兼有，应当提倡二者兼有。因为，有些学位论文中有理论价值，它能拓宽研究视野，助推理论研究深入，增加理论含金量等，这些均是实现应用价值的基础。有些学术论文有实用价值，在理论指导下设计出为现实服务的方案、政策、策略、措施、办法等，体现出学术论文的生命力所在。学位论文如果是研究古代的理论，应当做到“古为今用”；如果研究外国的理论，应做到“洋为中用”，其中，必然有为何和如何“今用”“中用”的建言。否则，就只能是自我欣赏式的轻谈。

建言的产生、形成和提出有一个过程。它不可能凭空产生，也不应当是胡诌、信口开河等。建言产生于作者的雄厚理论功底。否则，所谓的建言，就只能是不痛不痒的说教、不着边际的胡诌、主观臆想的自话等。建言者欲具备上述素质，首先，应当有一个好的外部环境，即国家教育部门进行课程设置的改革。其次，研究生学习应当联系实际，能学以致用。就此而言，著名的科学家钱学森就怎样搞好我国学位制问题，向国务院学位委员会办公室的同志提出了宝贵意见。他指出，“我们培养的专业人才要为四化建设服务。学位研究生的研究课题要紧密结合国家的需要。一个临床的医学博士，不会治病怎么行？在研究方法上要防止钻牛角尖，搞烦琐哲学。目前在社会科学中，有人就古人的

① 《海瑞下棋谏皇帝》，许嘉利、陈宏等编：《名人轶闻六〇〇篇》，中国青年出版社1982年，第227~228页。

一句话大做文章，反复考证，写了一大篇文章，我看没有什么意思。”①

建言的形成源自深思熟虑。只有深思，才能抓住关键，思得细致，想得周到；只有熟虑，才会成熟于心，谋划得体，虑到长远。建言的提出，应当顺势理论，切中时弊，针对性强，实用性佳。理论来源于实践，理论又指导实践。研究生学位论文的建言，应当是以理论为基础，顺应文章的理论趋势提出。建言，应当切中时弊，对于应当建立的对策、措施等应是独到之言；对应当修改、完善之处，应阐述臻于完善之见；对于自认为应当废弃之事或者不苟同之观点、理论予以适当的评述、评论和反驳等。上述做法，应当有的放矢，对立、废、改之事言到关键节点，即事成理；对己不苟同之观点，评驳到要害之处，且尽量做到言之成理，以理服众。毛泽东同志说：“如果我们有了正确的理论，只是把它空谈一阵，束之高阁，并不实行，那么，这种理论再好也是没有意义的。”② 这就告诫我们，要做到学以致用，解决实际问题，建言就是其中的重要内容和结晶。

博士、硕士学位论文的建言，有的可以选定一个崭新的题目作为建言的全部，分别以编、章、节、目的形式详写，例如笔者指导的博士生宋志军的《刑事证据契约论》（共十章），就属此类；有的可以围绕一个或几个方面为改革、完善某项制度、原则等，分别在相关章、节、目中的理论部分之下撰写；有的可以在文中的主体理论部分论述之下，采用章、节、目的篇幅铺开撰写，例如，笔者的博士生黄豹的《侦查构造论》中第六章“我国侦查构造的反思与重构”、博士生刘少军的《刑事审判中的对抗与合意》中第六章“控辩合意维度下我国刑事审判程序的完善”均属此类。

① 《光明日报》1981年12月29日，转引自李景隆：《学术论文与其他科研应用文写作》，中国广播电视大学出版社1987年版，第18页。

② 毛泽东：《实践论》，载《毛泽东选集》（第1卷），第281页。

第二章　人权与刑事诉讼法

《刑事诉讼法》中“人权”源流及其发展研析*

2004 年 3 月 14 日的《中华人民共和国宪法》第 33 条第 3 款规定：“国家尊重和保障人权”。2012 年 3 月 14 日的《中华人民共和国刑事诉讼法》第 2 条增加规定了“尊重和保障人权”，这是作为子法的刑事诉讼法落实母法宪法的具体措施，具有重要意义。2012 年《刑事诉讼法》除了在总则中规定了当事人、其他诉讼参与人的权利之外，还规定了诉讼参加人和进行刑事诉讼公职人员享有的各种法定诉讼权利、权力和义务、职责等。那么，“尊重和保障人权”中的“人权”，到底指什么？人权的内容当属哪些？权利的含义如何？与人权是何关系及它们是如何发展、变化的等。笔者认为，对上述问题的正确把握，是全面理解和落实尊重和保障人权的前提。现略抒愚见，并请教学界诸贤。

从法域角度观之，人权入法，就是人权法。有论者称，人权法，“是指主权国家通过法律、法规与判例或者国际主体之间通过条约与习惯等规定或认可的有关保障人权的原则、规则或制度的总称。”由上可知，人权法的主体是主权国家和国际主体；人权法的表现形式是法律、法规与判例或者签订条约与采用习惯法等规定或认可；人权法的保障形式是原则、规则或制度。亦有学者称：“人权法是指国家与国家之间以及国际组织之间，以保障自然权利为前提而制定或认可的调整人权关系的法律关系的总称。”笔者认为，此种观点比较全面、正确。然而，更赞同李步云教授所界定的人权法概念。

“人权”一词，自诞生以来已有 300 多年的历史。世界上最早把“人权”规定在成文法中，当属 1776 年至 1789 年的原英国殖民地的北美诸州宪法。例如，1776 年美国的《独立宣言》宣布：“一切人生来都是平等的，他们均享有

---

* 作者：周国君、刘根菊。本文成稿于 2004 年 9 月。

不可侵犯的天赋人权——生命、自由、追求幸福。”马克思称其为“第一个人权宣言”的、具有典型意义的、影响最为广泛的人权宣言则是1789年法国大革命时期提出的《人权宣言》，于1791年被规定在宪法前言之中。此后，各资本主义国家的宪法都将“人权”作为一项重要的内容予以确认。1942年经26国签署的《联合国宣言》和1945年的《联合国宪章》均提出和宣布：“重申基本人权、人格尊严价值以及男女与大小各国平等权利的信念”，并规定联合国宗旨之一为“不分种族、性别、语言或宗教，增进并激励对于全人类之人权及基本自由之尊重”等。争取人权，是资产阶级为反对封建专制的革命口号和武器，具有进步意义，但有阶级性。正如马克思恩格斯指出：“人权本身就是特权，而私有制就是垄断。”第二次世界大战后，人权成了国际法的一条准则和国际斗争的政治领域。1948年12月10日，联合国第三次大会通过了《世界人权宣言》（序言和30条条文），对人权享有的主体、内容、保障等作出了全方位的规定，成了各国均应遵守的准则。

1996年12月16日，联合国大会通过了《公民权利和政治权利国际公约》（序言和53条条文）和《经济、社会和文化权利国际公约》（序言和30条条文），两份“国际公约”，对人权的内容、保障和实施作出了明确、更具体的规定。与此同时，联合国还通过了一些重要的专项人权宣言和公约。例如，1979年12月18日通过的《消除对妇女一切形式歧视公约》、1965年12月21日的《消除一切形式种族歧视国际公约》、1984年12月10日的《禁止酷刑和其他残忍、不人道或有辱人格的待遇或处罚公约》、1989年11月20日的《儿童权利公约》等。某些区域性组织也通过了一些地区性人权公约。例如，比较典型的有：1950年11月4日罗马的《欧洲人权公约》（序言和66条条文）、1969年11月22日哥斯达黎加圣约瑟城的《美洲人权公约》（序言和82条条文）、1981年非洲统一组织的《非洲人权和民族权宪章》（序言和66条条文）、1949年4月4日华盛顿的《北大西洋公约》（序言和14条条文）等。

1955年亚洲万隆会议把“尊重基本人权”列为10项原则的第1项，把原来“争取个人的基本权利发展”改成为“争取民族自决和维护国家的独立和主权”。1961年以后，历届不结盟国家首脑会议继续拓展了这一新概念内容，使人权发展到了一个崭新阶段。由上可见，人权不仅有一个发生、发展、变化的过程，而且还具有多重性，即人权具有所有人普遍享有的社会性；人权与不同阶级利益密切相关，具有阶级性；不同阶级、不同民族、不同地区的人群除了所有人应当享有基本权利以外，另有自己的人权内容，具有差异性；等等。

一、人权

（一）人权的概念

人权有如下几个特点：人权涉及哲学、政治学、伦理学、社会学、法学、经济学、历史学、人类学等多种学科知识；人权存在于不同种族、肤色、性别、经济地位和文化程度的人之中；人权存在于不同国度、不同地区、不同社会政治体制之中；不同阶级中有不同价值观、道德观的人对人权的理解和解释差异甚大；人权的内涵极其丰富，具有历史性、政治性、阶级性、道德性、社会性、文化性、法律性、传统性、自然性等。基于此，人权的概念有如博登海默描绘的正义那样，也是一张普洛透斯的脸。但是，这并不是说对人权的概念不能进行界定和解读，其实对人权可从纵横方面解读。

人权的概念，归纳起来，其典型的表述主要有以下几类：

1. 人权，是权利的一般形式。例如，马克思说："人权是权利的一般的形式。"

2. 米尔恩讲："倘若着意于'人的'（human）这个形容词，那么，人权概念就是这样一种观念：存在于某些无论被承认与否都在一切时间和场合属于全人类的权利。人们仅凭其作为人就享有这些权利，而不论其在国籍、宗教、性别、社会身份、职业、财富、财产或其他任何种族、文化或社会特性方面的差异。"由此可见，该学者是把人权视为权利的综合权；而权利是人与生俱有的自然权利，不分国籍、种族等。

3. 人权，是指每个人都享有或应该享有的权利。例如，"所谓人权，就是指一切人满足自身要求、享受人身自由，并对自身以外的任何事物发生不同的联系的资格和能力总和，是社会的人的权利与人的社会的权力相互关系不断发展的统一体。"该论者认为，人权是人的资格和权利的统一体。有学者认为："人权一词，依其本义，是指每个人都享有或应该有的权利。'人人的权利'。……人权概念是由权利和人道两个概念构成。它是两者的融合。人权学说离不开权利学和人学这两门学问。"由此看来，人权是人人都享有和应当享有的权利。

4. 人权是天赋的、基本的和不可剥夺的权利。有论者说，"在我看来，就人权的性质和作用而言，可以把人权理解为属于人的或关于人的权利，即人作为人应当享有的，是不可非法无理剥夺或转让的权利"。

5.《牛津法律大辞典》称："人权（或称人的权利、基本自由）（human right）要求维护或者有时要求阐明那些应在法律上受到承认和保护的权利，以便使每个人在个性、精神、道德和其他方面的独立获得最充分与最自由的发展。作为权利，它们被认为是出生就有的个人理性、自由意志的产物，而不仅仅是由实在法所授予的，也不能因实在法所剥夺或取消的。”《牛津法律理论词典》的解释与前者基本相同。《元照英美法词典》称：“人权，指人的权利或基本自由，在法律上予以承认并加以保护的，使每个人在个性、精神、道德和其他方面获得最充分和自由发展的权利。这些权利被认为是生来就有的个人理性、自由意志的产物，既不是实在法授予的，也不能被实在法剥夺或取消。”此条阐明的是英美法系国家最早人权概念，即天赋人权概念。但后来，随着社会的发展变化和学者们的研究，人权概念的外延大大地扩展了，不仅包含该条的内容还包括集体、国家等权利和职权等。笔者认为，此概念中，把人权与权利、自由视为一体。其中，人权的主体，是每个人；人权的范围（内容），是个性、精神、道德和其他方面；人权的目标（目的），是独立、自由获得最充分的发展；权利的来源，是人生来就具有的；权利的范围（内容）是个人理性、自由意志；权利不仅不是由实在法授予的（法定权利），也不能被实在法所剥夺或取消（权利的永恒性）等。笔者还认为，该三辞典所称之“权利”，似乎专指人权中的天赋权利。

6. 人权，在一定意义上，还指阶级或者团体享有的权力。在阶级社会，权力有阶级性。例如，《中国大百科全书》称，人权是资产阶级提出来的。①人权又称为人的天赋的、基本的和不可剥夺的权利。英国1679年的《人身保护法》和1688年的《权利法案》，美国1776年的《独立宣言》，法国1789年的《人权宣言》都是著名的人权文件。马克思和恩格斯指出：“平等地剥夺劳动力，是资本的首要人权。”他们还指出：“被宣布为最主要的人权之一的是资产阶级的所有权。”

党的十一届三中全会以后，我国学者在研究人权问题的过程中，对人权外延的界定达30余种。主要有如下9种：（1）“人权实质上就是公民权。”（2）人权是“对公民基本权利的一般称谓”。（3）“人权就是人民的基本权利。”（4）人权是指“人享有的人身自由和各种民主权利”。（5）“人权”即指人的权利。（6）“人权即人的权利。广义的人权指人的一切权利，包括人的基本权利和公民权。狭义的人权特指人的基本权利。”（7）“人权……是指人的权利。然而，由于历史条件和各国国情不同，迄今为止，世界各国对人权的具体内容标准解释并不一致。”因此，“在不同历史时期和不同社会制度的国家，它有不同的含义。”（8）“所谓人权就是一定社会或一定国家中受到认可和保障的每个人实际拥有和应当拥有的权利的最一般的形式，特别是基本权利。”

---

① 《中国大百科全书》（法学），第490页。

(9)“人权是人依其自然属性和社会本质所享有和应当享有的权利。”由上可知，人权的主体是所有的人；人权的客体主要包括：人身、人格和人身基本权利，政治权利和经济、社会、文化权利三大类；人权存在着三种形态，即应有权利、法定权利和实有权利；人权的实质是为一定的道德理想与伦理观念承认与支持的人所应当享有的各种权益；人权的产生根源于人的本性；人权的形成与发展伴随着整个人类社会发展而始终，是一个从低级阶段向高级阶段的发展过程。

有学者详细地分析后指出：“我国学者对人权概念之外延的理解也很不一样。从人权的主体来看，人、公民、人民是三个内涵不同的概念，以此来界定人权，势必导致人权概念外延的不同。从人权的内容来看，它是指基本权利，或者是指自由、平等的权利，还是指人身自由和其他民主权利，包容的内容不同，其外延当然也就有异。从人权的形态上看，它是指应有的道德权利，还是指应有的法定权利，或是指实有的现实权利，或三者兼而有之，从不同的形态角度切入来解析人权概念的外延，得出的结论当然不一样。”笔者认为，此观点概括得全面而具体。

(二) 人权的外延（内容）

对于人权的外延，有不同的认识或不同的规定。

人权理论家早在20世纪末30年代初就指出：“凡对于下列之点有必要的功用的，都是做人的必要条件，都是人权：(1) 维护生命；(2) 发展个性，培养人格；(3) 达到人群最大多数的最大幸福的目的。”他还在《论人权》一文后提出了中国人当时具体所要求的“35条”（经考证，实际是34条）应有的“必争”的人权。后人称是中国式《人权宣言》。由此可见，论者早就对在中国的人权外延卓有概括，确实可取。

有学者认为，人权则指权利全域。此学者把人权的外延等同于权利。亦有学者认为，人权指那些直接关系到个人得以维护生存、从事社会活动所不可缺少的最基本权利，如生命安全、人身自由、人格尊严、基本的社会保障等。公民权指个人在国家的政治生活中所享有的各种政治权利，如选举权、言论自由、结社自由等。我国宪法规定的公民的基本权利和其他法律规定的公民的普遍权利，“就其内容来说，就是人权。”可见，该学者所言之人权，仅指国内法规定的众多权利。

还有学者说：“人权的基本内容即由生存权、学习权、经济权、政治权、技能权、自我权六大部分组成。”笔者认为，这只包括了人权中作为人的部分基本权利，它包括不了诉讼权利，亦包括不了作为全域上的人权，即除了公民享有的基本权利以外，还包括国家的主权、民族的自主权、种族的平等权、自然财富主权、发展权、和平权、环境权、人道主义待遇权等。甚至有学者认为："人权的实体内容大致包括三类：(1) 生存权利、人身人格权利；(2) 政治权利和自由；(3) 经济、社会和文化权利。这三类权利的关系是：第1条，是最低限度的权利或首要权利，是人权的逻辑起点；第2条，是核心权利；第3条，是基础权利。"还说，"人权分为基本人权和非基本人权。""基本人权，是指那些源于人的自然本性和社会本质，与人的生存、发展和主体地位直接相关的，人生而应当享有的，不可非法无理剥夺的且为社会所公认的权利。我国宪法所规定公民的基本权利属于基本人权。宪法之外的法律所规定的权利一般来说属于非基本人权。"笔者认为，这种分类有较大的科学性，但并不全面。

从历史上和国外的情况来观察人权。马克思称为"第一个人权宣言"的美国《独立宣言》所宣布的主要人权也仅包括生命权、自由权、追求幸福的权利和起义权（抵抗权）。法国1789年公布的《人权和公民权利宣言》的内容基本是指"公民权利和政治权利"，这个著名的"人权宣言"中所使用的"人权"概念，主要是人身权利和基本自由，并且把"人权"与"公民权"作为两个不同的概念加以区别运用。在第二次世界大战以前，自然法和自然权利思想主导着西方人对人权概念的看法和运用，他们中的一些人把"作为人的权利"与"作为公民的权利"予以区别，前者作为"人权"这个概念来表达，泛指一切人，只要他是人就享有的人身人格权；后者用"公民权"（civil rights）这个概念来表达，常指"每一个公民参与政治活动的权利"。另外一些西方学者则把人身权利和政治权利统归入人权这个概念。即使到如今，还有一部分西方人权学者仍坚持认为，人权概念的外延只能包括公民权利和政治权利，而经济、社会和文化权利属于社会福利或者利益，不能认定为人权。尽管上述各种界定有不少可取之处，但笔者认为，1991年10月，国务院新闻办公室发布的《中国的人权状况》（白皮书），所宣示的人权概念和外延最科学，阐明了中国政府对于人权概念及其外延的理解：人权是一个伟大的名词，是长期以来人类追求的理想和崇高目标。人权范围十分广泛，不仅包括生存权、人身权和政治权利，而且包括经济、社会和文化等各方面的权利；不仅包括个人人权，而且包括集体人权。享受人权的主体不是少数人，而是全体中国人民。由此观之，我国政府对人权概念的外延作了宽泛界定，已经突破外国和中国学者的许多狭窄的解释。笔者认为，白皮书的这种界定，符合国际人权发展趋势和中国的实际，最科学。但对于为什么人权的内容是如此范围，却没有作出必要的证明或者解释。

（三）人权的获得和发展

人权是关乎国家、民族和个人生死存亡和发展等权益之大事。在国际法上，“人权”一词始见于《国际联盟盟约》，创立国际劳工组织即以此为据。1945年旧金山会议拟订《联合国宪章》时，曾有人提议将《基本人权宣言》包括进去。由于当时不可能进行讨论，这一提案未能得到审查，但是，《联合国宪章》仍然明确地认为，应“不分种族、性别、语言或宗教，增进并鼓励对于全体人类之人权及基本自由之尊重”。[①] 不少学者和专家认为，《联合国宪章》基本暗示了“国际人权宪章”的思想。

1946年联合国在伦敦举行第一届会议，审议了《基本人权及自由宣言》草案，然后交给经济及社会理事会，“以供人权委员会编写国际权利宪章审议参考［第43（1）号决议］。委员会在1947年初举行的第一届会议上授权其成员国（由8个国家人权委员会组成）订立《国际人权宪章初步草案》。”1948年12月10日，联合国大会第217A（111）号决议通过了拟议的第一个文件《世界人权宣言》（内容包括“序言和30条条文”）。

联合国大会于1966年12月6日第2200A（XXI）号决议一起通过了“两权公约”（《经济、社会、文化权利国际盟约》内容包括“序言和31条条文”）和《公民权利和政治权利国际盟约》（内容包括“序言、53条条文和任择议定书”），以上盟约合称为《联合国国际盟约》（“盟约”后称“公约”，与《世界人权宣言》一起统称《国际人权宪章》）。除此之外，联合国还通过了一系列公约。

关于人权问题，许多国家很早就很重视，英、美尤为典型。至1948年12月10日联合国大会制订了联合国《国际人权宪章》包括的《联合国人权宣言》，两个权利公约等。在《联合国人权宪章》的倡导和号召下，一些地区亦制订了人权约法。除此之外，还有联合国或某些地区制定了一些具体人权约法，其中，关于保障犯罪嫌疑人、被告人诉讼权利方面的规则，如《禁止肉刑和其他残忍、不人道或有辱人格待遇或处罚公约》《关于保护死刑犯权利的措施》和《囚犯待遇的最低标准》等。

在我国，“早于辛亥《临时约法》的《鄂州临时约法》，首次将人权入宪，完成了民主与封建在‘人民之权利’与‘臣民之权利’上的分野。”从此，与民主、法治结合于一体的近代人权才告定型。

我国从新民主主义革命时期，共产党创立的革命根据地颁布的大约14件宪法性文件中规定有尊重和保障人权的内容。我国1954年和1975年、1982年、1988年、1993年、1999年宪法和2004年《宪法修正案》均规定有保障公民各项基本权利的内容；据此，各部门法也作出了具体规定，其中，2004

① 《联合国宪章》第1条第3项。

年3月14日通过的《宪法》第33条中增加规定："国家尊重和保障人权"，成了《宪法》在人权保障上的里程碑标志。

（四）几点感悟

从了解研究人权的起源、发展，笔者有如下几点体会：

1. 人权的权利本源是由人的特质和生命决定的

按照人类学的观点，人是由动物进化而来。动物虽无思维，但有的逐步学会并使用工具采果、捕猎和获得供生存所需的物品，经过自然界的各种条件的催衍，使部分动物演变成类人猿。再经过若干年外界环境的逼迫，为生存和延续产生了大脑思维和体能增强，脱离动物原生状而升华成人。人一出生就有生命，就需要维持生存的各种条件，包括生命不被摧残，吃、穿、用等齐有，享有人身、人格、尊严、自由、财产、经济、文化、政治权利等基本权利。其中，最重要的是生命权不被剥夺、生存权不被侵害等。人权不是资产阶级学者所鼓吹的"天赋"的或者是"商赋"的，它根源于人之本性，是人生来就具有的，是一种自然之权，即"自然人权"，是由人作为人的特质产生和决定的。至于生命延续所需的基本权利和社会、政治权利等构成的人权，是由人的最初、最基本的生存权派生出来的。

2. 人权是由低级到高级发展而来的

从唯物发展论角度看，最初的人权，仅是生命权、生存权、人身权、自由权等，后发展至政治权、财产权、经济权、文化权等基本人权。列宁曾经指出，为了用科学的眼光观察社会问题，"最可靠、最必须、最重要的就是不要忘记历史的联系……"从历史学角度观之，人权是随着人类社会的发展而发展的，有一个发展的过程，即原始社会、奴隶社会、封建社会、资本主义社会、社会主义社会阶段。有学者将其概括为：（1）平权阶段（原始社会阶段）；（2）暴权阶段（奴隶社会）；（3）君权阶段（封建社会阶段）；（4）强权阶段（资本主义阶段）；（5）集权阶段（社会主义初级阶段）。笔者认为，此种划分有其概括性、简明性和合理性，但是将第五个阶段界定为集权阶段，似有不妥，应界定为主权阶段为妥。这是因为，在此阶段，无论是资本主义国家或者是社会主义国家；无论是发达国家、发展中国家抑或欠发达国家，都在维护国家主权，以及为争取民族独立的地区争取独立的权利等。在第五个阶段基础上，鉴于联合国颁布越来越多的尊重和保障人权规约的客观事实，似应增设"全权"阶段。

3. 人权是经过为利益斗争获得的

人权之权益取得有三种形式，有的是通过阶级与阶级之间的斗争取得的，有的是通过弱者与强者之间的抗争搏得的，有的是通过被掌权者与掌权者之间的斗争取得的。阶级与阶级斗争是为了取得政权；弱者与强者的抗争是为了取得民族独立的自决权；被掌权者与掌权者之间的争斗是为了获得自由权或者监督权等。

毛泽东同志指出："阶级斗争，一些阶级胜利了，一些阶级消灭了。这就是历史，这就是几千年的文明史。拿这个观点解释历史的就叫历史唯物主义，站在这个观点的反面的就是历史唯心主义。"遵循上述历史唯物主义的观点观察和解释历史发展各阶段的发展变化，就可以看出被统治、被压迫的新兴阶级在某些思想家的先进哲理的号召和鼓动下，采用革命的各种形式和手段推翻压迫和剥削的旧社会、腐朽阶级和旧政权，夺取并建立新政权。从世界上封建社会的地主阶级，到新兴的资产阶级，到无产阶级，概莫能外。夺取政权后就会制定和声明维持本阶级利益的宣言，制定相应的法律、法规等，无不如此。例如，英国原来被罗马帝国统治 400 余年，后被盎格鲁－撒克逊入侵形成一批国王，争战 300 余年，建立了统一的英吉利国家。尔后建立了封建专制社会，制定了宪法性文件《自由大宪章》（由序言和 63 条条文组成）。主要涉及教会的权利不受侵犯，全体自由民享有自由权，……非经贵族依法审判，自由民不受捕拘、监禁、没收财产、褫夺公权、驱逐、伤害、搜查、逮捕等。1660 年，英国爆发了资产阶级革命，经过 41 年的斗争，于 1701 年，英格兰议会通过了《权利法案》和《王位继承法》，英国资产阶级革命完全胜利，法律制度的基础也基本确立。基本把体现资产阶级根本利益固定在它们之中。由此可见，英国人在取得政权后就制定宪法性文件，将封建体制规定到《自由大宪章》之中（包括司法权性质与特征），同时也规定了公民的基本权利。

殖民地国家欲脱离宗主国的统治和控制，获得独立的国家主权，亦必须通过与其主子的斗争获得。17 世纪至 1914 年第一次世界大战前夕，英国为了对外侵略扩张，以其不足 25 万平方公里的土地，成了统治 3350 万平方公里的庞大的殖民帝国，共占领了 20 多个国家作为其殖民地附属国，其中，大部分国家为了民族独立甚至挣脱英国的殖民统治而成立新的国家，也与统治它们的英国进行斗争，但是，在法律渊源和传统上，仍然沿袭英国法并适用殖民地国家的法律体系，英吉利法系 。

被压迫者经过阶级斗争获得人权。美国的先祖原是英国人，他们到北美洲去探险，发现了新大陆，1607 年建立了亲属殖民地。1776 年 13 个殖民地（州）宣布独立，成立了 13 个新国家。在此基础上联合起来，于 1776 年 6 月，共同发表了《独立宣言》，摆脱了宗主国英国（英王朝帝国）的控制，成立了独立的美国。尔后，将取得的斗争成果和体现其统治阶级的根本利益，规定到《联合宪法》等法律之中。《独立宣言》是 13 个独立国家的联合宣言，马克思高度评价了它的历史地位，称其为“第一个人权宣言”。由上可见，美国的先辈们，经过几十年与宗主国即母国（英王朝帝国）的艰苦卓绝的斗争（又称美国的“光荣”革命），由13国联合到美利坚合众国统一独立而获得政权。

有鉴前述，笔者认为，人权是由人的基本权利、自由和民族的自决权以及国家的主权等构成的权利和权力。

二、权利

人权中的核心内容是每个有生命的个人应当享有和实在享有的作为人之权益。何为权利，对此有必要进行研究和阐述。

在有的西方国家学者观念里，权利是人权的一部分，但是，权利到底是什么，权利的概念如何定义，是一个像无法弄明“真理”是什么、讲明白的概念一样，学者们各有各的理解。1991年出版的费雷顿（Michade Freeden）《权利》一书在论及研究权利概念的途径与方法时说：“在政治理论里，权利已经成了一个最受人尊重又确实不清的概念，想在原理上阐发权利概念所代表的观念，与阐发诸如平等、民主以至自由之类的概念，几无二致。”

笔者不完全赞同上述无所作为的观点，反而觉得在特定的语言环境里，可在语义上界定权利。“权利”是与“义务”相对称的法律关系内容之一。在法治国家里，法定权利，是公民按照宪法和法律的规定，可作为或不作为某种行为，也可要求国家或其他公民作或不作某种行为。公民权利由法律规定或确认，并为法律所保护。权利是一种行为，包括作为或不作为。公民有权依法去实现某种行为或不作某种行为，也有权依法要求国家、社会组织或其他公民去作或不作某种行为，使本人得到某种利益或实现某种愿望。但有学者认为，权利是指法律允许公民可作出某种行为的可能性，因而公民的权利既可享受，也可放弃。公民的基本权利由宪法规定，一般权利由普通法规定，社会组织章程规定的权利，只对其成员有约束力，但不具有法律意义。笔者认为，这是指法定（实有）的权利；从人类学角度讲，还应包括个人的自然权利和道德权利等应然权利。

有宪法学词典称：“权利”是“义务”的对称。（1）法律上关于权利主体具有一定作为或不作为的许可。如法律赋予人们享有的某种权益，权利人有权作出或不作出一定的行为或要求他人作出相应的行为（义务），在必要时可请求有关国家机关（法院、行政机关）强制性地协助实现其权利。（2）泛指社会组织的章程所规定的其他成员的权利，如党章、团章规定其党员、团员的权利，此种权利不具有法律意义，是各种社会组织赋予其成员享有参与或从事该组织某种事项的行为能力。此概念是二元型的权利概念。我们认为，公民的基本权利，是指公民依照宪法规定在政治、人身、经济、文化等方面享有的不可或缺的主要权益。其他法律所规定的一般权利都不得与基本权利相抵触，它体现着公民在国家中的地位。公民的基本权利，是权利（种概念）的下属概念（子概念），但它是权利外延中的主要部分。

（一）国内学者对权利概念的界定不少于数十种

有学者云，权利是同私有制和法一起出现的。罗马至中世纪均无明确的法定权利和义务概念，当今被译为“权利”的拉丁文“jus”在罗马中有十余种意思，其中有几种接近人们现今所讲的民法上的权利。在汉语中，虽然“权利”一词早已有之，但作为法和法学正式使用的权利和义务的概念，是近几十年来才从西方引进我国的。数百年来，在国外，关于权利和义务的解释（定义）不下数十种，其中比较有影响的有十余种，典型的有下列4种：（1）利益说；（2）自由说；（3）可能性说；（4）选择说。

笔者基本赞同该学者的观点，但是，用马克思主义观点来分析，总体上是片面的。利益说、自由说和选择学都是片面的（且不讲其超阶级性）。完整的权利理论应当是三者的统一体，即权利享有者以一定的方式行使其选择权或意志自由，而这二者的结合才能使其得到某种利益。而“可能性说”，则说不清楚权利的属性和特征。

另有学者说，据现有资料观之，从国外引进的权利概念或定义确实不少于几十种。他们对目前国内外影响最为广泛、最具代表性与主导性的权利概念理论进行类型化整理，认为主要有：资格说、主张说、自由说、利益说、法力说、可能说、规范说、选择说等八种权利本质。其中，（1）主张说（要求说）。主要代表人物是美国的费因伯特（Joel Feinberg），他在《权利的本性和价值》中认为，权利是一种有效要求权。(2）自由说。主要代表人物有荷兰哲学家斯宾诺莎、英国的霍布斯、德国的康德和黑格尔、美国法官霍姆斯等人。其中，典型表述者是霍布斯。他认为，权利就是受到法律保护的自由。(3）利益说。代表人物是耶林和庞德。庞德说，利益说的最大价值，是通过人们注意权利背后的利益。(4）资格说。最初是由格老秀斯在《战争与和平法》中提出的，“由于它，一个人有资格正当地占有某种东西或正当地做出某种事情。”“权利等于资格（entitlment)”。(5）法力说。起源于英国的洛克和法国的卢梭。由德国法学家梅克尔系统阐述。法力说认为，权利是法律赋予权利人的一种法律上之能力，权利人凭借其可以实现法律允许的目的。(6）规范说。认为法律是法律保障或允许的能够做出一定行为的尺度。(7）可能说。前苏联有学者认为，权利是权利人做出一定行为的可能，要求他人履行义务的可能以及要求国家机关给予协助和保护的可能性。（8）选择说。主要代表人物是英国著名法学家哈特。他认为权利体现一种选择的自由。就是说，某人之所以有某种权利，取决于法律承认他对于某一标的物或特定关系的选择优于他人的选择。

上述各种学说，都从不同的侧面阐释了权利概念的内容、形式、本质等，有其合理部分，但有的有片面性、理想性、主观性、形而上学性等。界定权利概念确实很困难，正如有的学者所云："怎样界定和解释权利一词，是法理学上的难题，在现代政治法律里，权利是一个受人尊重而又模糊不清的概念。"但是，也不像有学者悲观地那样认为，洞察权利概念的现象，西方"后现代法学"给出了比较极端的"话语"——"权利概念只不过是理论假设中的前提，是一种假设的概念。是所构建的法律制度中，不断被重复生产的虚假的审美概念"。基于人们对任何事物都是可以进行分析和认识以及在某种程度上可以分析和认识到比较接近客观真实的辩证唯物主义观点，在法学界不少学者批判、借鉴上述各种权利概念合理成分的基础上，近二十余年来，我国法学界学者对权利概念又做了不同的界定，大致有十多种类型。其中，主要的是以下13种：行为或资格说、可能性说、尺度说、法律手段说、许可和保障说、利益说、权能说、获利手段说、资格和可能性说、自由度说、行为自由说、权利与法概念等同说。笔者认为，这些表述和观点，基本上反映了我国学者研究的状况和成果，形成了中国权利学派的特色。

（二）权利的内容及分类

英国著名国际人权法专家 R. J. 文森特（R. J. Vincent）教授根据联合国及其他一些机构的习惯用法，开列了一份划分为三类人权的权利一览表。有学者认为，文森特教授开列的这份人权一览表，实际上是对三代人权——作为第一代人权的以自由为核心的公民权利和政治权利，作为第二代人权的以平等为核心的经济、社会和文化权利，作为第三代人权的以博爱为核心的社会连带权——的简单区分，而不是划定人权概念的外延，因此并没有包罗人权概念应有的各项权利。即使文森特教授也承认，"这几组权利可以写成很长的一张单子"。但是，"如果那个形容词'人'字确实只能加在十分重要的权利之前，这张单子的长度真得要缩减了"。

美国当代著名国际人权学者 J. 道纳里也开列了一份"人权的权利清单"。按照他的这份清单，公民权利和政治权利似乎比经济、社会和文化权利要更受青睐。道纳里教授认为，在国际上已经得到承认的人权包括 40 种权利。我国部分学者不客气地说，这份人权的权利清单既不全面也不理想，至少在"清单"罗列的权利分类上，其逻辑关系混乱不清是显而易见的。笔者也有此种看法，但亦认为，这种分类，起码表明道纳里教授做学问是认真和尽力的，对人权和权利的研究是深入和熟练的，其观点值得借鉴。

中国社会科学院王家福教授和刘海年教授于 1998 年初，第一次以中国学者的眼光对人权的权利范围开列了一份清单。这份人权的权利清单尽管仍有诸多不足，但与文森特教授以及道纳里教授的清单相比，显然更为全面、科学。《中国人权大百科全书》在“权利与自由”部分，开列的人权的权利清单共 154 种，其中，刑事诉讼权利达 30 余种。这 154 种单项权利，可分为八个方面。

有学者认为，尽管这份清单不尽如人意，但仍是我国目前人权理论研究所能提供的最佳成果，把对人权中的权利外延的认识明显地推进了一大步。尽管其中有的行为是不是权利值得探讨，如人工流产的权利、同性恋权利以及安乐死、自杀、独身、试婚、用 B 超选择留男胎不留女胎等，不仅仅是在探讨，而且还在争论中。争论并非全是坏事，因为争论能提高政府、集体和公民对权利的认识，越争越明，也能促进对于权利的研究。

14 年前已有学者从学术理论层面首次研究了其中的人身权利，亦有学者第一次研究了特定主体的权利，即刑事被告人的权利。前者，所著《社会发展中的人身权利》，共四个部分，分别研究人身权的历史、中国人身权的历史、中国人身权保护法律制度、实际享有以及人身权利的社会发展。后者，对特定主体的权利中“刑事被告人权利”进行了研究和阐述。主要内容是法定权利和实际权利（刑事被告人实际状况和权利状况分析）等。笔者认为，上述两位学者对权利的研究，是从纵的方面对权利的深掘细琢，指明了深入研究的方向，对推动人权研究的发展具有重要的示范和引擎作用。在此之后，又有四位学者出版专著《犯罪嫌疑人的权利保障研究》，对我国侦查阶段的犯罪嫌疑人的权利保障进行了 10 个专题探究。笔者认为，这是截至目前为止，较全面、深入、高水平研究犯罪嫌疑人权利保障的著作，对理论研究和实践指导作用甚大。

三、权利与人权的关系

前文已研究并阐述了人权和权利的概念、外延、分类等。那么权利与人权的关系如何？有何异同？缘于人权内容的丰富，200 多年来，学者和官员对其概念及其外延的界定林林总总，众说纷纭，莫衷一是。笔者认为，人权与权利相互关系主要有三类：

（一）人权外延等于权利（外延）说

有法学辞典称：人权最早是资产阶级提出来的。人权被称为人的天赋的、基本的和不可剥夺的权利。英国 1679 年的《人身保护法》和 1688 年的《权利法案》，美国1776年的《独立宣言》和法国1789年的《人权宣言》都是著名的人权文件。牛津法律大辞典称："人权（或称人的权利、基本自由）（human right）要求维护或者有时要求阐明那些应在法律上受到承认和保护的权利，以便使每个人在个性、精神、道德和其他方面的独立获得最充分与最自由的发展。"作为权利，它们被认为是生来就有的个人理性、自由意志的产物，而不仅仅是由实在法所授予的，也不能因实在法所剥夺或取消的。有辞典称：人权（Human Rights）是以人的资格而享受的基本权利。

（二）人权大于权利说

例如，其概念是凡属人类，均具有人格，即享有此种基本权利，不因时、因地、因肤色、性别、出身或环境而异。人权是人的尊严的基石。其目的在于促使人人能充分发挥其潜能与才干，达到最大的安全与满足。有学者认为："人权则指权利全域。"《人权的发明·一部历史》一书中说："人权需要三个密切相关的特征：权利一定是与生俱来的（人生来固有的）；平等的（对每一个人来说都相同）；普遍的（不分地域、到处都适用）。"

（三）人权小于权利说

该学说认为，人权是权利体系中的一部分。"人权"与"权利"不是等值的概念。"权利"是个概称和统语，指所有应当受到法律确认和保护的正当权益。"人权"则是"权利"的下位概念，指谓人生而享有及应当享有的基本权利及其不可缺少的权利。人权是权利体系的一部分。有学者说，人权是皇冠（权利）上的一颗明珠。这表明，他认为人权小于权利。

有的认为，人权一词，依其本意，只是指每个人都享有或应当享有的权利。是"人人的权利"。

对于人权法视阈下的人权与权利思辨，笔者略有如下几点看法：

第一，人权最早是指人的基本权利。对此，各种学说甚多，不同争鸣不断，特别是在16、17、18世纪尤甚。

第二，人权外延是在不断发展的。第一代人权的外延只包括人的基本权利，或曰自然权利；第二代人权发展到了政治、经济、文化等各种权利和享有的权力；第三代人权，还包括国家主权、民族自治权、民族独立权、社会发展权等。例如，人权的外延是随着时代的发展而扩大的。第二次世界大战以后，经济、社会和文化权利已经普遍进入国际法领域，被明确载入《国际人权宪章》，国际上通常把《世界人权宣言》《经济社会和文化权利国际公约》《公民权利和政治权利国际公约》，统称为《国际人权宪章》，和其他一些国际人权文书，大大拓展了人权概念的外延。在国内法领域，作为人权范畴的经济、社会和文化权利也在许多国家的宪法和法律中出现，成为这些国家国内法确认和保障的法定权利。有辞典称："人权是人身自由的人的其他基本权利的总称。"也有的学者认为，人权中除了权利以外，还包括N种权力。例如，前述1955年亚洲万隆会议和1961年以后历届不结盟国家首脑会议，把争取个人的基本人权发展成为争取民族自决和维护国家的独立和主权，就属于人权外延大于权利（外延）。

第三，人权具有社会性和阶级性。人权是一切社会关系的总和，是一个范畴，总是固定地与社会形态相联系，并反映一定的社会关系。人权的阶级性，表现为不同的阶级有不同的人权观。例如，资产阶级的人权观开始为人权是天赋的、超阶级的，后来又发展为人权是有产者的特权，维护的是资产阶级的利益。无产阶级人权观认为，人权是绝大多数人的人权，维护的是绝大多数人的根本利益，特别是劳动者的人权（只剥夺依法判处死刑犯人的人权）。

第四，人权不是抽象的，而是具体的。人权是一个权利体系。首先，人权是一个有机的整体，它体现了个体人的权利，也体现了群体权力（民族、国家等）；它既包括政治权利，还包括经济、社会、文化等权利，以及国家主权、民族独立权、发展权等。其次，人权是权利与义务的统一体。权利与义务是不可分割的，没有无义务的权利，也没有无权利的义务。最后，在国际社会中，人权离不开各国国情，人权的国际保护是在各主权国家之间进行的，而各国的国情，包括社会制度、政治制度、文化状况、历史传统、民族习惯等千差万别，人权状况也各不相同，所以，人权的国际保护首先必须尊重国家的主权和各国的国情，必须遵循国际法的原则，包括不干涉内政原则。

第五，人权具有五个主要特征：（1）人权源于自然属性的权利；（2）人权具有普遍与个体相统一的属性；（3）人权具有法定人权与实际人权的区别性；（4）人权具有与专制制度和职权主义斗争的抗争性；（5）人权具有人权主体享有权利和权力的国际性。

第六，笔者理解的人权，是广义上的人权，赞同国务院新闻办公室发布的《中国的人权状况》（白皮书）中所宣称的人权概念，即人权是指自然人个人享有的生命权、生存权、人身权、政治权、财产权权益和国家、民族等享有的经济、社会和文化权利，以及他们享有的国家主权、民族自决权、发展权、环境权等权力和权能的总和。

第七，笔者认为，人生来就有生命、人身、自由、人格、尊严、名誉等基本权利。民族、部落的存亡乃至被奴役、剥削、压迫人群为了自己的生存和幸福，造反或起义并夺取政权、建立国家，均是为了自身的基本权利。最为典型的是英国，将基本权利规定在《权利法案》《自由大宪章》之中；美国将基本权利规定在《独立宣言》和《联合宪法》之内。从国际法层面，1945 年 6 月 26 日签署的《联合国宪章》“前言”中规定：“重申基本人权、人格尊严与价值，以及男女与大小各国平等权利之信念”。由此可见，该文件不仅讲到基本人权、人格尊严与价值，还讲到国家与国家之间独立平等、和睦相处等政治权利。这表明，有关“权”的权幅已扩大，自此以后联合国的《公民权利和政治权利国际公约》《经济、社会和文化权利国际公约》更表明了这种思想。笔者认为，在国外，无论法律文件中或者学者论著中，均把“人权”视为包括基本人权和民族独立权、国家自主权、发展权等为一体之词。当讲民族、国家等的权力时，亦用“人权”，令人懵懂难辨。笔者主张，在中国的语境下，应当将二者区分开：把“人权”看作“种”（上位）概念，把“权利”视为“属”（下位）概念。在“权利”之下，又分为实体权利和法定权利及诉讼权利；在诉讼权利中，又可细分为当事人和其他诉讼参与人、参加人以及进行诉讼的人员等享有的权益、权利等。

四、刑事诉讼中的人权

前文已研析，在人权法学中，人权，是一个大概念（种概念），权利是一个小概念（属概念）。人权，包括自然人与生俱有的基本权利（如生命权、生存权、人身权、人格权、自由权、尊严权、名誉权、财产权、住宅权等），又包括人在不同领域中的权利（如公务、生产、科研、商务、教育、文体等），还包括刑事诉讼中的人权。刑事诉讼中的人权，分为个人享有的权利（如被追诉者及其他当事人享有的各种法定权利、其他诉讼参与人享有的法定权利）和公、检、法执法人员享有的权利和职权（如侦查权、起诉权、审判权及其人身权利）。可见，刑事诉讼权利处在人权中的第五个层级，即人权、主权、职权、权利、刑事诉讼权利。

根据我国《宪法》和 2012 年《刑事诉讼法》的规定，犯罪嫌疑人、被告人享有 40 余种主要诉讼权利。这些权利似可分为两大类：

（一）实体性权利

实体性权利既包括人与生俱来的基本权利，又包括刑事诉讼法规定的自卫权利，即被追诉者为了维护自身合法权益而提出控告、辩护、上诉、申诉、申请等 20 余种权利。例如，在整个刑事诉讼中的充分辩护权、对侵害行为的控告权、对法律援助的申请权、对超期羁押的要求解除权、对不起诉决定不服的申诉权、对一审判决不服的上诉权以及上诉不加刑权等。

（二）程序性权利

即法律对执法者依法执行和约束其滥施法律以保障被追诉者权利的规定，选其要者，约有10余种。例如，严禁刑讯逼供、不得强迫自证其罪、讯问必须在看守所进行、讯问过程依法录音录像等。

概言之，实体性权利，属于被追究者自行提出或要求执法机关及其人员保障他们的权益，行为具有启动性；程序性权利，是法律要求和约束公安司法人员依法保护被追诉者的合法权益，行为具有保障性，但二者的最终目的，均是保护被追诉者的生命、生存、人身自由、人格尊严等实体利益。

五、联合国文件和国外宪法关于“无罪推定”和“沉默权”

在国外，联合国文件和国外各国宪法规定了很多权利，其中有18种，在我国《刑事诉讼法》中尚未规定。最主要、最重要的是“无罪推定权”和“沉默权”，它们是其余权利的源流权。换言之，其余是它们的派生权利。现对此略加研究和阐述。

（一）无罪推定

《世界人权宣言》第11条第1款规定：“凡受刑事控告者，在未经获得辩护上所需的一切保证的公开审判而依法证实有罪以前，有权被视为无罪。”此外，还有4个文件：（1）《公民权利和政治权利公约》第14条第2款规定：“凡受刑事控告者，在未依法证实有罪之前，应有权被视为无罪。”（2）《保护所有遭受任何形式拘留或监禁的人的原则》“原则36”第1款规定：“涉嫌被控犯有刑事罪行的被拘留人，在获得辩护上一切必要保证的公开审判中依法确定有罪之前应被视为无罪。”（3）《儿童权利公约》第40条第2款（B）项（一）目规定：“在依法判定有罪之前应视为无罪。”（4）《囚犯待遇最低限度标准规则》第84条第（2）款规定：“未经判罪的囚犯视同无罪，并应受到如此待遇。”笔者将上述（1）和（2）的规定表述为“视为”式模式。将上述（3）和（4），表述为“假定”式模式。

（二）联合国关于沉默权的规定

只有联合国《少年司法最低限度标准规则》第7.1条规定：“在诉讼各个阶段，应保证基本程序方面的保障措施，诸如……保持沉默的权利。”

（三）国外有193个国家宪法中有关于“无罪推定”和“沉默权”的规定

1. 关于无罪推定规定。在亚洲，46个国家中有19个国家作了规定，如泰国宪法第39条规定：“刑事案件的犯罪嫌疑人或被告推定为无罪”，笔者称其为“推定”式模式，另有菲律宾宪法第14条（二）、哈萨克斯坦宪法第77

条、吉尔吉斯斯坦宪法第26条等。在欧洲，44个国家中有22个国家作了规定，如乌克兰宪法第62条规定："每个被指控犯罪的人，在其罪行未经法律规定的程序所证实，未被法院作出的刑事判决确认之前，均被视为无罪，并不遭受刑事处罚。"笔者称其为"视为"式模式，另有斯洛伐克宪法第50条、葡萄牙宪法第32条（二）、斯洛文尼亚宪法第27条等。在非洲，54个国家中有48个国家作了规定，如阿尔及利亚宪法第45条规定："非在享有法律所要求的保障下经有权司法机关裁定有罪，任何人均应被推定为无罪。"① 另有安哥拉宪法第67条第2款、贝宁宪法第17条、多哥宪法第18条第1款、冈比亚宪法第24条第1款、刚果（布）宪法第9条第2款等。在大洋洲，14个国家中有11个国家作了规定，如巴布亚新几内亚宪法第37条（4）规定："根据法律被证明有罪之前，被指控的人应被推定为无罪"，另有萨摩亚宪法第9条（3）等。在美洲，35个国家中有24个国家作了规定，如危地马拉宪法第14条、巴哈马宪法第20条（二）、牙买加宪法第20条第5款规定："任何被指控刑事犯罪者，除证明或承认有罪，应该假定其无罪。"笔者称其为"假定式"模式。

2. 关于沉默权的规定有21个国家作了规定，占193个国家的10.88%。主要有：斯洛伐克宪法第50条、图瓦卢宪法第11条第1款（六）、菲律宾宪法第3条第2款（1）、马尔代夫宪法第48条第3款等。

关于"无罪推定""沉默权"的统计和分析表

国家数	无罪推定数及占国家数之比	沉默权数
亚洲：46	19（41.3%）	2
欧洲：44	22（50%）	1
非洲：54	48（88.8%）	8
美洲：35	24（68.6%）	5
大洋洲：14	11（78.6%）	3
共计：193	124（64.2%）	19

另外，需注意以下问题：（1）值得研究是不是标准的"无罪推定"（含推定、假定和视为）；（2）值得研究是不是"沉默权"的有7个国家；（3）美

① 笔者认为，应当译成："在享有法律所要求的保障下，非经有权司法机关裁定有罪，任何人均应被推定为无罪。"或者像1976年11月19日通过的宪法第46条规定："任何人在其经过正常审判定罪前都被视为无罪。"

国有沉默权制度的未统计在内。

综上，无罪推定的三种模式占 193 个国家的百分比各为：（1）推定式：83 个；占 43%；（2）假定式：15 个；占 7.8%；（3）视为式：26 个；占 13.5%；（4）其他模式，如阿拉伯联合酋长国宪法第 28 条规定："被告人在经公正的法院审判有罪前均是清白的"；巴林宪法第 20 条第 3 款规定："定罪前无罪"；尼泊尔宪法第 24 条规定："任何被指控有罪的人，在证明有罪之前不得推定有罪"；瑞士宪法第 32 条（1）规定："任何人在判决生效前不得认为有罪"，此模式占 0.021%。（5）值得研究（难以断定是否无罪推定）的 27 个，占 14%。（6）完全没有前述五项内容的有 38 个国家，占 19.7%。例如，埃及宪法第 20 条规定："被告在被法院证明有罪之前是无辜的，法律保障其为自己辩护的权利。"

沉默权，即被追诉者享有对讯问缄口不语的权利。从警官第一次讯问之时就享有此项权利，全世界有 19 个国家宪法规定和美国联邦最高法院判例解释有沉默权制度，合计 20 个国家，占 193 个国家的 10.36%。另外，还有 6 个国家有酷似沉默权制度。例如，也门宪法第 48 条第 2 款规定："可以拒绝做任何口供。"莱索托宪法第 50 条第 2 款规定："拒绝自证其罪。"

（四）国外部分国家宪法中有关保障被告权利而我国法律未作规定的

1. 有利被告，即凡是处于对被告有利难以确认情形之时，应作有利被告的解释和处理。124 个国家有此规定，占 193 个国家的 64.2%。

2. 禁止双重危险（一案不二审），即对一起案件作出终审裁定或判决之后，再不能重新进行审判。

3. 禁止药物试验，即为了获取口供或其他物证，禁止对被追诉者进行医学药物试验或者科学试验。

4. 不被自证无罪，即不得勒令被追诉者自己证明自己无罪。6 个国家有此规定，约占 193 个国家的 0.3%。

5. 禁止奴役，即禁止奴役任何人，令其服劳役，包括被追诉者。92 个国家有此规定，约占 193 个国家的 47.7%。

6. 禁止非人道待遇，即禁止对被追诉者进行虐待、侮辱人格、残酷地摧残精神或肉体完整性。有 150 个国家有此规定，约占 193 个国家的 77.7%。

7. 罪行豁与赦，豁即免除，赦即减轻或免除已犯罪之人的刑罚。38 个国家有此规定，约占 193 个国家的 19.7%。

8. 废除或禁止死刑，即在已有死刑刑种的国家废除死刑和以前没有死刑刑种的国家禁止规定死刑刑种。47 个国家有此规定，约占 193 的 24.4%；部分废除死刑的有 30 个国家，约占 193 个国家的 15.5%。

9. 禁止判终身监禁，即不允许对被告人判处终身被剥夺人身自由的监禁。7 个国家有此规定，约占 193 个国家的 0. 36%。

10. 判决必须说理，即判决书必须说明判处何种罪名及刑罚等理由。14 个国家有此规定，约占 193 个国家的 0. 73%。

11. 不提交不利证据（含亲属等）和不自证其罪，即被追诉者享有不提交不利于己的证据和不证明自己有罪的权利。59 个国家有此规定，约占 193 个国家的 30. 5%。

“人权”入《刑事诉讼法》及其价值理念*

一、概述

2012年3月14日通过、2013年3月1日生效的刑事诉讼法，依据宪法增加规定“尊重和保障人权”，这是一个很大的亮点和进步。

1996年刑事诉讼法没有单独规定“尊重和保障人权”。16年来，在法学专家的呼吁和建议中，尤其公安司法机关和人员在保障刑事诉讼当事人等的诉讼权利方面取得很大进展，因此，2012年修改刑事诉讼法时增加规定“尊重和保障人权”。那么，其蕴涵如何？就刑诉法理而言，无疑是理念，含执法理念、司法理念等。除此之外，笔者认为还应有统摄、统领、引擎各种具体执法活动之“价值理念”。价值理念内涵十分丰富，限于篇幅本文仅就政治、伦理、文明和人本价值理念，试作初步探讨。

此处重点研究将宪法规定的“尊重和保障人权”植入刑事诉讼法。研究这个问题，涉及人权、权利、价值、理念和功能等一系列内容。限于时限，本文仅就人权、权利和价值理念进行探究。

2012年刑事诉讼法吸纳“尊重和保障人权”，有学者将其称赞为“八大亮点”之首。① 此言并非过誉。考查世界各国刑事诉讼法，唯有我国刑事诉讼法将宪法中规定的“尊重和保障人权”植入其内，可谓“独创”；同时，还将《联合国宪章》《世界人权宣言》和《公民权利和政治权利国际公约》以及其他刑事司法准则中“尊重和保障人权”的部分内容和精神也纳入其中，确属世界“首创”；就其意义而言，是对人权保障作出的“重要贡献”；同时，对民法、刑法等部门法亦具有先导和引导作用等。2012年刑事诉讼法与1996年刑事诉讼法相比，修改、完善、增加的条款甚多（据统计，条

---

* 作者：周国均。

① 陈卫东：《新〈刑事诉讼法〉的八大亮点》，载张军、陈卫东主编：《刑事诉讼法新制度讲义》，人民法院出版社2012年版，第1页。

文数量由225条增至290条，增加66条，修改82条，删除1条），恰似天空繁星闪烁，唯独“尊重和保障人权”这颗“北斗星”最亮晶晶、最耀眼夺目。亦有学者说2012年刑事诉讼法极大地推进了我国司法文明建设，在中国和世界司法文明发展进程中具有里程碑意义。① 笔者认为，此评价恰如其分。

随着联合国有关保障人权宣言、公约和规则等的颁布与宣传，各国政府和司法机关十分重视，在尊重和保障人权方面做出了很大努力。其中，人权理论研究兴起并在其理论指导下制定了相关的法律、法规等。我国1996年修改刑事诉讼法时，虽然也有零散的保障人权的条款，但很不够。为切实尊重和保障人权，立法机关及立法者以人权理论为指导并以宪法为根据，借鉴及吸收联合国颁布的宣言、公约和规则等相关内容，于2012年修改刑事诉讼法时，在总则部分，旗帜鲜明地把“尊重和保障人权”规定为任务之一。遍查世界各国宪法（193个国家），只有萨尔瓦多共和国宪法第144条规定了“尊重并保护人权”。② 又遍查世界主要国家的刑事诉讼法，无一个国家像我国刑事诉讼法将“尊重和保障人权”作为一项任务规定之。可见，我国刑事诉讼法对保障人权之给力。由此，2012年时对刑事诉讼法进行了大幅度修改，主要内容有：（1）增加规定了“尊重和保障人权”；（2）改革完善了辩护制度；（3）完善证据制度，确立非法证据排除规则；（4）完善强制措施制度，严格限制不通知家属等情形发生；（5）完善侦查讯问程序；（6）适度强化侦查措施；（7）完善一审程序中证人、鉴定人出庭制度；（8）扩大适用简易程序的案件范围；（9）改良第二审程序；（10）改革死刑复核程序；（11）增设未成年人刑事案件诉讼程序；（12）增设当事人和解的公诉案件诉讼程序；（13）增设犯罪嫌疑人、被告人逃匿、死亡案件违法所得的没收程序；（14）增设依法不负刑事责任的暴力型精神病人的强制医疗程序。③ 笔者赞同陈光中教授之归纳，但是，似乎还应包括对审判监督程序和执行程序的完善。

---

① 张文显：《司法文明新的里程碑——2012年刑事诉讼法的文明价值》，载《法制与社会发展（双月刊）》2013年第2期。

② 《世界各国宪法》编辑委员会编译：《世界各国宪法》（第3卷），中国检察出版社2012年版，第693页。

③ 陈光中主编：《“中华人民共和国刑事诉讼法”修改条文释义与点评》，人民法院出版社2013年版，第7～15页。

（一）人权

马克思说，人权是“权利的一般的形式”。① 有作者说，“所谓人权，就是指一切人满足自身要求、享受人身自由，并对自身以外的任何事物发生不同的联系的资格和能力总和，是社会的人的权利与人的社会的权力相互关系不断发展的统一体。”②

由此可知，他们认为，人权是人的权利、社会和权力的统一体。亦有学者认为：“人权一词，依其本义，是指每个人都享有或应该有的权利……人权概念是由权利和人道这两个概念构成的。它是两者的融合。人权学说离不开权利学和人学这两门学问。”③ 因此，人权是人人都享有和应当享有的权利。

十一届三中全会以后，我国在研究人权问题的过程中，对人权外延的界定达30余种。④

1991年10月，国务院新闻办发布的《中国的人权状况》（白皮书），阐明了中国政府对于人权概念及其外延的理解：“人权是一个伟大的名词，是长期以来人类追求的理想和崇高目标。人权范围十分广泛，不仅包括生存权、人身权和政治权利，而且包括经济、社会和文化等各方面的权利；不仅包括个人人权，而且包括集体人权。享受人权的主体不是少数人，而是全体中国人民。”⑤

对于人权的外延，学者们有不同的认识或不同的界定。

有学者认为，人权则指权利全域。⑥ 由此观之，他把人权的外延等同于权利。还有学者说：“人权的基本内容即由生存权、学习权、经济权、政治权、技能权、自我权六大部分组成。”⑦ 笔者认为，这只包括了人权中作为人的部分基本权利，除此之外，还有诉讼权、国家的主权、民族的自决权、种族平等权、自然财富主权、发展权、和平权、环境权、人道主义待遇权等。

笔者认为，从人权的起源、发展情况看，可以获知如下几点：（1）人权

① 《马克思恩格斯全集》（第3卷），第228页。

② 张春津：《人权论》，天津人民出版社1989年版，第4页。

③ 夏勇：《人权概念的起源——权利的历史哲学》，中国政法大学出版社2001年版，第4页。

④ 王家福、刘海年等编：《中国人权百科全书》，中国大百科全书出版社1998年版，第481~482页。

⑤ 国务院新闻办公室：《中国的人权状况》（白皮书），中央文献出版社1991年版，第1~3页。

⑥ 徐显明主编：《人权研究》（第一卷），山东人民出版社2001年版，序言第1页。

⑦ 张春津：《人权论》，天津人民出版社1989年版，第36页。

的本源是由人的特质和生命决定的；（2）人权是由低级到高级发展而来的；（3）人权是经过利益斗争获得的。综上可见，人权是由人的基本权利、自由和民族的自决权以及国家的主权等构成的权益和权能。

（二）权利

前文已阐述人权中主要的、初源的内容（外延）是每个人（含法人）都应当享有和实在享有的人之基本权利。

对于何为权利，笔者感到在特定的语言环境里可在语义上做出如下界定："权利"是"义务"的对称；是法律关系的内容之一。按照宪法和法律的规定，公民可作为或不作为某种行为，也可要求国家或其他公民作为或不作为某种行为。公民权利由法律规定或确认，并为法律所保护。公民有权依法去实现某种行为或不作某种行为；也有权依法要求国家、社会组织或其他公民去作或不作某种行为，使本人得到某种利益或实现某种愿望。从另一个角度讲，权利是指法律允许公民可作出某种行为的可能性，因而既可享受，也可放弃。公民基本权利，是权利（种概念）的下属概念（子概念），但它是权利外延中的核心部分。

有些学者说，据现有资料看，从国外引进的权利概念或定义确实不少于几十种。他们认为，对目前国内外影响最为广泛、最具代表性与主导性的权利概念理论进行类型化整理，主要有：资格说、主张说、自由说、利益说、法力说、可能说、规范说、选择说等八种权利本质学。①

党的十一届三中全会以来，我国法学学者对权利概念作了不同的界定，大致有13种类型：（1）行为或资格说；（2）行为的资格说；（3）可能性说；（4）尺度说；（5）法律手段说；（6）许可或保障说；（7）利益说；（8）权能说；（9）获利手段说；（10）资格和可能性说；（11）自由度说；（12）行为自由说；（13）权利与法概念等同说。② 笔者认为，上述观点从不同层面解析了人权内容，大有可取之处，并认为，公民基本权利是人权中最重要、最基本的组成部分，而其中的公民生命权、生存权、人身权、政治权、财产权等是核心部分。

至于人权中的现代司法人权，"主要表现在如下几个方面：一是生命权……二是自由权……三是身体健康权。四是财产权……五是诉讼权……六是

---

① 张文显：《权利与人权》，中国政法大学出版社1998年版，第74~80页。

② 张文显：《法学基本范畴研究》，中国政法大学出版社1993年版。

法律帮助权……"[①] 笔者基本赞同此观点。我国刑事诉讼权包括哪些？刑事诉讼法中已有明确规定的，择其要者是：被追诉人有人身自由不被非法拘捕权，人格不受侮辱权，人身不受拷打、伤残等酷刑权，不被强迫自证其罪权，不被刑讯权，不被超期羁押权，依法享有与亲属会见权，参加庭审权，自行辩护和委托辩护及辩论权，最后陈述权，上诉权，申诉权，被错羁错判的要求司法赔偿权，等等；被害人享有控告权，在各诉讼阶段陈述权，辨认权，对质权，出席法庭权，与公诉人一起控告犯罪权和辩论权，请求公安司法机关严惩或宽处被告人的刑罚权，认为判决显失公平的申诉权，要求被告人赔偿物质损失权，等等；证人有举报权，不被刑讯逼证权，要求侦查机关保障人身、财产安全权，获得作证误工的补偿权，自纠证言错误权，等等；鉴定人享有证人享有的各种权利。近年来，学界已出版《犯罪嫌疑人的权利保障研究》，主要研究人格尊严、人身自由、无罪推定、反对强迫自证其罪的特权，律师帮助权，会见交流权，知悉权，证据保全申请权，司法救济权，等等。[②]

据了解，经我国学者研究，人权及其基本权利达154种。[③] 限于篇幅，本文不做列举式介绍。

（三）给力与理念

2012年1月10日，《人民日报》在头版头条的"江苏'给力'文化强者"的文章标题中，用了"给力"一词，顿使广大读者眼前一亮，很吸引人的眼球。[④] 从此，各种媒体包括纸质媒体、平面媒体、广播媒体等纷纷使用，其中"大V"媒体（报刊、书籍等）采用频率最高，紧随其后的就是"微时代"的微媒体（微博、微信、微短信、微评论、微电影、微故事、微视频等）也频繁出现。至于什么叫"给力"，却不仅传统字典、词典均无释义，就连当下的文章也无定说，使用者多依己见和行文所需。依笔者之见，就"望文生义"而言，"给力"就是给予力量或力度。从语义上说，"给"指使对方得到

---

① 卞建林主编：《现代司法理念》，中国人民公安大学出版社2012年版，第66～67页。

② 孙长永等著：《犯罪嫌疑人的权利保障研究》，法律出版社2011年版。

③ 李林：《人权概念的历史和文化解读》，载王家福、刘海年主编：《人权与21世纪》，中国法制出版社2000年版，第39～41页。

④ "给力"，在当时对于许多读者，可能是陌生的。《人民日报》编辑们机智而巧妙地在主标题之上添加了一个引题："改革攻坚迸发动力、政策创新激发活力、厚积薄发释放能力。"在读者的眼里，"迸发动力""激发活力""释放能力"简直就像"给力"的绝佳注解。金易生：《"给力"：从网络走向社会》，载《咬文嚼字》（全集），青岛出版社2013年版。

某些东西、某种待遇、某种力量、某种好处等。“力”的含义很多，如改变物体运动状态的作用；表示力量；表示能力；表示体力；等等。此处所用的“力”，特指力量、力度、外力、动力、添力、作用力等。“给力”之“价值理念”，系指给“价值理念”以力量、力度和添力等。此处之“更给力”，是指在旧刑事诉讼法已有的价值理念基础上，进一步给其价值理念以更大的外力和力度。

“理念”一词非汉语已有，而是译自西方哲学史中一个重要理论范畴。柏拉图认为：“理念是事物的原因。”是独立于事物与人心之外的“摹本”或“影子”。[①] 笔者认为，此种观点不正确，是形而上学的机械唯物论。黑格尔认为，理念是自在自为的真理，是概念和客观性的绝对统一。理念的内容不是别的，只是概念和概念的诸规定；理念的实际内容只是概念自己的表述，理念所处理的对象并不是个人，不是主观观念，也不是外界事物，而是一切现实的事物，只要它们是真的，也就是理念。[②] 我们基本赞同黑格尔这种“概念与客观性绝对统一”的观点。有词典一针见血地指出：西方哲学意义上的“理念”乃是一种理想的、永恒的、精神性的普遍范型，是一种立足于对世界本质的认识和解释。[③]

笔者认为，上述观点有其合理部分，但在我国的语境下，笔者认为，从词义学角度看，理念是指理论和观念（思想意识）。理论属思维范畴，是意识形态的一种，与行为和行动相对应。观念，是客观世界在头脑中的反映。因此，理念，既含有脑组织的某些客观要素，又含有思想意识的成分。理念产生于心智，存在于大脑；它是行为智囊库、指挥府。由正确的理论统摄和指导行为，行为才会正确。否则，行为会偏轨、越轨或错误，其结果或事倍功半，或事败无疑。2015 年党中央提出了“创新”“协调”“绿色”“开放”“共享”的发展理念，是保障和促进“十三五”规划和落实的纲领和指南，具有十分重大和广泛及深远的意义，可见，其价值和作用巨大。

概言之，在刑事诉讼中，理念，可分为执法理念、司法理念和价值理念等（除此之外，还有立法理念、守法理念、执政理念等）。

---

① ［古希腊］柏拉图：《斐多》，100B－102C，北京大学哲学系、外国哲学史教研室编译：《西方哲学原著选读》（上卷），商务印书馆 1977 年版，第 72 页。

② 黑格尔：《小逻辑》，商务印书馆 1980 年版，第 212 页。

③ 《哲学百科全书》，中国大百科全书出版社 1995 年版，第 645 页。

执法理念，是指执行、施行、实施文本法律条款的思想和观念。对此，理论界和实务界研讨得较多，有的先哲及领导人也作过甚多的精辟阐释，值得汲取和执行。例如，先哲们讲："徒法不足以自行""法的生命在于执行""有法不执行，等于无法""法律得不到执行，等于一张废纸"。彭真同志说："维护社会主义法制的尊严，增强法制观念，严格依法办事，是我们的根本任务之一。"在这里，彭真同志是把严格依法办事作为重要理念提出来的。有外国学者亦称："只有法观念的唤醒和强化才能够使法律上的行为有一个可靠的保障。"① 邓小平同志说："要做到有法可依，有法必依，执法必严，违法必究。"这既是对执法的要求，又是对执法的规范。② 孔子曰："其身正，不令则行；其身不正，虽令不从。"③ 这是一种教导为官者身先士卒、身正令民行的执政、执法理念，值得引为镜鉴。

有学者讲，"司法理念"的内涵，"即是指人们对有关司法理论本质及其规律性的理性认识与整体把握，是司法实践中人们对司法性质的感悟、对司法精神的理解和对司法价值的解释而形成的一种观念模式，它是指导司法制度设计和司法实际运作的理论基础和主导价值……是司法的一个重要组成部分。"④ 笔者赞同上述观点，但同时认为，在我国"司法理念"的主体似应理解为：狭义的是法院的法官，广义的还包括检察官。"司法理念"的内容是主导和指导司法主体在司法中的信念、意念、观念、欲念、渴念⑤和能动的价值取向。

有的课题组聚集 13 人共同著成《现代司法理念研究》，书中共列举出 10 种司法理念。⑥ 该书是迄今为止国内唯一比较全面研究和阐述现代司法理念的难得专著。此外，中央政法委还编写了《社会主义法治理念教育读本》。

近年来，国内不乏有研究司法理念的学术论文。例如，有的学者从审判监

---

① ［德］古斯塔夫·拉德布鲁赫：《法律智慧警句集》，舒国滢译，中国法制出版社 2001 年版，第 13 页。

② 邓小平：《民主是解放思想的重要条件》，载中共中央文献研究室编：《邓小平同志论民主与法制》，法律出版社 1990 年版，第 4 页。

③ 转引自《人民法院报》2013 年 8 月 2 日第 7 版。

④ 卞建林、田心则：《历史与现代之间的流连》，载卞建林主编：《现代司法理念研究》，中国人民公安大学出版社 2012 年版，第 4 页。

⑤ 万启智等编：《新法编排汉语词典》，新华出版社 1985 年版，第 799 页。

⑥ 卞建林主编：《现代司法理念研究》，中国人民公安大学出版社 2012 年版。

督程序的五个方面研究和阐述价值理念。① 最高人民法院常务副院长、一级大法官、中国政法大学兼职教授、博士生导师沈德咏发表《正确处理若干重大关系，促进人民法院科学发展》一文，从10个方面进行了论述，还以“应用法学研究必须坚持社会主义法治理念”为题，在应用法学研究座谈会上指出，应当坚持五个理念（依法治国、执政为民、公平正义、服务大局、党的领导）。② 二级大法官熊选国亦发表文章：“认识和把握人民法院审判工作，实现法律效果和社会效果的有机统一”③。有检察官认为：要严防冤假错案，必须更新如下司法理念：“（1）树立物证时代；（2）树立口供补强；（3）树立尊重律师；（4）树立以正义为最高司法标准”④。河南省检察机关重视理念建设，提出并在全省部署，树立“五个理念”，即协同发展、开放自行、主动发声、发展正能量、一盘棋理论。⑤

《元照英美法词典》称，价值（Value）：（1）价值。一个在法律上也具有重要意义的经济学概念，它包括某一特定物品的有用性，以及转让该物品时对其他物品的购买力，前者被称为使用价值（Value inuse），后者则被称为交换价值（value in exchange）。（2）有用性；重要性；益处。⑥ 本书所言之“价值”，系在价值的第二种含义上使用。

价值的概念是多义的。《简明不列颠百科全书》将价值区分为工具价值和固有价值两类，或者作为方法的善和作为目的的善。⑦ 所谓方法的善，是指价值具有方法性、手段性、工具性的作用；所谓目的的善，是指价值具有目的性，它本身是人们所追求的目的。某事物具有方法性、手段性、工具性的作用价值，属于“工具价值”，也称“外在价值”。具有人们追求的目的性价值，

---

① 我国刑事审判监督程序价值选择及其完善：“一、维护司法公权与个人私权相统一，受判刑人私权优先；二、注重程序公正与实体公正相统一，以不同诉讼阶段公正优先；三、重视审判公正与审判效率相统一，以审判公正优先；四、维护生效判决权威、稳定性与纠正错判相统一，以纠正错判优先；五、坚持法律效果与社会效果相统一，以法律效果优先。”参见刘根菊等著：《刑事诉讼程序改革之多维视角》，中国人民公安大学出版社2006年版，第472~495页。

② 参见《人民法院报》2006年4月29日第1、2版。

③ 熊选国：《认识和把握人民法院审判工作，实现法律效果和社会效果的有机统一》，载《人民法院报》2008年10月7日第5版。

④ 陈志军：《严防冤假错案需更新司法理念》，载《检察日报》2013年8月11日。

⑤ 《树立和遵循“五个理念”》，载《检察日报》2013年8月9日第1版。

⑥ 薛波主编：《元照英美法词典》（下册），法律出版社2003年版，第1395页。

⑦ 《简明不列颠百科全书（4）》（中译本），中国大百科全书出版社1985年版，第306页。

属于“固有价值”，亦称“内在价值”。笔者认为，关系型价值属于工具价值（外在价值）；自足型价值属于固有价值（内在价值）。

对价值的研究，有哲学家、政治学家、经济学家等，他们均把价值引进本学科研究，从而概括出适合本领域的“价值”概念及内涵。

对价值的理解与适用，有多种意义和含义。笔者认为，人权入刑事诉讼法的价值，是指人的生命、生存、尊严、人身、行动自由等权利对刑事诉讼法制定和实施所起的作用、意义等外在给力价值，以及统摄、统领、引领、引擎、指导、指引、导向等内在功效。

截至目前，国内有的学者认为宪法中的“尊重和保障人权”对指导刑事诉讼法修改与完善初步起到了许多重要作用，如有学者说：“2012 年《刑事诉讼法》将‘尊重和保障人权’写入总则第 2 条，并通过改革完善各项具体制度加以体现，更是实现了从‘人权入宪’到‘人权入法’的突破，极大地提高了保障人权在刑事诉讼中的地位，保障了宪法原则的贯彻落实。”① 该观点概括地阐明“尊重和保障人权”对 2012 年刑事诉讼法所起到的指导效用。还有的学者比较详细地列举了“尊重和保障人权”在 9 个方面指导了刑事诉讼法的修改。② 笔者认为，以上观点，言之有理。但是，从价值理念层面研讨，尊重和保障人权对刑事诉讼法的修改和今后的贯彻实施应当起到引领和导向功能，有必要作更深入的探究。

二、尊重和保障人权的价值理念

（一）以政治学为视角：政治价值理念

传统的解释是：“政治是指政府、政党、社会团体和个人在内政及国际关系方面的活动。政治是经济基础的集中表现，产生于一定的经济基础，并为经济基础服务，同时极大地影响经济的发展。”③ 有的教科书称：“政治应该定义为：在特定的社会经济关系及其所表现的利益关系基础上，社会成员通过公共权力确认和保障其权利并实现其权利的一种社会关系。”④ 可见，政治是经济的集中表现，反过来为经济基础服务。政治又是自然人、法人、政党、政府等

① 卞建林：《人权意识：刑事诉讼时代禀赋》，载《检察日报》2012 年 6 月 8 日第 3 版。

② 陈光中教授 2013 年接受《法制日报》记者采访之观点。

③ 中国社会科学院语言研究所词典编辑室编：《现代汉语词典》，商务印书馆 1997 年版，第 1609 页。

④ 王浦劬：《政治学基础》（第二版），北京大学出版社 2006 年版，第 9 页。

通过公权确保其权力和权利实现其利益的社会关系。在政治层面，“政治学，是研究各种社会现象、政治思想、政治关系及其发展规律的学科。”[①] 政治中有政治观，马克思主义政治观的主要内容是：政治是一种具有公共性的社会关系；政治是经济的集中体现；政治的根本问题是国家政权问题；政治是有规律的社会现象。[②]

研究政治的学问属政治学。有词典称政治学，源于古希腊 Politike 一词，意指关于城邦国家的学说。现代意义上的政治学，是一种研究各种政治现象、政治关系、政治制度和政治活动及其发展规律的社会科学。它有广义和狭义之分。[③] 笔者赞同此种观点。

对于政治，不同的个人有不同的解释。基于本人的立场观点，对政治各有己见。例如，毛泽东认为，不同时期有不同的政治（任务），在解放前，中国共产党夺取政权是最大的政治。20 世纪 40 年代末，有一天，毛泽东问秘书田家英，什么是政治？田家英博览群书，一口气说出许多有关政治的阐述，并一一作了评价。毛泽东摇了摇头笑道：“政治也没有你说的那么复杂，我们的政治，就是怎么令敌人越来越少，令同志越来越多。朋友多的政府就是好的政府，敌人多的政府就是坏的政府。”[④] 可见，毛泽东对政治的定义可谓简明扼要、通俗易懂，同时指明了在当时历史时期，中国共产党夺取政权后的主要政治任务，是团结一切可以团结的力量，建立真正被人民拥护的政府。直到今天，毛泽东的这席话，对我们仍有指导意义。中共中央总书记、国家主席习近平在谈到反贪污腐败，以增强人民对党的信任和支持时说：“民心是最大的政治。”[⑤] 就连开明的封建君王也讲政治。康熙通过书法宣传政治，他一生书写不辍，频频颁赐诗文、碑文、匾、榜、扇等。除了节庆和游览名胜的应景之作，大部分都带有明确的政治倾向和意图。例如，鲜明地体现崇儒重教思想，

---

① 王浦劬：《政治学基础》（第二版），北京大学出版社 2006 年版，第 16 页。

② 王浦劬：《政治学基础》（第二版），北京大学出版社 2006 年版，第 6～8 页。

③ 广义政治学是对与政治现象及其有关的各个方面的系统研究；狭义政治学只研究国家、政府以及行使政治职能所建立起来的各种机构。在阶级社会里，政治有鲜明的阶段性。它是社会学中的一门重要的基础学科。它所研究的社会政治现象与法学、科学社会主义、哲学、政治经济学、社会学等学科有着紧密的联系，但研究的对象不同，彼此不能代替。《当代社会科学大辞典》编委会编：《当代社会科学大词典》，南京出版社 1995 年版，第 943 页。

④ 蒋晓飞：《什么是政治》，载《报刊文摘》2013 年 8 月 7 日第 3 版。

⑤ 摘自七常委出席十八届中纪委六次全会上的讲话，载《北京青年报》2016 年 1 月 13 日第 A3 版。

“清慎勤”“存世忠孝”“万世师表”等。同时，他通过御书碑文、匾额以及赐予手卷等方式，表彰忠臣、奖掖廉吏。他下江南时赐给江宁知府于成龙手书：“朕于京师，即闻知府于成龙居官廉洁。今临幸此，与前闻所无异，是用赐尔朕亲书手卷轴。”①美国小布什的女儿詹娜曾问小布什：“爸爸，您能说说什么是政治吗？”小布什笑着打了个比方：“‘政治’好比我们的家，挣钱养家糊口的爸爸是‘国民’，拿挣来的钱维持家庭生活的妈妈是‘政府’，而你就是‘总统’，找借口、设立各种名目去花‘国民’和‘政府’的钱。”詹娜听后似懂非懂，又问：“那我的现任男友是什么呢？”小布什答：“是暂时性的‘国际盟友’。”② 在笔者看来，小布什以“家庭关系”比喻本国政治，既生动形象，又诙谐幽默，也让人对某些政治现象有了深入理解。

有外国学者称：“政治的定义。我们如何理解政治呢？这是一个极为宽泛的概念，一切自主的（selbstaendig）领导行为，都可以纳入其中。人们谈论银行的通货政策……政策……政治……”“我们打算只从一个政治团体——也就是今天的国家——的领导权，或该领导权的影响力这个角度，来理解政治”。③可见，其所理解的政治是政策、国家、领导权及其影响。笔者认为，此观点是正确的。

有著名作家认为，“政治与文学”的关系，文学（含小说）虽不专为政治作注脚，但作者的立场和作品的内容有政治倾向。还说，诺贝尔奖励虽不以政治为标准，但评委立场有政治倾向，作者本人及其作品内容有政治倾向。④ 笔者完全赞同此观点并认为其把“政治与文学”二者的关系阐述得恰到好处。

国民党时期大军阀——山西王阎锡山对幕僚说，政治“就是让对手下来，我们上去”。政治，没有那么复杂！所谓政治宣传，“就是把别人说得一无是处，自己完美无缺，让大家都认为咱们好，别人不好！”⑤ 可见，不同人眼中的政治是不同的，在阎锡山的心中，政治就是野心和权术的代名词，故其最后的下场警示着某些当权者，玩弄权术最终会被人民掀翻在地。

从理论上讲，政治是指政体、政权、政治关系、政治人物、政治管理、政治控制、政治局势、政治权力、政治权利、政治路线、政治权威、政法等的总

① 罗海岩：《康熙的书法政治》，载《国家财经周刊》2013年第5期。

② 摘自蒋晓飞：《什么是政治》，载《报刊文摘》2013年8月7日第3版。

③ 马克斯·韦伯：《学术与政治》，冯克利译，生活·读书·新知三联书店2013年版，第54~55页。

④ 王蒙：《谈政治与文学》，载《中国政协》2012年第22期。

⑤ 王蒙：《谈政治与文学》，载《中国政协》2012年第22期。

称或者部分指称。对政治概念的诠释，从不同的层面有甚多的理解和解说。例如，《人民日报》原副总编辑梁衡撰文：“我们想从百姓所望和官员所为的角度给政治下这样一个定义：政治是一定的个人或集团借用公民所委托的权力来为社会和民众办大事……政治姓‘公’不姓‘私’。‘为人民服务’是对政治的最好诠释，人民是最多数的公众。公与私是政治与非政治的一条分界线，也是底线。政治一是为公，努力代表最多数的民众；二是公开、透明、竞争、监督，好争取到最多的人自觉跟你走。”① 笔者认为，作者从百姓所望和官员所为的角度给政治下的定义，其政治观点的外延和内涵很明白、准确，令人一目了然。从我国的政权、政治权力、政治管理、政治控制、政治局势、政治权威等综合而言，在当今，政治则主要是指政权的坚固、政治稳定、社会安定、政通人和等。有学者说：“政治是法律的基础，法律是政治的规则。”② 笔者认为，此言正确。它表明，法律离不开政治，详言之，立法、司法、执法均要符合政治路线、政治导向、政治策略等，而宪法、法律、法规、条例等，又是政治的保障。

前文已述，人权除了人一出生就有应然的自然人权（如生命权、生存权、健康权等）以外，还有其他诸如政治、经济、文化、自由等权力和权利。它们都是无权者或者弱者经过斗争取得的，具有取得的政治性、享有的独创性等，表明政治性是人权的重要属性之一。正因为如此，无论宪法、宪法性法律规范、还是部门法（含刑诉法），只要引人权入法，就自然而然地使具有政治价值的人权在法律中含有政治性。2012 年刑事诉讼法引入的人权，即“尊重和保障人权”亦不例外。因此，公安司法干警理应在执法中注意到其政治性价值元素，必须注重从政治角度、国家大局等方面考虑实施修改后的刑事诉讼法。

联合国《世界人权宣言》“序言”宣布，“鉴于对人权的无视和侮蔑已发展为野蛮暴行，这些暴行玷污了人类的良心，而一个人人享有言论和信仰自由并免予恐惧和匮乏的世界的来临，已被宣布为普通人民的最高愿望。”“鉴于为使人类不致迫不得已铤而走险对暴政和压迫进行反叛，有必要使人权受到法治的保护。”《公民权利和政治权利国际公约》第 4 条规定“在社会紧急状态威胁到国家的生命并经正式宣布时，本公约缔约国得采取克减其在本公约下承担的义务，但克减的程度以紧急情势所严禁需要者为限”，这就是说，当一国

① 参见《报刊文摘》2012 年 8 月 31 日第 1 版，转引自《北京日报》2012 年 8 月 27 日。

② 卓泽渊：《法律政治学》，法律出版社 2007 年版，第 29 ~ 34 页。

的"紧急状态威胁到国家的生命并经正式宣布时"，该国家有权采取制止（克减）威胁国家安全和公民生命的行为，但制止（克减）"以紧急情势所严格需要"为限度。可见，上述《宣言》《公约》规定的内容，均体现了其政治性。各国宪法和其他法律与此相应的内容自然具有政治性。多国宪法都有这方面的规定。① 在这些国家中，有的刑诉法就传承了该国宪法规定的政治性条款的内容。例如《越南刑事诉讼法》序言和第一章，就规定了越南社会主义共和国的政治制度等②。

我国2004年宪法"序言"和"总纲"均体现了我国政权、政治制度等的政治性。作为它的子法——刑事诉讼法在第一章的"任务和基本原则"就使母法的规定得以确认，做到法治与政治的有机统一。

我国在社会政治、经济等方面取得了很大成就，但是仍处在一个急剧转型、矛盾凸现、犯罪高发的时期。为了社会健康、有序和大好形势的发展，中央指出，在今后一个相当长时期内，国家要依法治国，实现长治久安，把稳定社会秩序作为第一要务来抓，提出了"稳定压倒一切"的战略要求。这就是最大的政治。为此，公安司法机关应当敢于承担，做到"有法必依，执法必严"，做到"内化于心，外践于行"。笔者认为，这完全是必要的和可行的。

鉴于此，尊重和保障国家社会秩序安定的政治大局，稳定至关重要。但部分地区社会治安还存在比较突出的问题，如黑恶势力、民族分裂势力、东突势力等，对此，应当从快、从重、从严予以打击；对于境外敌对势力的各种分裂、渗透和颠覆活动，应当及时发现、迅速处置，坚决维护国家的政治安全、经济安全、文化安全和信息安全。凡此种种都是与政治密切相关的大事，因

---

① 《越南宪法》序言、第一章、第四章规定了越南的政治制度、经济体制、社会文化体系、军事国防制度等和第四章保卫社会主义国家的内容。《朝鲜宪法》第85条规定："公民要提高革命警惕，为国家的安全而斗争。"《日本宪法》第9条规定："日本国民谋求基于正义与秩序的国际和平，永远放弃国权发动的战争、武力威胁，胁迫或武力行使作为解决国际争端的手段。""为达到前款之目的，不保持陆海空军及其他战斗力量。不承认国家的交战权。"《俄罗斯宪法》序言规定："维护历史上形成的国家统一""努力保障俄罗斯的繁荣和昌盛。"《埃及宪法》第3条规定："主权属于人民，人民是权力的来源，人民行使并保护主权，维护国家统一。"《美国宪法》（1787年通过，1789年3月4日生效）序言规定：美利坚合众国人民，为建立一个更完善的联邦，树立正义，确保国内安宁，提供共同防御、增进公共福利，并保证我们自身和子孙后代，永享自由的幸福，特制定美利坚合众国宪法。"《萨摩亚独立王国宪法》序言规定："根据宪法，公正的司法行政应当得到维护；并根据宪法，萨摩亚的完整性，其独立性及其所有的权利应受到捍卫。"

② 陈玲译：《越南法律汇编》，广西教育出版社1991年版，第2~9页。

此，要求公检法干警以高度的政治责任感和使命感来对待所担负的重任。这就是尊重和保障人权价值理念的倡导和要求。

（二）以伦理学为视角：伦理价值理念

“伦理学”（希腊语 efhika，出自 efhos——习惯），是哲学的分支学科，研究的对象是道德。伦理学是古代的理论学科之一，作为哲学的一个组成部分，产生于奴隶社会形成时期。“伦理学”一词是亚里士多德用来表示关于德行学说的。伦理学在理论上的使命是解决生活中摆在人们面前的那些最实际的道行问题（应当怎样行动，应当把什么看作善，把什么看作恶等）。“在马克思列宁主义伦理学中可以区分出若干基本的研究领域，它的基本对象是关于作为特殊的社会现象和社会意识形态的道德的本质，关于道德在社会生活中的作用，关于反映着人们物质生活条件德行观念的发展规律，关于道德的阶级性问题。伦理学还研究比较特殊的问题。它首先分析道德及其诸方面在社会结构——道德活动、道德关系和道德意识的本质……”① “伦理学史上通常把善和义务的概念，以及美德良心和某些其他概念看成是基本的范畴”②，伦理学把道德理解为调整人们行为的一种方式。③ 由此可见，伦理学研究的领域宽泛，基本对象特定，本质和道德等内容十分丰富，很值得学习和研究。

道德（拉丁文：moralis——道德的，moores——风尚）是伦理学研究的对象：履行调节人们行为职能的一种社会法规。④ 道德调节人们行为并由道德活动、人们的品行、行为构成。随着人类社会的发展和进步，道德要求便成为人们活动的规则。在道德的观念中，包括正义、仁爱、善行、公正、人道主义、平等、尊严等合乎道德的内容，并普及于人类生活的各个领域。

有学者认为：“伦理学被普遍承认是关于伦理和道德这两种生活规范的，尽管一些伦理学研究者认为伦理和道德不同，另一些学者则会把这两个词语看作同义语。伦理与道德共同的基本意义，是通过习惯而得来的东西，是人在实

① ［苏］伊·谢·康主编：《伦理学辞典》，王萌庭等译，甘肃人民出版社 1983 年版，第 471 页。

② ［苏］伊·谢·康主编：《伦理学辞典》，王萌庭等译，甘肃人民出版社 1983 年版，第 133 页。

③ ［苏］伊·谢·康主编：《伦理学辞典》，王萌庭等译，甘肃人民出版社 1983 年版，第 134 页。

④ ［苏］伊·谢·康主编：《伦理学辞典》，王萌庭等译，甘肃人民出版社 1983 年版，第 212 页。

践事务上通过行为的习惯形成的稳定的状态或品质。"① 该学者阐述伦理与道德的含义、关系及来源，值得吸取。另有学者认为："在一般使用上，伦理与道德经常被视为同义词，有时更被连用为'伦理道德'一词。"② 笔者赞同这种观点，并认为此说与前说基本相同。亚里士多德在其所著的《尼各马科伦理》一书中，认为法官应当具备四种美德，"公正、节制、谨慎和坚韧"。有的法官认为，"道"属于客观规律的范畴，"德"则是更好地遵守客观自然规律的自我修持。与此同理，现实生活中的道德已演绎成为人类在群体生活中经过磨合后达成的共识，是人们日常生活中的基本行为依据和认知底线。③ 笔者认为，该观点有一定的可采性，但只是表明道与德之间客观与主观的关系。而从理智和人性的意义而言，司法实践中可以灵活掌握。例如，对某涉案的犯罪嫌疑人，为了让其儿子不受影响、正常参加高考，暂不决定拘留，待其儿子考完之后，再决定拘留，交由公安机关执行。涉案人深受感动，主动交代罪行，认罪伏法。又如，重庆市探索一种体现人性化的办案措施。在侦查中，对犯罪嫌疑人家中有老人、小孩及病人在场的，暂不进家搜查和抓捕。有一名逃犯回家给女儿过生日，获知此信息后，民警在门外蹲守近 3 个小时，在其出门后才捕获。

笔者认为，伦理与道德的关系。伦理好比是一张渔网，道德是渔网中的千百个小结。详言之，伦理是指人与人之间以道德为手段调节的各种关系，以及处理这些关系时应当遵循的准则和规范。道德，除了指调整人们之间关系的行为规范与准则以外，还指人的品质、情操、修养和境界等。在本书中，为简便起见，将伦理和道德视为同一概念使用。

本书所言之伦理，仅限于制度伦理；所言之道德，仅限于个体道德。在此不研究立法伦理和刑事诉讼法某些规定体现的制度伦理，如严禁刑讯逼供、不被强迫自证其罪等中的伦理，只阐述公安司法人员的伦理道德。

在一般意义上讲，道德主要有三个作用：（1）从本源性需要上看，道德对人和社会的发展具有天然性的潜力作用；（2）从作为特殊意义的反作用而言，道德具有影响社会生活的能力；（3）从实际功能上讲，道德具有认识、调节和导向功能。

具体到公安司法工作中，公安司法人员的道德意识、道德情感、道德准

---

① 廖申白：《伦理学概论》，北京师范大学出版社 2009 年版，第 19 页。

② 梅贤明、周瑞壬：《说法，写法和想法》，载《人民法院报》2013 年 9 月 27 日第 6 版。

③ 王英博：《法官"道德"纵横谈》，载《人民法院报》2013 年 7 月 12 日第 7 版。

则、道德行为等均对执法具有重要作用。道德引擎执法人员严格依法办案；道德促使执法者依据刑事政策处理案件；在办案中遇到适用的法律模糊不清时，道德对执法人员引领往往起到决定性作用。正如有的外国学者所言：“当法律出现模糊不清和令人怀疑的情况时，法官就某一种解决方法的‘是’与‘非’所持有的伦理信念，对他解释某一法规或将一条业已确立的规则适用于某种新的情形来讲，往往起着决定性的作用。”①有辞典称：特别在西方，“任何一件由法官自由裁判的案件，实质上都是在该法官的道德标准影响下处理的”。②笔者认为，上述观点是正确的，亦适合我国公检法人员处理案件。除此之外，笔者还认为，公安司法人员的道德还能指导、引擎、驱动他们凭借自己尊重和保护人权的价值理念，合情、合理地处理某些事项，以弥补现有法律尚无规定的缺失和不足，增添和夯实执法灵活程度。这类行为，符合“尊重和保障人权”的伦理价值理念。

为何要研究刑事诉讼中的伦理和道德？这是因为：其一，伦理、道德是任何社会存在和发展的基础。对道德的重要性，自古有众多名人雅士曾做过高尚的论述。例如，有学者称：“普遍道德是七项权利的来源，这七项权利正是严格意义上的人权。它们是生命权、公平对待的公正权、获得帮助权、在不受专横干涉这一消极意义上的自由权、诚实对待权、礼貌权以及儿童受照顾权。”③可见，道德的价值高于人权，且是人权产生的源泉。有先哲曾说：“德，国家之基础。”④ 还有的说：“友行以德为首。”⑤习近平总书记于 2013 年 11 月底，在一次与专家学者座谈时说道：“国无德不兴，人无德不立。”⑥ 综上可见，道德对国家、对个人极其重要。作为公安司法人员，理当重视道德修养和依据道德行为规范办案。其二，联合国早在《世界人权宣言》《公民权利和政治权利国际公约》中就明确规定，对任何人均不得加以酷刑或者施以残忍的、不人道的或侮辱性的待遇或刑罚。之后，联合国大会又通过了《保护人人不受酷

---

①［美］博登海默：《法理学：法哲学与法律方法》，邓正来译，中国政法大学出版社 1999 年版，第 378 页。

②《牛津法律大辞典》（中译本）光明日报出版社 1988 年版，第 521 页。

③ 摘自米尔恩：《人的权利与人的多样性——人权哲学》，第 171 页，转引自李秀清主编：《法律格言的精神》，中国政法大学出版社 2003 年版，第 116 页。

④《左传》，转引自朱伯达、仇德鉴编：《实用名言大观》，浙江人民出版社 1989 年版，第 15 页。

⑤《左传》，转引自朱伯达、仇德鉴编：《实用名言大观》，浙江人民出版社 1989 年版，第 15 页。

⑥ 载《第一财经日报》2013 年 12 月 15 日。

刑和其他残忍、不人道或有辱人格待遇或处罚宣言》和《禁止酷刑和其他残忍、不人道或有辱人格的待遇处罚公约》；对此，我国2012年刑事诉讼法第50条、第54条等亦有规定。上述内容，均是人权入法及对尊重和保障人权不受暴力侵害的体现。其三，我国公安司法人员在落实联合国上述规定和刑事诉讼法规定的伦理要求过程中认识到，为预防和克减刑讯逼供、暴力取证等情形发生，很有必要研究和宣传社会主义法治中的伦理（道德）价值理念。

欲保障尊重和保障人权的伦理（道德）长期稳定地深扎于公安司法人员的头脑之中，从宏观上讲，公检法三机关应当进行持久的公安司法伦理（道德）教育，据了解，世界大部分国家的法院对“司法核心价值观”达成了广泛的国际共识，包括以下10项：法律面前人人平等；公平；中立；独立审判；胜任职责；清正廉洁；公开透明；便捷亲民；及时快捷；确定性。① 对此，公检法三机关应借鉴其合理元素，以提升中国式的核心价值观教育。

（三）以文化学为视角：文明价值理念

文明价值理念在“尊重和保障人权”中具有重要作用。

在一般意义上，不少辞书词典对文明做过解释，其内容大同小异。例如，《现代汉语词典》称：文明，是指“社会发展到较高阶段和具有较高文化”的某种事物、事项或实体（如文明国家）。又如，“人类在社会历史发展过程中所创造的物质财富和精神财富的总和，特指精神财富，如文学、艺术、教育、科学等。”② 有词典称：文明（civilization），一般而言，是指人类社会的高级状态或人类文化进步的状态。它是文化进化成果，为人类社会所努力保存、承继和发扬。狭义的文明，即指人类经过野蛮时代之后进入的社会状态。L. H. 摩尔根认为，对财产的欲望超出对其他一切欲望的追求，即是文明伊始的标志。对此观点笔者不敢苟同。有时人们用文明指文化，比如A. J. 汤因比，对20多种文明圈的划分，“指的就是20多种民族文化。”③ 中国《辞海》称，文明的含义有三种：（1）犹言文化，如物质文明，精神文明。（2）指人类社会进步状态，与“野蛮”相对。（3）光明，有文采。④《苏联大百科全书》称：“文明就是人类经过野蛮和野蛮行为之后的社会发展特征；体现了随着人类进入文明时代后，在社会生活中所获得发展的新的东西。”⑤ 文雅，指言谈、举

① 蒋惠岭：《司法核心价值观概览》，载《人民法院报》2012年6月8日第7版。
② 《现代汉语词典》，商务印书馆1997年版，第1318～1319页。
③ 《当代社会科学大辞典》，南京大学出版社1995年版，第748页。
④ 《辞海》（下），上海辞书出版社1979年版，第3512页。
⑤ 《苏联大百科全书》，苏联大百科全书出版社1957年版，第601页。

止等温和有礼貌，不粗俗，如谈吐文雅，举止文雅。① 明理，指明白道理。② 某些学者对“文明”进行过研究，并各抒己见。阮伟说，“文明”最常见的词义有两种，其中一种是与“文化”基本同义。可以说，文明（civilization）和文化（culture）在许多场合是完全相同的。③ 综观前引，笔者认为，一般意义上的文明，似可定义为：“文明是指人类社会由某一个低级阶段发展到高一级阶段的状态；亦指人类文化进化到更鲜活的进步状态。”前者，是指人类社会由奴隶制、封建制到资本主义再到社会主义社会发展中出现的物质文明、制度文明等符合社会历史发展的状态；后者，是指人类素质、智慧思想、精神文字、言语、行动、风俗、习惯等进化并推动物质发展的状态。有学者持此种观点，并称：“文明”这一概念“是指人类社会的进步状态，通常与野蛮相对应。现代文明意指社会发展到较高阶段的文明，是与市场经济、民主政治、理性文明生态正义相适应的文明。现代文明的表现形态包括物质文明、政治文明、精神文明、生态文明等”。④ 笔者认为，该学者所言“文明”比笔者所讲之文明更具体、更应时，值得学习和吸收。

有学者认为，从人类文明史发展的进程看，文明的基本特征有：进步性、历史性、发展性和开放性。⑤ 笔者除了同意上述第一点以外，还认为，总体上的文明基本特征还应包括：（1）先进性。即凡是文明的政体、团体、制度等，应适合当时当地的社会发展需要，能推动社会政治、经济文化的进步。（2）多样性。即文明的样式呈现出政治、经济、文化制度、文化物质、精神文明；精神文明中的思想观念、理念文明；主体上有：国家、地域、民族文明等。（3）反野蛮性。即反粗暴及强暴的行为等。（4）教化性。即教育、倡导、激励、鼓励、支持等，人们崇尚善为，常施文明行为等；贬斥、抑制不道德行为等。

我们认为，作为“文明”的分支，“司法文明”同样具有上述基本特征。它是指在司法制度、原则、程序、规则、政策中所包含的正义、公正、公开、公平、平等、中立、独立等和以人为本，人伦、人道、人性、情操、思想、观念等总和。前者，属于规范层次的文明；后者属于精神层次的文明。

---

① 《苏联大百科全书》，苏联大百科全书出版社 1957 年版，第 1319 页。

② 《苏联大百科全书》，苏联大百科全书出版社 1957 年版，第 889 页。

③ 阮伟：《文明的表现》，北京大学出版社 2001 年版，第 50 页。

④ 张文显：《司法文明新的里程碑——2012 年刑事诉讼法的文明价值》，载《法制与社会发展（双月刊）》2013 年第 2 期。

⑤ 汪海燕：《司法文明理念》，载卞建林主编：《现代司法理念研究》，中国人民公安大学出版社 2012 年版，第 230 ~ 231 页。

笔者亦认为，作为司法文明的下位文明，即尊重和保障人权的文明，除了立法者以上述内容统摄、指导法律、法规、司法解释的制定以外，更重要的是公安司法机关和人员在立、侦、诉、审、执等程序中，依法、依规、依政（策）施行，做到尊重人格尊严，体现人道，合乎人情，体恤人性和给予合法的自由、正常人的生活条件（含食、穿、饮、言、行等）、合乎人义道德的关照（含必要的就诊就医、会见亲人等），以及不粗鲁和不野蛮地依法依规管理等。

对于刑事诉讼中“尊重和保障人权”的文明要求，我们认为，主要有：(1) 执法思维紧随世势而不落后，包括与时俱进地与联合国规定或者精神合拍；(2) 观念常变常新而不守旧，包括思想认识和思维方法不僵化；(3) 文字通畅严谨而不晦涩难懂，包括法律、法规、司法解释和法律文书等文字；(4) 语言规范平和而不粗俗激愤，包括不说脏话、不恶语伤人、不讽刺挖苦、不谩骂吼叫等；(5) 行为刚柔适度而不粗暴野蛮，包括强制对方时先依法、该严厉讯问时而不恐吓、该执行刑罚时而不残酷；(6) 始终奉公执法而不贪赃枉法、不循私情枉法、不为私利曲法；(7) 说理充分而非蛮不讲理，包括正面论理、驳斥拒供、反驳翻供、揭露串供等和法律文书（如起诉书、判决文书等）据实论理等；(8) 态度冷热适度而不一味横眉，包括对待嫌疑人依法讯问、依法管理，对其家属、亲属热情接待，对其律师依法协作，对证人、被害人求助及时给予解决等。

实践中，绝大多数公安司法工作者基本上能按照上述要求施法，但也有少数人违法或者违反道德办案。试举最近发生的几个典型案例如下：

1. 法官表现出的文明行为

孝昌“法官寄语”温暖失足少年。“法官寄语”是整合法理、事理、情感等因素，把刚性的法律功效全面融入人性关怀之中，通过庭审对未成年人的法制教育延伸到法庭之外。这是湖北省孝昌县人民法院少审庭法官田振雄温暖失足少年的重要尝试。该法官说：“你以后的人生道路还很漫长，一个人前半晚上想自己，后半晚上还要想一下别人，希望你以后遇事能三思而后行……鉴于你认罪态度较好，是家中的希望，少年庭决定对你适用缓刑。”听到法官田振雄这番情真意切的话，被告人小骆泪眼汪汪，感动地说：“我一定遵照法官的话，出去之后好好读书……”

评案微言：采用未成年人容易理解和接受的表述方式，从家庭和社会公德、伦理等方面入手说理，对他们提出劝勉和鼓励，引发思想和心灵的震动，深刻反省并努力回归，这是可喜的尝试。这种做法，贯彻了新刑诉法第 266 条规定的执法原则，[①] 是以文明执法理念“内化于心，外践于行”的表现。

在文明价值理念的引领下，法官文明执法的案例越来越多。例如，法院根据新刑诉法和有关司法解释，对犯罪时的未成年人犯罪记录予以封存。[②] 2013年3月29日，贵州省高级法院第一刑事审判庭公开审理一起故意伤害案件，三名被告人出庭受审，另一名被告人朱某因患肺癌等多种疾病，在配合医院积极治疗的同时，决定利用网络视频技术让朱某及其辩护律师在病房内远程参加庭审……[③]以前，被告人在庭审时都给戴手铐，如北京市某法院审判武某的重案时，就是如此。现在，北京高院及东城、西城、朝阳等区法院在审理刑事案件时，都基本要求法警解除被告人的手铐受审，受审者甚至是故意杀人、故意伤害等恶性案件的被告人。当然法警还须严防逃跑、伤人情况发生。[④]有的法院为防止被告人脱逃而增加安全措施，给庭审中被告人戴软脚镣，老幼病残被告人可以“免锁”上庭。[⑤] 但是，“软锁”在北京市法院尚未普及，重刑犯仍使用“重锁”。据报纸报道，河南有对参加庭审的被告人采取不戴手铐、不坐铁笼子、不穿囚服、不剃光头等“四不”措施，以示文明执法。[⑥]

2013年12月，某省高院要求，今后全省法院在刑事案件开庭审判过程中，将改变旧有法庭设置，以去除对被告人“犯罪化标签”。[⑦]

笔者认为，上述刻意显示“文明执法”有些不妥。对所有被告人都这样，似有矫枉过正之嫌。依愚之见，似应分案分人，区别对待。例如，对暴力型犯罪案件（如杀人、强奸、重伤害、放火、爆炸、暴恐等严重犯罪案件）、黑社会组织犯罪、毒品犯罪、集团犯罪等案件中的首犯、主犯、骨干等，不宜采用“四不”措施，以防止逃跑、自残、伤人等后果发生；对已有前科、累犯、惯

---

① 对犯罪的未成年人实行教育、感化、挽救的方针，坚持教育为主、惩罚为辅的原则。

② 黄义涛、刘苑柱：《平远首次封存未成年人犯罪记录》，载《人民法院报》2013年4月13日第3版。

③ 金晶：《病房内的特殊庭审》，载《人民法院报》2013年4月1日第1版。

④ 段颜君：《本市法院在审理刑事案件时，大多数要求法警解除被告人手铐》，载《北京青年报》2013年3月18日第A17版。

⑤ 李罡：《刑事犯罪被告人受审须戴软脚镣》，载《北京青年报》2011年11月21日第A11版。

⑥ 《河南：刑案被告庭审时将不穿囚服、不坐铁笼子》，载新华网2013年12月3日，从现在开始，庭审时不能让刑事案件被告人坐铁笼子，不能给他剃光头、穿囚服出庭。刑事案件被告人应和正常人一样，穿着便装和他的辩护律师坐在一起，和控方“对抗”。

⑦ 参见《文摘周报》2013年12月6日、《大河报》2013年12月3日。

犯、流窜犯等亦不宜采用“四不”措施。实践证明，以往对重罪被告人出庭不戴手铐，致使徒手击打或者用签字笔、圆珠笔尖刺伤办案人员的情况时有发生；趁机逃出法庭者也有，这些教训不可不吸取。但是，对于非暴力型犯罪案件（贪污、受贿、挪用、侵占、渎职、诈骗等）的被告人，采取“四不”措施，既能确保安全，又能体现文明执法。此乃第二层意义上的区别对待。总之，笔者认为，应在总结实践的基础上，制定一个比较科学、系统、明确并方便操作的规范，绝非拍首即定、言出令行，不顾恶果。即使有了初步的操作规范，亦要求执法者权衡利弊，趋利避弊，慎重执行。

实践中，99%的法官能够做到严格执法，依法裁判，受到党和人民的高度赞誉，典型代表是上海市原高院副院长邹碧华和北京市海淀区基层女法官刘黎等，他们才是法官的榜样和脊梁。①

2. 检察官在看守所里安排亲情会见

2012年9月18日，未满18周岁的小林因盗窃经检察院批准，由公安机关执行逮捕，羁押在重庆市永川区看守所。被羁押期间，小林父亲因患肝癌去世，其母未告知。办案检察官在提审时发现小林情绪低落，哭着说父亲患肝癌，母亲身体很不好，常年服药，很想见他们一面。未成年人犯罪检察科科长陈静、干警杨德林，鉴于小林家的特殊情况和他的恳求，于是，经批准，安排小林与其母亲会见20分钟（隔铁栏）。母亲告诉他家里一切都好，叮嘱他好好接受教育和改造，重新做人，并接过小林的汇报信看了好几遍。小林动情地向检察官表示：“我会配合司法机关工作，在监所里好好改造，争取出去后做一个对社会有用的人。”②

评案微言：联合国《保护被剥夺自由少年规则》第1条规定：“少年司法系统应维护少年的权利和安全。”为贯彻此精神，新刑诉法增设了“特别程序”，第一章“未成年人刑事诉讼特别程序”。这是对未成年犯罪者享有法定权利的保障，也是人权保障给力的结晶。其第266条规定：“对犯罪的未成年人实行教育、感化、挽救的方针，坚持教育为主、惩罚为辅的原则。”上述两位办案人员依据此规定，在看守所安排一次亲情会见，是贯彻人权入新刑诉法的实际行动，也体现了执法文明，值得提倡。

3. 检察官善待犯罪嫌疑人

江苏省检察机关开展“法庭考核”暨代表（人大、政协）委员评议活动，

---

① 《邹碧华获年度致敬英雄，刘黎当选年度法治人物》，载《人民法院报》2015年12月5日第1版。

② 《看守所里的亲情会见》，载《检察日报》2013年4月18日第6版。

对"公诉人询问证人语气生硬，扣分"。吸取代表委员的建议，"公诉人讯问时运用心理学、逻辑学知识，强化讯问技巧，力争当庭揭穿被告人的无理翻供。"①

浙江省义乌市检察院于2013年5月6日，依法对涉嫌容留他人吸毒罪的埃及籍犯罪嫌疑人阿里作出不批准逮捕决定，该院在审查逮捕程序中首次将羁押必要性审查制度的"同城待遇"延伸扩展到外籍犯罪嫌疑人。据了解，新刑诉法实施至今，义乌市检察院已依法办理外籍人犯罪案件5件6人，其中批捕2人，提起公诉4人，他们来自不同的国籍，他们及其辩护人都对义乌市检察院依法规范办案打了满分。②

（四）以人学为视角：以人为本

以人为本是尊重和保障人权的第四个价值理念。"以人为本"中的"人"是指自然人，包括公安司法人员和被追诉者及其他诉讼参与人等。人是有生命、有思想、有行为能力并能够制造工具并使用其进行劳动的高等动物。③"人"是"人类"的分子。"19世纪中叶，英国学者C.R.达尔文在《物种起源》《人类起源与性的选择》中揭示了生物的进化规律，论证了人和猿的亲缘关系：人类是由已灭绝的古猿进化而来的。它给予上帝创造人的神学观点以致命打击。但受历史条件的限制，他未能认识到人与猿的本质区别。1876年，恩格斯在《劳动从猿到人转变过程中的作用》中，运用辩证唯物主义的观点，揭示了人类起源和人类社会产生的规律，提出了劳动创造人类的科学理论。他把人类起源和发展分为三个阶段，即攀树的猿群、正在形成中的人和完全形成的人。工具的制造标志着从猿到人过程的结束，也是人猿的根本区别。④

由上观之，人不是一般动物，也不是猿人，而是由它们变化、发展、成长起来的高级动物，具有其他动物所没有的众多优点和特长。人生活在人类社会中，有各种需要，享有供其存在的必备的各种物质的、精神的条件，应当尊重他们的生命、尊严、人格等基本权利。"人学"是以人为研究对象的一门综合性学科，研究人的本质、人的形成、人的生存、人的价值和人的未来等一系列

① 卢志坚：《公诉人询问证人语气生硬，扣分》，载《检察日报》2013年7月8日第5版。

② 范跃红：《"同城待遇"延伸至外籍疑犯》，载《检察日报》2013年5月6日第1版。

③ 《现代汉语词典》，商务印书馆1997年版，第1061页。

④ 参见《人类与猿类的根本区别》，载《当代社会科学大词典》，南京大学出版社1995年版，第567页。

问题。“人学”由四个基本部分组成：作为“物种”的、“人种”的、“个体”的和“个性”的人的研究。在对人的教育方面，已有“人文主义教育”科目，又称“人道主义教育”。它是14世纪至16世纪欧洲文艺复兴时期人文主义思想家、教育家提出的教育思想及改革主张。

由上可见，人之成长和成才离不开教育和培训等，这是使人的智慧发展、知识增长、思维开阔、心智聪明等的催生剂、催化剂和推动器，十分重要。这些观点和思想，对当今教育、培养人才具有可资借鉴的作用。

“以人为本”中之“以”，有“有”“拿”“依”和“围绕”等含义。“以人为本”中之“本”，有主体、中心、中轴、标注等意思。① 人类社会的主体是人，人创造物质财富和精神财富；人推动社会历史的发展。人创造新生活，也享受新生活。任何阶级社会的法律都是由居统治阶级地位的掌权人制定的，均以维护正常社会秩序和保障公民生存、尊严、财产、自由等权利为旨趣。总之，人是社会的主体。在刑事诉讼中，参与诉讼的人有被追诉者（即犯罪嫌疑人、被告人）和被害者（被害人、自诉人、附带民诉的原告人）以及其他诉讼参与人等。其中被追诉者和受害者是诉讼主体。按照刑事诉讼理论和模式划分，被追诉者和受害者处在刑事诉讼的主体地位，二者犹如人之左膀与右臂、左腿与右腿、左拳与右拳。在刑事诉讼进行过程中，二者恰似汽车的左轮和右轮转动。因此，刑事诉讼中的“以人为本”，主要是以被追诉者和受害者为本。我国刑事诉讼法规定的“惩罚犯罪，保护人民”就是体现。执行公权职责的公、检、法人员在追究犯罪者的刑事责任时，被追究者处在弱势地位。为维护其合法权利，立法机关制定了规范执法者公正、公平、公开等的诉讼原则和程序，指导、规制、制约办案人员的执法，防止越权行为发生，以尊重和保障被追诉者的人权，含个人的基本权利、监督权力等。

笔者认为，刑事诉讼中对被追诉者“以人为本”，主要应以下述权利为本：（1）生命权；（2）生存权；（3）人格权；（4）自由权；（5）各种诉讼权利，包括人身自由不受非法限制权、辩护权、质证权、辩论权、最后陈述权、上诉权、申诉权等；（6）控告权等。

“以人为本”最重要的就是尊重和保障刑事诉讼中事人的各项权利。为此，2012年5月公安部在北京抽考民警学习、贯彻刑事诉讼法的情况，推动学习活动的广泛深入，促进行动落实。② 为了提高检察官学习、实施刑事诉讼

① 《现代汉语词典》，商务印书馆1997年版，第1487页。

② 李涛：《公安部北京抽考民警新刑诉法》，载《北京青年报》2013年6月1日第6版。

法的自觉性和能力，广州市检察院从2012年初起采用多项措施狠抓刑事诉讼法实施前的准备工作。①

“以人为本”的重点和关键点在于尊重和保障犯罪嫌疑人、被告人的辩护权，包括自行辩护和委托律师或其他公民辩护等。在此方面，北京、武汉、重庆、南京等地的公、检、法机关均能按新刑事诉讼法的规定执行。②

为尊重和保障未成年犯罪嫌疑人和被告人的人权，2012年刑事诉讼法增加了“未成年人刑事案件诉讼程序”专章（共11条），为此，各地公检法机关陆续采取有力措施贯彻落实。综上所述，公检法机关及其执法人员认真贯彻执行2012年修改后刑事诉讼法的举措，均属人权“入法”给力于价值理念的反哺和反馈。

我们在“尊重和保障人权”方面的不竭努力取得了一定的成效，但同时我们也看到，实践中仍存在一些与“尊重和保障人权”宗旨相悖的情况，如刑讯逼供、暴力取证偶有发生，这是我们要坚决杜绝的，是我们继续努力的方向。

为防止上述违法犯罪行为发生，我国1979年刑事诉讼法和1996年刑事诉讼法都规定了“严禁刑讯逼供”；还规定了较严格的羁押和办案（立、侦、诉、审、执）期限，但超期羁押现象仍偶有发生。为防止此类情形以后少发生或者不发生，笔者认为，除了严格执行2012年刑事诉讼法的规定以外，十分必要和完全应该借鉴联合国刑事司法准则，尤其是“无罪推定”原则和“沉默权”制度。例如，《世界人权宣言》第11条第1款、《公民权利和政治权利国际公约》第14条第2款、《儿童权利公约》第40条第2款、《囚犯待

---

① 钟亚雅、韩丹：《广州全员“赶考”新刑诉法考试》，载《检察日报》2013年3月20日第9版。

② 例如，北京市2013年第一季度为1157起刑事案件犯罪嫌疑人、被告人提供法律援助，因此增加了三四个百分点。其中，侦查阶段为犯罪嫌疑人提供法律援助258件；审查起诉阶段为犯罪嫌疑人提供法律援助2661件；有些地方的检察机关为律师辩护提供诸多方便条件，以维护当事人的合法权益。例如，武汉市新洲区在审查起诉阶段听取律师的意见。南京市开通网上平台保障律师的辩护权；北京市检察院、重庆五分院开通律师网上预约平台；江苏苏州市姑苏区检察院制定四项制度在审查起诉阶段律师会见犯罪嫌疑人；北京仅朝阳、海淀、市第一、第三看守所，在刑诉法实施后的首个工作日安排律师会见的就达137名；武汉检察院的检察人员于2013年3月21日下午在市第二看守所向犯罪嫌疑人孙某面对面告知新刑诉法的规定及他享有的各种诉讼权利。上述做法，表明了公、检、法干警价值理念转变后的实际表现，解决了长期以来，律师为维护当事人利益中会见难的“老大难”问题，更为明显的是，不少地方律师会见率大增，这就大大推进了当事人辩护权保障的力度。

遇最低限度标准规则》第 84 条第 2 款、《少年司法最低限度标准规则》第 7 条第 1 款、《保护所有遭受任何形式拘留或者监禁的人的原则》第 36 条第 1 款等均规定了“无罪推定原则”和“沉默权”。因为，“无罪推定”和“沉默权”在刑事诉讼中是最能体现保障人权的原则和制度，在全世界 193 个国家的宪法中①，有 123 个国家规定了“无罪推定原则”，占 63.7%；有 21 个国家规定了“沉默权”，占 10.88%。我国宪法和刑事诉讼法也应当增加规定这些内容，同时，还应对已经规定的严禁刑讯逼供、非法证据排除规则等内容进行补充和完善，以便更有力地使尊重和保障人权在刑事诉讼中切实实现。

① 孙谦、韩大元主编：《世界各国宪法》，中国检察出版社 2012 年版。

2012年《刑事诉讼法》的三大助力之法理蕴涵探究*

我国刑事诉讼法始订于1979年，1996年进行了修改，其间，政治、经济、社会、文化发生诸多重大变化，特别是“依法治国、建设社会主义法治国家”和“国家尊重和保障人权”先后载入宪法，形势迫切需要与时俱进的修改。几年来，经过立法机关广泛听取人大代表的建议，刑事诉讼法学界专家、学者的研讨，公安、司法机关的实践，律师界的呼吁，立法机关的调研、综合并将《刑事诉讼法修正案（草案)》向全社会公布征求意见，和全国人大对《刑事诉讼法修正案（草案)》的两次审议等，最后于2012年3月14日，第十一届全国人民代表大会第五次会议通过了修改与完善的刑事诉讼法（以下简称2012年《刑事诉讼法》)。该法比1996年《刑事诉讼法》的225条增加了60多条，修改了90多条①，占现行法条的44%，可谓修改幅度较大，新增内容较多。例如，修改与完善了证据制度、强制措施、辩护制度、侦查措施、审判程序、执行程序及特别程序等七个方面的内容。② 笔者认为，就总体而言，虽算不上“里程碑”，但也是值得肯定和各界称道的。不过，2012年的修改最大的亮点，即在“总则”第2条中增加了“尊重和保障人权”的宪法内容。质弱之处主要是：反映刑事诉讼规律和与“两权公约”等联合国刑事司法准则规定的极为重要的原则、制度却憾缺，如无罪推定、沉默权、禁止双重危险、不受酷刑和不人道待遇、不得无故拖延审判时间等内容。对此，有待再修改、完善时增补。尽管如此，大多观点仍认为：“这次修改贯彻尊重和保障人权的宪法精神，对我国现行刑事诉讼法律制度作了重要补充和完善。”③

---

* 作者：周国君、刘根菊。本文刊载于《湖北警官学院学报》2012年第4期。

① 沈辉：《驳“人权观察”对中国司法改革的片面观察》，载《人民日报》2012年1月28日第2版。

② 郎胜：《关于刑事诉讼法修正案草案的说明》，载《人民日报》2011年8月25日第1版。

③ 《第十一届全国人大五次会议在京闭幕》，载《人民日报》2012年3月15日第1版。

2012 年《刑事诉讼法》的助力内容较多，其法理蕴含主要有哪些？值得深究。法理蕴含，即指法学理论的蕴藏和包含。法学理论，包括法律学科的各种理论；蕴涵包括基础支撑、原则指导、制度保障、条件配合等。研究和知晓法理蕴含，有利于对法条的法理理解，有利于消弭传统执法的思想痼疾和惯癖（如刑讯逼供等），有利于对修改、完善的内容全面掌握，以便正确地执行和运用等。限于篇幅，就 2012 年《刑事诉讼法》的法理蕴含，笔者仅对以下三方面内容试作析解和论述。

一、惩罚与保障相统一，给人权保障助力之法理蕴涵

我国 1979 年通过的刑事诉讼法虽然规定了保障犯罪嫌疑人、被告人、证人、被害人的人身权利，但是在重惩罚、轻保护的司法理念下，保障的条文很少，力度很弱。1996 年《刑事诉讼法》对其虽有所增强，但是仍显不足。与之相比，2012 年《刑事诉讼法》在保障人权方面增加了“尊重和保障人权”的宪法内容，为使其落到实处，又增加了相当多的条款。例如，“尊重和保障人权”（第 2 条）；在完善非法证据排除制度中增加“不得强迫任何人证实自己有罪”（第 50 条）；采用刑讯逼供等非法方法收集到的犯罪嫌疑人、被告人供述和采用暴力、威胁等非法方法收集的证人证言、被害人陈述，应当予以排除（第 54 条）；对违反法律规定收集的物证、书证不符合法定程序，可能严重影响司法公正的，应当予以补正或者作出合理解释；不能补正或者作出合理解释的，对该证据应当排除（第 54 条）；公、检、法有排除非法证据的义务，并规定法庭审理过程中对非法证据排除的调查程序（第 54 条第 2 款、第 55—58 条）。为了保障犯罪嫌疑人的权利，2012 年《刑事诉讼法》规定，拘留、逮捕后，应当立即将其送看守所羁押（第 83、91 条）。侦查人员在讯问犯罪嫌疑人的时候，可以录音或者录像；对于可能判处无期徒刑、死刑的案件或者其他重大案件，应当对讯问过程进行录音或者录像。录音或者录像应当全程进行，保持完整性（第 121 条）。犯罪嫌疑人被送交看守所羁押以后，侦查人员对其进行讯问，应当在看守所内进行（第 116 条）。人民检察院审查案件，应当讯问犯罪嫌疑人，听取辩护人的意见，并记录在案。辩护人提出书面意见的，应当附卷（第 170 条）。为加强对证人、鉴定人、被害人保护的力度，还规定，对危害国家安全犯罪、恐怖活动犯罪、黑社会性质的组织犯罪、毒品犯罪等案件的证人、被害人，可以根据案件需要，采取不公开真实姓名、住址和工作单位等个人信息，不暴露外貌、真实声音等方式出庭作证；对其人身和住宅进行专门保护措施和其他保护措施（第 62、63 条）。基于加强保障犯罪嫌疑人、被告人的辩护力度，增加了在侦查阶段就可以聘请辩护律师，他们有权

持“三证”进行会见（第33、36、37、38、47条等）。同时还扩大了指定辩护对象的范围，即包括可能判处无期徒刑的人（第34条）。为保障被判处死刑被告人的权利，增加了最高人民法院对复核死刑案件，辩护律师提出要求的，应当讯问被告人，听取辩护人的意见（第240条）。与此同时还新设置了未成年人犯罪案件程序及其诉讼程序中有关诉讼参与人人身权利保护以及刑事和解等条款（第266—276条）。

综上可见，2012年《刑事诉讼法》在人权保障方面，主要是增加了对犯罪嫌疑人、被告人、证人、鉴定人、被害人等的人身权利保障的条款和力度。

（一）法理蕴涵之一：以哲学的矛盾对立统一原理为基础

列宁指出：“辩证法是一种学说，它研究对立面怎样才能够同一，是怎样（怎样成为）同一的——在什么条件下它们是同一的、是相互转化的。”① 恩格斯说：“辩证法根据我们过去的自然科学实践的结果，证明了：所有的两极对立，总是取决于相互对立的相互作用；这两极的分离和对立，只存在于它们的相互依存和相互联系之中，反过来说，它们的相互联系，只存在于它们的相互分离之中，它们相互依存，只存在于它们的相互对立之中。”② 毛泽东指出，马克思主义的哲学认为：“对立统一规律是宇宙的根本规律。”③

由上可见，唯物辩证法认为，任何事物都存在着矛盾的对立两面，统一于事物整体之中。对立的双方既斗争，又相互依伴，以斗争促发展，以依伴维护存在。矛盾的对立统一体，莫不如此。刑事诉讼是司法领域处理犯罪与保护人权二者关系的程序、形式和过程；刑事诉讼法规定它的次序和程式。规定惩罚，是通过惩罚犯罪行为本身，保护被害者的合法权益，此为保障之主；惩罚时，还要注意保护被惩罚者的合法权益，虽为保障之次，但不可缺少。若只有前者，则属于单纯报应、报复；若无后者，则违背人伦、道德理性。基于上述哲理，世界上任何一部刑事诉讼法典都在惩罚犯罪与保障人权两个侧面作出各具特质的规定，恰似人之双手，右手握拳出击，左手伸掌保护，二者既对立，又统一，相辅相成。所不同的是，两手力度孰强孰弱。辩证唯物主义者认为，二者应当尽量衡平，对此，我国刑事诉讼法理当毫不例外。世界上许多国家的刑事诉讼法和联合国刑事司法准则的某些规定也或多或少地体现了以对立统一原理为基础。例如，《法国刑事诉讼法》第一卷“提起公诉的预审”和第三卷“非常上诉途径”；《德国刑事诉讼法》第一编“通则”中的第八章至第十章、

① 列宁：《哲学笔记》，人民出版社1974年版，第111页。

② 《马克思恩格斯选集》（第3卷），人民出版社1972年版，第494页。

③ 《毛泽东选集》（第5卷），人民出版社1977年版，第910页。

第三编“法律救济”、第四编“对已确定判决结束的程序再审”和第五编“被害人参加程序”；《日本刑事诉讼法》第一编“总则”中的第八章至第十二章“勘验”、第二编“第一审”中的第一章至第三章和第三编“上诉”、第四编“再审”、第五编“非常上诉”；《俄罗斯刑事诉讼法》第一部分“通则”中的第一编“基本规定”中的第三章“刑事追究”和第一编“基本规定”中的第二章、第四章关于不得提起刑事案件、终止刑事案件的根据、第二部分中的第七编“刑事案件的提起”、第八编“审前调查”、第十三编“第二审法院的诉讼”；《意大利刑事诉讼法》第二部分第五编“初步侦查和初步庭审”、第九编“上诉”；《越南刑事诉讼法》第二编“刑事案件的立案和侦查”和第四编“按第二审程序，对尚未发生法律效力的判决和裁定进行重新审理”；《韩国刑事诉讼法》第一编“总则”、第九章至第十三章和第三编“上诉”的第一章至第四章；《瑞典诉讼法》第二编“普通程序”的刑事诉讼程序中的第二十三章至第二十八章及第二十一章“嫌疑人及其辩护”和第五编“上诉法院程序”、第七编“特别救济程序”；《加拿大刑事法典》第十五章“特别程序和权力”、第十六章“强制被告到庭和临时释放”及第二十一章“上诉——可诉罪”、第二十六章“非常上诉”。联合国刑事司法准则中规定的有关惩罚犯罪的文件，如《联合国打击跨国有组织犯罪公约》《预防和控制有组织犯罪准则》《打击国际恐怖主义的措施》《禁止贩卖人口及取缔意图营利卖淫的公约》《联合国预防犯罪和刑事司法标准和规范》等；还有保障人权的司法文件，如《执法人员行为守则》《执法人员使用武力和火器的基本原则》《禁止酷刑和其他残忍、不人道或有辱人格的待遇或处罚公约》《酷刑的调查取证》《关于检察官作用的准则》《关于律师作用的基本原则》《关于保护死刑犯的权利的保障措施》《有效防止和调查法外、任意和即决处决的原则》《囚犯待遇最低限度标准原则》《开展国际合作，以求减少监狱人满为患和替代性刑罚》《关于在刑事事项中采用恢复性司法方案的基本原则》等。

（二）法理蕴涵之二：以人权入宪为基础

人权，是一个国际化概念。各国学者对“人权”的概念的界定不少于几十种。在国内，有学者认为：“所谓人权，就是指一切人满足自身需求、享有人身自由、并对自身以外的任何事物发生不同联系的资格和能力的总和，是社会的人的权利与人的社会的权力相互关系不断发展的统一体。”① 还说，“人权的基本内容即由生存权、学习权、经济权、政治权、技能权、自我权六大部分

① 张春津：《人权论》，天津人民出版社1989年版，第22页。

组成”。[①] 笔者赞同这种观点。

我国1982年《宪法》非常注重保障公民基本权利。在第二章“公民的基本权利和义务”中首先明确规定：“公民享有宪法和法律规定的权利，同时必须履行宪法和法律规定的义务。”宪法是母法，刑事诉讼法是子法，其规定必以宪法为依据。据此，1996年《刑事诉讼法》对公民在刑事诉讼中应当享有的各种权利和应尽的义务作出了相应的规定，其中就包括了犯罪嫌疑人、被告人享有不被刑讯、不被非法羁押和犯罪嫌疑人、被告人有辩护、上诉、申诉等权利。1999年的《宪法修正案》第13条规定：“宪法第五条增加一款，作为第一款规定：‘中华人民共和国实行依法治国，建设社会主义法治国家。’”从此，“依法治国”被当作治国方略和长久国策入宪，进一步提高了法治在治国中的地位。2004年修改宪法时，在第33条增加一款“国家尊重和保障人权”。2012年3月14日通过并颁布的《刑事诉讼法》第2条增加规定“尊重和保障人权”，使2004年《宪法》规定的“国家尊重和保障人权”落实到了刑事诉讼法之实处，此系一重大进步，具有重要的价值和意义。

人权是作为自然人享有的生存的自由、财产、人格尊严不受侵犯等广泛的基本权利和社会上享有的权能及抵制掌权之人或组织（含政府等）滥用权力侵权之权能的总和。前者属于享用权，后者属于自卫权。

“国家尊重和保障人权”中的“人权”，其内容比1982年《宪法》规定的“公民基本权利”更广、力度更大。它不仅包括了保障公民的基本权利，还包括公民享有抵御掌权者和组织（政府等）滥用权力侵犯其基本权利之权能。一言以蔽之，笔者所言之人权，即宪法提出“尊重和保障人权”中的公民自卫权、防卫权之总和。从主体上观之，基本权利主体只包括具有本国国籍之人。广义上的人权主体包括生活在宪法所适用的国家的外国人，含工作、生活、逗留（如旅游、参观、度假等）的外籍、无国籍人士。由此观之，尊重和保障人权的主体和权利范围更广泛、力度更大。2012年《刑事诉讼法》增补规定的不得强迫任何人证实自己有罪，排除非法证据，应将被拘、被捕等犯罪嫌疑人、被告人立即送看守所羁押并立即在所内讯问，同时进行录音录像等，都适用于在我国犯罪的外籍、无国籍人。上述保障人权的规定，使公正的天平砝码向保障这边挪动，从而有效地实现惩罚犯罪与保障人权相统一。

二、力图控、辩相平衡，给辩护助力之法理蕴涵

在重惩罚、轻保障的司法理念下，1979年《刑事诉讼法》规定保障人权

① 张春津：《人权论》，天津人民出版社1989年版，第36页。

的条款很少；如第四章规定有关被告人“辩护”共有8条，其中包括第26条（被告人有权自己辩护也可以委托律师为其辩护）、第27条（指定辩护）、第28条（辩护人的职责）、第29条（辩护律师的权利）、第30条（被告人有权拒绝辩护和另行委托辩护人）。1996年《刑事诉讼法》在上述1979年《刑事诉讼法》规定的基础上，增加了3条：在第34条中增加规定了公诉案件中被告人因经济困难或者其他原因没有委托辩护人的，人民法院可以指定承担法律援助义务的律师为其提供辩护。第36条规定，辩护律师自审查公诉之日起，有权查阅、摘抄、复印本案的诉讼文书、技术性鉴定资料，可以同在押的犯罪嫌疑人会见和通信。其他辩护人经检察院允许也可以享有这些权利。第37条规定，辩护律师经证人或者其他有关单位和个人同意，可以向他们收集与案件有关的材料，也可以申请人民检察院、人民法院收集、调取证据或者申请人民法院通知证人到庭作证。辩护律师经人民检察院或者人民法院许可，并且经被害人或者其近亲属、被害人提供的证人同意，可以向他们收集与本案有关的材料。与此相比，2012年《刑事诉讼法》又增加规定了3条。例如，犯罪嫌疑人在侦查阶段可以委托律师作为辩护人为其提供法律帮助，使辩护权的行使提前一大截。还规定律师持“三证”（律师执业证书、律师事务所证明和委托书或者法律援助公函）就可以会见除特殊案件（危害国家安全罪、恐怖活动犯罪、特别重大贿赂犯罪案件）以外的犯罪嫌疑人。这既扩大了律师的权利、又有利于被会见者及早得到律师的法律帮助。与此同时，亦增加规定律师在审查起诉阶段可以查阅、摘抄、复制本案所指控的犯罪事实材料，与1996年《刑事诉讼法》第36条规定的“辩护律师在审查起诉阶段可以查阅、摘抄、复印本案的诉讼文书、技术性鉴定材料”相比，这又大大扩充了审查起诉阶段辩护律师了解、分析、研究案情的范围，如将“诉讼文书、技术性鉴定材料”，扩大为“本案所指控的犯罪事实材料”，使得辩护人可以更好地为委托人提供全面、有效的辩护。

2012年《刑事诉讼法》还增加规定，除危害国家安全犯罪案件、恐怖活动犯罪案件、特别重大贿赂犯罪案件以外，在侦查期间律师会见不用侦查机关批准，只需持凭“三证”就有权会见犯罪嫌疑人、被告人；会见时，不被监听。这不仅是对律师的尊重，还有利于对被追诉者权利的保障。2012年《刑事诉讼法》还规定，对可能被判处无期徒刑而没有委托辩护人的，应当提供法律援助。这样就把享有法律援助的被告人范围由能判处死刑扩大到可能判处无期徒刑，享有法律援助的受辩面大大扩大，力度更加增强。由上可知，2012年《刑事诉讼法》规定犯罪嫌疑人、被告人享有辩护权的权利范围在不断扩充，力度越来越大。

（一）法理蕴涵之一：各国刑事司法准则中有关辩护的规定

在刑事诉讼中，居于控方的公安、检察等公权机关有着雄厚的国力、资金支持和保障，具有高素质的专业人员，拥有先进的科技装备和手段，享有便利的追诉环境和条件，加之被害人及其亲友等的支持，具有天然的巨大强势。而犯罪嫌疑人、被告人处于被追究的地位，他们的防御只有自身有限的力量，且往往自身素质不高，又受到羁押或者管束等人身活动的限制，处于被搜查、讯问的不利环境等，因而处于天然的劣势地位。虽然他们作案隐蔽，采用手段诡秘、藏赃隐迹等为侦破设置了重重困难，但一旦案发，追诉方与被追诉方相比，前者仍显强势。在刑事诉讼中为使控、辩双方力量趋于平衡，防止控方过度采用不适当的追诉手段，也为了防止诉讼暴力和不人道的追诉，让被追诉者在公平、正义的条件下交代问题和服法等，法律理当赋予他们广泛的辩护权。随着国家、社会、公民、立法机关、公检法部门对人权重要性认识的提高和对重打击、轻保护造成不利后果的反思，随着我国政府签署一系列国际公约和联合国刑事司法若干准则对我国的积极影响以及我国人权入宪的重大进步，尤其是依法治国方略的制定和实施等，法律赋予犯罪嫌疑人、被告人更多、更强力的防御权也就是水到渠成。

犯罪嫌疑人、被告人的辩护权是其最基本、最重要的诉讼权利，除了自己独立行使外，还可以委托辩护人或者辩护律师帮助他们行使。其中，包括律师会见他们并了解案情，向控诉机关借阅法律允许的部分案件材料，出庭辩护和辩论，协助上诉等。辩护律师会见被追诉者，是其帮助他们行使辩护权的重要方式。有鉴于此，《公民权利和政治权利国际公约》第 14 条第 3 款规定：“在判定对他提出的任何刑事指控时，人人完全平等地有资格享受以下的最低限度的保证：（甲）迅速以一种他懂得的语言详细地告知对他提出的指控的性质和原因；（乙）有相当时间和便利准备他的辩护并与他自己选择的律师联络……（丁）出席受审并亲自替自己辩护或经由他自己所选择的法律援助进行辩护；如果他没有法律援助，要通知他享有这种权利；在司法利益有此需要的案件中，为他指定法律援助，而在他没有足够能力偿付法律援助的案件，不要他自己付费……”我国 2012 年《刑事诉讼法》增补规定的前文内容正是借鉴和参照上述规定而成的。同时，《囚犯待遇最低限度标准规则》第 93 条规定：“未经审讯的囚犯为了准备辩护，而社会上又有义务法律援助，应准申请此项援助，并准会见律师，以便商讨辩护，写出机密指示，交给律师……警察或监所官员对于囚犯和律师间的会谈，可用目光监视，但不得在可以听见谈话的距离以内。”《保护所有遭受任何形式拘留或监禁的人的原则》的“原则 18”规定：“被拘留人或被监禁人与其法律顾问的会见可在执法人员视线范围内但听力范围外进行。”因此，参照上述规定，2012 年《刑事诉讼法》第 37 条规定了辩护律师会见犯罪嫌疑人、被告人时“不被监听”。

另外，解决司法实践中辩护存在的主要问题，亦是增强辩护力度的缘由。有实证调查数据表明：办理刑事案件的公安司法工作人员中，不希望律师介入的公安人员占 22.00%，检察官占 12.84%；公安人员拒绝律师会见申请的原因中，担心妨碍侦查的占 65.83%，司法部门滥用权力的占 9.44%；检察人员认为律师会见难的原因中，司法观念障碍占 56.42%，司法部门滥用权力占 14.74%。[①] 由此可见，律师为犯罪嫌疑人、被告人辩护遇到公安人员、检察人员和司法部门滥用权力抵制或者干扰的原因诸多、阻力巨大。实践中，侦查办案人员往往采用各种借口，阻碍律师会见犯罪嫌疑人、被告人，如工作太忙，不能及时安排会见；领导不在，无法批准，不能会见；律师持证件不合格或者不齐备，不能会见；案件情况特殊，不能会见；等等。凡此种种，都严重地妨碍了律师通过会见了解案情和为被会见人提供法律帮助。个别地区的公安司法机关还错误地将律师的合法辩护行为认定为妨碍作证罪追究刑事责任，以一儆百，使得律师不愿和不敢为犯罪嫌疑人、被告人进行辩护。对此，中国政法大学终身教授、博士生导师，我国著名法学家陈光中指出：“我国的辩护制度正濒临严重危机，刑事案件的律师辩护不断下滑，现仅为 25% 左右，这就是证明。最近发生的李某漏罪案正凸现了这一点。如果不改变理念，修改立法并在司法上有所改观，目前的辩护颓势将很难扭转。”[②] 为了改变上述辩护中存在的问题，借鉴联合国刑事司法准则中有关加强辩护的规定，完全是必要和可行的。

（二）法理蕴涵之二：联合国有关保障人权规定的原则、制度相趋同

联合国刑事司法准则，是全世界范围内签署国达成共识的结果，反映刑事诉讼的客观规律，具有普适性，是我国修改刑事诉讼法时必须考虑的重要参照因素。在保障人权方面亦如此。例如，《公民权利和政治权利国际公约》第 14 条规定的“凡受刑事控告者，在未依法证实有罪之前，应当有权被视为无罪”，这就是无罪推定原则。其精神和要求贯穿于刑事诉讼的各程序之中，并由其派生出有利被指控者、疑罪从无、疑情作有利被指控人的解释和对待等。联合国《保护所有遭受任何形式拘留或监禁的人的原则》的“原则 36”规

① 卞建林：《律师执业权利保障的多维视角》，载陈光中主编：《刑事司法论坛》（第 2 辑），中国人民公安大学出版社 2009 年版，第 127 页。

② 陈光中：《李庄漏罪与辩护人妨碍作证罪之立法修改》，载陈光中主编：《刑事司法论坛》（第 4 辑），中国人民公安大学出版社 2011 年版，第 215 页。

定："涉嫌或被指控犯有刑事罪行的被拘留人，在获得辩护上一切必要保证的公开审判中依法确定有罪之前应被视为无罪。"这再次重申了无罪推定原则。在其"一般条款"中规定："本原则中任何规定不得解释为限制或减损《公民权利和政治权利国际公约》中所规定的任何权利。"也就是说必须与其保持一致。我国是《公民权利和政治权利国际公约》的签署国，理应在2012年《刑事诉讼法》中增补"无罪推定原则"。此外，如果某人被主权国家司法机关依法定刑事程序定罪或宣告无罪，则不得就同一罪名再进行审判或者惩罚。这就是著名的"禁止双重危险"原则。对此，《公民权利和政治权利国际公约》的第14条亦有明确规定。禁止双重危险原则，旨在就同一罪行不得进行二次定罪或者惩罚，以求得保障被告人权利与惩罚犯罪的砝码上的平衡。我国2012年《刑事诉讼法》却仍无这方面的规定，不能不认为是一个缺憾。

联合国《公民权利和政治权利国际公约》第14条还规定："不被强迫作不利于他自己的证言或强迫承认犯罪"。以此规定为依据和要求，我国2012年《刑事诉讼法》第50条规定："不得强迫任何人证实自己有罪。"我国已加入1984年的联合国《禁止酷刑和残忍、不人道或有辱人格的待遇或处罚公约》。该《公约》第15条规定："每一缔约国应保持在任何诉讼程序中，不得援引任何业经确定系以酷刑取得的口供为证据，但这类口供可用作被控施行酷刑者刑讯逼供的证据。"这就是非法证据排除原则。联合国《关于检察官作用准则》第16条规定："当检察官根据合理的原因得知或认为其掌握的不利于嫌疑犯的证据是通过严重侵犯嫌疑犯人权的非法手段，尤其是通过拷打、残酷的、非人道的或有辱人格的待遇或处罚或以其他违反人权办法而取得的，检察官应拒绝使用此类证据来反对采用上述手段者之外的任何人或将此事通知法院，并应采取一切必要的步骤确保将使用上述手段的责任者绳之以法。"这也是关于非法证据排除原则的规定。根据上述规定，2012年《刑事诉讼法》第54条规定："采用刑讯逼供等非法方法收集的犯罪嫌疑人、被告人供述和采用暴力、威胁等非法方法收集的证人证言、被害人陈述，应当予以排除。"与联合国刑事司法准则规定的非法证据排除原则内容相比，2012年《刑事诉讼法》有了发展，即第53条规定的"采用暴力、威胁等非法方法收集的证人证言、被害人陈述，应当予以排除。违反法律规定收集的物证、书证，严重影响司法公正的，对该证据应当予以排除"。这就增加了对非法收集的证人证言、被害人陈述、物证、书证等四种证据予以排除。2012年《刑事诉讼法》第54条第2款还规定："在侦查、审查起诉、审判时发现有应当排除的证据的，应当依法予以排除，不得作为起诉意见、起诉决定和判决的依据。"这是新增加的对非法证据排除的详细、具体规定。由上观之，我国2012年《刑事诉讼法》的某些规定已比较先进、全面，值得赞扬和肯定。但是，也有欠缺之处。例如，未借鉴联合国刑事司法准则的合理元素，增加规定无罪推定、沉默权、禁止双重危险、不受酷刑和人道待遇、不得无故拖延审判时间等原则或制度。

三、公正与效率兼顾，给效率助力之法理蕴涵

公正与效率是刑事诉讼追求的目标。一般而言，公正优先、效率兼顾。2012年《刑事诉讼法》在规定保障司法公正条款的同时，亦增加或者调整了某些规定，以提高诉讼效率，如将简易程序审判的案件管辖的范围修改为基层人民法院管辖的案件，符合下列条件的，可以适用简易程序审判：即（1）犯罪事实清楚、证据确实充分的；（2）被告人自认所犯罪行、对指控的犯罪事实没有异议的；（3）对适用简易程序没有异议的。此种规定，能节省审判时日和诉讼资源，大大提高诉讼效率；在二审程序中，增加规定，原审人民法院对判决事实不清、证据不足发回重审的案件作出判决后，第二审人民法院经过审理，仍然认为事实不清或者证据不足的，应当作出判决。此规定能防止过去那种对这类案件一审、二审反复踢皮球、案件常审而不判的现象发生。还规定，最高人民法院复核死刑的案件，应当作出批准或者不批准的裁定。对于不核准死刑的，最高人民法院可以发回重审或者通过提审予以改判。该规定赋予了最高人民法院不仅有发回重审的权力，也有通过提审予以改判的权力，从而防止两级法院就谁改判的问题相互推诿，以提高诉讼效率。

公正，意指公平、正义、正直、合理，具有赏罚分明、不偏不倚的含义。公正，是人们追求的理想、价值和目标，是“社会制度的首要价值”。① 对于刑事诉讼而言，公正是其首要价值。公正有实体公正和程序公正之分。效率是指以最少资源的投入来获得更大效果之比。投入少、收效大，则表明效率高、大、好等；反之，则表明效率低、小、差等。有的外国学者说：“迟到的公正非公正。”虽然笔者不完全赞同这种观点（我们认为，迟到的公正也是公正，不过属于有瑕疵的公正），但它指明了效率与公正之间的密不可分的关系。刑事诉讼效率，是指在刑事诉讼中投入的司法资源（含人力、财力、物力、设备等）与所收到效果之比。刑事诉讼的高效率，主要体现为刑事诉讼过程的快速性、经济性和效果的合理性。刑事诉讼公正与其效率之间是一种相辅相成的关系。前者是刑事诉讼活动的主旨，后者则居于辅助地位。刑事诉讼公正与效率之间也存在一定的冲突。一方面，只求公正或者求全公正，不顾或者不重

① ［美］约翰·罗尔斯：《正义论》，上海译文出版社1991年版，第1页。

视效率，就会导致司法资源过多的耗费；另一方面，过度追求效率，就难以做到公正，甚至导致错误。如何正确认识和较好地把握二者的关系，确实是一个重要又难掌握的难题。对此，外国学者弗莱彻认为，一方面，要记住“正义被耽搁等于正义被剥夺”，另一方面，又必须保证不因盲目追求效率而牺牲了社会中易受伤害人的利益。也许恰到好处的平衡点有时很难找到，但无论如何不能放弃这种努力。①

我国1996年《刑事诉讼法》的全部条款，与其他大多数国家相比显得较少，程序性的内容也比较简约，但少数程序在实践运用中显得繁杂，消弭了诉讼效率。为改变此现状，2012年《刑事诉讼法》对某些程序性规定做了压缩或者去繁就简，以便较好地实现刑事诉讼在以公正优先的前提下，兼顾效率，这也是注重效率的法理蕴涵之一。

从更深层次观之，给诉讼效率助力的理论蕴涵还有经济学原理，可分为两项。

（一）经济效益原理

法经济效益原理是经济学原理的分支。

经济效益原理是指经济活动中投入与产出的比例关系原理，即劳动耗费或劳动占用与劳动成果的比例原理。基本公式为：

$$经济效益=\frac{劳动成果}{劳动耗费或劳动占用}$$

上式中含有3个变量：一是劳动耗费，包括物化劳动和活劳动的消费。理论上，它应以劳动时间来衡量，但在实际工作中，一般是产品总成本作为指标，从价值上间接地反映劳动耗费量。二是劳动占用，指物化劳动的占用，包括产品生产中占用并使用的全部劳动资料和劳动对象，其价值形式表现为所占用的固定资金和劳动资金总和。三是劳动成果，即使用价值总量，其基本指标是企业创造的总产品或总产值，核心指标则是最终产品或净产值，但它最终还要体现为企业所创造的剩余产品或纯收入。

经济效益可以从不同的角度去衡量。从产品的角度观之，以同样多的劳动耗费或资源来创造和实现的产品越多，效用越大，经济效益越高；从投入角度看，同样多的劳动成果，耗费的劳动或占有的资金越少，经济效益就越好。提高经济效益，就是要在不断地提高劳动生产率基础上，以尽量少的劳动耗费和资金占用，生产出更多的符合市场需要的产品。② 经济效益原理与法学学科相

① 尹晋华：《法律的真谛》，中国检察出版社2006年版，第56页。

② 《当代社会科学大词典》，南京大学出版社1995年版，第335～336页。

融合，就衍生出法经济效益原理。在刑事诉讼中，经济效益表现为诉讼成果与办案的耗费之比。诉讼成果，即诉讼结果公正，在审判阶段，表现为裁判公正，二者均简称为司法公正。司法公正，即诉讼结果公开、透明、正确。办案的耗费，包括办案付出的人力、财力和物力。人力，含警官、检察官、法官付出的精力和体能等；财力，含办案人员的工资、福利、差旅费、技术检验费和其他费用等；物力，含侦破器材、高科技设备、武器、交通装备等。诉讼成果基本上是一个不变量，但诉讼耗费是一个可变量。如果诉讼耗费量大，那么，诉讼效益就差，二者成反比。

$$\text{刑事诉讼效益} = \frac{\text{司法公正}}{\text{办案投入时间、人、财、物之多少}}$$

如果办案耗费的时间短，耗费的人、财、物少，案件质量又能达到司法公正的价值标准，那么，一般而言，刑事诉讼效益就达到了好的标准。

（二）经济效率原理

国内某些学者对“效率”这个概念的理解不够清晰，有的甚至混淆。国内学者大概因口语习惯，乐于用“效益”替代“效率”。将“效益”解释为“效果和利益”。在英语中不容易找到一个确切的对应词，但 Benefit 相对合适些。“效率”在英语中的对应词是 Efficiency，很明确。①

怎样理解“效率”这个概念？效率是经济学所要研究的一个中心问题。帕累托准则认为，“效率”或“最优”是这样一种状态：当任何偏离该状态的方案都可能使一部分人受益而其他人不受损。所以“效率”描述的是一种特殊的均衡点。“效率”就是资源配置达到最优状态的结果。资源配置不合理、使用不当，都会造成效率的损失。有学者认为，“效率”和“效益”的区别在于：“效率研究资源配置问题，效益是指资源投入与产出之间的比例关系；效率侧重于强调过程价值，效益侧重强调结果价值；当我们承认某一法律活动有效率时，我们同时应承认该项法律活动首先是有效益的；反之，当我们描述某项法律活动有效益时，该项法律活动不一定有效率。简单举例说，地方保护主义的法院判决对地方的经济是能使效益的，但对整个国家的法制资源是一种破坏，会引起一系列的恶性循环（Vicious Circle），破坏整个司法体制的效率。”② 笔者认为，此种观点是正确的，举例通俗易懂。

---

① 钱弘道：《论司法效率》，载《中国法学》2004 年第 4 期。

② 钱弘道：《论司法效率》，载《中国法学》2004 年第 4 期。

国内学者对法律效率、司法效率提出了如下见解：

（1）法律效率是“法律作用于社会生活所产生的实际结果同颁布该法律时所要达到的社会目的之间的比”。①

（2）法律效率“表示法律调整的现实结果与人们期望通过法律而实现的社会目标之间的对比关系”。其公式是：

法律效率 = 法律的社会目标 + 法律作用的结果②

（3）法律适用的效率是案件审理的社会价值与诉讼成本、审理成本之间的关系，可用公式表示为：③

$$\text{适用法律的效率} = \frac{\text{案件审理的社会价值}}{\text{诉讼成本} + \text{审理成本}}$$

笔者同意第三种观点。在刑事诉讼领域，刑事诉讼效率与刑事诉讼公正、刑事诉讼耗费的成本之间的关系，可用公式表示为：

$$\text{刑事诉讼效率} = \frac{\text{刑事诉讼公正}}{\text{刑事诉讼耗费的成本}}$$

在此公式中，刑事诉讼公正是一个不变的量，而刑事诉讼耗费的成本，包括适用普通程序耗费的成本或者适用简易程序所耗费的成本。假设刑事诉讼公正是100个单位（不变量），刑事诉讼中的普通程序耗费的是100个单位，那么，刑事诉讼效率就是1；如果当适用简易程序耗费评定只是50个单位，那么刑事诉讼效率就是100 ÷ 50 = 2，这就表明刑事诉讼效率提高了一倍。虽然这仅是一个假设，但也能说明问题。为了提高刑事诉讼效率，在刑事诉讼效率这个公式中，通过设置简易诉讼程序，降低（减少）耗费的诉讼成本，就是最佳的选择。基于此种原理，立法者在刑事诉讼法中就设置了简易程序。换言之，设置刑事诉讼简易程序的理论原理之一，就是经济学中的经济效率理论。

笔者认为，还可以采用另外一种计算方法来表明刑事诉讼效率。假设体现社会价值的刑事诉讼公正值数是100万元，而适用普通程序办理一起案件耗费成本的值数是10万元，那么，刑事诉讼效率 = 100万 ÷ 10万 = 10；如果适用简易程序办理一起案件消耗的成本只需5万元，那么，诉讼效率 = 100万 ÷ 5万 = 20。适用简易程序与适用普通程序相比的诉讼效率 = 20 ÷ 10 = 2，即适用前者的诉讼效率是后者的2倍。

---

① 孙国华：《法律的效率》，载《法律社会学》，山西人民出版社1988年版，第293页。

② 胡卫星：《论法律效率》，载《中国法学》1992年第3期。

③ 王勇飞、王启富：《中国法理纵论》，中国政法大学出版社1996年版，第310页。

上述两项公式表示效益和效率的比值是相当一致的。但是，效益与效率，二者既有相同之处，又有不同之处。效益，表示好处、利益、收效；效率表示速度。效率高（快），可能效益好，如速度快，能节省时间、物力、财力等，在相同投入量的情况下，效益就好。但过于追求效率，有时会欲速则不达，或者适得其反，产出的成果质量差或者不好或者很差。可见，效率高不完全等于效益好。例如，在消耗成本太小的情况下，虽然效率很高，反倒欲速则不达，出现负效应。详言之，在刑事诉讼中，若采用简易程序投入的耗费成本过少，即使案件能在很短的时间内结案，但却导致冤案。平反冤案需要重新投入消耗成本，这就既增加诉讼成本，又多耗费新的人力、财力和物力等资源。此例表明，过度地追求高效率，非但收不到好的效益，反倒会造成效益低。可见，如何设置简易程序的案件类型和适用范围是一件精细的立法工作。2012 年《刑事诉讼法》调整简易程序适用的范围，正是基于经济效益和经济效率二者关系原理而为之。例如，2012 年《刑事诉讼法》第 208 条规定，适用简易程序审判案件的范围，是基层人民法院管辖的符合三个条件的“认罪”案件，即“犯罪事实清楚、证据充分的；被告人承认自己所犯罪行；对指控的犯罪事实没有异议”的案件。其中，对可能判处 3 年以下刑罚的，可以组成合议庭进行审判，也可以由审判员一人独任审判；对可能判处 3 年以上有期徒刑的，应当组成合议庭进行审判。此规定就体现了刑事诉讼效率和效益之间的最佳之比。

国外有学者用很形象的事例阐释了成本效益（效用）原则。例如，美国成本效用分析家查尔斯·德·泰勒朗的儿子向其父吹嘘，他一路跟在公车后面跑至学校，省下两角五分钱。其父抱怨：“你何不跟在出租车后面跑，好节省两块钱呢?”此例释明了采用跟在出租车后面，用比跟在公共汽车后面更快的速度跑到学校，能节省到 1.75 元钱的效益。笔者认为，以此原理来衡量 2012 年《刑事诉讼法》关于调整简易程序的范围等比采用普通程序快速结案能增加效益是同一个道理。①

① ［美］波尔·狄肯森：《墨菲法则》，《查尔斯·德·泰勒朗定律》，内蒙古文化出版社 1997 年版，第 45 页。

第三章 价值与伦理融合

我国刑事审判监督程序价值之选择及其完善*

刑事审判监督程序是我国刑事诉讼法规定的一项特殊程序。它不像一审程序那样是必经程序，但是，依照法定理由提起并经过审判，对纠正严重错误，维护受判刑人的合法权益和社会秩序，实现司法公正等，都有重要作用。现就刑事审判监督程序的价值选择作一探讨。

根据我国《刑事诉讼法》第五章“审判监督程序”第203条至第207条的规定，刑事审判监督程序，是指人民法院、人民检察院对已经发生法律效力的判决和裁定，发现在认定案件事实和适用法律上确有错误的，依法提起并对案件进行重新审判的一项特别审判程序。在诉讼学界，有学者将审判监督程序称为“再审程序”。① 最高人民法院在其司法解释中，有的将其称为“审判监督程序”，如最高人民法院《关于执行〈中华人民共和国刑事诉讼法〉若干问题的解释》，有的将其称为“再审程序”，如最高人民法院《关于刑事再审案件开庭审理程序的具体规定》。笔者认为，在我国，将审判监督程序简称为“刑事再审”不妥。理由如下：第一，从刑事诉讼法对再审的规定看，“再审”一词有其特殊含义，即指经最高或上级法院对下级法院的判决已生效但确有错误的案件，“有权提审或者指令下级人民法院再审”。这里的“再审”显然是指经上级法院指令，下级法院对该案的再次审理，而不包括上级人民法院对案件的提审。第二，从司法解释的有关规定看，再审也不同于审判监督程序。《关于执行〈中华人民共和国刑事诉讼法〉若干问题的解释》除规定上述内容外，还在第304条规定：“各级人民法院院长……经提交审判委员会讨论决定

---

* 作者：周国均。本文成稿于2014年1月。

① 徐美君、李奋飞：《刑事再审程序的理性思考》，载《法学》2000年第10期。

再审的案件，应当另行组成合议庭进行再审。”这里的“再审”显然是指原审法院对本院已生效的错误裁判依照审判监督程序对案件进行的再次审理，即重新审理。其基点是重在数量上的含义，与审判监督程序不可同日而语。第三，从立法学、法理学的意义上讲，审判监督程序既然以专章的形式规定在刑事诉讼法中，即国家基本法当中，对“再审”还作了专门规定及特别含义，而“再审”仅系该章内容的一小部分。根据法律的层次、规格的等级及整体与部分的比例关系等原理，审判监督程序的效力、概念内容等比再审要强、要大，因此，在教材、论文甚至有关司法解释中，仍然将审判监督程序与“刑事再审”混同使用，显属不准确、不规范之举。第四，从国外特别是大陆法系国家的立法中，也可以看出再审程序与审判监督程序不同。例如，在法国、德国，把原裁判中的事实错误（基本上是有利于被判刑人的事实）作为再审程序，把原裁判中的适用法律错误作为监督程序（有的称为非常上诉程序）。在日本，再审的请求只适用于有利被判刑人的事实错误案件，为解决法律问题适用非常上告程序。

综上观之，我国刑事诉讼法规定的“再审”，既无事实审与法律审、有利于被判刑人与不利被判刑人之分，又不包括上级法院对案件的提审，还未包括申诉与审查和有权提起审判监督程序的主体、对案件的审判及作出处理等全部诉讼程序。因此，审判监督程序中的再审，只具有相应的程序意义和审判次数上的数量意义。在程序上有两种方式：一是上级法院对下级法院的“指令再审”；二是本院院长提交审判委员会讨论决定的“再审”。数量意义上的“再审”，仅指原审法院对该案的再次审理，即对上级法院指令的和本院审委会决定的再审案件，再次进行重新审判。“另行组成合议庭”只是审判人员的变更，而非行使审判职能的法院的改变和对同一案件审判管辖的改变。因此，用“刑事再审”取代审判监督程序的表述，是不准确、不严谨的。

价值的概念是多义的。《简明不列颠百科全书》将价值区分为工具价值和固有价值两类，或者作为方法的善和作为目的的善。① 所谓方法的善，是指价值具有方法性、手段性、工具性的作用；所谓目的的善，是指价值具有目的性，它本身是人们所追求的目的。某事物具有方法性、手段性、工具性的作用价值，属于“工具价值”，也称“外在价值”。具有人们追求的目的性价值，属于“固有价值”，亦称“内在价值”。赵汀阳先生将价值也区分为两种类型：“（1）关系型。在关系型中，某一事物是有价值的，当且仅当满足某种主观需

① 《简明不列颠百科全书（4）》（中译本），中国大百科全书出版社 1985 年版，第 306 页。

求或约定规范；（2）自足型。在自足型中，某一事物是有价值的，当且仅当它能够实现其自身的目的。”① 综观上述对价值的分类和归纳，笔者认为，关系型价值属于工具价值（外在价值）；自足型价值属于固有价值（内在价值）。

对价值的研究，有哲学家、政治学家、经济学家等专家，他们均把价值引进本学科领域，从而概括出适合本领域的“价值”概念及内涵。例如，马克思将价值运用到剩余劳动领域，不仅揭示了剩余价值的含义，还指出了一般价值的概念。他说：“‘价值’这个普遍的概念从人们对待满足他们需要的外界物的关系中产生的”②“是人们所利用的并表现了对人的需要的关系的物的属性。”③ 笔者认为，马克思、恩格斯所讲的价值就属于关系型价值、工具型价值，即外在型价值。在国内哲学界，有的学者认为，价值是指：“一切能够满足人和社会需要的东西。换言之，‘价值’是指满足人和社会需要的那种属性，即物对人和社会的有用性，是指对人的生存、发展和享受具有积极意义的一切东西。”④ 该学者所言之价值，实际上属于关系型价值、工具型价值、外在价值。在国内，有的学者将“价值”引入法学研究领域，并在论著中称：“法的价值是标志着法与人的关系的一个范畴，这种关系就是法对人的意义、作用和效用，和人对这种效用的评价。”⑤ 由此可见，该学者认为法（律）价值包括两层意思：法（律）对人的作用、效用、功能或意义；人对法的要求和评价。笔者认为，该学者所言的法（律）价值仅属于关系型、工具型、外在型价值。笔者还认为，将价值（外在价值）引入法的领域中，就法的主体与客体关系而言，法的价值主体主要是人，还包括社会主体、群体、阶级、社会等；法的价值客体，是主体需要满足的作用、效用、功能或意义等；法的价值的实现必须通过实践；法的价值大小，既取决于法律制度的性能，又取决于一定主体对这种法律制度的需要和能否满足一定主体的需要及满足的程度。笔者认为，法（律）的价值，除了上述关系型价值、工具型价值、外在型价值以外，还具有它的固有型、自足型、内在型价值，包括法（律）所追求和体现的公正、公平、自由、平等、秩序等内核。

将法（律）的价值引入审判监督程序中，笔者认为，其价值既包括它本身所固有并体现的正义、公正、公平、民主、自由、秩序、安全等固有型、自

① 赵汀阳：《论可能生活》，三联书店1994年版，第19页。

② 《马克思恩格斯全集》（第19卷），人民出版社1972年版，第406页。

③ 《马克思恩格斯全集》（第3卷），人民出版社1972年版，第139页。

④ 杜齐材：《价值与价值观念》，广东人民出版社1987年版，第9页。

⑤ 严存生：《法律价值》，陕西人民出版社1991年版，第28页。

足型、内在型价值，又包括审判监督程序对受判刑人和对社会所起到的效用、作用等关系型、工具型、外在型价值。

有鉴于此，笔者认为，审判监督程序的价值，是指审判监督程序固有型的、内在型的价值（简称“内在价值”，即它所体现的正义、公正、公平、民主、自由、秩序、安全等）和工具型的、外在型的价值（简称“外在价值”，即对受判刑人和对社会所起到的效用和作用等）的总和。刑事诉讼中审判监督程序的价值，是在法官适用该程序过程中与受判刑人发生联系而显现出来的，即经过刑事诉讼过程的演进，使审判监督程序所具有正义、公正、公平、民主等内在价值外化为——或者使受判刑人的原判决得到改判，如由量刑畸重改为量刑较轻，或者将有罪改判无罪的外在价值——从而既使司法公正和正义得到张扬，又使受判刑人亲身感受到审判监督程序的效用和作用。如果申诉案件经过审判监督程序的再审，人民法院据实依法维持原判决，虽然再审对受判刑人没有产生有利的效用和作用，但是这表明原判决已经体现了两审终审的司法公正、正义和公平等内在价值和外在价值，审判监督程序肯定了上述价值。在检察院对终审畸轻判决提出抗诉时，经过审判监督程序人民法院据实作出改判，虽然对受判刑人不利，但是从新判决符合事实清楚、量刑适当方面观之，也体现了司法公正、正义和公平等内在价值和外在价值。

对价值的理解与使用，有多种意义上的含义。本文所称之价值，仅在利益、作用、意义上使用，而不在目标、理想（人生价值）、功能（机器价值）、美感（花的价值）等意义上使用。

审判监督程序与普通程序相比，是刑事诉讼中的一个特殊程序；从对已生效判决的案件进行再审并纠正（维持原判除外）角度看，它又是一个司法救济程序。救济，是指挽救和接济。广义上讲，救济就是事后帮助。就适用审判监督程序而言，是指法院应受判刑人（或者其法定代理人、近亲属）的请求或者检察院的抗诉，通过审判监督程序对申诉、抗诉案件进行重新审理（包括指令再审和提审等），发现并纠正终审判决可能存在的错判（包括将有罪改为无罪，或者相反；将量刑畸重改判为量刑适当，或者相反等），或者给被错判的受判刑人洗冤昭雪、减刑等利益；或者使检察机关抗诉发生作用。上述纠错的结果，就是审判监督程序的价值。为实现审判监督程序价值最大化，笔者认为，应按一定的价值位阶进行选择。

一、维护司法公权与个人私权的统一，以坚持被追诉人私权优先

公权，广义上是指国家立法机关、司法机关、行政机关等含有公共因素的机关、团体拥有的权力。权力，即指职责和权能。本文所讲的公权，仅限于司

法机关行使的权力，即司法公权。私权，广义上是指与公权相应的公民个人享有的基本权利。本文所言之私权，仅指在刑事诉讼中被追诉者享有的诉讼权利。具体到在审判监督程序中，司法公权，是指人民法院及其法官享有的审判权和检察机关及其检察官享有的法律监督权（包括出庭支持公诉权、抗诉权等）以及人民法院决定是否给予受判刑人予以冤狱赔偿之权等。个人私权，是指当事人及其法定代理人、近亲属享有的申诉权、受判刑人在再审中如同一审程序中被告人享有的诸多诉讼权利和申请冤狱赔偿的权利。上述公权与私权的对立和统一构成了刑事审判监督程序的控辩双方一对矛盾体。公权与私权的矛盾对立推动刑事审判监督程序的开展和深入。

公权属于国家赋予的权力，具有公共性、公益性，它以国家权力为后盾，处于强势地位。私权则属于受判刑人个人享有的权利，具有自主性、独立性，这种权利势单力薄，处于弱势地位。鉴于公权与私权在审判监督程序中处于相互对立又相互统一的关系之中，从公平、正义原则出发，作为审判监督程序，为求得公权与私权之间力量的平衡，基于保障人权的需要，笔者认为，应注重私权的维护，或曰维护私权优先。只有这样，才能实现适用审判监督程序的公正性和合理性。

通过审判监督程序要解决的是纠正畸重畸轻的判决或者改判有罪为无罪（或者相反）以及冤狱赔偿问题。就改畸轻判决为较重判决问题，对司法机关而言，只涉及起诉、审判工作质量不高，对司法机关的权威和影响并不大，但是，对被改判者而言，则直接关系到被判者多服刑若干年的大问题。二者相比，孰轻孰重，不言可知。只有强调“维护司法公权与个人私权相统一，以维护受判刑人私权优先”，才能使检察官、法官转变观念，慎重对待改判量刑畸轻的案件。纠正判刑畸重的案件，对司法机关的权威和影响也不大，但是，对受判刑人而言，却直接关系到少受若干年牢狱之苦的大问题。只有强调“以维护私权优先”，才能使判刑畸重的案件得到及时、合法的改判，维护受判刑人的切身权益。至于将有罪判决改判为无罪判决，依据刑事诉讼法和国家赔偿法以及其他有关法律法规规定，承担赔偿义务的人民法院代表国家赔偿受判刑人的人身损害、财产等损失，但是，对于国家来说，付出的代价并不大。然而，对蒙受冤狱的受判刑人来讲，却是一件事关如何生存和生活质量好坏的大事。特别是对于错杀受判刑人的案件，虽然人死不能复生，但是，赔不赔偿，不仅关系到司法机关的公正执法、威信和形象如何，更关系到被错杀之人的名誉好坏以及其家属、亲属的心理伤害能否得到抚慰。就此而言，只有强调“以维护私权优先”，才能使司法人员对错杀案件主动、自觉地依法平反，还被错杀之人以清白，还司法以公正。

从世界上某些国家的刑事诉讼法规定再审不加刑的发展趋势观之，也表明通过审判监督程序，对案件再审时已注重维护私权优先的价值选择。例如，《德国刑事诉讼法》第373条规定："如果再审的申请是由被告人或他的法定代理人单独提出的或者是由检察官为被告人利益提出的，在原判决判处刑罚种类和量刑方面不得作出不利于被判刑人的变更。至于有相反意义上的申请再审的，则可以改变刑种和加重刑罚。"《日本刑事诉讼法》第452条规定："再审后不得判决比原判决更重的刑罚。"

司法实践表明，只有坚持在维护司法公权与个人私权相统一的前提下，以维护受判刑人的私权优先的价值选择，通过审判监督程序对错判依法进行再审并改判，才能使受到畸重判决的受判刑人少受牢狱之苦；才能使倍受冤狱之苦的受判刑人罪去名清，回归社会，过上正常人的生活；才能使在行刑前发现很可能错杀的受判刑人免受毙命。例如，有一个真实案例，在执行枪毙时，罪犯张某大喊冤枉，临场监督的检察官和法官因而决定停止执行。后经过启动审判监督程序对该案再审，避免了错杀张某（后改判为5年），而事后有关机关挖出主犯刘某并依法处决。

从最高人民法院公布的有关司法解释观之，某些规定体现了"维护个人私权优先"的价值理念。例如，2002年9月10日最高人民法院《关于规范人民法院再审立案的若干意见（试行）》第10条规定："人民法院对刑事案件的申诉人在刑罚执行完毕后两年内提出的申诉，应当受理；超过两年提出申诉，具有下列情形之一的，应当受理：（一）可能对原审被告人宣告无罪的；（二）原审被告人在本条规定的期限内向人民法院提出申诉，人民法院未受理的……"上述规定明确了两点：其一，对原审被告人可能宣告无罪的不受两年申诉期的限制，换言之，刑罚执行无论多少年均可申诉，人民法院应当受理，这是维护无罪之人权益优先的体现。其二，在刑罚执行的两年之内提出过申诉，但人民法院未受理的，即使在刑罚执行两年之后受判刑人继续申诉的，人民法院也应当受理。这也是"维护私权优先"的体现。以上均是从申诉立案的期限方面优先维护个人私权。该意见第15条还规定，"再审申请人或申诉人提出新的理由，且符合《中华人民共和国刑事诉讼法》第二百零四条……及本规定第七、八、九条规定条件的，以及刑事案件的原审被告人可能被宣告无罪的"，人民法院均应当受理。笔者认为，这是从申诉理由方面体现"维护个人私权"优先。

在德国、奥地利等国，对不利被判刑人的再审均有年限的限制，超过一定年限就不允许再提起再审。在日本，已生效判决适用法律虽有错误，但若对被判刑人有利，则就不改判了。① 可是，我国刑事诉讼法的审判监督程序体现的实事求是、有错必纠的原则，对有利或者不利被判刑人的错误，在程序上没有细分。借鉴上述国家的做法，似有改进的必要。

《俄罗斯联邦刑事诉讼法典》第405条规定："不允许必须适用关于更重犯罪的刑事法律、量刑过轻为由，或者按照可能导致恶化被判刑人状况的根据而通过监督程序对有罪判决以及法院的裁定和裁决进行复审，也不允许对无罪判决或法院关于终止刑事案件的裁定或裁决进行复审。"简言之，就是再审判决不得不利被判刑人（包括不得将轻判改为重判、将缓刑改判为实刑、将无罪改判为有罪）。《日本刑事诉讼法》第452条的"禁止不利变更"规定："在再审时，不得宣判重于原判决的刑罚。"《德国刑事诉讼法》第373条规定："仅由受有罪判决人，或者为了他的利益由检察院或者他的法定代理人提起再审的时候，对于原判决在法律对行为的处分种类、刑度方面，不允许作不利于受有罪判决人的变更。"这就是再审不加刑。也就是说，在特殊情况下，再审能加重被判刑人的刑罚，这一点与《俄罗斯联邦刑事诉讼法典》第405条、《德国刑事诉讼法》第373条和《日本刑事诉讼法》第452条的规定有别。笔者认为，我国刑事诉讼法应当借鉴苏俄和日本的做法，并规定："除人民检察院抗诉以外，再审不得加重或者变相加重被（受）判刑人刑罚。"虽然，最高人民法院公布的《关于刑事再审案件开庭审理程序的具体规定（试行）》第8条规定："除人民检察院抗诉以外，再审一般不得加重原审被告人（原审上诉人）的刑罚。"此处"再审一般不得加重原审被告人（原审上诉人）的刑罚"，就是说，在特殊情况下，再审可以加刑。笔者认为，这种规定不妥，似应规定："除检察院抗诉以外，再审不得加刑。"

《苏俄刑事诉讼法》第414条"恢复诉讼的期限"第1款规定："因新的情况与新发现的情况有利被判刑人而复审有罪判决的，没有期限的限制。"这一点与我国最高人民法院2002年9月10日公布《关于规范人民法院再审立案的若干意见（试行）》第10条第1款第（一）项规定没有期限限制是相同的。《苏俄刑事诉讼法》第414条第2款规定："为了给被判刑人平反，被判刑人死亡不妨碍因新的情况或者发现的情况而恢复刑事诉讼案件。"此处所称"新的情况"，是指"俄罗斯宪法法院认定法院在该刑事案件中适用的法律不符合《俄罗斯联邦宪法》和欧洲人权法院确认俄罗斯联邦法院在审理刑事案件时违反了《保护人权与基本自由保护公约》以及其他新的情况"。该条所称"新发现的情况"，是指生效判决已确认的诉讼参与人的虚假陈述或提供的虚假证据

① 陈光中：《加强审判监督，维护司法公正》，载《人民法院报》1999年1月14日。

以及侦查行为、审判行为，伪造的笔录和文件等，导致作出不合法、没有根据或者不公正的刑事判决，导致作出了不合法的或没有根据的裁定或裁决；或者生效判决确认，调查人员、侦查员或检察长的犯罪行为导致作出了不合法的、没有根据的或不公正的刑事判决，导致作出了不合法或没有根据的裁定或裁决以及法官在审理该案时实施了犯罪行为。笔者认为，该法典规定的“新情况”和“新发现的情况”比我国刑事诉讼法第204条规定的“新的证据”之内容更具体，值得借鉴。该法典还规定，即使被判刑人死亡，只要有其法定代理人或者近亲属申诉，为了给被判刑人平反，凡具备“新情况”或者“新发现情况”之一的，法院应当通过再审作出受判刑人无罪的判决，还其清白。相比之下，根据我国《刑事诉讼法》第15条第1款第（五）项规定，凡是被告人死亡的案件，就“终止审理”，即不像《苏俄刑事诉讼法》规定的那样，去为被判刑人平反而通过再审作一个无罪的判决结论。笔者认为，在这一点上，在完善我国审判监督程序时应当借鉴。

《苏俄刑事诉讼法》第414条第3款规定：“只有在《俄罗斯联邦刑法典》第78条规定的追究刑事责任的时效内，并且必须是在自发现新情况之日起的1年内，才能允许复审无罪判决或者关于终止刑事案件的裁定或裁决，或者以量刑过轻或必须对被判刑人适用关于更重要犯罪的刑事法律为由而复审有罪判决。”综观全条规定的内容，简言之，凡是申请对被判刑人不利，即检察者或者被害人申请无罪判有罪、轻罪判重罪等进行的再审，只能在发现新情况之日起1年内提出，法院应当受理，否则，就不受理。这样的规定，对维护受判刑人合法权益十分有利。笔者认为，对此，有必要借鉴，以做到坚持“维护受判刑人私权优先”。

《日本刑事诉讼法》第453条的“公告无罪判决”规定：“经再审宣判无罪时，应当将判决刊登于政府公报和报纸，予以公告。”笔者认为，该法这样做，既表明审判机关敢于认错，又表明为受冤之人通过媒体公开平反，这对恢复受冤者的名誉，便于其在社会上工作和生活，均有十分重要的作用。因此，笔者建议，我国刑事诉讼法应当增加此项内容，即规定：“经审判监督程序再审宣判受判刑人无罪的，应当在本省报纸上公布宣判无罪判决的依据和结论。”

二、注意程序公正与实体公正相统一，以不同诉讼阶段公正优先

何为“公正”？有学者认为，“Justice”一词具有公正、正义、正当、公平等意思，这些词含义大体相同，但意义的强弱、范围、侧重点却有差别，中文在不同的场合选择了不同的词语加以解释，而在法律方面多数场合被翻译成

公正或正义。[①]《现代汉语词典》称，“公正，是指公平正直，没有偏私。”[②]笔者认为，“公正”之“公”，是指秉公无私；通常指无论对人或对事平等对待，一视同仁。“公正”之“正”，是指不偏不倚。有学者认为，“justice”公正与公平的含义基本相同。笔者认为，在汉语中，一般而言，其二者的含义不尽相同，“公正”与“公平”虽均有秉公无私之意，“公正”则有不偏不倚之意，而“公平”则有平等合理之意。公正的核心要素是“对符合同一标准的同等对待，对不符合同一标准的区别对待”。公平的核心要素是对“同样的情况同样对待”和“不同样的情况不同对待”。[③] 在国内，有学者也将公正与公平区别开来。例如，指出“公平、公正作为一个抽象的法律模式建构要件……”[④]按照马克思的观点，公正是一种观念形态，这些观念形态要受一定物质基础的制约，并最终取决于物质生活条件。[⑤] 由于不同的历史时期、不同的社会制度中经济基础不同，因此，人们持有的公正观念具有历史性、相对性、差异性。但是，作为某种行为的标准，公正乃是人们追求的理想目标。公正与法律有天然的联系，法律是为了公正而制定的。罗马法学家凯尔斯把法律定义为“公正的艺术”。笔者认为，确有其道理。有学者认为：“公正具有一张海神般的脸，变幻无常，并且具有不相同的面貌。”此言给人们的印象是，公正是变幻莫测、捉摸不定、感觉不到的。笔者认为，这只是解释了公正具有会随着不同社会、不同阶段的经济条件呈现出不同含义的相对性和不稳定性的一面，但是，公正还是其在任何社会、任何历史阶段，使人们认识并且能感受到的“平等对待，一视同仁”的一面。例如，杀人偿命，在实行报应刑的社会和那个历史阶段，这是朴素的公正概念所含之内容；随着社会的发展和人们认识的进步，法律规定，对杀人者既可能依法判处死刑，即杀人偿命；但法律规定在某些情形下，对杀人者不判死刑而只依法判处重刑。杀人者应当受到惩罚（被处死或者被重罚），这是在任何社会、任何历史阶段，人们所持有的公正观念的内容和要求。否则，司法机关对杀人者不罚，任其逃脱法网之外，在任何人眼里，都会认为是不公正的。在刑事诉讼中，公正由实体公正和程序公正构成。有学者认为，“所谓实体公正，是指承认或者维护他人合理要求的一

① 陈桂明：《诉讼公正与诉讼程序保障》，法律出版社 1996 年版，第 1 页。

② 中国社会科学院语言研究所词典编辑室编：《现代汉语词典》，商务印书馆 1997 年版，第 437 页。

③ ［英］哈特：《法律的概念》，中国大百科全书出版社 1996 年版，第 157 页。

④ 刘作翔：《法律的理想与法制理论》，西北大学出版社 1995 年版，第 66 页。

⑤ 《马克思恩格斯全集》（第 3 卷），人民出版社 1972 年版，第 354 页。

种美德。它在刑事诉讼中表现为认定罪名准确，罚当其罪……简言之，就是要公正判决。所谓程序公正是指规定国家司法权全部运行过程的理性形态……程序公正主要包含以下内容：一是要求法官的独立性和公正性……二是当事人双方的平等性。程序公正包含了审判公开、程序合法、公正执行等内容。”① 笔者认为，上述关于实体公正和程序公正的概念及内容基本上是正确的，但是，把实体公正称为一种美德，把程序公正称为“理性形态”，均似有商榷之处。诚然，有的西方学者把公正又称为“美德”。但是，笔者认为，“美德”不仅仅包括公正，还包括正直的人品、高尚的道德、崇高的理想等。而该论者将实体公正界定为“承认或者维护他人合理需要的一种美德”，但没有包含“公正”之意。在某些案件中，当事人的要求是“合理”的，但未必合法。承认或者维护其这种合理需求能称为“公正”的美德吗？该论者把“程序公正”界定为“规定国家司法权全部运行过程的理性形态”。笔者认为，这种界定本身就使人感到有点太理性、“形态”过于抽象。然而，该论者将程序公正与实体公正对比时说，程序公正“具有可把握性和可操作性，而可以避免人们为了追求实体正义而采用刑讯逼供等非法手段，从而有可能导致更多冤案、错案出现的混乱局面”。从这段话观之，该论者所界定的抽象的程序公正概念与其界定程序公正的可操作的特定内容并不矛盾。

笔者认为，实体公正，是指司法人员依法定罪量刑后所体现的公正。简言之，即案件处理结果的公正，其主要内容和要求包括：（1）据以定罪量刑的事实清楚，证据确实充分；（2）定罪准确，适用刑法恰当；（3）正确认定无罪案件；（4）对于错案依法纠正并赔偿受判刑人损失等。程序公正，是指诉讼程序体现的公正。简言之，即诉讼过程的公正，其主要内容和要求包括：（1）严格依据刑事诉讼法及有关法律进行诉讼；（2）依法保障当事人和其他诉讼参与人的权益；（3）人民法院和人民检察院独立行使其职权；（4）严格依照法定程序收集、固定、提取证据；（5）严格按照法定标准和要求采取强制措施和强制性措施；（6）依照法定程序起诉或不起诉；（7）侦查、起诉程序适度透明，审判程序公开，依法裁判中立；（8）在法定期限内中止或者终止诉讼等。

关于实体公正与程序公正的关系，学者们对其认识也是不断深入和变化的。最初，有些学者认为，诉讼程序只是保障实体法实现刑罚的工具，只看到其实用性和技术性，因而产生“重实体，轻程序”价值观念。20 世纪 80 年代

① 牛建华：《论司法公正与诉讼效率的关系》，载曹建明主编：《公正与效率的法理研究》，人民法院出版社 2002 年版，第 108 页。

末至90年代初，学界对上述传统的程序价值进行反思和研究，探讨诉讼程序的自身独立价值，并认为，程序比实体更重要，提出了程序本位的观点。其理由主要是，实体公正的实现，必须从程序入手，首先实现程序公正。① 近年来，出现了程序与实体并重的观点，并认为："保障实体法的正确实施，即诉讼法工具作用价值，这是诉讼法的首要价值。诉讼法还有独立于实体法的本身价值，即诉讼法自身所体现出来的不取决于实体法实施的价值。"② 并由此进而提出"应当坚持实体法与程序法并重"的观点。③ 在此观点之后，还有学者主张程序优先的观点，并认为，在实体公正与程序公正的关系问题上，理想的答案是二者并重，但追求程序公正与实体公正的目标发生冲突时，应首先确定程序优先的价值取向。④该论者再次重申："我更看重程序公正。"⑤ 对此，笔者称其为"并重中的程序优先说"。针对上述观点，有的学者主张并重说，即认为实体与程序在诉讼中如车之两轮、鸟之两翼，是同等重要的，不能厚此薄彼，有所偏废。在二者发生冲突时，根据具体的情形作出不同的选择，有时选择程序优先，有时选择实体优先。⑥ 笔者称其为"并重中的选择优先说"。笔者认为，上述"实体公正与程序公正并重说"有很大的合理性，基本赞同，但是同时主张"实体公正与程序公正相统一"，在审前阶段中（包括立案、侦查、起诉阶段）以程序公正优先，可称之为"审前阶段以程序公正优先"；在审判阶段（包括一审、二审、死刑复核、审判监督阶段）注重实体公正优先，可称之为"审判阶段以实体公正优先"。马克思指出："审判程序和法二者之间的联系如此密切，就像植物的外形和植物的联系、动物的外形和血肉的联系一样。"⑦ 他还指出："审判程序和法律应该具有同样的精神，因为审判程序只是法律的生命形式，因而也是法律的内在生命的体现"。⑧ 马克思的上述论述

---

① ［日］谷口安平：《程序的正义与诉讼》，王亚新、刘荣军译，中国政法大学出版社1996年版，第5页。

② 陈光中、王万华：《论诉讼法与实体法的关系——兼论诉讼法的价值》，载《诉讼法论丛》（第1卷），法律出版社1998年版，第9页。

③ 陈光中：《应当坚持实体与程序并重》，载《人民法院报》2000年6月19日。

④ 陈卫东：《再谈程序公正与实体公正的关系》，载《人民法院报》2000年9月1日。

⑤ 陈卫东：《我更看重程序公正》，载《检察日报》2002年12月15日。

⑥ 陈光中、汪海燕：《刑事诉讼中的效率价值》，载曹建明主编：《公正与效率的法理研究》，人民法院出版社2002年版，第468页。

⑦ 《马克思恩格斯全集》（第1卷），人民出版社1956年版，第179页。

⑧ 《马克思恩格斯全集》（第16卷），人民出版社1956年版，第16页。

告诫人们，实体和程序是共存一体和不可偏废的，是统一的而不是对立的。但是，并未区分孰轻孰重。实际上，人们也无法将动物的外形与血肉区分是外形轻而血肉重，或者是血肉轻而外形重。就“并重”而言，“并重”中，“并”是指并列、并排；“重”是指重视、重要。简言之，即是指“同等重视（要）”①。笔者认为，在对待“实体公正与程序公正”的价值选择上，因其是抽象概念，很难掌握二者并重的尺度和分寸，因此，不赞同用“并重”一词。但是，用“统一”一词则能反映二者互相依存的客观状况。至于在何种情形下谁优先，那是可由司法人员掌握的，而不是飘忽不定、捉摸不定和不能掌握的。笔者主张“审前阶段以程序公正优先”和“审判阶段以实体公正优先”，简称为“不同诉讼阶段公正优先说”，对于办案人员来说，就比较容易掌握。

笔者之所以主张“审前阶段以程序公正优先”，是基于如下考虑。首先，一般说来，审前程序包括立案、侦查、起诉程序，主要是控方单方面追诉犯罪者刑事责任的程序，重在发现犯罪，收集、固定证据，回溯案件真实情况，运用充分和确实的证据证明犯罪已经发生和认定犯罪嫌疑人是谁，决定是否及如何采取强制措施，继而由检察机关审查决定起诉或者不起诉。在审前阶段中，刑事诉讼法规定的大量内容是侦查和起诉人员如何依照诉讼程序办案。例如，我国刑事诉讼法规定与发现犯罪证实犯罪和是否起诉有关的法条大约有 94 条（第一编第五章“证据”中第 43 - 46 条、第 49 条；第六章“强制措施”中第 50 - 76 条；第二编第一章“立案”中第 83 - 88 条、第二章“侦查”中第91 - 135 条、第三章“提起公诉”中第 136 - 146 条），而审判程序共 43 条（包括一审中第 151 - 169 条、二审中第 180 - 198 条、审判监督程序中第 203 - 207 条），审前阶段的法条规定与审判阶段的法条规定相比，约是其 2 倍。其次，从刑事诉讼法既具有本身的独立价值又具有保障实体法实现的双重价值观之，就后者而言，审前程序法条规定的主要功能是发现是否有犯罪事实、证实是否犯罪，是否提起公诉，这些均是为审判作准备的重要任务。此项任务完成得好，进行审判的基础就好，审判就能顺利进行，审判的质量就高。否则，检察机关就会因证据不足而申请退卷进行补充侦查等，由此影响诉讼进展和诉讼效率。而坚持“统一中的程序公正优先”，要求警官和检察官严格依据诉讼程序办案，就能避免上述弊端发生。最后，司法实践证明，因侦查具有相对保密的特点和审查起诉的不甚透明，违反诉讼程序、侵犯犯罪嫌疑人的人身权利的情况绝大部分发生在审前程序中的三个阶段，如刑讯逼供，使用五花八门的方法

① 中国社会科学院语言研究所词典编辑室编：《现代汉语词典》，商务印书馆 1997 年版，第 92 页。

（威胁、利诱、欺骗等）非法取证，违法采用拘留、逮捕、监视居住等强制措施，对依法应当作出不起诉决定的起诉，等等。坚持“统一中的程序优先”，严格要求办案人员依法办案，能有效保障被追诉者的人权免受侵犯。

审判阶段（一审、二审、死刑复核程序）的中心任务是通过审判查明案件真实情况，对不构成犯罪的被告人作出无罪判决；对构成犯罪的被告人作出有罪判决。在此阶段，虽然也必须依照法定程序进行审判，但是，由于是在控方和辩方的参加下通过公开（法定案件除外）审判进行的，与审前程序相比，违反程序、侵犯被告人合法权益，特别是侵犯被告人人身权利的情形不容易发生。再从实体公正是结果的公正观之，经过审判，人民法院对被告人依法作出无罪判决或者有罪判决，本身就是案件处理的初步（一审判决）结果或者最终结果（生效的二审判决），也是与实体公正的要求相符的，因此，在审判阶段坚持“以实体公正优先”是理在其中。

作为审判阶段中的审判监督程序，虽然不是必经程序而是一种特殊程序，特别是一种司法救济程序，旨在对生效判决的案件依法进行再审，更应当坚持“实体公正优先”。这是因为，受判刑人提出申诉，要求人民法院依法再审，迫切希望将判决有罪改判为无罪，或者对其量刑畸重改判为量刑适当，这都是追求结果公正；人民检察院针对人民法院将有罪判决为无罪的案件或者对受判刑人量刑畸轻而提出抗诉，请求人民法院依法作出有罪判决、对量刑畸轻者作出罪刑相适应的判决，也是追求结果公正。无罪之人被判有罪后被错误羁押若干年，有的半年、有的几年乃至十几年不等，造成了人身、财产损失，经过长期申诉，经人民法院采用审判监督程序再审后在宣判无罪的同时，又由有关公安司法机关进行刑事司法损害赔偿，被错判者获得经济或者物质补偿，体现了司法救济的公正结果；受判刑人若原来是国家干部或者职工，被宣判无罪后，由有关单位落实政策，恢复他们无罪的名声，适当安排他们的工作，这又体现了结果公正。凡此种种，均表明在审判监督程序中，更应当坚持“实体公正与程序公正相统一，以实体公正优先”。

三、重视审判公正与审判效率相统一，以审判公正优先

审判公正与审判效率相统一，是审判价值目标的追求。至于何为“公正”，前文已述。何为审判？就是指人民法院对案件进行审理和裁判的一切诉讼活动，包括普通程序中的一审、二审和特殊程序中的审判监督程序以及死刑复核程序等。此处所言之审判公正与审判效率相统一、以公正优先，仅指审判监督程序公正与效率相统一，以公正优先。何为审判监督程序？何为公正？前文也已述之。至于何为审判效率？在此作些许探研。

一般来说，效率是指单位时间内完成的工作量。效率，原本是一个经济学领域的概念，是经济学研究的特殊对象。正如有的学者所言："在一定的资源技术条件和财产收入分配关系下，经济是否最大限度地发展了各种生产要素的生产潜力，是否提供了充分资源的激励，资源配置是否符合社会需要等，是经济学特殊的研究对象，因而只有经济学能对这些问题作出科学的判断。"① 随着各种学科相互交融的发展趋势，法学与经济学结缘，因而在司法现代化的进程中，经济学中表示交易成本与收益的比例关系的效率概念被引入法学领域，逐步被司法实践所接受，因而形成了既具有经济内容又富有法律含义的诉讼效率，如司法效率、审判效率等概念。正如有的学者所言："法律同社会经济生活联系越来越紧要，法律也无法回避接受经济功利规则的影响和支配，法学理论固定古罗马法文化遗产和理性观念而孤芳自赏的时代一去不复返了。"② 特别是随着20世纪六七十年代波斯纳法律经济分析中对效率问题的提出，效率成为司法现代化进程中的一个重要价值目标。

有学者认为："效率大致包括三个层次的意义：效率的第一个维度是时间和速度，即在单位时间内实现最大化的要求；效率的第二个维度是成本，即体现效率的意义，以最小的投入取得最大的收益，以最简单的程序最大化实现某一目标，以最小的消耗取得最大的收获；效率的第三个维度是效果，即一定的行为事件或措施等产生的政治、经济、文化等方面的效果。"③ 笔者认为，此观点有可取之处。但是，尚未说明效率与效益和效果的关系等。与效率相关的有效益、效果。效益，一般在经济学意义上使用，是指投入一定的人力、物力、财力而取得的好处。效果，一般在社会学意义上使用，是指经过脑力或者体力劳动取得的成果。效率则是表明投入与收益二者之间的比率。效益和效果是效率的外在表现形式，在审判中，高效率表明审判取得了好效果。就效率的作用而言，效率还是促使审判取得好效益和效果的驱动力。

公正与效率二者的关系是对立统一的。就对立而言，在审判监督程序中对案件进行重新审判，若要实现公正（实体公正和程序公正）既需要法院投入足够的办案力量、财力和时间，又要严格依照刑事诉讼法规定的审判监督程序和相关司法解释的规定对案件进行审理，这样势必会延缓办案进度，影响审结案件的效率；若争取审理案件的高效率，法官就不得不减少办案程序和手续，

① 樊纲：《经济文论》，三联书店1995年版，第58页。

② 项振华：《美国司法价值观的新发展》，载《中外法学》1996年第2期。

③ 任群先：《公正与效率的价值研究》，载曹建明主编：《公正与效率的法理研究》，人民法院出版社2002年版，第95页。

缩短办案时间，以减少办案投入的成本，加快办案速度，于是就有可能造成法官所办案件有时不合法、所办案件质量粗糙等损害审判公正的结果发生。虽然审判公正与审判效率是对立的，但是，双方又是共存于对案件进行重新审判的程序之中。实现审判公正需审判效率支撑；审判效率的作用发挥需要审判公正引导。无审判效率的公正不是人们追求的审判公正，甚至是非公正；无审判公正的效率不是人们期望的审判效率，甚至是负效率、反作用力。人们追求的司法公正最佳价值目标是最好的审判公正与最高的审判效率相溶于一体，实现二者相得益彰、“鱼和熊掌兼得”。但是，在重新审理案件过程中，有时会发生公正与效率难以兼得的情况。为解决此问题，笔者认为，既要从立法上，又要在再审实践中，坚持“审判公正与审判效率相统一，以审判公正优先”的价值选择，并以此指导修改完善我国审判监督程序的有关规定和在办案中处理好公正与审判效率发生矛盾时碰到的问题。

笔者主张坚持“审判公正与审判效率相统一，以审判公正优先”，主要基于如下理由：首先，审判公正是刑事审判追求的上位价值目标，审判效率是刑事审判追求的下位价值目标。为实现审判公正（包括司法公正），人类除了追求审判效率（包括司法效率）价值目标以外，还包括有能实现高效诉讼的法律程序，有独立行使公正审判职权的法院，有一支全心忠于法律、严格执法的法官等。可见，审判效率是实现审判公正的价值目标之一，不能与审判公正价值目标同日而语。其次，从审判公正与审判效率之间的关系而言，审判效率是实现审判公正的手段。综观世界各国特别是大陆法系国家的刑事诉讼法为实现司法公正（含审判公正），均在该国刑事诉讼法或者相关法律中规定了启动再审的方式、程序、主体、事由、时限等。其中绝大部分内容，特别是审理方式（是开庭还是书面审）、程序（是按普通一审或二审，抑或是简易审）和时限（在多长时间内结案）等，都围绕提高审判效率作出了明确规定，其立法目的旨在保障实现审判公正。最后，依照审判监督程序重新审判案件纠错的目的，决定了审判公正优先。再审的启动主体，有的是受判刑人，少数时候是其法定代理人及其近亲属（以下统称“受判刑人”）；有的是检察机关；在我国，还有人民法院。受判刑人申请再审，或者为了伸冤雪耻，或者为了减少刑期等；检察机关抗诉，多数是为了加重被判刑人的刑罚，极少数是为被判刑人减刑；法院主动启动再审，对被判刑人有利或者不利均是其启动理由，其中更多的是前者。上述种种启动审判监督程序的事由，均是旨在纠正错判。而审判监督程序中重新审判的目的则不是解决审判效率问题，而是纠正实体上错判的问题。相反，有的错判是由于法官过于追求审判效率，急于尽快结案；或者是在有关领导指示的重压下加速办案而造成的。由此可见，坚持审判公正优先是客观的和必需的。

在国内，不少中青年学者，把西方学者所言之“迟来的公正非公正”，有的称之为“迟到的正义非正义”，当作座右铭和经典之语经常引用，并当作支撑自己文章观点的重要理论依据。笔者认为，此语所言欠妥。公正，在某种意义上讲，是一个抽象的概念，是人们期望的崇高价值目标。然而，在某些事项上，它又是人们可以甚至能够看得见、感受得到的事实或者结果。例如，在四川省西光县扶君乡有一名小学教师李某某被判10年后改为8年有期徒刑，经过审判监督程序对此案再审，最后宣判他无罪，并由有关部门落实他的工作安排和解决他的刑事损害赔偿问题。李某某手持判决书时高兴得满街又蹦又跳，并大喊：“我不再是‘强奸犯’啦！我终于赢得尊严……”① 在本案中，对李某某来说，虽然公正的判决（他感受到）迟到了30年，但是，他还是感受到了法律的公正，不过是受到了人身和精神折磨后的公正。无罪判决对他来说虽然是迟到了，但仍然是公正，由上可见，笔者认为，“迟到的公正”依然是公正，但却是一种受到损害的公正，是有瑕疵的公正，但绝不应当也不能认为它不是公正。

坚持“审判公正与审判效率相统一，以审判公正优先”的价值为指导，在改革、完善我国审判监督程序的有关规定过程中，笔者认为，似应作好如下工作。1996年颁布的刑事诉讼法时至今日已7年，因受当时立法的指导思想滞后，法条规定和条文内容不具体，加之客观形势的变化，人们司法观念的转变，审判实践出现的新问题需要解决，因此，最高人民法院相继制定和发布了诸如最高人民法院《关于执行〈中华人民共和国刑事诉讼法〉若干问题的解释》（1998.9.2）、最高人民法院《关于刑事再审案件开庭审理程序的具体规定（试行）》（2001.2.6）、最高人民法院《关于规范人民法院再审立案的若干意见（试行）》（2002.9.10）等重要司法解释，它们中的许多规定，都是在借鉴外国法律中有关审判监督程序的主体、程序、事由、时限、方式等内容，结合我国国情而制定的，例如规定有利被判刑人的再审申诉不受时间限制，不利被判刑人的被害人申诉或者检察机关的抗诉，超过两年则不予受理；又如，再审立案的理由和不立案的理由均围绕着保障人权和实现司法公正作了较多且又易被法官掌握的规定，解决了刑事诉讼法规定的重新审判的四条事由太原则、太笼统、法官难以掌握的大问题。笔者建议将它们中的许多规定吸纳到将来修改刑事诉讼法的条文之中，提高它们的法律效力和位阶。

① 汪仁洪、逸文：《迟到了三十年的无罪判决》，载《华西都市报》2003年4月21日。

除此之外，笔者还有以下几点建议：（1）取消法院有启动审判监督程序的权力，启动权由受判刑人（包括其法定代理人或近亲属）和检察院行使。鉴于法院是审判机关，审判申诉案件应当居于中间裁判地位。若由其启动审判监督程序，一则与其居中裁判的地位不符，同时混淆了控、审分离的诉讼原则和规律；再者法院自诉自审，基于与自身利益有关，即使发现错判，有时也不愿纠错、不敢纠错。（2）法院不直接受理被害人的申诉。因为检察机关是代表国家利益和公共利益行使法律监督权。被害人若申诉，应当向检察机关提出，检察机关审查后决定是否为维护他的合法权益并提出抗诉。（3）建议规定，法院审查申诉、复查案件采用合议制，并以公开听证审查为原则。这样，既有利于最大限度地保护申诉人、申请再审人的合法权益，又能最大限度地维护正当生效判决的既判力。（4）经查，对于再审申请人提出的关于终审法院审判的合议庭组成不合法、参加审判的法官不是合议庭成员或者应当回避而没有回避等理由成立的申诉案件，法院应当受理。

四、维护生效判决权威性、稳定性与纠正错判相统一，以纠正错判优先

刑事案件经过一审，法院作出判决并宣告后，在10日之内若被告人不上诉，检察院未抗诉，那么，此判决就成了生效的判决。这种生效判决，是受判刑人服判、检察院无异议的判决，是符合刑事诉讼法规定的判决，也是案件质量高的判决。一般说来，这种判决造成的冤案、重判情况极少。案件经过二审，虽然被告人在10日内上诉，或者检察院抗诉，但是经过二审，特别是经开庭审理而不是书面审理，法官根据上诉人的请求和理由，或者根据检察院提出的抗诉及理由，对该案进行审理，这是对案件质量的再次把关，而且是由比原审法院法官水平更高的上一级法院法官和合议庭进行把关，应当说，经过二审发生法律效力的判决比经过一审后发生法律效力的判决质量更高，因此，错判的机率更小。司法实践表明，法院作出生效判决的案件经过审判监督程序进行重新审理后，维持原审判决的占90%以上。也就是说，生效判决的案件质量总体上是很高的。以上情况表明，虽然法院对案件作出的生效判决质量很高。但是，仍有极少数错判。维持生效判决的权威性、稳定性源自前者；但极少数错判有损于生效判决的权威性、稳定性。那么，二者的关系如何？笔者认为，生效判决权威性、稳定性与纠正错判（包括将无罪判有罪或者相反、轻罪判畸重或者相反，以下均简称“错判”），既有相互统一的一面，又有相互对立的一面。它们都是围绕着追求司法公正进行的，同时，司法公正是生效判决权威性、稳定性的基石，司法公正是纠正错判所要达到的要求，二者是为实

现司法公正的目标基础上的统一。二者也有矛盾的一面，即错判有损判决的权威性、稳定性。当出现此种情形时，如何处理？笔者认为，应当以纠正错判优先为原则，重在纠正错判。

纠错须通过审判监督程序实现。在审判监督程序中，审判的对象是原审的生效判决，当具有法定理由时，上级法院可以通过提审维持原判决或者改判，也可能指令原审法院再审，再审后亦维持原判或者改判。其一，维护生效判决权威性、稳定性是依法治国、建设社会主义法治国家的必须要求，也是维护法院开展审判工作和充分发挥其职能作用的前提。其二，承认有错有其必要、合理性，一是符合认识和解决问题有时不正确的客观现实；二是符合实践中尚有极少数冤、假案的客观情况。其三，对法官来说，学好法律、用好法律、竭力做到严格依据事实和法律对所办案件作出公正、合法的生效判决，这是使生效判决具有法律权威的审判行为和结果。但是，一旦发现生效判决确有错误，通过审判监督程序对案件进行重新审理，将有罪纠正为无罪、将量刑畸重纠正为量刑适当，这也是在维护生效判决的权威。否则，若法官奉行“官无悔判”的旧观念，有冤不洗、有错不纠，固执错判，必然在社会上、在广大公民的心理上造成法院判决不公正、不公平、不可信的极坏影响，必定影响生效判决的权威。其四，错判在审判中虽然只占极少数，但对于受错判者而言，却是100%的冤错，其人身、财产、精神遭受重大损失。为受错判者正名或者使其得到恰当的重新判处，理应“以纠正错判优先”。

五、坚持法律效果与社会效果相统一，以法律效果优先

法律效果与社会效果既有相互统一的一面，有时又有相互矛盾的一面。它们寓于司法公正之中。在审判监督程序中，当法律效果与社会效果发生矛盾时，如何处理，这也是一个值得探讨的问题。

法院的生效判决会产生法律效果和社会效果。法律效果，是指判决生效后所体现出来的审判公正内在价值和使被判刑人受到刑罚处罚的外在价值的总和。内在价值包括终审判决的程序公正和实体公正；外在价值包括被判刑人对终审判决的态度，包括认罪与不认罪、悔罪与不悔罪和服判与不服判。社会效果，是指社会各界，包括党、政部门、企事业单位、社会团体、广大公民等，对生效判决的评价。法律效果是法律所蕴含和适用后体现的司法公正的价值；社会效果则主要是人们依据政策或者道德观念对生效判决作出的评价。一般而言，法律是代表国家并保护绝大多数人权益的，只要法官严格执行法律，就能得到社会各界的好评和认可。二者的关系应当是相一致的，因而也是相统一的。但是，这种社会评价有时可能与法律效果所体现的价值大体相符，也可能

大部分不相符甚至相反，因此也具有矛盾的一面。可见，法律效果与社会效果既统一、又对立。

笔者认为，对二者的态度应当坚持法律效果与社会效果相统一，以法律效果优先。这是因为：法律效果产生的依据是法律。在我国，法律是由立法机关根据广大人民群众的意志，为维护他们的合法权益，为维护社会的安定秩序等而制定的。法律具有固定的公正性、相对的稳定性和可操作性。法官根据事实运用法律作出的生效判决，其法律效果也具有相对的稳定性和可信性。但是，社会效果则不同。就群众对法律效果的评价而言，他们可能认为，法院的生效判决不公正，原因可能是出于不了解案情，也可能是认识的片面性，还可能是出于道德上的同情等。这种社会效果，具有主观随意性、片面性，因而与法律效果相比，其效果的可信性差得多。在这种情况下，若出现了法律效果与社会效果相矛盾，理应采用以法律效果优先的价值选择。为维护原判的权威性、稳定性，不应当启动审判监督程序。司法实践中，有的地方为了配合从重从快开展专项斗争，如打黑除恶，把一般的团伙犯罪当作具有黑社会性质的斧头帮、黑狮帮等要求公安司法机关进行打击。而少数公安司法机关违背有关司法解释中规定的黑社会性质犯罪构成四个条件，结果造成错判，这些以社会效果（评价）优先的做法造成了不良后果的教训，也从反面证明坚持“法律效果与社会效果相统一，以法律效果优先”的价值选择是十分必要的。

当然，强调“法律效果优先”，并不等于不重视社会效果，相反，对于在特定时期或者在某一个地区，领导和群众对有的案件终审判决意见很大，如涉及面广，足以影响社会安定的案件，对此更要慎重处理，防止矛盾激化和扩大。对这类案件，若通过审判监督程序有利于解决问题，应当依法改判的改判，该维持的维持。即使是维持原判，也要通过各种渠道，把维持原判的理由和法理解释清楚，以平息民怨和纷争。

笔者认为，欲坚持此项价值选择，对公安司法人员，特别是审判人员而言，首先，必须熟练掌握与处理案件有关的法律、法规和司法解释的规定，把握法律效果的尺度，为正确适用法律、法规和司法解释的规定打下坚实基础。其次，要敢于秉公执法，严格依法办案。否则，即使审判人员掌握了法律尺度，也有可能曲法而从，或者违法而办。再次，在司法体制改革方面，应当对全国法院系统实行人、财、物单列，自上而下实行在党中央的领导下开展工作，独立于当地党委和行政部门。这个举措是保障司法人员，特别是法院和法官坚持“法律效果与社会效果相统一，以法律效果优先”价值选择的最重要体制保障。

论刑事诉讼伦理观*

伦理是指用以处理人伦关系所要求的规范与准则，也就是要求人们遵循一定行为规范的道德要求，包含着极为丰富的道德理念与原则。刑事诉讼是国家司法机关行使国家刑罚权的活动，是围绕着犯罪嫌疑人、被告人的罪与罚而展开的，核心是被追诉者的刑事责任问题。冰冷的罪与罚似乎是严肃而苛刻的，与人类的道德情感、伦理观念相距甚远。然而，对二者进行深刻剖析后发现绝非如此。此处笔者试图将基本伦理观念与刑事诉讼法学研究结合起来，进行初步探讨，以期能够对我国刑事诉讼法的进一步发展完善起到些许精神理念上的启示作用。

刑事诉讼是一种国家法律活动，是国家作用于个人的行为，必然体现出国家权力与个人权利的矛盾冲突，必然涉及国家的安全和秩序与个人的权利及自由之间的价值权衡。如何调节和处理这种关系，如何在矛盾的二者之间做出合乎理性的价值判断，这个任务是法律本身无法完成的，这就需要由一种更为博大的人类道德理念来予以评估，并指导其做出决定。同时，刑事诉讼也是人与人之间解决社会冲突的一种活动，需要有当事人与其他诉讼参与人以及代表国家司法机关的司法工作人员的参与。如何处理这些人之间的关系，怎样确立这些人在刑事诉讼活动中的基本行为方式和行为规范，也有赖于道德理念的支撑。由此，伦理观念对刑事诉讼活动的引导和规范成为必要。

对刑事诉讼与伦理之间关系的研究是由法律与伦理的辩证关系引申拓展而来的，正是由于法律与伦理这两大人类社会的基本原则规范之间存在错综复杂的历史渊源与现实矛盾才使得对本命题的研究成为可能。因此，下文在展开对刑事诉讼伦理观的理论研讨之前，首先对其理论基础——法律与伦理的关系等相关问题进行一定的理论分析。

一、法律与伦理的关系概述

法律与伦理是人类建立和维系社会生活秩序的最基本和最重要的两大规

---

* 作者：刘根菊、李静然。本文成稿于 2005 年 10 月。

范。法律是国家制定或认可的由国家强制力保证实施的行为规范。伦理是处理人伦关系时所要求的规范与准则。把握法律与伦理的辩证关系，无论是就法学理论研究本身而言，还是就我国当前的伦理道德建设而言，都是一个重要课题。

从词源含义上来看，“伦理”（ethic）一词在西方是由古希腊文“ethos”演绎而来的。早在荷马时代，人们就开始了道德的理性思考，荷马史诗《伊利亚特》中已经出现了“ethos”一词，但当时只表示惯常的住所、共同居住地，之后，其意义扩大为性格、人格、风俗、风尚等，然而并不具有现在的“伦理”的意思。直至公元前三世纪，亚里士多德首先使名词“ethos”成为一个形容词“ethikos”，才使之具有道德品性和道德行为规范的含义。在中国古代典籍中，对于“伦理”的解释主要见于许慎的《说文解字》。其中说：“伦，从人，仑声，辈也。”即“伦”字的本义是辈的意思，引申为人与人之间不同辈分的关系。“理，治玉也……玉之未理者为璞。”是说“理”字本义为加工并显示玉石本身细微精妙而又清晰可辨的纹理，引申为规律和规则。“伦”“理”二字连用，最早见于战国至秦之际的《礼记·乐记》，“乐者，通伦理者也。”“伦理”一词在我国古代主要指人与人之间微妙和谐有序的辈分关系。

在当代理论研究中，伦理是指人与人之间以道德手段调节的种种关系，以及人们在处理这种关系时应当遵循的道理和规范。伦理学是研究道德的现象、本质及其发展规律的学科。道德作为人类生活中所特有的社会现象，是由经济关系决定的，以善恶为评价标准的，依靠社会舆论、传统习惯和人们的内心信念所维系的，调整人与人之间以及人与自然之间关系的原则规范、心理意识和行为活动的总和。① 对于伦理与道德，除了个别哲学家如黑格尔、哈贝马斯等人严格区分二者之外，两个概念的趋同是主流，伦理与道德有微殊而无迥异，我们在日常生活和理论研究中应遵循这一主导倾向。下文笔者对两者的关系也不作区分。

法律与伦理之间存在着复杂的辩证关系。二者既互相包容、互相转化、互相作用，又存在着诸多迥异之处。更为重要的是，从广阔的社会学角度来看，伦理对于法律发挥着独特作用。

（一）法律与伦理的关联

法律与伦理的关系首先在于它们的关联性。法律与伦理虽然在整个社会规范体系中各自扮演着特殊的角色，但两者在本质上却是一致的。它们不仅建立

① 李萍主编：《伦理学基础》，首都经济贸易大学出版社 2004 年版，第 22 页。

并服务于相同的经济基础，在一定程度上，两者的思想基础也是一致的，即伦理和法理是一致的。在这种共同的基础上，伦理和法律相互交叉、相互关联、相互作用，共同对人们的行为进行评价，对社会关系进行调整。

伦理与法律的关联主要表现在它们在内容和调整范围上常常交叉融合、互相补充。首先，法律与伦理道德在内容上互相包容、相互转化。法律作为一种社会规范，其形成晚于伦理而又源于伦理，在法律的制定过程中，掌握国家政权的统治阶层往往将社会主流的道德原则用法律形式确定下来；同时，某些道德规范本身就渗透着法律的规定或是由某些法律演化而来。其次，法律与道德在调整范围上存在交叉和重合。一般需要法律调整的社会关系，往往同时需要道德的评价和调整，凡是法律所禁止的行为都是道德禁止的行为，凡是法律鼓励的行为，道德也加以鼓励。最后，法律和道德又是相互补充的。某些问题法律无从调整，却是道德发挥作用的重要领域；而某些道德问题又可以诉诸法律途径来解决，因为“道德的公平、平等必须以法律上的公平、平等作托词才能免于空洞的说教和虚伪的托词。”①

同时，法律与伦理的关联还体现在两者的相互作用上。道德对法律的作用主要表现为：道德是法律的思想基础，法律必须以一定的道德作为其基本价值取向。要使法律制度得到有效实施。取得好的结果，所依据的法理必须合乎理性，体现公平正义，这就要求从立法到执法的整个过程都要以一种合乎时代要求的伦理道德来作为其基本指导思想，整个法律制度都要较好地体现一种道德精神。另一方面，法律对道德也发挥着重要的作用：其一，法律对社会道德的基本原则和要求加以确认，使之具有法律的属性，成了法律上的义务，要求全体公民共同遵守。其二，在法律实施过程中，通过肯定合法行为、打击违法活动，可以教育人民遵守法律，改恶从善，这在无形中对社会道德的培养和传播起到了重要作用。

综上，道德与法律的关联可以被精确地概括为，“道德是法的基础，是法律的精神支柱，而法则是道德的巩固，是道德的权力支柱。法律吸收了道德内容又超越了道德方式，是社会道德准则的强制化、条文化和制度化，而道德则通过渗入法律之中进行伦理评价和道德教化，使人们对法律的自觉遵守成为可能。”②

（二）法律与伦理的区别

法律与伦理虽有密切联系，但毕竟属于两类社会规范体系，因而，二者之

① 方军：《制度伦理与制度创制》，载《中国社会科学》1997 年第 3 期。

② 李建华、曹刚等：《法律伦理学》，中南大学出版社 2002 年版，第 7 页。

间存在着明显的区别。

第一，二者产生的社会历史条件不同。伦理是伴随着物质资料的生产与再生产以及人类自身的生产与再生产逐步产生的，并因人与人之间的交往和各种社会关系需要调节和规范而成为必要，可以说伦理的产生是与人类社会的形成同步的。而法律的产生则明显晚于伦理，法律是人类社会发展到一定阶段的产物，是随着生产力的发展，在国家产生之后，由国家制定或认可并由国家强制力保证实施的。

第二，二者的规范调整范围不同。伦理既包括指导人们评价善恶是非的价值观念，又包括引导人们如何处理人与人、人与社会关系的行为规则，所以伦理既规范行为又约束意识。而法律一般只约束人们的外在行为。因而，伦理具有内在控制力，可以约束人们的内在心理，具有比法律更高的目标，并且有较法律更为广泛的调整范围。

第三，二者的表现形式不同。法律是国家意志规范化的表现形式，它具有明确的内容，因而，法律必须借助于特定的法律渊源来表现自己；在大部分情况下，法律是以某种法律文件的形式而存在的，这种文件可以是法典，也可以是单行法规，还可以是用文字加以记载的判例。而伦理则不同，它无须由某个国家机关加以制定和认可，也不一定需要在某些文件中用文字加以记载，伦理规范的内容存在于社会成员的伦理意识之中，并通过人们的行为和言论表现出来。

第四，二者的规范方式和强制程度不同。学者哈特指出，“从人类早期开始，就存在两种不同的规则，有些规则主要是靠对不服从的惩罚威胁来维护，另一些则依赖于有指望对规则的尊重、负罪感或者自省来维护，法律与道德规则之区别的萌芽形态也许会显现出来。”① 可见，伦理主要是人们对处理各种社会关系基本准则的认识，其发挥作用的机制主要依靠社会舆论、内心信念和传统习惯等精神力量，体现的是“人类精神的自律”，属于柔性社会规范。而法律是国家机关依据占社会主导地位的意识形态，采用规范形式制定，依靠国家强制力保证实施的，因而法律一经产生就具有强制性，直接对人们的外部行为进行约束，体现的是“国家意志的他律”，是一种刚性社会规范。

（三）伦理对法律的特殊作用

虽然法律与伦理是相互关联、相互作用的，但在整个人类文明的发展进程

---

① ［英］哈特：《法律的概念》，张文显等译，中国大百科全书出版社 1996 年版，第 167 页。

中，伦理较法律而言具有特殊地位，即伦理思想对法律有更大的指导意义和影响力。

法律之所以必要，是因为它能使行为主体避免行为的随意性、盲目性和行为结果的不可预测性，即表达了行为主体对行为过程和结果“应该如此”的判断要求。伦理作为实践主体对自己所处的各种社会关系所作的“应该如此”的价值判断和基本的价值取向，必然对法律的产生和实施起着重要的作用。因此，任何法律都要以一定的伦理道德为底蕴。在社会规范系统中，国家法律必须符合一定的道德标准，即具有一定的道德基础，这样，法律才能获得赖以发生效力的依据。法律的产生以一定的伦理精神为观念先导，这决定了法律的伦理价值内涵应表述为：凡是法律禁止和制裁的行为，都是伦理所反对和谴责的行为；凡是法律要求和肯定的行为，都是伦理所提倡和弘扬的行为。

美国著名法学家朗·富勒指出，“真正的法律制度必须符合一定的道德标准，完善的法是内在道德和外在道德的统一，是程序自然法和实体自然法的统一。”① 因此，法律的善恶是根据伦理标准评判的，法律作为一种社会现象或社会行为也应当接受伦理的评判。伦理对法律评判的意义在于肯定善法和善行，否定恶法和恶行，以促进法律规范的合理化和法律行为的正当化。对法律的伦理评判基于两个方面：一是评判法律内容的合理性，包括有关法律的价值取向和有关伦理的价值取向是否一致，法律的主要内容是否反映了伦理的基本要求。二是评判法律行为的正当性，包括对立法行为、对司法行为和对执法行为的评判，行为的正当性取决于行为的目的与动机、形式与内容、程序与方法的正当性。②

由此可见，伦理是某种法律赖以产生的价值理念，是评价某种法的优劣程度的标准。伦理精神主要体现人们对价值合理性的追求，而法律则主要体现人们对行为合理性的追求。价值合理性是行为合理性的前提，所以法律是否能够有效运行，在很大程度上取决于法律能否得到伦理的认可和支撑。

二、伦理观在古今刑事诉讼领域的体现

在对法律与伦理的辩证关系进行探讨之后，我们再将目光转向刑事诉讼领域。正如上文已经论及的，伦理对法律具有特殊作用，法律是否能够有效运行，在很大程度上取决于其能否得到伦理的认可和支撑。将伦理学的有关价值

---

① 转引自刘华：《法律伦理》，河南人民出版社 2002 年版，第 5 页。

② 时统君：《法律的伦理与伦理的法律》，载《钦州师范高等专科学校学报》2004 年第 1 期。

理论、道德原则引入刑事诉讼领域，使其精神观念渗透于刑事诉讼的各项程序、各项制度之中，以求刑事诉讼活动的进一步科学化、合理化、人性化，正是本文初探刑事诉讼与伦理观联系的意图所在。

然而，对于伦理观究竟应当如何理解？笔者认为，伦理观就是处理人与人之间关系时应当遵循的基本道德原则，包括人道、公正、自由、平等、秩序、利益等基本价值理念。伦理观以谋求社会秩序的和谐有序、人类利益的保障和实现为目的，并最终推动人类社会协调稳步向前发展。伦理观对刑事诉讼活动的启迪和影响，绝非笔者的凭空构想或初开先河，纵观古今中外的刑事诉讼立法、司法活动，无不渗透着伦理观念的精神内核。下文笔者先对我国传统诉讼文化及联合国刑事司法准则中的伦理精神及其体现进行简单的列举和论述。

（一）中国传统诉讼文化的伦理性

中国传统诉讼文化的伦理性，是指儒家伦理的原则支配和规范着法的发展，成为诉讼立法与司法实践的指导思想，同时人们对诉讼的认识又深深渗透着儒家的伦理精神。[①] 儒家伦理思想重视人伦关系，突出强调“亲亲”“尊尊”和伦理纲常，具有强烈的血缘和宗法道德的特点，同时，儒家思想遵奉“德”的重要地位，强调“仁爱”，注重“仁道”。这些儒家伦理思想都对我国的传统诉讼活动产生了巨大影响，决定了中国诉讼法律传统的性格与特征，并贯穿于中国古代刑事诉讼的各项原则和制度中，但这些原则和制度也包含了等级特权、宗法意识、权利至上思想等糟粕，需要辩证地认识与分析。其中亲亲相隐、德情司法、慎刑恤狱等原则和制度都是伦理观在古代刑事诉讼活动中的突出体现。

1. 亲亲相隐

“亲亲相隐”的法律原则及相关制度，最能反映“亲亲”“尊尊”伦理的实质。所谓亲亲相隐，是指一定范围内的亲属之内，相互隐瞒犯罪事实，不应告发或作证，此举不受法律制裁。这一诉讼主张最早是由先秦儒家提出来的。但随着西汉独尊儒术后，董仲舒将儒家这一理论正式上升为“亲亲得相首匿”的法律原则。其后，此原则一直贯穿于历代封建王朝的立法之中。“亲亲相隐”原则有其合理的精神内核，不但照顾到人类最基本的亲情伦理关系，有利于家庭的稳固与和谐，而且最终有利于维护整个社会关系的稳定，对于我们当代的刑事诉讼立法具有一定借鉴意义。

2. 德情司法

我国传统司法活动中蕴含着丰富的伦理思想，正是那种在天理、人情、国

---

① 樊崇义主编：《诉讼原理》，法律出版社2003年版，第46页。

法之间反复权衡的人文精神，使得案件的判决呈现出浓厚的伦理特征。从天理人情、仁义忠孝等一系列道德舆情中去寻求司法个案的差异性，表现为司法的柔性特征。司法活动中的仁道原则，主要通过以德司法、原心定罪两个方面的制度措施表现出来，“以德司法”是指在司法实践中，“德”字指导司法官吏适用律条，或者径直将伦理规范引入司法领域，作为法规的补充。“原心定罪”是指在量刑时，不但要考虑其犯罪行为所造成的社会危害，而且要分析其犯罪动机，要求法官充分发挥自己的聪明才智，寻求案情事实之根本。所谓“志善而违于法者免，志恶而合于法者诛”①，德情司法是儒家的德礼思想在诉讼上的体现，体现了德主刑辅、德高于刑的司法宗旨。

3. 慎刑恤狱

中国传统文化博大精深，传统诉讼文化亦丰富多彩。中国古代的慎刑恤刑制度包含着丰富的内容，如矜老恤幼、存留养亲、赦免、悯囚、录囚、复审、会审、秋审、直诉及死刑复核等制度，可以说是中国封建社会特定历史条件下伦理影响司法活动的典型。这些制度是儒家推行其“明德慎罚”，仁政、礼教学说的一项重要内容，体现了统治阶级仁者司法、慎刑恤狱的思想，在一定程度上维护了封建阶级统治秩序，有利于缓和、防止阶级矛盾的激化。

不可否认，我国传统诉讼法律文化中所富含的伦理思想的原则和制度对于当代刑事诉讼伦理观的构建具有一定借鉴意义，然而，在中国传统法律文化伦理化的进程中，伦理凌驾于法律之上，具有法的效力，由伦理左右、决定甚至进行具体的立法、司法活动，法律沦为伦理的附庸，在一定程度上导致了人们法制观念的淡漠。因此，当我们弘扬中华民族传统法律伦理文化时，应当正确认识和处理伦理与法律的关系，避免法律虚无主义和道德终极主义的历史悲剧。

（二）伦理观在联合国刑事司法准则中的体现

联合国刑事司法准则，是指由联合国制定、认可或倡导的，要求各国在制定刑事法律和司法实践中应当遵循的标准和规范。在浩繁的联合国刑事司法文书中，最为明确、集中、具体地规定刑事司法准则的，当属《公民权利和政治权利国际公约》，其由 1966 年 12 月 16 日第 21 届联合国大会通过，1976 年 3 月 23 日生效。其所确认的程序权利中涉及刑事诉讼内容的在整个公约中占有很大比重，这些内容构成了有关刑事诉讼的基本国际准则。它们包含着丰富的伦理价值观念，突出体现为重视人的独立价值与尊严、重视个人的生命与发

① 出自《盐铁论·刑德》。

展的原则，并外化于诉讼中的人权保障。联合国刑事司法准则中的伦理观念主要体现在以下几点：

1. 禁止酷刑或施以残忍的、不人道的或侮辱性的待遇或处罚

《公民权利和政治权利国际公约》第 7 条规定："任何人均不得加以酷刑或施以残忍的、不人道的或侮辱性的待遇或刑罚。"在人类历史上，个人身体和精神的完整性作为人的尊严的重要组成部分一直是哲学、宗教、伦理学、法学等人文学科所普遍关注的话题。在刑事诉讼中，对被追诉者施以酷刑或残忍的、不人道的或侮辱性的待遇或处罚显然是有违人伦思想的，侵犯了被追诉人身体和精神的完整性。联合国刑事司法准则的上述原则反映了司法活动对伦理观念的重视，并被视为对被追诉者人权加以保障的一项重要内容。

2. 所有被剥夺自由的人应给予人道或尊重人格尊严的待遇

《公民权利和政治权利国际公约》第 10 条规定："所有被剥夺自由的人应给予人道及尊重其固有的人格尊严的待遇。"对公约的这一规定应当作如下理解：在任何环境中，所有人都享有基本的人权。没有法律上的正当理由，这些权利不能被剥夺。被剥夺自由者的权利源于人人享有的一般人权，他除了自由权被剥夺之外，仍然享有其他权利并应得到尊重，对被剥夺自由者应当给予人道主义待遇，尊重其基本人权。"所有被剥夺自由的人应给予人道或尊重人格尊严的待遇"这一准则的内涵，体现了对人的价值和尊严的普遍尊重，富含伦理道德内蕴。

3. 对未成年人的特别保护

《公民权利和政治权利国际公约》中共有三个条文涉及少年案件的刑事司法程序。其第 14 条第 4 款是关于少年案件刑事司法程序的一般性规定，即"对少年的案件，在程序上应考虑到他们的年龄和帮助他们重新做人的需要"。第 10 条第 2 款（乙）项"被控告的少年应与成年人分隔开，并应尽速予以判决"和第 10 条第 3 款"少年罪犯应与成年人隔离开，并应给予适合其年龄及法律地位的待遇"是有关如何对待已决和未决的少年犯的规定。第 14 条第 1 款"但对刑事案件或法律诉讼的任何判决应公开宣布，除非少年的利益另有要求或者诉讼系有关儿童监护权的婚姻争端"是有关少年案件不公开审理的规定。

联合国高度重视对未成年人权利的保护和促进。未成年人处于成长发育的早期阶段，特别需要在身心和社会发展方面得到照顾和帮助，因此对于未成年人犯罪案件的诉讼程序设计应有特别要求，对被剥夺自由的未成年人需要加以特殊注意和保护。在诉讼程序上对未成年人权益的特殊关照，也是伦

理观念的集中体现。

4. 生命权的程序保障

死刑是剥夺犯罪人生命的刑罚方法，生命权是人类最宝贵的权利，因而，要从刑事诉讼的角度对人的生命权给予更多的关注和保护，就有必要从死刑的程序设置上减少和限制死刑的适用。

《公民权利和政治权利国际公约》第6条规定："人人有固有的生命权，生命权受法律保护，不得任意剥夺任何人的生命。"并规定："未经合格法庭最后判决，不得执行死刑刑罚；任何被判处死刑的人应有权要求赦免或减刑，对一切判处死刑的案件均得给予大赦、特赦或减刑。"1985年9月通过的《关于保护死刑犯的权利的保障措施》也规定了在死刑犯的权利问题上刑事司法程序中应遵守的基本保障。为了防止任意和即决处决，该文件规定："任何被判处死刑的人有权向较高级的法院上诉，并应采取步骤确保必须提出这种上诉。""任何被判处死刑的人有权寻求赦免或减刑，所有死刑案件均可给予赦免或减刑。"另外，在执行方式上，也应体现人道原则，即"判处死刑的执行应尽量以引起最少痛苦的方式为之"。

我国古代刑事诉讼中的一些基本原则、制度与联合国刑事司法准则中的一些程序性原则都是伦理观从不同侧面在刑事诉讼活动中的体现。这些原则和制度所反映的价值理念虽然不尽相同，但归根到底都是旨在保护人类的各种利益，协调人与人之间以及人与国家、人与社会之间的各种权利冲突，促进人类社会的协调发展和共同进步。

三、刑事诉讼伦理观的理论基础与价值内涵

通过对我国古代刑事诉讼与联合国刑事司法准则中蕴含伦理观念的原则与制度的分析和介绍，我们可以对伦理观外化于刑事诉讼活动的表现有一定的了解。然而，对本文的命题究竟应当怎样理解？将伦理观引入刑事诉讼的必要性与价值何在？刑事诉讼伦理观应当以什么样的道德原则为指导，应当包含哪些具体的价值内涵？笔者认为这是我国刑事诉讼伦理观的关键问题与精神内核。

（一）将伦理观引入刑事诉讼的必要性

刑事诉讼是指国家专门机关在当事人及其他诉讼参与人的参加下，依照法律规定的程序，追诉犯罪，解决被追诉人刑事责任的活动。刑事诉讼活动具有特殊性质，其结果直接关系到公民的生命、人身自由和财产权利的予夺，其过程与公民的人身自由和财产权利密切相关。因此，对于刑事诉讼程序的设计，尤其要注意对人权的保护和程序的正当性。目前，我国刑事诉讼法的一大重要痼疾就在于法律的伦理关怀缺位。所谓法律的伦理关怀缺位，

是指："法律中内涵的伦理道德观念没有充分地在法律的规定中体现出来，致使法律的某些伦理要求没有到位，形成法律的某些伦理盲区，同时由于法律的伦理关怀缺位，导致法律的伦理功能不够协调。"① 在刑事诉讼活动日益科学化、合理化、人文化的今天，将伦理道德的有关观念与学说引入刑事诉讼，并以此指导刑事诉讼立法、司法整个过程是十分必要的。笔者拟从一个崭新的角度，将刑事诉讼与伦理道德结合起来进行研究，构建刑事诉讼的伦理观念，以求实现伦理道德对刑事诉讼精神理念的启迪，以及对刑事诉讼活动整个过程的指导。构建刑事诉讼伦理观，是指在刑事诉讼立法与司法过程中，以伦理观中的人道与公正两大基本道德原则为宗旨，将对生命权、人身自由、人格尊严、人类基本道德情感的尊重和保护作为出发点和立足点，同时吸取中国古代刑事诉讼制度与联合国刑事司法准则以及他国刑事诉讼法中有关人类伦理精神的具体经验和原则，并将其外化为具体的法律原则和制度，使刑事诉讼活动更加科学、理性和人性化。伦理观对刑事诉讼活动的影响主要体现在以下两个方面：

1. 对立法的影响

法律运作的内部机制转换过程始终渗透着伦理道德的因素。立法是法律运作的开始，也是其作用于社会的初始环节，伦理道德对法律的影响也起步于这个阶段。立法伦理是指社会的伦理道德观念影响立法活动，立法必须要有道德的审度。立法活动的意义不仅在于通过制定一系列科学规范的法律、法规来保证社会生活的各个环节都能够做到有法可依；更重要的是，立法应当体现一种伦理观念，特别是法律规范的设计应当符合人类伦理文明发展的基本要求，要体现对人的尊严的尊重和人的命运的关怀。这种尊重和保护不仅是指立法要对人的权利给予应有的关注和加以必要的保护，更重要的是，立法在处理司法机关与公民之间关系的时候应当将公民的基本权利的法律保护作为设计司法权力的正当性和合法性的依据。有学者指出，为了保障法的伦理价值的实现，有必要在立法机关中设立"道德评议委员会"。②

构建刑事诉讼伦理观，首先要从立法工作入手。首先要以立法形式在刑事诉讼的基本原则中确立伦理化、人文化的理念，并以此基本原则作为贯穿整个刑事诉讼过程、具有法律约束力的指导原则，规范整个刑事诉讼程序的设计，指导司法机关及其人员的行动。接下来要从具体制度的构建入手，以合乎伦理

① 时统君：《法律的伦理与伦理的法律》，载《钦州师范高等专科学校学报》2004 年第 1 期。

② 李建华、曹刚等：《法律伦理学》，中南大学出版社 2002 年版，第 18 页。

理念的制度和措施来保证上述基本原则的实现。刑事诉讼立法工作者应当剖析现存法律制度的伦理缺陷，分析研究古今中外刑事诉讼制度中体现伦理精神的各项制度及其引入的必要性与可行性。在此基础上，对具备采纳价值的制度进行部分试点，待成熟并获得满意效果后再进行立法改革，进一步完善我国刑事诉讼立法。

2. 对司法的影响

司法主要指法律的执行，刑事司法指国家司法机关运用刑事法律对案件进行处理的行为。伦理道德对司法活动的影响尤其深刻，突出体现在对司法人员公正的司法伦理观的塑造上。司法伦理包含司法人员的司法道德意识、司法道德情感、司法人员应当遵循的司法道德准则等。对于事实上行使着解释和执行法律权力的司法人员来说，司法伦理对其运用法律的过程起着重要的作用。“当法律出现模糊不清和令人怀疑的情形时，法官就某一种解决方法的‘是’与‘非’所持有的伦理信念，对他解释某一法规或将一条业已确立的规则适用于某种新的情形来讲，往往起着决定性的作用。”① 同时，伦理信念深深扎根于司法人员的内心，在很大程度上支配着司法人员对于法律和当事人的态度，支配着司法行为。因此，完全可以这样认为：有什么样的伦理信念，就会有什么样的司法行为；在伦理信念上发生问题，几乎必然导致司法行为的偏差。因而，公正、正义、人道的司法伦理观的塑造，对整个司法活动的意义甚大。

刑事司法活动是司法人员执行刑事法律的活动，法的内容和精神能否得到正确贯彻和实施，取决于司法人员的道德素质和业务水平，而道德素质是其中非常关键的一个因素。由于刑事诉讼活动涉及公民生命、人身、财产权利的予夺，以及国家权力同个人利益与自由的价值冲突，所以，在刑事诉讼中，正确的司法伦理观的塑造尤其重要。刑事司法人员首先应认识到国家法律的严肃性和程序公正的重要意义；其次要对公民在刑事诉讼活动中的地位和作用有正确评价，要树立“以人为本”司法理念。要使整个刑事诉讼过程实现科学与理性，体现程序的独立价值，必须要强化司法人员的道德素质，使他们的司法活动遵循基本的道德原则。

（二）刑事诉讼伦理观的理论基础

伦理观影响刑事诉讼活动的两大基本道德原则是人道主义原则与公正原则。

---

① ［美］博登海默：《法理学：法律哲学与法律方法》，邓正来译，中国政法大学出版社 1999 年版，第 378 页。

1. 人道主义原则

人道主义原则是体现当代伦理学价值核心的基本原则。人道主义起源于人类对自己在世界上的地位和作用、对自己的本质以及人生意义和目的进行探索。从伦理意义上来考察，人道主义的思想内涵大致包括三层含义：其一，人道主义思想在于肯定人的“自由”“平等”的权利和倡导“博爱”“公正”的义务；其二，人道主义在于肯定人的价值与尊严；其三，人道主义的思想在于重视与促进人的自由自觉的全面发展。① 人道主义一方面揭示了人的主体地位，并确立了“人是目的”这一根本的道德原则，另一方面又揭示出个人的独立价值，体现了对个人精神觉醒的追求，因而逐步成为近代人文精神的核心。人道主义是社会主义社会的一条重要道德原则，是人类处理自我与他人、个体与群体、主体与客体相互关系的道德实践经验的总结。它要求任何人在追求自己的幸福的同时必须尊重他人权利，不得有损于他人；任何人都应将人类共同体的其他成员作为人来对待，不应对他人的生命漠不关心。

人道主义原则在刑事诉讼中具有重要的地位，只有以人道主义为基础，才会把人作为制度的终极目的，把对人的保护置于核心地位。可以说，人道主义是刑事诉讼更为科学、合理、人性化的基本指导原则，体现了对诉讼当事人，尤其是被告人的诉讼主体地位的尊重，反对将被告人仅仅作为追诉的对象，而忽视其个人独立价值；同时，以人道主义原则指引的刑事诉讼程序，必然从各个环节彰显“以人为本”价值理念，更加注重对人权的保护和人们内心情感的关怀体验。在现代法治社会，人道性乃是刑事诉讼法不可或缺的价值意蕴，同时随着人类社会文明的发展，人道性将越来越成为刑事诉讼活动追求的价值目标。

2. 公正原则

公正原则是人类最古老的道德原则，也是伦理学的核心道德规范之一。公正概念在不同的社会生活领域有着不同的具体含义。从伦理学层面来理解，“公正既指符合一定道德规范的行为，又主要指处理人际关系和利益分配的一种原则，即一视同仁和得所当得。”② 公正的本质含义是均衡与合理，即在处理人与人之间的各种关系时，遵循不偏不倚的原则，给有关的每个社会成员以均衡的条件和机会，它要求按照统一的道德标准，同样地对待相同的人和事，不同地对待不同的人和事，从而实现社会成员之间权利与义务的恰当分配。作为道德上的一种善，对于全社会而言，公正是指所有的人在人格上的平等，在

① 周中之主编：《伦理学》，人民出版社2004年版，第171页。

② 朱贻庭主编：《伦理学大辞典》，上海辞书出版社2002年版，第44页。

生存权和发展权上的平等；对于个人而言，公正是指每个人无论自己的地位和状况如何，都以平等之心对待所有的人，尊重和维护他人的个人尊严和生命价值。

公正在刑事诉讼中居于核心地位，包括实体公正和程序公正两个方面。实体公正是指公正地惩罚犯罪，保障无辜的人不受追究；程序公正是指诉讼程序本身符合公正标准，尤其应当注重对当事人权利的充分保障，对于那些受到刑事追诉的犯罪嫌疑人、被告人的权利应当做出更加完善的保障。正如有的学者所指出的，“公正就是要对国家与公民的利益进行适当的平衡，使得个人能够与作为追诉者的国家进行平等的理性抗争。”① 以公正这一基本道德原则指导刑事诉讼，是构建刑事诉讼伦理观的要旨之一。刑事诉讼程序不仅是实现实体公正的必要手段，也具有体现正当程序、保障诉讼人权的独立价值。公正原则首先要求刑事诉讼程序的设计必须科学合理，从而能够在形式上呈现公正状态；其次要求法律程序本身必须有助于实现理性、人道、尊严等价值。

（三）刑事诉讼伦理观的价值内涵

1. 对生命权的尊重

生命权是人之为人的最基本和最重要的权利，是人类享有和行使其他一切权利的基础。刑事诉讼活动承担着惩罚犯罪、追究犯罪分子刑事责任的任务，由于我国目前仍然保留死刑这一刑种，因而刑事诉讼过程中，必然会涉及对犯罪分子生命权利的剥夺。将伦理观念引入刑事诉讼活动的价值内涵之一，就是要给予人类的生命权以必要的尊重。人道主义坚持“人是主体”“人是目的”的价值原则，因此，人类最基本的权利——生命权应当被视为人类主体地位和个人价值的最基本的依托，应当得到充分的珍惜和尊重。即使他是罪大恶极的犯罪分子，即使他曾经剥夺他人的生命，伦理观念不主张以报应观念采用剥夺其生命的刑罚措施以示对犯罪分子的惩罚。刑事诉讼法应当从程序上设置对死刑判决的种种限制，尽量保证死刑判决的正确性，给予被判处死刑的人以寻求更高级别法院判决和再次审判的权利，即使对于被判处死刑的人也应当给予其符合人道的执行方式和待遇。

2. 对人身自由的保护

人身自由也是人的基本权利之一，只有享有充分的人身自由，人才有可能充分表达自己的意志、行使自己的权利。在刑事诉讼活动中，为了防止犯罪嫌疑人、被告人逃避侦查、起诉和审判，保障程序顺利进行，有时需要对犯罪嫌

① 陈瑞华：《刑事诉讼的前沿问题》，中国人民大学出版社2000年版，第405页。

疑人、被告人采取一定的强制措施，对其人身自由加以必要的限制甚至剥夺。这是个人的利益与价值对国家的安全与秩序所做出的牺牲与让渡，但是这种牺牲与让渡应当被限制在必要的范围内，否则就会被视为对个人自由的侵犯。伦理观念、人道主义原则尊重个人的独立价值，而对于人身自由的必然享有及不受侵犯，是伦理精神的题中之义，因此，刑事诉讼活动应当将对犯罪嫌疑人、被告人的人身自由的限制与剥夺控制在必要的限制之内。无须限制人身自由的，则尽量不采取强制措施；通过限制其人身自由即可实现目的的，则不必剥夺其人身自由；即使对于已被限制或剥夺人身自由的人，也要尽量缩短这一时间，并保障其未被限制与剥夺的其他权利的行使。

3. 对人格权的尊重

犯罪嫌疑人、被告人尽管因涉嫌犯罪或被指控犯罪而被纳入刑事诉讼过程，但任何人不能因此而否认其作为人的独立价值存在；即使被告人最终被宣判有罪，依照法定程序被剥夺人身自由、财产权利、政治权利甚至生命权，并进入执行阶段，但其享有的人格权都是不容剥夺和侵犯的。这是由人格权的特殊性质决定的。人格权是个人基于其生命价值存在而享有的权利，这项权利始于出生，终于死亡，为所有人平等享有。犯罪分子也是人，理应得到将其视为“人”的对待。无论法律对其如何评价，其人格权都无法被剥夺，在其生命存续期间人格尊严都不容侮辱和侵犯。在刑事诉讼活动中，尤其要注意对犯罪嫌疑人、被告人以及服刑人员的人格权的尊重，要在人格上把他们视为无罪公民予以平等对待，防止对其侮辱、谩骂、殴打、虐待、体罚行为的发生，特别应当防止刑讯逼供现象的发生。对于这一理念的贯彻，除了应当以体现伦理道德的程序和制度来保证其实现之外，更为重要的是对司法人员观念的塑造。

4. 对人类基本道德情感的重视

人类的基本道德情感蕴含着丰富的内容，在此我们仅就人类重视亲情、同情弱者的道德理念在刑事诉讼伦理观的塑造中的作用进行论述。亲情是人类最基本的情感，重视亲情是人类的天性，人伦亲情是伦理学研究的基本内容之一。任何法律都不能忽视人类重视亲情的基本道德观念，在必要的时候，法律应当在人类亲情面前做出有限的但的确是必要的让步，这样既有利于社会秩序的稳定和谐，又有利于保证法的有效遵照和执行。在刑事诉讼活动中也是同样的道理，在某些特殊领域，刑事诉讼法有必要向人类的伦理亲情做出适当妥协。对弱者的同情也是人类的基本道德情感之一，法并不完全是严酷苛刻的，相反，法律在一定程度上体现出对弱者的特殊保护是法律科学、文明、人道的体现。在刑事诉讼过程中，对未成年人，年老、患病的人、正在哺乳自己婴儿的妇女、盲聋哑人等弱势群体，给予程序上的特殊关照和保护，正是刑事诉讼伦理精神的体现。

笔者提出构建我国刑事诉讼伦理观的命题，并不是指在我国刑事诉讼法中涉及伦理观的内容完全是一片空白，相反，伦理道德关怀在我国刑事诉讼法的各个部分——无论是基本原则证据制度，还是具体程序制度的设计中，都闪现着光芒。例如：基本原则中“以事实为依据，以法律为准绳”原则、“对一切公民在适用法律上一律平等”原则、“犯罪嫌疑人、被告人有权获得辩护”原则和“保障诉讼参与人的诉讼权利”原则，证据部分有关严禁刑讯逼供的规定，以及具体程序制度部分对于指定辩护的规定，对未成年人特殊保护的规定，对患病者以及正在怀孕、哺乳自己婴儿的妇女采取强制措施与监外执行的规定等，在此不一一列举。

但是，刑事诉讼法中这些蕴含伦理道德观念的原则、制度只是分散其间，既不系统，也不完善，没有从整体上、从指导思想上对我国的刑事诉讼立法和司法实践产生影响，更没有从观念上对刑事诉讼活动产生启迪。总体来说，伦理观念的缺失仍旧是我国刑事诉讼的一大缺陷，这种缺失不仅体现在司法观念的匮乏上，也体现在立法制度的缺损上，为了实现刑事诉讼活动的人道化、公正化，有必要首先在刑事诉讼中确立上述伦理观念，并逐步从各项制度上予以完善。

在人道、公正的基本道德原则的指引下，构建刑事诉讼伦理观是一项漫长而艰巨的工程。这不仅是因为我们对人道主义原则和公正原则在刑事诉讼领域的具体含义的认识还有待进一步深化，同时，也是基于人类认识发展的必然规律，即观念的更新依赖于社会物质生活条件的改变，依赖于社会的政治条件、经济条件、文化传统、社会心理等形成的社会大系统的调整、转换。在我国目前的形势下，刑事诉讼伦理观的建立和各项制度措施的逐步完善、构建都尚需时日。但只要我们认识到其必要性与科学性，始终秉承这一理念，在立法和司法领域，勇于探索、大胆实践，坚持不懈，必然能够盼得此目标的最终实现。

第四章　刑事诉讼制度相关问题

以系统论为统摄
构建科学的刑事诉讼制度*

刑事诉讼制度的科学构建是一个复杂的系统工程，除关涉刑事诉讼本身之外，还涉及宪法体制、社会环境、经济发展和文化传统等多方面的问题，是一部刑事诉讼法典难以完全承载的，因此，可以系统科学理论尤其是系统科学方法论为视角研究刑事诉讼制度科学构建问题，将其作为一项系统工程来建设成为一个亟待深入研究的课题。近年来，虽然学术界和司法实务界关于刑事诉讼法再修改的学术成果十分丰硕，但缺少从方法论层面或者技术层面的深入研究，为此，笔者在此提出刑事诉讼制度构建的系统化问题，并尝试运用系统科学方法及系统规律对该问题进行探讨。

一、刑事诉讼制度概念及修改概述

据《辞海》和《现代汉语词典》解释，“制度”有两种含义：其一，制度是指要求人们共同遵守的办事规程或行为准则，如工作制度、财务制度；其二，是指在一定历史条件下形成的政治、经济、文化等方面的体系，如封建主义制度、资本主义制度、社会主义制度等。① 韦伯说，制度应该是任何一个圈子里的行为准则。② 我国学者林毅夫认为，从一般意义上讲，“制度既可以指具体的制度安排，即指某一特定类型活动和关系的行为准则，也可以是指一个社会中各种制度的总和，即制度结构。”笔者认为，他的这种定义与《辞海》

---

* 作者：周国均、宋志军。本文成稿于2010年10月。

① 《辞海》，中国书籍出版社2003年版，第1381页；《现代汉语词典》，商务印书馆1997年版，第1622页。

② ［德］马克斯·韦伯：《经济与社会（上）》，林荣远译，商务印书馆1997年版，第345页。

和《现代汉语词典》所作的解释大同小异，小异在于他指出了制度所包含的具体内容，有一定的可取价值。作为制度的属概念，它是刑事诉讼程序中的制度。何为刑事诉讼制度，学界对此有两种理解：其一，是指刑事诉讼体系中的规章和程序，如侦查制度、检察制度、审判制度等；狭义上的刑事诉讼制度，是指诉讼主体和诉讼参与人在刑事诉讼中必须遵守的规程或行为准则，从属于刑事诉讼基本原则，如审判中的合议制、独任制、回避制、公开审判制和两审终审制等。刑事诉讼基本原则和刑事诉讼制度不同，前者的规定贯穿在整个刑事诉讼（立案、侦查、起诉、审判、执行等）各个阶段之中，后者只适用于某一个或某几个诉讼阶段；前者的内容比较概括，后者的内容比较具体。① 笔者认为，这种分类的观点有一定的代表性和可取性。本文所言之刑事诉讼制度是广义上的概念，即刑事诉讼制度是关于刑事诉讼体系、程序、原则、制度、操作规程等的总和，在一定意义上讲，也可以说是刑事诉讼的结构或模式。当前，立法机关、司法部门、学术界正在热议和研究为何修改、完善我国刑事诉讼法，对此，笔者认为应当从整体上来观察、透视、审视、分析、检讨和研究刑事诉讼制度，以防止片面和急功近利，以便建立科学的刑事诉讼制度。

刑事诉讼制度有如一座大厦，各个部分和结构上下相承、左右相依、纵横交叉，动一处会牵动全厦，改一处会影响全屋，因此修缮者必须眼观全厦，着眼全局，顾及部分与整体、部分与部分、上部与下部、左部与右部等的环环相扣、互依互存、互支互补的关系，以此为出发点考虑如何修改、完善刑事诉讼制度这座大厦。鉴于系统论特别是系统科学方法论是指导人们全面、系统、立体、纵横地观察、分析、解决问题的有效办法，因此，以它为统摄研究刑事诉讼制度是一种不错的选择。

刑事诉讼制度又像一个人的身体，它由形貌和心、肺、肝、肾、胆等五脏六腑构成，它们相互依赖、共生共存。若某一种重要器官不健康或者生病，必然牵动相邻器官和影响全身。要治疗某个器官的疾病，医学上有两种方案：第一种是选择西医用药，以快速、靶向定位之方法进行治疗，即俗称的“头痛医头、脚痛医脚”的方法；第二种是选择中医用药，它虽然药效慢，但能作用于全身的治疗。著名中医组构科学的处方时，讲究君、臣、佐、使四个字。“君”，是指处方中治疗某种疾病的“主药”；“臣”，是指辅助主药起作用的中药；“佐”，是指保证使身体气血平衡的中药；“使”，是指克减、抵消已出处方药会产生之毒效的中药。这样，就能充分收到施用中药既靶向治病，又很少产生副作用的疗效。笔者认为，在为构建科学的刑事诉讼制度而修改、完善

---

① 《中华法学大辞典》（诉讼法学卷），中国检察出版社 1995 年版，第 636 页。

刑事诉讼法时，主事者也应当像中医诊疗一样，从人身整体结构和病灶之处的情况出发，全面地、辨证地考虑修改、完善刑事诉讼法中存在问题的某个程序、某个措施、某种方法等，防止修改、完善某处，却又产生了新的矛盾或者不协调的弊端发生。采用系统论特别是系统科学方法，对刑事诉讼法进行立、改、增、废，正是防止上述弊端出现的有效的思辨和处事方法。

二、刑事诉讼制度的系统论观照

（一）系统论的基本原理

系统科学是以系统及其规律与系统方法为研究对象的科学，其方法论被人们称为一般科学方法论。系统科学发展到今天，已经不是一个单纯的学科，而是一个以系统论为核心，以信息论和控制论为支柱，具有不同层次内容的复杂科学体系。从学科分类的理论上来看，系统科学是一门横断科学，其学科属性介于哲学和具体科学之间，它不仅注重应用自身的理论和方法去解决实践中的各种问题，而且注重应用哲学和众多具体科学知识去解决实践中的问题。系统科学是理论知识和方法论的统一，尤其是方法论特征更为明显和突出。实际上，系统科学之所以深受人们重视，之所以在实际应用中产生巨大的效益，归根结底是由其方法的先进性决定的。也就是说，系统科学带有极强的方法论性质。系统科学方法的内容很多，就大的方面而言，主要有系统方法、信息方法和控制方法三类，而在每一类方法下面，又包括众多的具体方法。由于篇幅所限，笔者仅以系统方法为分析工具，对刑事诉讼制度建构的方法论进行研究。

何为系统论？系统论的创始人贝塔朗菲指出：“系统的定义可以确定为处于一定的相互关系中并与环境发生关系的各个组成部分（要素）的总体(集)。”① 也就是说，系统是指由部分或者要素组成的具有一定层次和结构并与环境发生关系的整体。系统具有整体性、综合性、层次性、结构性、环境关联性和功能性等特性。系统范畴具有普遍性，自然界、思维领域、人类社会及其各种制度都可以看成是不同的系统。刑事诉讼制度也概莫能外。

（二）刑事诉讼制度的系统特性

刑事诉讼制度是由一系列规则、理念等构成的规范系统，在制度构建中应当遵循系统科学的一般规律。之所以刑事诉讼制度是一个系统，是因为它具有系统的一般属性。

---

① 贝塔朗菲：《普通系统论的历史和现状》，载中国社会科学院情报研究所编译：《科学学译文集》，科学出版社 1981 年版，第 315 页。

1. 刑事诉讼制度具有整体性

整体性是系统的一个主要特性，把握了整体性也就把握了系统的根本属性。所谓整体性包含两层含义：一是指系统内部的不可分割性；二是指系统内部的关联性，系统内部任何一个要素的改变都会引起其他要素的变化。从宏观要素上来说，刑事诉讼制度由理念、规范、载体和对象四大要素构成，这四个要素之间不可分割并且密切关联。理念是体现一个国家建立刑事诉讼制度的价值取向，规范是制度的核心具体内容，而其内容必须通过一定的载体——法律、法规、判例或者习惯甚至潜规则——来体现，无论是刑事诉讼规范，还是制度规范的载体都受理念的统摄。其中任何一个要素的变化都会影响其他要素以及整体功能的发挥。系统的整体性表现为三种形式：空间整体性、时间整体性和逻辑整体性，这在刑事诉讼制度中体现得更为明显。从微观上来说，刑事诉讼程序是刑事诉讼制度的核心要素，而刑事诉讼程序具有典型的空间整体性、时间整体性和逻辑整体性。刑事诉讼程序由立案、侦查、审查起诉、提起公诉、一审程序、二审程序、再审程序、死刑复核程序、执行程序组成，这一系列程序从空间上具有不可分割性和关联性，在时间上前后相继不能颠倒，在逻辑上层层递进、环环相扣，充分体现了刑事诉讼程序整体性的特性。

2. 刑事诉讼制度具有综合性

系统离不开综合，尽管一个事物由多种要素和部分构成，但是部分之间毫无关联而仅仅是堆砌在一起，产生不了综合功能，而不能形成一个真正的系统。刑事诉讼制度系统不是由单一要素、单一层次、单一结构、单一环境因素和单一功能构成的总体，而是由不同质的要素、层次结构、环境和功能要素构成的总体。在此仅以刑事诉讼功能为例略加说明。从宏观上说，刑事诉讼制度具有通过查明案件事实真相、打击犯罪、保障人权等主要功能，这三项功能又具有层次性和关联性，不同类型的刑事诉讼制度所发挥的查明事实真相、打击犯罪与保障人权的功能是不同的，而我国刑事诉讼制度的改革也正是为了实现这三项功能发挥的科学性。从微观上来说，刑事诉讼制度具有侦查、起诉、裁判、辩护、监督、执行等六项主要功能，尽管每一项功能由特定的主体来承担并对应着特定的程序，然而各项功能的发挥都离不开其他主体和其他功能的发挥。例如，控诉、辩护、裁判功能对应的三个主体只有形成科学合理的构造，才能充分发挥应有的功能，其中任何一环出现问题将会影响其他功能以至整体功能的发挥。由此可以看出，刑事诉讼制度具有极强的综合性。

3. 刑事诉讼制度具有层次性

刑事诉讼制度的层次性是指要素之间按照整体与部分的构成关系而形成的不同质态的分系统及其排列次序。具体来说，体现为数量关系的层次性、空间关系的层次性、时间关系的层次性和逻辑关系的层次性。例如，强制措施是刑事诉讼制度中的一个子系统，它的层次性十分明显。针对不同社会危险性程度和采用的必要性，主要分为羁押和非羁押两个层次，前者包括拘传、取保候审和监视居住，后者涵盖拘留、逮捕；从适用的具体对象来看，同样属于剥夺人身自由的拘留和逮捕也有层次性。同时，各种强制措施之间在特定条件下可以相互转换的规定，打破了各层次之间的机械划分而更加灵活，使得强制措施体系的层次性更加分明，适应性更强。

4. 刑事诉讼制度具有结构性

构成刑事诉讼制度系统的各个层次和要素之间并非互不相干的，而是相互联系、相互作用的，这种相互联系、相互作用的总体表现方式就是刑事诉讼制度的系统结构。现以刑事诉讼构造为例略加说明。现代刑事诉讼制度的整体结构是以控、辩、审三方组成的三角形诉讼构造为代表，尽管各国在控辩审三方的法律地位和相互关系上有所区别，但是都无法脱离这种典型的诉讼构造。不同的诉讼构造对于刑事诉讼制度的运行带来很大的影响。有学者将我国 1996 年之前的刑事诉讼构造概括为线形的“流水作业型”，更多学者认为 1996 年修改刑事诉讼法之后的诉讼构造是“等腰三角形”，还有学者认为我国目前的刑事诉讼构造是“线形加三角形”。这些观点都是从控辩审三方在刑事诉讼中的地位和相互关系为标准对我国刑事诉讼制度的运行状况进行的分析和概括，体现了刑事诉讼制度所具有的结构性特征。

5. 刑事诉讼制度具有环境关联性

任何系统都处于一定的环境之中并与环境发生着物质、能量或信息交换关系，脱离一定环境的系统是不存在的。从前文所述的系统定义可以看出，环境是构成系统的内在因素。所谓环境是指系统整体存在和发展的全部条件的总和。在外部环境上来说，我国政治体制、司法体制、经济发展水平、文化传统对于刑事诉讼制度都具有重要的影响，这些因素是建构刑事诉讼制度必须加以考虑的，我们既不能不顾政治体制和宪法体制而一味搬用西方的刑事诉讼制度，也不能在崇尚和谐的传统文化之下强行加入更多的对抗性因素，否则将出现刑事诉讼制度与环境的不协调甚至严重的冲突而导致无法与环境进行正常的能量交换以获得生存和发展。宽严相济的刑事政策是在和谐社会这一大的政治背景下所出现的刑事诉讼制度的价值取向与国家政治方针趋于一致的重要体现。从刑事诉讼制度本身的内部环境上来说，公、检、法三机关之间的地位和相互关系这一重要的因素对于刑事诉讼各项制度的运行具有重要的影响，实践中出现的刑事诉讼法条文无法充分发挥应有作用和实现预期目的就是突出的例证。无论刑事诉讼法的修改还是刑事诉讼制度的建构，都离不开我们所处的政治、经济、文化环境甚至国际环境。刑事诉讼法和刑事诉讼制度只有做到与环境良性互动，从环境中吸收能量，对环境的变化给予积极回应，才能为刑事诉讼制度创造良好的环境。

由上可见，刑事诉讼制度确实具有系统属性，下面我们将从宏观和微观两个视角进一步分析刑事诉讼制度系统的要素和应当遵循的系统规律。

三、刑事诉讼制度系统要素的宏观分析

在我国刑事诉讼法学理论界，对于刑事诉讼法和刑事诉讼制度之间的关系并非十分明确，经常出现刑事诉讼法和刑事诉讼制度混同的问题。在此，笔者尝试通过对刑事诉讼制度的要素进行宏观分析，以明确刑事诉讼制度和刑事诉讼法之间的关系。其目的是让我们认识到欲建构科学的刑事诉讼制度，除了修改刑事诉讼法典以及增设某些规则之外，还需要哪些因素需要通盘考虑。

在约定俗成的理解中，我们总是把制度理解为一系列的成文规则，因而出现制度和规则混同的问题。其主要原因是我们没有将制度作为一个系统来看待。从自然界和人类社会整体而言，某一制度只是其中的一个部分，是整个大系统中的一个子系统，但就某一制度自身而言，它又是一个独立的系统，拥有其构成要素组成的内部结构，也同样拥有其子系统。从宏观上来分析，完整意义上的制度应包含理念、原则、规则和载体四大要素。从系统角度认识制度，有助于我们克服把制度仅仅作为一些规则的集成而导致的对制度认识的偏差。在此，我们尝试分析理念、原则等四大要素在刑事诉讼制度体系中的地位和作用。

（一）刑事诉讼制度与规则

在现代汉语中，“制度”是指“要求大家共同遵守的办事规程或行动准则”。[①] 由此可以看出，制度的概念是通过规则来表述的，任何规则的出现、发展或进化的过程都可能是制度的出现、发展或进化的过程。规则之间的协调性、不矛盾性和和谐性也是作为制度要素的规则的内在要求，对同一类主体和对象所适用的规则，必须具有逻辑上的一致性，不能出现同一层次的规则之间的冲突，这不仅使得规则失效，而且严重影响制度的权威性和存在的理由。规则是以法律、法规、契约、公约等形式规定下来的准则，这些准则成为社会主体的行为规范，或者说，规则的实质就是把各主体的行为合理化、有序化和契

---

① 中国社会科学院语言研究所词典编辑室编：《现代汉语词典》（增补本），商务印书馆2002年版，第1622页。

约化。规则作为制度的内容，更多的是一种逻辑的规定，它使得制度具有了形式化的内容，也使得制度具有了规范化的意义，如果规则缺失，制度就失去了规范的基础。然而，规则并不是制度的全部内容，在系统论视野中，制度作为一个系统，除了规则之外，还应当包括统领规则的理念、贯穿规则始终，并在规则出现空白或者漏洞时起到弥补作用的原则等要素。

（二）刑事诉讼理念与原则

理念与原则是处于不同层次上的两个范畴。理念是制度规则所体现出来的价值判断与目标定位，不同理念引导下的制度会呈现出不同的性质。制度理念一般是不独立体现出来的，它要与一定的规则、规范相联系。一定的理念是一定制度得以产生的观念先导，是某一制度得以产生和发展的价值观念，每一时代的主要制度都是其时代精神的体现。理念本身并不直接体现为制度，但作为制度的灵魂却必须间接地体现在一切规则之中。每一制度的具体安排都要受到制度理念的支配。在很大意义上，制度不过是一定价值理念的实体化和具体化，是结构化和程序化了的价值观。原则是比理念低一层次同时也是更具体的原理和准则。在理念这一最高层次也最抽象的价值目标之下，分化出一系列的原则，不同的理念将产生不同的原则。而原则与理念应当是协调的、一致的，如果原则与理念相抵触，不但无法制定出充分体现制度理念和原则的规则，反而会产生原则、规则之间的冲撞而使得制度无法发挥应有的功能。和谐、人道、人权是刑事诉讼制度秉承的基本的理念，而无罪推定、禁止重复追诉、比例原则等则可以作为刑事诉讼的基本原则。

（三）刑事诉讼制度的载体

载体是制度的实现形式，有什么样的载体就有什么样的制度形式，否则我们无法把握制度的现实样式。制度的载体是具体的、可感知的，它的最普遍形式就是条文，条文可以表达一种制度的基本内容，将这一制度的内容以具体化的、可了解的方式表达出来，当然条文并不是制度的唯一载体。[①] 现代社会，法律形态成为制度的主要载体，不同的载体使得制度具有了不同的形态，以法律为载体，制度就体现为法律，以规章为载体制度就体现为规章，以司法解释为载体就体现为司法解释，以习惯为载体就体现为习俗这种非正式的制度，以不可言传的心理认同为载体就形成了潜规则。其中，除了刑事诉讼法典这一刑事诉讼制度主要载体之外，对于刑事诉讼制度影响最大的就是司法解释和“潜规则”。

就目前我国刑事诉讼制度的载体而言，其形式是丰富多样的，体现了我国

① 辛铭：《系统论视野中的制度要素研究》，载《自然辩证法研究》2005年第10期。

法律制度和政治体制的特点。从最高层面而言，我国宪法是刑事诉讼法律制度的基础，不仅规定了我国刑事司法体制，而且规定了公民现有的基本人权，如辩护权。但是，宪法中所规定的其他公民基本人权的保障如何在刑事诉讼制度中得以体现是一个需要研究的重大课题。近年以来，有不少学者提出了刑事诉讼宪法化或者刑事诉讼与宪法关系的问题，这从一个侧面体现了刑事诉讼制度与宪法制度密切关联。我们在修改刑事诉讼法的过程中，如何处理好宪法与刑事诉讼法、刑事诉讼制度中司法体制及权力分配的关系是一个复杂的问题。我们既不能踢开宪法，不顾现行的宪法体制而另辟蹊径对刑事诉讼制度进行改革，又不能仅仅受制于宪法条文的约束。这就涉及刑事诉讼法修改与宪法修改的步骤问题，还涉及对宪法的解释和宪法精神的阐释问题。在宪法之下的部门法中，与刑事诉讼密切相关的有《刑法》，在刑事一体化的理论推动下，理论界展开了广泛深入的研讨。但是在法律制度建构上，刑事诉讼法和刑法不能各自为政，否则容易出现龃龉。从现在的情况来看，主要存在以下问题：一是法律用语的不协调，如刑事诉讼法在管辖中还有反革命罪的称谓。二是刑法第306条关于律师伪证罪和妨碍作证罪的规定与刑事诉讼法所提倡的加强和保障被告人和辩护人诉讼权利是相左的。三是刑事诉讼证明与实体法关于犯罪构成要件的协调问题，如特殊情况下证明责任的分配问题，我国刑法规定了巨额财产来源不明罪的证明责任的分担原则，但是对于非法持有型犯罪、严格责任犯罪的证明责任或者规定得语焉不详，或者没有规定，对于刑事诉讼证明责任的分配十分不利。在刑事诉讼理论研究中，不能不顾实体法的规定而设立某些证明责任分配的原则，毕竟证明责任分配一般是由实体法预先加以规定的，两者的协调是一个重大的问题。四是量刑的问题既是实体法问题也是程序法问题。无论是刑事和解中的刑罚减让，还是控辩协商、认罪简易程序的设计，都离不开实体法关于量刑情节和刑罚减让的具体规定。1996年修改后的刑事诉讼法实施后，“六部委”又制定了《关于刑事诉讼法实施中若干问题的规定》，高检院、最高法和公安部分别制定了各自的实施细则，其中在取保候审、超期羁押、普通程序简化审以及证据开示等方面，还出台了专门的程序规定；一些地方公安、检察机关和法院也制定了相应的具体措施，以落实刑事诉讼法的精神。这些规定，尽管在不同程度上弥补了刑事诉讼法的不足，但也有不少规定与刑事诉讼法相抵触，导致执行刑事诉讼法时出现了不同程度的混乱局面。因此，再修改刑事诉讼法时，从系统方法论出发，在总结实践经验的基础上，注意各个组成部分和要素的协调统一，才能较好解决法律本身存在的问题以及实施过程中产生的问题，使不同的刑事诉讼制度或程序之间保持协调，使刑事诉讼法在全国范围内得到统一、畅通的实施。

四、建构刑事诉讼制度应遵循的系统规律

根据系统论原理，系统的发展变化过程是整体与部分、层次、结构、环境相互作用的过程。一方面，系统整体的发展变化是构成其要素（部分）、层次、结构、环境诸因素共同起作用的结果；另一方面，系统整体的发展变化又必然引起要素、层次、结构及环境的改变。① 建构科学的刑事诉讼制度，应遵循系统规律，运用系统方法认识和解决刑事诉讼制度中的问题。

（一）整体性原则

整体性原则是系统方法的核心。坚持整体性原则，首先应当从整体上认识、改造事物；其次，从事物所从属的更高级整体出发认识、改造事物；最后，部分服从整体的原则，部分的数量和质量要服从整体的要求，局部利益要服从全局利益。以整体性原则来衡量1996年修改后的刑事诉讼法，主要存在以下几个问题：第一，部分之间的协调性不够，有的存在较大的冲突。例如，“控辩式”庭审方式与“纠问式”侦查程序之间的机制冲突，即一方面要求在法庭审理阶段由控辩双方举证、辩论，希望通过控辩对抗的方式揭示案件的事实真相，但另一方面并没有为辩护方提供充分行使辩护权所必要的程序保障，因而，不能保证控辩双方的平等对抗；检察机关的审判监督职能与“控辩式”庭审方式之间的冲突，即在确立“控辩式”庭审方式的同时，不仅没有将检察机关“当事人化”，反而把检察监督规定为刑事诉讼的一项基本原则。由于这两大冲突问题的存在，立法者期待的公正审判目标难以实现。第二，一些方面解决得不够彻底，如辩护权的充实问题、强制措施的滥用问题、程序违法的救济问题、公诉方式问题等。第三，遗留的问题主要表现在证据制度、上诉程序、审判监督程序、死刑复核程序未作任何实质性修改，不适应健全程序法制的需要。

刑事诉讼法在整体性上存在的上述问题，足以引起我们的反思。再修改刑事诉讼法时，应当从整体性上予以加强，任何一项制度或者原则的建立或修改都要从整体上考虑与其他环节的协调问题。例如，禁止重复追诉原则应贯穿于刑事诉讼制度的始终，如果确立该原则，那么应当从整体制度上通盘考虑，在审查起诉阶段是否应取消检察机关在作疑罪不起诉决定后发现新证据可以重新起诉的规定？是否相应地禁止检察机关在第二审程序中提出新的支持控诉的证据？是否将二审法院以事实不清、证据不足为由裁定发回重审的次数限定为一

① 常绍舜编著：《系统科学方法概论》，中国政法大学出版社2004年版，第49页。

次？是否禁止在再审程序中发回重审？是否禁止就已经有罪判决或无罪判决的案件重新起诉和审判？这些都是需要加以研究的问题。从审前程序一直到再审程序中的一系列制度都应当协调，否则将会出现制度之间的冲突，也难以将原则贯穿始终。

（二）层次性原则

层次性原则要求人们遵循事物的层次性，注意层次数量的调整。层次的数量对系统整体有着重要影响，如果层次过多，会增加层次间信息传递时间而影响系统的效率；层次数量太少，又会使各层次处理的信息量过大，以至于疲于应付，这样也会影响系统效率。应当使系统层次数量保持在一定水平之上，使系统整体功能得到最佳发挥。

在构建刑事诉讼制度体系时，不仅应关注每种程序的设置，更应注意程序之间的联系，注意其在这种联系中所发挥的作用。比如，单看简易程序，由于诉讼步骤的缺省，似乎贬损了公正价值，但是从整个程序体系来看，在司法资源总量一定的前提下，它节省出部分司法资源给正式程序，使正式程序在充足的司法资源支持下，有效实现公正。反之，正式程序由于其烦琐的程序似乎有伤效率的实现，但效率价值已在简易程序中得到满足。虽然单看一种程序，公正、效率价值难以兼得，但是整个程序体系确实实现了两者的双重功效，并且刑事诉讼程序体系应是一个开放运作的最优状态。

我国刑事诉讼程序体系的建构在层次性上存在加大的问题，需要引起足够的重视。主要体现为：程序间的区分度不大，层次不分明，而且交叉过多。简易程序与普通程序在审前程序上没有差别，都要经历立案、侦查、审查起诉程序，除死刑案件外，简易程序与普通程序在二审程序和审判监督程序上也是相同的，两者的区别仅仅体现在一审程序上。这一问题引起的不良后果是程序体系吸纳分流案件的功能较弱，案件分流时间较晚，并且能分流的案件较少。因而，整个程序体系在吸纳、分流案件功能上较弱。

（三）结构性原则

通过内部的结构特征并通过调整结构来改善整体的特性和功能。结构是指各个组成部分的搭配和排列。我国刑事诉讼程序体系的结构性不完整。在我国程序体系中仅有四种程序，包容性较差。就简易程序而言，我国简易程序较为单一。对于少年犯罪案件程序，未单设未成年人犯罪案件诉讼程序，仅在个别章节有所涉及，这导致我国未成年人犯罪案件诉讼程序并未规范化。关于死刑案件程序由于其特殊性，我国对此也没有单独的程序，仅在救济程序上比其他案件多了一道复核程序。

笔者认为，刑事诉讼程序体系的结构上，可以分为适用于一般刑事案件的普通程序和适用于特殊主体的特殊程序。一般程序又进一步分为简易程序（适用于辩诉协商、被告人认罪程序以及和解程序）和正式程序（普通程序）。特殊程序适用于特殊犯罪案件和特殊犯罪主体，主要包括：死刑案件程序（从公诉案件中分离出来，单设死刑案件程序）、未成年人案件程序（侦查中应以任意侦查为主，尽量少用强制措施主要是羁押措施。侦查、起诉、审判都由专门人员组成，主要是由精通未成年人心理学、有丰富家庭生活经验的人员组成）、军事刑事诉讼特别程序、强制医疗和强制戒毒程序。以军事刑事诉讼程序而言，军事刑事诉讼制度与一般刑事诉讼制度相比，是一般与特殊、部分与整体的关系。但是现行刑事诉讼法中却看不出其规定了军事刑事诉讼制度。由于军人是一个特殊群体，军事刑事诉法难免带有较强的军事色彩，不能完全适用国家一般的刑事诉讼制度，由刑事诉讼法典规定，既体现了国家法制的统一性，又适应了军事刑事司法的特殊性。军事刑事诉讼在管辖、诉讼原则上与一般刑事诉讼案件应有较大区别。刑事诉讼法仅规定了军事诉讼的侦查权和侦查适用刑事诉讼法，而对于军事检察院的审查起诉、军事法院的军事刑事审判活动这些具有军事特点的军事刑事诉讼的核心程序却未作详细规定，导致侦查后的军事诉讼程序在法律这一层面上缺失。1997 年修订的刑法实现了一般刑法与军事刑法的统一，提高了刑法典的完整性、统一性。与此相适应，应将军事诉讼程序纳入刑事诉讼法典之内，实现一般刑事诉讼法与军事刑事诉讼法的统一。

（四）环境关联性原则

任何事物的发展都是在一定的环境中形成的，并通过与环境进行能量与信息交换获得发展。刑事诉讼制度所处的环境十分复杂，我们必须深入研究环境与刑事诉讼制度的关系。例如，从我国刑事诉讼制度所处的大环境来说，构建科学刑事诉讼制度必须考虑国际环境，与国际环境良性互动。我国政府表示认同或者已经签署的国际公约或者其他国际规范性文件中有些内容，如无罪推定等在我国现行刑事诉讼法中尚未得到彻底认可。按照国际惯例以及我国的法学理论，国际公约或条约一旦在缔约国生效，缔约国就有义务在其国内保证执行。① 由此可见，学界和立法界必须认真对待我国政府承担的国际法义务问题，其中最重要的无疑是通过修改刑事诉讼法，对公约确认又适合我国国情的国际刑事司法准则予以借鉴和吸纳。

---

① 李浩培：《条约法概论》，法律出版社 1997 年版，第 239 页；沈宗灵：《法理学》，高等教育出版社 1994 年版，第 313 页。

缺席审判携款外逃贪官制度的理论基础*

——以《联合国反腐败公约》为视角

据商务部一份调查报告称，近几年来，我国的外逃贪官数量大约为4000人，携走资金约500亿美元。① 又“据悉，近年来，每年惊动最高人民检察院外事部门的职务犯罪嫌疑人出逃案高达20至10件。根据商务部研究院在《离岸金融中心或中国资本外逃中转站》报告中不完全统计，外逃贪官卷走的资金在500亿美元左右”。② 他们的这种犯罪行为，既给我国的社会主义法制造成巨大破坏，又给国家、集体的财产造成重大损失。我国已于2003年12月10日签署了《联合国反腐败公约》(以下简称《公约》)，虽然还未得到全国人大常委会批准，但已成为签署该《公约》的国家。根据《公约》（第53、54条）的规定，作为缔约国之一，我国可以通过提起民事诉讼，采用缺席审判的方式追回这约500亿美元（直接追回），也可以通过提起刑事诉讼，采用缺席审判的方式追回（间接追回）。但是，由于直接追回的难度太大，因此，笔者主张在我国构造刑事缺席审判制度，采用对逃到外国的贪官进行审判，再通过《公约》(第55、56、57条）规定的国际合作途径追回约500亿美元的资金。可是，我国的刑事诉讼法却没有规定缺席审判制度，因此，也就无法实现追回外逃贪官卷走到外国的巨额资金。为了解决此问题，十分有必要研究如何构建缺席审判携款外逃贪官制度，并在修改刑事诉讼法时予以增补。欲如此，其中最重要的问题是从理论上探讨以获得其构建的立法观念支撑。现对与此有关的问题，试作以下探讨。

何为贪官?《现代汉语词典》称，“贪官”是指“贪污受贿的官吏”。③ 笔者认为，这仅是从一般概念上所下的定义，既不具体，又未指明它所依据的法

---

* 作者：周国均。本文成稿于2004年6月。

① 《外逃贪官带走500亿美元，专家称应多管齐下打击》，载 http://www, sina. com. cn，2005年8月6日。

② 参见《华商时报》2005年9月6日。

③ 《现代汉语词典》(修订本)，商务印书馆1997年版，第1221页。

律规定。我们认为，贪官有广义、狭义之分。狭义上的贪官，主指我国《刑法》第382条、第394条和第271条第2款规定的犯贪污罪的人员。广义上的贪官，还应包括《刑法》第384条、第272条第2款规定的犯挪用公款罪的人员，第272条规定的犯挪用特定款物罪的人员，《刑法》第163条、第385条、第387条、第388条规定的犯受贿罪的人员，《刑法》第271条规定的犯职务侵占罪的人员，第395条第1款规定的犯巨额财产来源不明罪的人员，《刑法》第395条第2款规定的犯隐瞒境外存款罪的人员等。与我国刑法规定贿赂犯罪仅限于"国家工作人员"和"以国家工作员论"相比，《公约》规定的犯罪主体更为广泛，如其第16条规定的"外国公职人员或是国际公共组织官员"，第21条、第22条规定的"私营部门内"负责人和实体工作人员受贿或是侵吞因职务而受托的任何财产、私人资金、私人证券或是其他贵重物品的人员，第23条规定的利用职务之便犯洗钱罪的人员。从刑事诉讼法角度来说，他们属于刑事诉讼中的被追诉主体，即犯罪嫌疑人、被告人。

何为缺席审判？在我国，在刑事审判中有无缺席审判？对此，学者们认识不一。有人认为，我国没有缺席审判制度。[①] 另有学者认为，在我国，当前不是没有刑事缺席审判，也不是没有刑事被告人缺席的审判制度。凡是控、辩、裁三方中有一方未出席审判的，就属于缺席审判。关于前者，该论者举例说，依照我国《刑事诉讼法》第175条规定，适用简易程序审理公诉案件，人民检察院不派员出席法庭，由人民法院开庭审理并作出判决的审判，就属于缺席审判。这属于控方公诉人不出席法庭的缺席审判。关于后者，该论者又举例说，根据《刑事诉讼法》第161条的规定，在法定审判过程中，因被告人违反法庭秩序，审判长宣告制止后仍不理睬而被带出法庭后进行的审判，也属于缺席审判，这属于被告人在庭审中中途退席的缺席审判。[②] 笔者认为，该论者借用了我国民事诉讼中的缺席审判。我国民事诉讼中的缺席审判主要适用于以下情况：（1）原告经传票传唤，无正当理由拒不到庭的，或者未经法庭许可中途退庭的，被告反诉的；（2）被告经传票传唤，无正当理由拒不到庭的，或者未经法庭许可中途退庭的；（3）宣判前，原告申请撤诉的，人民法院裁定不准许撤诉，原告经传票传唤，无正当理由拒不到庭的；（4）无民事行为能力的被告的法定代理人经传票传唤，无正当理由拒不到庭的；（5）无独立请求权的第三人经传票传唤，无正当理由拒不到庭的，或者未经法庭许可中途

① 杨明、王峥：《论缺席审判》，载《中国刑事法杂志》2003年第1期。

② 严本道、刘加良：《〈联合国反腐败公约〉与我国刑事被告人缺席审判制度的改进》，中国诉讼法学研究会刑事诉讼专业委员会年会论文。

退庭的；（6）在借贷纠纷案件中，债权人起诉时，债务人下落不明的，人民法院受理后公告期届满，债务人仍然不应诉，借贷关系明确的，或者在审理中债务人出走，下落不明，借贷关系明确的。

综观《公约》和某些国家刑事诉讼法的规定，刑事缺席审判是指被告人未亲自到法庭的情况下，由法庭依照一审法定程序进行法庭调查、法庭辩论、作出判决并宣判的审判制度。例如，《公约》第57条规定，资产的返还和处分，请求国必须交给被请求国由请求国法院作出的生效判决，但除非被告请求国放弃这种要求。外逃贪官身在国外不回国接受本国的刑事审判，因此作出生效判决只能是在外逃的被告人不出席法庭的情况下，由其辩护人出庭进行辩护，经法院进行缺席审判并作出生效判决才能实现收回流失的资产。这表明《公约》的规定，暗含有被告人（外逃贪官）未亲自到庭的缺席审判制度。换言之，缺席审判仅指被告人（外逃出国）缺席的审判，而不是指公诉人未参加的审判。又如，根据《德国刑事诉讼法》第231条第1款的规定，要求被告人到庭的审判是一般原则。但是，根据该法第230条、第232条和第233条的规定，作为例外，即使被告人不到庭，法院亦有权进行法庭审判。《德国刑事诉讼法》对轻罪和违誓罪可以进行被告人未到庭缺席审判。该法第270条规定："如果被告人未能抓获，或者未能到庭的，应当缺席审判。"该法第六节第一目专门规定了被告人未到庭的"缺席审判"的六种情形。《日本刑事诉讼法》规定，被告人出席庭审是他的权利（第283条），同时，也是其义务（第288条）。如果被告人"没有正当理由而拒绝到庭"，"在被告人不到场的情形下，法院也可以进行该期日的公审程序"（第286条之二）。《意大利刑事诉讼法》不仅规定了被告人未出庭的缺席审判，还规定了对外逃（在逃）被告人的缺席审判及相应的程序。例如，该法第165条规定了审前由法院向被告人送达文书以向其辩护人交付副本的方式（未聘请辩护人的，由法院指定一名辩护人）实行。该法第169条还规定，如果查实到被告人在日本以外的具体地点，则采用挂号信的方式等送达。相比之下，我国的刑事诉讼法和有关司法解释均未规定上述缺席审判制度。前述论者认为，在我国的简易审判程序中，检察官不出席法庭和在法庭审判中因被告人违反法庭审判被带出法庭的审判，均属于缺席审判，由此采用的相关规定程序构成的审判，就属于缺席审判制度，笔者认为，这种观点所论的审判与《公约》和上述有关国家规定的缺席审判制度不相符合，故不能认为，我国已有这种特殊的审判制度。根据我国《刑事诉讼法》第15条的规定，在犯罪嫌疑人、被告人死亡的情况下，已经追究的，应当撤销案件，或者不起诉，或者终止审理。就已追究的撤销案件，案件到此终了；检察机关不起诉，法院也就不进行审判；终止审理，即结束对该案的审判。凡此种种，均属于缺少缺席审判被告人的前提条件，故不存在缺席审判。《人民检察院刑事诉讼规则（试行）》第241条规定："侦查过程中，犯罪嫌疑人长期潜逃，采取有效追捕措施仍不能缉拿归案的……经检察长决定，中止侦查。"中止侦查，就是暂时不追究，因此，也就无后续的审判活动。第246条第3款规定，应当要求公安机关在采取必要措施保证犯罪嫌疑人到案后移送审查起诉。这就表明，犯罪嫌疑人不到案，检察机关就不起诉，因而法院也就不对此案进行审判，亦无缺席审判之说。最高人民法院《关于执行〈中华人民共和国刑事诉讼法〉若干问题的解释》（以下简称"解释"）第181条规定："在审判过程中……案件起诉到人民法院后被告人脱逃，致使案件在较长时间内无法继续审理的，人民法院应当裁定中止审理。"这也表明，人民法院不进行被告人未到庭的缺席审判。缺席审判制度包括在国内隐藏而逃避人民法院对他进行的审判的制度，也包括外逃贪官拒不回国参加人民法院对他进行的审判的制度，因此，在我国也就没有对外逃到国外的贪官进行缺席审判的制度。

制度，即要求人们共同遵守的办事规程或者行为规则。在刑事诉讼中，有立案、侦查、起诉、审判和执行规程，即立案程序、侦查程序、起诉程序、审判程序和执行程序。审判程序中有公开审判制度、不公开审判制度，有对席审判制度和缺席审判制度。对席审判制度，即由法官主持，控辩双方当事人参加庭审的制度（规程）。缺席审判制度，则是与其相对应，被告人未出庭参加的审判制度、缺席审判制度，除了被告人未参加庭审之外，其他规程与对席审判制度基本相同，包括开庭前的准备、法庭调查，法庭辩论（被告人的辩护人参加），合议庭合议（在我国是合议庭成员共同评议，在外国是法官们在密室内讨论），宣布判决、判决的执行等。由此可见，缺席审判制度是上述一系列规程的组合体。审判外逃贪官的审判制度，则是法院依据刑事诉讼法有关审判的规定，庭前将审判的期日告知外逃贪官，在开庭时在法官主持下，由检察官当庭控告，未到庭的外逃贪官的辩护人（他委托或者经法庭指定的辩护律师，或者他的近亲属等人）出庭辩护，经过法庭调查、法庭辩论，最后由法官作出判决、宣布判决和执行的规程。缺席审判外逃贪官制度，是与对席审判制度相对应的一种特殊审判制度，因此其构建应当以惩罚犯罪与保障人权相结合，程序公正与实体公正相兼顾，控辩力度基本平衡、审判公正与审判效率相兼得等为指导原则。

贿赂犯罪是一种严重损坏公务人员职务廉洁性的犯罪行为。贿赂犯罪是社会政治生活中的毒瘤。在世界范围内，贿赂犯罪的规模有扩大的趋势。为阻止和惩罚贿赂犯罪分子，联合国以其通过的《联合国反腐败公约》中的规定，组织和协调各国司法机关采取相应的行动。惩罚贿赂犯罪分子，必须要通过司法机关依法进行侦查、起诉和审判，那么，审判他们必须有相应的理论作为依据，现就此问题作如下探讨。笔者认为，审判贿赂犯罪分子的理论基础主要是有罪必罚，理由如下：

一、只有做到有罪必罚，才能有效地追究贪官的刑事责任

所谓责任，有词典称：（1）责任是“分内应做的事”；（2）责任是“没有做好分内的事，因而应当承担的过失责任”。① 亦有词典称：（1）责任是指“应尽的职责”；（2）责任是指“应当承担的过失”。② 笔者认为，上述两种界定，都是从一般意义上而言的。责任，除了有职责（分内之事）、过失的承担等含义以外，还包含认真对待和尽力做的行为，也有应当承担的错误（错责）、罪行（罪责）代价和后果等，在权利义务范围内，责任就是义务。

长期以来，对刑事的理解和掌握就是一个十分有争议的问题。

西方学者对刑法中的责任的理解有“双义性”：其一，刑事责任是指“罪责”，决定刑罚的轻重程度，是犯罪与刑罚的中间环节，而不是犯罪成立的三个条件之一的责任。其二，刑事责任“是指归责性（或有类性）”，主要指人的主观心理状态、是决定犯罪成立的一个要件，而不是连接犯罪与刑罚的中间环节。③ 在我国刑法理论中，对刑事责任的概念，存有分歧，概言之主要有：（1）法律后果（承担）说；④（2）法律（刑事、惩罚）说；⑤（3）否定评价（谴责）说；⑥（4）法律责任说。⑦ 此外，还有“刑罚处罚说”“心理态度说”等。

笔者赞同“法律后果说”。并认为，刑事责任，是指行为人实行了刑法规定的犯罪行为所必须承担的由刑法规定的法律后果。在我国，承担刑事责任的主体是有刑事责任能力的犯罪人，决定刑事责任的是法院；刑法规定的法律后果，主要形式是刑罚（包括主刑、附加刑），还包括其他的法律后果，包括独立适用或附加驱逐外国人出境（第 35 条），赔偿被害人的经济损失（第 36 条），对免予刑事处罚的予以训诫、责令具结悔过、赔偿损失或者由主管部门

---

① 《现代汉语词典》，商务印书馆 1997 年版，第 1574 页。

② 《新华词典》，商务印书馆 2001 年版，第 1229 页。

③ 何秉松：《刑事责任论（上）》，载《政法论坛》1995 年第 4 期。

④ 参见《中国大百科全书》（法学），中国大百科全书出版社 1984 年版，第 668 页。

⑤ 赵炳寿主编：《刑法若干问题研究》，四川大学出版社 1992 年版，第 11 ~ 12 页。

⑥ 何秉松主编：《刑法教科书》，中国法制出版社 1993 年版，第 353 页。

⑦ 赵秉志主编：《刑法新探索》，群众出版社 1993 年版，第 212 页。

予以行政处罚或者行政处分。笔者将行为人承担刑罚处罚称为典型的刑事责任，将后者称为由刑事犯罪产生出来的而应当由被告人承担的法律责任（包括外交的、经济的、民事的、行政等责任）。为简便起见，笔者又称前者为狭义上的刑事责任；后者为广义上的刑事责任。

在国外，刑事责任实现的方式除了常用的刑罚和保安处分以外，还包括矫正（感化）、劳作（强制工作）、强制医疗、保护观察（保护束管）、限制居住、禁止从业、善行保证、没收、驱逐出境等。①

贪官犯罪造成了严重危害后果，决定了必须追究他们的刑事责任。贪官犯罪是一种职务犯罪。这种犯罪是社会权力异化的结果，是严重侵蚀人类社会文明进步的一种政治瘟疫，追究和惩罚贪官犯罪已成为世界各国政府和司法部门面临的共同任务和必须应对的难题。《公约》正是针对贪污贿赂犯罪在世界范围内猖獗和为了打击跨国藏匿而制定的。贪官的职务犯罪行为，既破坏了公职人员的廉洁性，又给国家、集体等公共财产造成巨大损失，这决定了对他们必须追究刑事责任，必须由司法机关依据刑法、刑事诉讼法依法查处，做到有罪必罚，使贪官们承担刑事责任。否则，只定罪，不追究，就是对他们的法外“开恩”，放虎归山。其后果，必然是遗患无穷。

有法必依决定了对贪官的职务犯罪应当追究刑事责任。我国《刑法》第14条、第16条规定了刑事责任能力行为人故意犯罪必须负刑事责任，这是追究刑事责任的法律依据，也是强制追究的要求。贪官都是有刑事责任能力的成年人。他们有的身居要职，手握重权；有的地位显赫，掌握经济命脉；有的主管一方，实施决策等。他们为了私利，贪污受贿，损公肥私，假公济私，化公为私，侵吞财产，巧取豪夺等；他们或者挥霍无度，或者经营小家，或卷款外逃等。他们的身份、地位和故意犯罪的情况，完全符合《刑法》第14条、第16条的规定，符合追究刑事责任的法律依据。

我国《宪法》第33条规定，“我国公民在法律面前一律平等，任何公民享有宪法和法律规定的权利，同时必须履行宪法规定的义务。”《宪法》第53条规定：“我国公民必须遵守宪法和法律……爱护公共财产……”这些规定表明，必须遵守宪法和法律是每个公民的义务。违反应尽的义务，就必定要受到法律的追究。这种规定不因贪官是官而与无官职的普通公民有别，在适用法律上一律平等，即同罪同追，同重同判，同轻同处。

法谚云：“徒法不能自行”。法律的实施要靠司法机关和司法人员进行。

---

① 杨春洗、高铭暄、马克昌、余叔通主编：《刑事法学大辞书》，南京大学出版社1990年版，第574～575页。

“对贪官所犯的职务犯罪案件，根据《刑事诉讼法》第18条第2款的规定，贪污贿赂犯罪，由人民检察院立案侦查。《刑事诉讼法》第131条至第135条还规定了对贪官犯罪进行侦查的程序。所有这些，均是由检察机关追究贪官犯罪刑事责任的程序法规定，亦是追究的法律依据。

《检察官法》第6条第（二）项规定，检察官“代表国家进行公诉”。第8条第（二）项规定，检察官履行“职责必须以事实为根据，以法律为准绳、秉公执法，不得徇私枉法”；其第（三）项规定，检察官必须“维护国家利益、公共利益。维护法人和其他组织的合法权益”。第9条第（二）项规定，检察官“依法履行检察职责不受行政机关、社会团体和个人的干涉”。我国《法官法》第7条第（二）项、第8条第（二）项和第（三）项等，对法官均有相同的要求。上述《检察官法》和《法官法》的规定，既是法律对他们办理贪官犯罪案件的要求，也是追究贪官刑事责任的法律根据。

二、只有做到有罪必罚，才能使被告人受到刑罚处罚

关于刑罚的概念，有学者认为，刑罚是“统治阶级维护其阶级利益和统治秩序的一种重要手段，规定在刑法中由法院以国家的名义依法适用、用以同各种犯罪行为作斗争的最严厉的强制处分”。①也有学者认为，刑罚是“国家审判依照刑法的规定对犯罪分子实行惩罚的一种强制处分。只对犯罪分子适用。是维护统治阶级利益及其统治秩序的一种法律手段”。② 也有学者认为，刑罚是“统治阶级以国家名义惩罚犯罪的一种强制方法”。③综上观之，三种观点的共同点是均认为刑罚是刑法中规定的对犯罪人给予惩罚的一种强制处分（方法、手段）。笔者认为，刑罚是由刑法规定的刑种和制度，由司法机关依法给予被告人判处刑罚处罚的强制处分。

刑罚与刑事责任不同，二者的区别主要体现为：（1）实现的方式不同。刑罚实现的手段仅是判刑（主刑和附加刑）；刑事责任的实现方式要广泛得多（如前所述）。（2）起始时间不同。刑罚起始于法院审判；刑事责任起始于侦查。（3）行使权力的机关不同。刑罚只能由法院行使；追究刑事责任由侦查、起诉和转为其他作行政处分的机关行使。

犯罪，是指危害统治阶级利益，依照刑法规定应受刑罚处罚的行为。认定行为人犯罪，应当有依据证明其行为符合犯罪构成。犯罪构成，是指依照刑法

---

① 《中国大百科全书》（法学），中国大百科全书出版社1984年版，第648页。
② 高格、孙占茂主编：《刑法学词典》，吉林大学出版社1987年版，第47页。
③ 《中华人民共和国法学大辞典》（刑法），中国检察出版社1996年版，第639页。

规定，决定某种具体行为的社会危害性及其程度而该行为构成犯罪所必需的一切客观要件和主观要件（犯罪客体、犯罪客观要件、犯罪主体、犯罪主观要件）的总和。“犯罪构成的主要特征表现为：(1) 犯罪构成是一系列主客观要件的总和：(2) 只有对行为的社会危害性及其程序具有决定意义而该行为是成立犯罪所必需的事实特征，才是犯罪构成要件。(3) 行为成立犯罪所必须具备的诸要件，是由刑法规定或者包含的。”① 对于犯罪构成理论，在我国刑法学界有不同的观点。有学者认为，犯罪构成的要件不应是四个，而应是三个，即犯罪主体、危害社会的行为、犯罪客体。也有学者认为，犯罪构成只有两个，即犯罪构成的行为要件和犯罪构成的主体要件。亦有学者认为，不应把犯罪客体视为犯罪构成的要件之一。还有学者认为，把犯罪主体作为犯罪构成的一个要件不妥。经过学界近二十年的研讨，绝大多数学者和司法实际部门的同志均认为犯罪构成应当是四个要件，即犯罪客体、犯罪客观要件、犯罪主体、犯罪主观要件。笔者赞成犯罪构成“四要件说”。

刑法是规定犯罪、刑事责任与刑罚的法律规范的总称。刑法的形式有刑法典和单行刑法，有的其他法律中附有刑法规定犯罪与刑罚的内容。刑法典是全面、系统地规定犯罪与刑罚的法律，是国家刑法的集中表现形式，一般由总则和分则组成。前者，规定刑法的适用范围、认定犯罪和适用刑罚的一般原理、原则等；后者，具体规定各种犯罪的罪状和法定刑。在现代，世界各国，除英美法系国家未制定刑法而采用习惯法、判例法和单行刑事法规以外，多数国家均制定了适用全国的统一刑法典。除有特别规定外，任何人无论何时何地触犯该国的刑法典，均应依该刑法典论罪处罚。例如，《日本刑法》第一编“总则”。第二编规定了各种“罪”；第一章规定了刑罚。《意大利刑法》“总则”第三章规定了“犯罪”，第二章规定了“刑罚”，其第一节规定了“刑罚的种类”、第二节“主刑分则”、第三节“附加刑”。《加拿大刑事法典》第二至十三章规定了各种“犯罪”，第二十三章规定了罚犯、罚令、没收财产、费用及财产返还。即使是军事刑法亦如此，如《意大利军事刑法典》第一编“军事犯罪总则”的第三章规定了“军事犯罪”，第二章规定了军事刑罚(第一节“军事刑罚分类概述”，第二节“军事主刑细述”，第三节“军事附加刑细述”)。即使英美法系实行判例法的英国，有关刑事制定法中，除了规定各种犯罪以外，还规定了“刑罚”的内容。例如，1967 年《刑事法》第 4 条规定了“帮助犯罪者的刑罚”；1977 年《刑事法》第 3 条规定了“共谋的处罚”；1980 年《治安法庭法》第 33 条规定了“依据第 22 条简易判罪的最高

① 《中国法学大辞典》，中国检察出版社 1996 年版，第 147 页。

刑罚”。[①] 我国系大陆法系国家，制定了刑法典。刑法典的第一编“总则”中的第二章规定了犯罪与刑事责任；第三章和第四章规定了刑罚及其具体运用。第二编“分则”中第一章至第十章规定了各种犯罪的构成要件及处罚的幅度。

综上可见，刑法的主要内容是规定“犯罪”和“刑罚”。笔者认为，对犯罪者适用刑法，包括不仅要对他们定罪，而且还要对他们处以刑罚。从正确、全面地适用刑法角度而言，做到有罪必罚，就能使被告人受到刑罚处罚。

从犯罪与刑罚的关系方面来看，犯罪与刑罚一样，是阶级社会特有的现象，它们的产生具有共同的条件。就时间顺序而言，犯罪现象的出现，是刑罚产生的前提；刑罚是“真正的犯罪结果”。从这个意义上来说，马克思指出：“犯罪不仅共同体生产罪行，而且还产生刑法。”[②] 从刑法角度而言，犯罪是“侵犯法”的行为，是对法的否定。国家用刑罚手段惩罚犯罪，则是对犯罪行为的否定评价。这种对否定法的行为之否定，即是对原法的肯定。因此，马克思认为，国家对犯罪适用的刑罚，是“法对侵犯的胜利”“是法的恢复”。[③] 马克思还指出：“刑罚不外是社会对付侵犯它的生存条件（不管是什么样的条件）的行为是一种自卫手段。”[④] 由上可见，有犯罪就会有刑罚；为了维护刑法的权威，谁犯了罪就惩罚谁；国家为了自卫，无论任何人犯罪，国家都会用刑罚权对其进行惩罚。故实行有罪必罚，就能使犯罪者（被告人）受到刑罚处罚。

从权利与义务的相互关系方面讲，马克思评论权利观认为，没有无权利的义务，也没有无义务的权利，这就是权利与义务相一致的基本原理。基于此原理，刑法保护每一个公民的基本权利，那么，他们就应当履行遵守刑法的义务。若某公民只享受刑法保护的权利不履行遵守刑法规定义务而犯罪，那么司法机关就有权根据刑法的规定，对他判处刑罚，以强制他履行遵守刑法的义务。在一定的社会中，一定的权利总是通过一定义务来保证实现的。具体到刑法领域，公民享受基本权利，是通过公民遵守义务来实现的。如果某公民不遵守刑法规定而损害国家、集体和个人利益而犯罪，那么，国家、集体和公民个人的利益就得不到保障，也就享受不到刑法予以保护的权利。从换位思考的角度来说，如果刑法不惩罚侵害他人权益的行为，那么，他人享有的权利就没有

---

① 《英国刑事制定法精要（1351—1997）》，谢望原主译，中国人民公安大学出版社2003年版，第5、21、23页。

② 《马克思恩格斯全集》（第26卷），人民出版社1972年版，第415页。

③ 《马克思恩格斯全集》（第4卷），人民出版社1972年版，第170页。

④ 《马克思恩格斯全集》（第8卷），人民出版社1972年版，第579页。

实现。由此观之，从这个角度来说，任何公民犯罪，都应受到刑罚处罚，以此保护受危害方的利益（权利）。由此可见，就贪官犯罪案件而言，只有对他做到有罪必罚，才能使其受到刑罚处罚。

三、只有做到有罪必罚，才能够实现预防犯罪的刑罚目的

一般而言，目的，是指想要得到的结果。① 对于目的，笔者认为可分两种：其一，预设达到的目的。即是行为人（主体）按照行为人的需要与认识对象（客体）之间关系，经过思维以观念形式预先设计并存在头脑中的主观目标，此为预设达到的目的。其二，应当达到的目的，即经过人们的长期实践已经完全实现的目标，只要人们经过努力就能实现。前者，是行为人主观预设的目标，如高中生高三毕业后预设考上大学的目标；后者，是行为人应当实现的结果，如工人根据计划安排，经过自己的努力，完全能够完成的指标。

主观预设目的具有以下几个特点：（1）主观预设是行为人的主观思维活动，而不是实践活动；（2）主观预设不应当是盲目预设而应是有实力的预设；（3）主观预设是一种主观的追求目标；（4）主观预设经过付诸行动极有可能实现。应当达到的目的具有如下几个特点：（1）应当达到是经过实践证明必须达到；（2）应当达到的目的是从实践中总结出来的；（3）应当达到的内容是已经客观存在的；（4）应当达到的结果须经过行为人努力实践才能达到。二者的相同点是：二者均为行为人愿望；二者均需行为人的努力实践；二者均属行为欲达到的最终结果。二者的区别主要是：（1）前者是行为人的主观追求，后者是行为人必须实现的客观目标；（2）前者的目标是行为人自己预设的；后者是行为人意志以外由前人总结出来的客观存在事物。在诉讼法学界，有的学者只注意到主观预设的目的而忽视了应当达到的目的，笔者认为有失全面。

实现应当达到的目的，必须采用相应的方法、方式、措施或者途径，它们是行为人达到目的的桥梁。毛泽东同志在讲到完成任务与完成任务的方法时指出："我们的任务是过河，但是没有桥或没有船就不能过。不解决桥和船的问题，过河就是一句空话。不解决方法问题，任务也只是瞎说一顿。"② 毛泽东同志所讲的过河的任务，就属于应当达到的目的范畴，它是客观存在而不是预设的。桥和船是交通工具，使用桥或者船就相当于应当达到目的的方法。如果不采用桥或者船这种方法，过河的目的任务就不能实现。可见，方法、方式或措施是实现应达到目的的必备条件。

---

① 《现代汉语词典》，商务印书馆 1997 年版，第 904 页。

② 《毛泽东选集》（第 1 卷），人民出版社 1977 年版，第 134 页。

刑罚的目的包括特殊预防犯罪和一般预防犯罪。特殊预防犯罪的目的，是指刑罚执行人员经过努力，依法教育、改造罪犯，并使其改恶从良，洗心革面，重新做人，是实践证明应当达到又能够达到的目的。一般预防犯罪的目的，是指法院经过对被告人的审判活动使其犯罪事实和是否认罪的表现以及审判结果显露于社会各界，使社会上少数心存犯罪意图或者侥幸犯罪不会被发现的不稳定分子受到震慑并吸取他人教训不想或者不敢犯罪，做一个老实守法、勤劳致富的公民。上述两个目的，属于应当达到的目的，而不属于预设达到的目的。

关于刑罚的目的，在马克思、恩格斯之前，众说纷纭。有代表性的理论主要有两种：一种是威吓报应刑罚主义理论（又分为道德报应主义和法律报应主义）；另一种是目的刑主义理论。这些刑罚目的理论有的充满宗教色彩，有的只片面强调某一方面。只有马克思才真正正确地回答了刑罚的目的问题。他指出："一般说来，刑罚应当是一种感化和恫吓的手段。"[①]依笔者愚见，"感化"是指通过对犯罪人适用刑罚，使其受到教育，改恶从良，不再犯罪，这实际上是现代学者所讲的特殊预防。"恫吓"主要是指通过惩罚犯罪人，震慑社会上那些可能犯罪的危险分子（潜在犯罪人），使他们认识到若敢违法犯罪，就会受到刑法严厉的惩罚，从而不敢犯罪，这实际上属于现代学者所讲的一般预防。

以马克思的刑罚理论为指导，我国刑法学界对刑罚的目的主要有如下7种观点：惩罚说；改造说；双重目的说；三种目的说；根本目的与直接目的说；预防犯罪与消灭犯罪说；预防犯罪说。[②]主张我国刑罚的目的应当是特殊预防犯罪和一般预防犯罪。笔者亦赞同。对此，前面已述。笔者认为，特殊预防是个体预防，属于人类学意义上的预防。一般预防属于社会防卫，属于社会学上的预防。个体预防能带动社会预防，社会预防能反作用于个体预防，即减少个别图谋不轨、意图犯罪之个人。二者相辅相成，缺一不可。

实现预防犯罪的目的，应当采用相应的有效措施，主要包括侦查、起诉、审判犯罪之人，并由法院依法判处相应的刑罚，既使他们受到教育、改造，又震慑社会上潜在的犯罪人。通过对罪犯的执行，使其在监狱里接受法制教育和劳动改造，悔过自新，重新做人，并再不犯罪，这样，就使社会上曾经犯罪的个体转变为社会上的自食其力的良民；使社会上的消极因素转变为社会上的积极因素，从而增大建设和谐社会的基因。

就贪官职务犯罪而言，追究并判处刑罚，使其身受囹圄，认识和感到滥用

---

① 《马克思恩格斯全集》（第8卷），人民出版社1972年版，第578页。

② 《中华法学大辞典》（刑法学卷），中国检察出版社1996年版，第643页。

职权为己谋利，失去人身自由的惨痛代价；经过审判没收和收缴其犯罪所得，使其深感经济上毫无所获，人财两空，促使他们痛改前非，洗心革面，重新做人。这就达到了刑罚中特殊预防的目的。

当贪官犯罪案件经过侦查、起诉、审判一系列程序，使其犯罪显露于整个社会，使少数图谋以权谋私之徒看到，任何人不论职务多高，权力多大，资格多老，关系多广，只要玩弄权术，秘密牟利，危害国家利益，破坏经济建设，就会被举报、被揭露、被查处、被判刑，落得个阶下囚、众人骂的下场，从而使其打消犯罪的念头，老老实实奉公履职，小心谨慎用权，做一个为民谋利的人民公仆。这就达到了预防犯罪中的一般预防目的。

早在公元前5世纪，著名政治家伯里乎斯在阵亡将士葬礼上的演说中指出："我们的制度①之所以被称为民主政治，因为政权在全权公民手中，而不是在少数人手中。解决私人争执的时候，公民在法律上都是平等的。"② 后世学者认为，这是"法律面前人人平等"口号的萌芽。但是，由于奴隶社会实行的奴隶制度，人被分为若干等级，奴隶只是工具，因此，"每个人在法律面前都是平等的"只是一种美好的愿望和口号而已。封建社会，是建立在封建地主土地私有制基础之上的。封建主拥有土地，农民和农奴被束缚在土地上，不得不承受封建主的剥削和压迫。在封建地主阶级内部按各自占有土地的多寡划分不同的等级，形成君臣父子、贵贱尊卑的森严等级制度，在法律上公开规定阶级和等级在司法上的不平等，如西欧早期的封建制国家法律公开规定，犯同一种罪，犯罪人与被害人的社会地位不同，判处犯罪人的刑罚不同。又如我国唐代法律规定的"八议"制度等。由此可见，封建社会是一个等级特别森严、特权特别严重的社会。

封建社会末期，由于商品经济的发展，资本主义生产关系在封建社会内部逐渐形成，资产阶级逐渐壮大，于是，首先打出反封建的旗帜，要求在商品交易和法律上人人平等，以否定封建特权，并提出了法律面前人人平等的口号。资产阶级革命胜利后，他们把这个口号作为一项资产阶级法律原则确立下来。1776年美国的《独立宣言》规定："人人生而平等""天赋人权""生命权、自由权和追求幸福的权利不可侵犯"。1789年的法国《人权宣言》规定得更明确。该宣言第6条规定："法律对于所有的人，无论是实施保护和处罚都是一样的。在法律面前，所有的公民都是平等的。"这对于废除封建等级、封建特权和封建法律制度，对于确立资产阶级的法律、巩固产生的资本主义制度均具

① 指雅典奴隶民主制度。——笔者注

② ［古希腊］修昔底德：《伯罗奔尼撒战争史》，商务印书馆1960年版，第130页。

有重大的历史的进步意义。但是，我们也不能不看到，资产阶级主张的法律面前所有公民一律平等，对工人阶级和劳苦大众而言，除了具有形式上、附和上的进步以外，只不过是一种欺骗。这是因为，资本主义社会实行的生产资料私有制，它维护的是资产阶级的利益，在靠出卖劳动力的工人和家财万贯的资本家之间，不可能有政治上和经济上的平等，因而也无法律上的真正平等。而资产阶级正是以法律上的、形式上的平等，掩盖着经济上、事实上的不平等。对此，列宁指出："在一个阶级剥削另一个阶级的可能性没有完全消灭以前，决不可能有真正的事实的平等。"① 笔者认为，随着时间的延续和社会的发展，资本主义国家在法律面前人人平等方面已有些进步。从现实情况观之，虽然在立法上，资产阶级绝对不允许工人和其他劳动者与他们平等，但是，在不损害资产阶级根本利益前提下，在适用法律方面，在某些情况下和对某些案件的犯罪人，也实行相对的平等。对此，可以借鉴。

法制观念和法制是一种文化。法律面前人人平等是其中的一部分，作为文化，从社会学和历史学角度来说，先进的文化遗产，可以借鉴甚至继承。以反对封建等级特权为核心的资产阶级提出和在法律上规定的法律面前人人平等，在反对等级特权方面的进步性确有借鉴和吸纳的可能。为此，我国1954年宪法规定了"法律面前人人平等"的原则。但是，对于如何理解它，我国法学界的学者在近30年的研究过程中不断探讨，并发表了自己的看法。综观讨论的情况，大家均认为资产阶级的法律面前人人平等的某些因素能为我国司法所借用。但是，对于我国在立法上能否做到平等，确有分歧。少数学者认为，可以做到；② 绝大多数学者认为不可能。③ 学者的观点被党中央采纳。例如，党的十一届三中全会公报指出："要保证人民在自己的法律面前人人平等，不允许任何人有超于法律之上的特权。"在此基础上，我国《宪法》《刑事诉讼法》《人民法院组织法》《人民检察院组织法》等法律均规定"任何公民，在适用法律上一律平等"。有的法律还增加了"在法律面前，不允许有任何特权"。

---

① 《列宁选集》（第3卷），人民出版社1972年版，第639页。

② 潘念之、齐乃宽：《关于"法律面前人人平等"问题》，载《社会科学》1980年第1期；程辑雍：《社会主义法制的平等原则不能割裂》，载《社会科学》1980年第5期。

③ 张友渔：《法律面前人人平等和司法独立》，载《民主与法制》1980年第10期；李光灿：《论法律面前平等》，载《社会科学辑刊》1980年第10期；李步云：《坚持公民在法律上一律平等》，载《人民日报》1978年12月6日。

构建缺席审判外逃贪官制度探析*

缺席审判，是指被告人不能或者不愿到法庭接受审判，由法官主持，控方和被告人的辩护人（辩护律师或者被告人委托的近亲属等）参加并进行的法庭审判。缺席审判必须具有法定的特殊情形；缺席审判应当有被告人委托的律师或者近亲属参加辩护，或者被告人放弃辩护权；缺席审判亦应进行法庭调查、法庭辩论，最后作出判决。

近年来，贪官携巨额赃款逃往他国的案件频频发生，给国家、集体造成巨大的经济损失。构建缺席审判外逃贪官制度，是政府和司法机关面临的迫切需要解决的问题。

何为贪官？就“贪”字而言，狭义上的贪官，即指我国《刑法》第 382 条、第 394 条和第 371 条第 2 款规定的犯贪污罪的人员。推而广之，笔者认为，还应当包括我国《刑法》第 384 条和第 272 条第 2 款规定的犯挪用公款罪的人员，第 385 条、第 388 条规定的犯受贿罪的人员，第 396 条规定的犯私分国有资产罪的人员等。总之，“贪官”是指利用“官位”的职务之便，侵占、窃取、骗取、挪用或者采用其他非法手段占有公共财物、国有财物或者本单位集体财物等构成犯罪之人。

从《联合国反腐败公约》有关条文的规定观之，贪官，是指犯有受贿、索贿罪（第 15 条、第 16 条和第 21 条）、贪污、挪用或者以其他类似方式侵犯财产罪（第 17 条）、职务侵占罪（第 22 条）、洗钱罪（第 23 条）、资产非法增加罪（第 19 条）等经济犯罪的官员。

一、构建对外逃贪官缺席审判制度之必要性

第一，符合事物的常态与殊态相统一、相辅相成原理。世界上任何事物均有常态和殊态表现，常态为普遍形态，殊态为个别形态，常殊统一，相辅相成。作为刑事审判的常态，控辩双方均须参加审判。它是常态审判程序所必备的要求，被告人参加庭审是其中的重要组成部分。但是，在具有特殊情形的极

---

* 作者：刘根菊、李秀娟。

少数审判中，为实现司法公正，兼顾诉讼效率而侧重效率优先的情况下，也可以进行缺席审判。

第二，在我国民事、行政和刑事三大诉讼法中，只有刑事诉讼法没有规定缺席审判。就三大诉讼具有共同的诉讼规律和追求公正之目标，以及三大诉讼制度的制度内容虽彼此不同，但也应当有相互对应的审判制度而言，刑事诉讼中亦应当设置缺席审判制度，其中包括对外逃贪官的缺席审判制度。

第三，刑事诉讼中，在被告人死亡、逃跑、丧失诉讼行为能力的情况下，为了给国家、集体挽回经济损失，给被害人讨回公道和帮其获得民事损害赔偿等，不适宜中止或者终止审判，而应当进行缺席审判。这是司法实践的客观需要。尤其近年来，贪官携巨额赃款外逃他国频频发生。根据《联合国反腐败公约》第 57 条第 3 款第 2 项规定，对于公约所涵盖的其他任何犯罪的所得，请求国欲向被请求国主张返还逃到该国的贪官携带去的巨额赃款，请求国必须移交生效判决的文书，这就需要由请求国通过缺席审判作出生效判决。实践中，由于我国无缺席审判制度，无法提供被请求国要求的生效判决，因此，追赃无法实现。为解决此难题，应当设立缺席审判制度对外逃贪官进行审判。

二、构建对外逃贪官缺席审判制度之可行性

做任何事情，既要考虑到它的必要性，又要考虑到它的可行性。必要性是可行性实现的前提，可行性是实现必要性的基础，只有二者兼具，方可施行；若已行之，方可有成。构建对外逃贪官缺席审判制度是可行的。

第一，依法治国，建设社会主义法治国家的基本方略为构建该制度提供了良好的法治环境和条件。党的十六大提出要进行司法体制改革，要健全社会主义法制和完善诉讼程序。当前，我国诉讼法学界正在酝酿、讨论修改、完善刑事诉讼法。构建缺席审判制度，并增补到刑事诉讼法之中，应当是时势所需。

第二，在国外，有些国家在刑事诉讼法中规定缺席审判的条款可为我国立法提供借鉴。《法国刑事诉讼法》规定，无论是重罪（第 270 条）、轻罪（第 410 条）或者违警罪（第 544 条）案件，只要是被告人未被捕获、或未到庭、或经传唤无正当理由不到庭者，均可进行缺席审判。《德国刑事诉讼法》（第 232 条、第 233 条）、《日本刑事诉讼法》（第 284 条、第 285 条）、《意大利刑事诉讼法》（第 488 条第 3 款）、《美国联邦刑事诉讼规则》（第 43 条）均有缺席审判的规定。

第三，《联合国反腐败公约》主张缔约国设立缺席审判制度。该《公约》第 57 条第 3 款第 2 项规定："对于本公约所涵盖的其他任何犯罪的所得，被请求缔约国应当在依照本公约第 55 条实行没收后，基于请求缔约国的生效判决，

在请求缔约国向被请求缔约国合理证明其原对没收的财产拥有所有权时，或者当被请求缔约国承认请求缔约国受到的损害是返还所没收财产的依据时，将没收的财产返还请求缔约国，被请求缔约国也可以放弃对生效判决的要求。”这表明，《联合国反腐公约》是主张缔约国设立缺席审判制度并制作生效判决书的。

三、构建对外逃贪官缺席审判制度的具体设计

常态审判制度（程序），是由法官主持，控辩双方参加庭审，法官居中裁判。刑事缺席审判，其环节和步骤与常态审判并无区别，只是在行为主体及行为方式、案件适用范围等方面有其特殊性。现对在我国构建外逃贪官缺席审判制度略陈管见。

（一）构建对外逃贪官缺席审判制度的几个条件

结合前述外国刑事诉讼法有关缺席审判的规定，以及《联合国反腐败公约》的有关规定，根据我国国情，笔者认为，在我国构建缺席审判制度应具备以下几个条件：

1. 适用案件的范围。凡适用缺席审判的案件，应当是《联合国反腐败公约》规定的犯罪所得物数额在100万元人民币以上的各类经济犯罪案件。

2. 在逃者地点明确。外逃的贪官确在某被请求缔约国藏匿、所得之赃款亦在该国存放。

3. 贪官拒不回国接受审判。贪官在经我国司法机关通过各种司法渠道或者途径令其回国而拒不回国接受审判。

4. 确实构成某种经济犯罪。贪官的经济犯罪事实清楚，证据确实、充分，足以追究其刑事责任。

5. 起诉程序已启动。我国检察机关根据事实、证据和法律向本案有管辖权的法院已提起公诉。

（二）对外逃贪官进行缺席审判的程序

在缺席审判中，由于被告人外逃在他国，且不愿回国接受我国法院的刑事审判。根据刑事诉讼正当程序的要求，审判必须有被告人或者被告人委托的辩护人参加，否则，无辩方参加的审判就属于剥夺了辩护权的专横审判，是非公正和非正义的审判。但是，在贪官外逃拒不回国接受法庭审判的特殊情形下，如果拘泥于常态的审判形式而不进行缺席审判，不追究贪官的刑事责任而任其逍遥法外，对国家政权而言，是极大的不公正；不追回贪官携带到国外的巨额赃款，使国有、集体财产流失，这对国家和集体而言也是极大的不公正。为了

既惩罚外逃贪官，没收其所携带的巨额赃款，又尊重和尽量保障他们享有辩护权，在缺席审判程序中应注意做到如下几点：

1. 法院依法履行告知或送达程序。其方式可以是，在开庭前的法定期限内由法院将起诉书副本送达外逃被告人的近亲属，如夫、妻、父、母、兄弟、姐妹等，并要求他们转送或者转告；或者请求与我国签订了司法协助条约甚至只有外交关系的国家的司法机关向逃到该国的贪官转送起诉书副本和法院有关司法文书；亦可以在庭审前利用国家主要媒体，如电视台、电台、报纸、网络等发布公告，公布外逃贪官的犯罪事实、罪名及赃物赃款的数额，参加庭审享有的法定权利等。

2. 书面告知并使其享有辩护权。由法院出面或者通过国家主要媒体告知外逃贪官，若不回国接受审判，有权亲自或者通过其近亲属委托律师、其他辩护人为其在缺席的情况下进行辩护；如果他们不这样做，亦可由律师机构指派一名律师进行法律援助或者参加庭审辩护；亦可由法院指定一名律师为其辩护等，以维护其合法权益。

3. 按常态审判程序开庭审判并作出判决。即使外逃贪官未出席庭审，但有为其辩护的辩护人或者律师参加，即有辩护方参加。有控辩双方出席，由法官主持公开审判，这完全符合刑事审判要式的要求。经过法庭调查、法庭质证、法庭辩论等再由法官作出刑罚处罚和没收被携带到国外的赃款赃物的判决，这完全合法、合理和公正。

4. 允许辩方上诉。如果辩方对一审判决不上诉，一审判决经过法定期限就生效。如果上诉，二审法院亦可进行二审，并依法作出终审裁判。

5. 重新审判。无论在一审或者二审期间，若外逃贪官对缺席审判作出的判决不服而愿意回国亲自参加庭审，法院应当重新依照正常程序开庭审判。判决以最后一次为准。若被告人在刑罚未执行完毕之前证明他未回国接受审判有正当理由并请求回国参加审判时，法院可以撤销已作出的缺席审判判决，重新对其进行公开审判。

第五章　古为今用，洋为中用，借鉴吸收

我国古代死刑复核制度的特点及其借鉴*

死刑复核制度是中国古代法律规定的地方各级司法部门对拟判处死刑的案件应逐级申报中央司法机关或者皇帝进行审查核准，以便最终决定是否适用死刑并交付执行的一项诉讼制度，它是我国古代刑事诉讼中的传统特点之一，也是中华法系区别于世界其他法系的显著标志之一，更是华夏民族对人类诉讼法律文化宝库的巨大贡献。自20世纪80年代以来，我国法学界先后有部分学者曾就中国古代死刑复核制度的历史发展及其产生基础问题作过一些有益的探讨，[①] 但迄今为止，专门全面系统地研究我国古代死刑复核制度的特点及如何正确借鉴其中有益成分的论著还尚未见到。有鉴于此，本文拟对它们试作初步的探讨，以供学界同仁和立法机关参考。

中国古代的死刑复核制度，其内容十分丰富，而且涉及面相当广泛，仅凭一篇之作难以尽述。因而，这里特选取其中对当前进一步改革和完善我国死刑复核程序具有直接借鉴作用和参考价值的六个方面进行探究。

---

* 作者：周国均。本文刊载于《中国法学》2005年第1期。

① 陈光中等：《中国古代司法制度》，群众出版社1984年版，第158～164页；肖胜喜：《略论我国古代死刑复核制度》，载《法学研究》1988年第6期；王立民：《中国古代的死刑复核制度及其思想基础》，载《政治与法律》2002年第6期；赵秉志等：《慎用死刑的程序保障——对我国现行死刑复核制度的检讨及完善建言》，死刑后正当程序学术研讨会论文2004年5月；卞建林等：《死刑的正当程序与死刑的控制》，死刑后正当程序学术研讨会论文2004年5月；李元鹤等：《中国死刑复核程序的价值选择与重构》，死刑的正当程序学术研讨会论文2004年5月；陈永生：《对我国死刑复核程序之检讨——以中国古代及国外的死刑救济制度为视角》，载《比较法研究》2004年第4期。

一、死刑复核模式的双轨性

中国古代的封建统治者，往往同时采取死刑复核制度和死刑复奏制度两大模式，来将死刑案件的决定权牢牢地控制在自己手中。考虑到法律史学界和诉讼法学界长期以来在死刑复核制度与死刑复奏制度的历史嬗变及其相互关系问题上仍然存在着较大的意见分歧，甚至出现了一些错误的认识，因此，笔者拟从如下方面对此展开进一步的讨论。

（一）死刑复核制度的历史嬗变

死刑复核制度始于何时？对此存在着两种对立的观点：一种观点认为，“死刑复核制度在南北朝时期已经确立”①。另一种观点则认为，“我国早在汉代就已经出现了死刑复核制度的萌芽，但正式的死刑复核制度到隋唐时期才确立”②。笔者赞同第一种观点。准确地讲，早在北魏时期，死刑复核制度就已经被正式确立为一项法律制度。汉代也仅仅是对部分案件进行复核，还没有在全国范围内形成一种对所有死刑案件普遍适用的制度。至于隋唐时期，则使该项制度发展到了一个非常完善的程度。《魏书·刑罚志》记载：北魏太武帝时规定：“当死者，部案奏闻。以死者不可复生，惧监官不能平，狱成皆呈，帝亲临问，无异词怨言，乃绝之。诸州国之大辟，皆先谳报，乃施行。”对于《魏书·刑罚志》的这一记载，学术界有着不同的认识，有的认为这是死刑复奏的滥觞，有的则认为这是死刑复核的表述③。笔者认为，对此不能笼统而论，而应当通过准确分析其基本含义来加以理解。这里的“当死者”，即是指应当被判处死刑的人，说的是死刑复核所要适用的对象；“部案奏闻”，是指先要经过中央有关主管机关案问之后，再上奏皇帝，说的是死刑复核必须要经过的中间环节或程序；“惧监官不能平”，则说的是为何要进行死刑复核，或称死刑复核所要达到的目的；“狱成皆呈”，即经过审讯和断议之后，认为拟判处死刑的案件，都要上呈皇帝，显然指的是死刑复核的时间及范围；“帝亲临问”，是指死刑复核所要采取的具体方式；“无异词怨言，乃绝之”，即讯问到囚犯表示完全服罪，没有任何怨言和异词之后，才可判处死刑，这是对死刑复核应达到的程度所提出的要求。可见，《魏书·刑罚志》中所记载的这段史

① 王立民：《中国古代的死刑复核制度及其思想基础》，载《政治与法律》2002年第6期。

② 陈永生：《对我国死刑复核程序之检讨——以中国古代及国外的死刑救济制度为视角》，载《比较法研究》2004年第4期。

③ 肖胜喜：《略论我国古代的死刑复核制度》，载《法学研究》1988年第6期。

文，已经分别从适用对象、程序、原因、目的、时间、范围、方式、程度等方面为我们全面展示了当时适用死刑复核制度的具体情况。因此，我们完全可以肯定地说，北魏在中国法制史上首次确立了对后世产生深远影响的死刑复核制度。此后各朝酌加损益，使这一制度更加趋于完备和缜密。至于其具体演变过程，笔者拟在下文中结合死刑复核的权限问题一并分析，故此处不再赘述。

（二）死刑复奏制度的历史嬗变

如果说死刑复核制度是对那些拟判处死刑的案件要求在最终定判之前必须奏请皇帝核准的话，那么，死刑复奏制度则是指对死刑已定判的案件，要求在行刑之前又必须再次奏请皇帝进行核准，只有等待死刑复奏批准命令下达之后，方可行决的一项制度，即所谓“已具奏而复请也”①。与死刑复核制度一样，学术界对于死刑复奏制度究竟始于何时？也同样存在着较大的分歧。概而言之，主要有三种观点：第一种观点认为，死刑复奏，北魏始确立法制。② 第二种观点认为，死刑复奏制度正式开始于隋朝。③ 第三种观点认为，死刑复奏是《唐律》始创的一项制度。④ 笔者认为，死刑复奏的渊源，似乎可以追溯到三千多年前的周朝。如据《礼记·文王世子》记载，周公对于公族判刑的仪式：“有司谳于公，其死罪，则曰：‘某之罪在大辟’。”“公曰：‘宥之’。有司又曰：‘在辟’。公又曰：‘宥之’。有司又曰：‘在辟’。及三宥，不对走出。”⑤ 但死刑复奏真正作为一项法律制度，则始于北魏太武帝时。如前引《魏书·刑罚志》的后半段记载：“诸州国之大辟，皆先谳报，乃施行。”此处所谓“诸州国之大辟”，即是指全国各州郡王国所判处的死刑案件；“皆先谳报”，意思是说都必须先统统上报皇帝进行核准；“乃施行”，即是说死刑案件，只有经过皇帝最终核准之后，才能正式交付执行。这段记载说明，北魏当时的法律已经对死刑复奏所适用的对象、程序、权限、效力、依据以及与死刑复核之间的关系等问题都作出了明确的规定。毫无疑问，它应当被看作是迄今

① 《大清律例增修汇纂大成·刑律·断狱》“死囚复奏待报”条集注。

② 陈顾远：《中国法制史》，商务印书馆1959年版，第318页；杨廷福：《唐律初探》，天津人民出版社1982年版，第208页；王耀虎：《浅谈中国古代死刑制度的演变和特点》，载《山西政法管理干部学院学报》1999年第21期。

③ 肖胜喜：《略论我国古代死刑复核制度》，载《法学研究》1988年第6期；王立民：《中国古代的死刑复核制度及其思想基础》，载《政治与法律》2002年第6期；李元鹤等：《中国死刑复核程序的价值选择与重构》，死刑的正当程序学术研讨会论文2004年5月。

④ 崔敏：《中国古代刑与法》，新华出版社1993年版，第125页。

⑤ 肖胜喜：《略论我国古代死刑复核制度》，载《法学研究》1988年第6期。

为止我国法制史上关于死刑复奏制度的最早规定。

隋朝时，死刑复奏制度则更加细密。如据《隋书·刑法志》记载："开皇十五年制：死罪者，三奏而后决。"另据《隋书·文帝本纪》记载："开皇十六年秋八月丙戌诏：决死罪者，奏而行刑。"可见，隋朝已在北魏所确立的死刑复奏制度的基础上，明确规定了死刑复奏的具体次数，即对于判处死罪的案件，必须在正式行刑之前，再奏请皇帝核准三次。此项规定对其后唐、明、清各朝的立法产生了很大的影响。

及至唐朝，死刑复奏制度已趋于完善。《通典》卷一六八《考（拷）讯》记载："诸决大辟罪，在京者，行决之司五复奏；在外者，刑部三复奏（在京者，决前一日二复奏，决日三复奏；在外者，初日一复奏，后日再复奏。纵临时有敕，不许复奏，亦准此复奏）。若犯恶逆以上，及部曲、奴婢杀主者，唯一复奏。"这说明，唐朝的死刑复奏，一般依据案件性质和行决地点（京城内或京城外）的不同，采取两大类三种固定的形式：第一大类是关于一般死刑案件的复奏。这类复奏又采取两种不同的形式，即五复奏和三复奏。前者是指在京城执行的案件，行刑前必须由负责执行的官吏连续五次奏请皇帝核准；其中两次复奏是在行刑的前一日进行，行刑的当日还要经过三次复奏。后者则是指在外地执行的案件，行刑前必须由刑部代替执行的官吏连续复奏三次；其中在第一日进行一次复奏，在第二日则再复奏两次。第二大类则是关于重大死刑案件的复奏。这里的"重大死刑案件"，包括犯恶逆以上和部曲、奴婢杀主人两种案件。这类案件则不同于前面的一般死刑案件，它不分执行的地点是在京城内，还是京城外，都一律实行一复奏，而不适用五复奏或三复奏。其具体程序是：如系在京城内行决者，则由负责执行的官吏进行一次复奏；如系在京城外行决者，同样由刑部代行复奏一次。上述复奏形式，要求行刑官吏必须严加遵守，即使遇到皇帝临时颁发有不许复奏的敕令，亦同样不得停止复奏。

唐朝以后的元至明清各朝法律均继续规定了死刑复奏制度，但在复奏的次数上有所不同。元朝法律规定："凡死罪，必详谳而后行刑。"宋真宗、宋仁宗时，曾两度拟恢复三复奏，经臣下讨论，由于担心淹延刑禁而无法实施，最后只规定京师地区的死刑案件实行一复奏，州郡的死刑案件则不复奏。① 明朝，死刑无论是立即执行，还是秋后执行，都要三复奏。清朝，顺治十年（公元1653年），规定朝审的案件实行三复奏，秋审的案件则不实行。雍正二年（公元1724年），诏令秋审情实应决者，和朝审一样要三复奏。乾隆十四

① 李焘：《续资治通鉴长编》卷四八、卷一〇四；《历代名臣奏议》卷二一六，慎刑。

年（公元 1749 年），由于各省报请死刑复奏的案件太多，皇帝没有时间审阅，又诏令朝审案件仍三复奏，秋审案件改为一复奏。①

（三）死刑复核制度与死刑复奏制度的相互关系

死刑复核制度与死刑复奏制度是中国古代法律规定的既有联系，又相互区别的两项并行不悖的诉讼制度。不少研究法制史的人把二者混为一谈。其实，自从北魏开始，死刑复核与死刑复奏就形成两条源流，共同发挥着作用。

死刑复核制度与死刑复奏制度之间的联系，主要表现在以下五个方面：（1）二者适用的对象相同，即都适用于被判处死刑之人。（2）二者所要实现的目的和发挥的作用相同，即都是为了维护封建专制皇权的政治统治，且都对死刑案件起着最后审核的作用。（3）二者所体现的政策相同，即都是为了贯彻慎刑的方针。（4）二者最终有权决定的机关相同，即都要由皇帝进行审批。（5）二者在程序上是前后相继的。其中，死刑复核是死刑复奏的基本前提，死刑复奏则是死刑复核的必然延伸；没有死刑复核，就根本谈不上死刑复奏；同样，没有死刑复奏，死刑复核也就难以真正落到实处。

死刑复核制度与死刑复奏制度之间的区别主要有以下四点：（1）二者各自属于不同的刑事诉讼程序领域。死刑复核属于刑事审判程序，而死刑复奏则属于刑事执行程序。（2）二者强调的侧重点不同。死刑案件之所以要进行复核，是为了使复核机关能够全面地了解案情，并根据需要来决定是否核准，以便从“理”上保证死刑适用的正确性。而死刑案件之所以又要进行复奏，则是为了给皇帝以最后考虑的机会，充分体现皇权至上的特点，使皇帝能从“情”上来决定是否适用死刑。②（3）二者进行具体核准的时间不同。死刑复核一般是在死刑尚未定判之前进行；死刑复奏则往往是在死刑确定之后、而判决尚未执行以前进行。（4）二者在有无核准次数的要求上不同。死刑复奏一般分为五复奏、三复奏和一复奏三种类型；而死刑复核则无这方面的区分和要求。这说明，死刑复核与死刑复奏之间的区别还是十分明显的，因而不应当将二者混为一谈。

上面笔者对中国古代死刑复核制度和死刑复奏制度的历史嬗变及其相互关系进行了考察和分析。由此可以看出，死刑复核制度和死刑复奏制度，是我国封建统治者为了确保死刑案件审判的质量，使皇帝最终牢牢地控制刑杀大权而设立的两项独特法律制度。需要说明的是，现行的刑事诉讼法中继承和保留了

---

① 陈光中等：《中国古代司法制度》，群众出版社 1984 年版，第 164 页。

② 肖胜喜：《略论我国古代死刑复核制度》，载《法学研究》1988 年第 6 期。

我国古代死刑复核制度中的一些做法和精神。但是，对于死刑复奏制度，则一概予以排斥，应当说，这并非辩证唯物主义和历史唯物主义者所应持的基本态度。难怪有的学者在研究了我国古代的死刑复奏制度之后，不无感慨地说："封建时代尚能规定死刑复奏，为什么如今反倒不能落实死刑复奏程序？值得深思。"① 对此，笔者有同感。

二、死刑复核权限的集中性

死刑复核权限，是指具体解决应当由哪一个机关来承担死刑案件的复核工作。这是关系到能否贯彻慎刑方针，确保正确适用死刑的重要一环。我国古代的统治者始终注意将死刑复核的权力交给自己信得过的有关专门机构集中行使或者直接亲自掌控所谓生杀大权。

据著名刑法史专家宁汉林教授考证，我国古代由君王审批死刑案件，当源自《尚书·洪范》之规定："曰：王省惟岁，卿士惟月，师尹惟日。""王"是指夏王朝的天子。"省"是审察，即辨别事实，考核罪行当否。"惟"和"唯"相通，即单独。"岁读为雪，和折音近。""岁"是折的借字。"折"是断，即死刑。"王省惟岁"，实是君王惟省折，意思是说，王只审核判处死刑的案件。这是天子"替天刑罚"思想的反映。死刑是剥夺生命的刑罚，只有天子才能批准适用死刑。② 当然其实施情况究竟如何，尚有待地下出土文物的进一步佐证。商王自称"惟予一人有佚罚"③，明确宣布自己握有生杀予夺的最高权力。在殷墟甲骨文的卜辞中，有司法官吏在案件审结之后奏闻商王是否适用死刑的记载："贞，王闻惟辟""贞，王闻不为辟"。《周礼·秋官·掌囚》已载有："及刑杀，告之于王，奉而适朝。"由此推断，早在先秦时期，我国就可能已经有了由国家最高统治者夏王、商王和周天子垄断刑杀大权的做法。

秦律中未见有关于死刑复核权限的规定。汉代地方行政长官对一般案件拥有杀人权，不必奏请皇帝核准。④ 如《陔余丛考》中载有："汉郡县守令皆有专杀权""刺史、县令杀人不待奏"。但对于以下两类案件，则必须奏请皇帝核准：一是案情重大的死刑案件，如据《汉书·王温舒传》记载，河内太守

① 崔敏：《中国古代刑事诉讼法的扬弃和借鉴》，载《江苏公安专科学校学报》2002年第3期。

② 宁汉林：《中国刑法通史》（第二分册），辽宁大学出版社1986年版，第150页。

③ 参见《尚书·盘庚》。

④ 陈光中等：《中国古代司法制度》，群众出版社1984年版，第158页。

王温舒，“捕郡中豪猾，相坐连千余家。上书请，大者至族，小者乃死，家尽没入偿臧。奏行不过二日，得可，事论报，至流血十余里”。二是二千石以上官吏的死刑案件，如《汉书·元后传》载，汉武帝时，绣衣御史暴胜之等“奏杀二千石，诛千石以下”。师古注：“二千石者，奏而杀之。其千石以下，则得专诛。”

魏晋南北朝时期，整个国家处于四分五裂的局面，中央很难控制杀人权，但有的皇帝出于慎刑的考虑，仍然要求地方各级司法机关对于杀人案件必须奏请核准，不得擅自刑杀。史载，魏明帝“太和三年十月改平望观为听讼观，每断大狱，常幸观临听之”，并在“青龙四年六月壬申诏曰：其令廷尉及天下狱官，诸有死罪，具狱以定，非谋反及手杀人亟语其亲治，有乞恩者，使与奏当，文书俱上，朕将思所以全之”①。南宋时规定：“其罪甚重辟者，皆如旧先上。”②《南齐书·王敬则传》载，南齐征东将军王敬则杀了路氏，其家人诉冤，齐武帝便责问王敬则道：“人命至重，是谁下意杀之？都不启闻。”北魏太武帝时甚至规定：死刑案件应一律奏报中央核准。③

隋代改前朝的廷尉寺为大理寺，作为国家最高审判机关，但对其与刑部的关系，在隋初并不十分明确。据《隋书·文帝本纪》记载，开皇十二年（公元592年）秋八月甲戌制天下死罪，诸州不得便决，皆令大理复治。《资治通鉴》卷一七八亦载，十二年，“帝以天下用律多致舛驳，罪同论异”，乃下制：“诸州死罪，不得辄决，悉移大理按复，事尽，然后上省奏裁。”④这就意味着全国死刑的终审权归于中央，由大理寺执掌，事毕报尚书省刑部裁决，使大理寺与刑部的分工初步明确。目前有个别论著认为，大理寺就是隋朝专门设立的复核死刑案件的唯一中央机关⑤，在此需要特别说明的是，这种观点与史实不相符合。因为，到了开皇十六年（公元596年），才又颁诏规定：“决死罪者，三奏而后行刑”⑥，从而将死刑的最终决定权集中到皇帝手中。

在唐代，掌握死刑复核的中央司法机关前后有一个变化的过程，如《唐

---

① 参见《三国志·魏书·明帝本纪》。

② 参见《宋书·孝武帝本纪》。

③ 参见《魏书·刑罚志》。

④ 参见《隋书·刑法志》。

⑤ 肖胜喜：《略论我国古代死刑复核制度》，载《法学研究》1988年第6期；李元鹤等：《中国死刑复核程序的价值选择与重构》，死刑的正当程序学术研讨会论文2004年5月；陈永生：《对我国死刑复核程序之检讨——以中国古代及国外的死刑救济制度为视角》，载《比较法研究》2004年第4期。

⑥ 参见《隋书·高祖纪下》。

六典·刑部》记载："旧制，（死刑）皆于刑部详复，然后奏决。开元二十五年敕，以为庶狱既简，且无死刑，自今以后，有犯死刑，除'十恶'死罪、造伪头首、劫杀、故杀、谋杀外，宜令中书、门下与法官等详所犯轻重，据状闻奏。"将死刑的复核权由刑部归于中书、门下。此外，李唐王朝还采取了一些特殊的复核死刑案件的措施，即由中央有关机关会同复核的做法：一是三司推事制。三司，指中央大理寺、刑部、御史台三大司法机关。遇有死刑案件和重大疑难案件，皇帝诏令三司派大理卿、刑部侍郎、御史中丞共同复核，称为大三司使，① 如由三司派刑部员外郎、御史、大理司官共同复核，称为小三司使。② 二是九卿议刑制。贞观三年（公元629年），太宗诏曰："自今天下大辟罪，皆令中书、门下四品以上及尚书九卿议之。"③ 所谓"中书、门下四品以上"，是指除中书令、门下侍中以外的两省副贰、中书侍郎、门下侍郎与谏官左右散骑常侍。他们与尚书省之仆射、左右丞及六部尚书、侍郎共同对死刑案件进行审核复议，这就是所谓的"九卿议刑"制。④ 贞观五年（公元631年），太宗又颁诏敕曰："自今门下省复有据法合死，而情在可矜者，宜录状奏闻。"⑤ 三是都堂集议制。唐律规定，"八议"之人，即与帝王同宗同祖的亲系，曾在左右服侍过帝王的故旧，以及统治者视为多才多艺、立事立功的人。⑥ 他们如果犯罪当死，都要按照"都堂集议"的形式皆条所坐及应议之状，先奏请议，议定奏裁⑦。所谓"都堂"，唐时指尚书省政事堂。集议，是指刑部"集诸司七品以上议之"⑧。集议后，当然还要"议定奏裁"，由皇帝裁决后才能处置。由上可见，唐代复核死刑案件的中央机关，其地位不可谓不高。

宋代初期，基于当时的特殊社会背景，规定州级审判机关对于死刑案件具有定判权，不必报请中央核准。中央刑部只在死刑执行完毕以后，依据各州旬申禁状进行事后复查。如太祖建隆三年（公元962年），"令诸州自今决大辟讫，录案闻奏，委刑部详复之"⑨。太宗至道二年（公元996年），祠部员外

① 参见《续通志》卷二五七。

② 参见《唐会要》卷五十九。

③ 参见《旧唐书·刑法志》《宋会要辑稿·刑法三》。

④ 参见张晋藩主编：《中国司法制度史》，人民法院出版社2004年版，第92页。

⑤ 参见《贞观政要》卷八。

⑥ 参见《唐律疏议·名例》"八议"条疏议。

⑦ 参见《唐律·名例》"八议者"条。

⑧ 参见《唐六典·刑部》。

⑨ 参见李焘：《续资治通鉴长编》卷三。

郎、主判都省郎官事王炳上言：“刑部详复诸州决大辟案牍及旬奏禁状。”①《宋会要辑稿·职官一五》亦载：“刑部主复天下大辟已决公案、旬奏狱状。”又《宋史·职官三》载：“审复京都辟囚，在外已论决者，摘案检察。”直到元风（公元1078～1085年）改制以后，这种情况才有所改变，如安鼎为御史时，曾上奏说：“按《国朝会要》：淳化初，置详复官，专阅天下奏到已断案牍。熙宁中始罢闻奏之法，止申刑部。元丰中又罢申省，独委提刑司详复，刑部但抽摘审核。元祐初始复刑部详复司，然不专任官属，又有摘取二分之限。”② 徽宗宣和六年（公元1124年），亦“诏今后大辟已经提刑司详复，临赴刑时翻异，令本路不干碍监司别推”③。南宋宁宗嘉泰三年（公元1203年）三月十一日，江西运副陈研说：“诸路州军大辟公事，县狱禁勘无翻异，即审解州；州狱复勘无翻异，即送法司具申提刑司详复，行下处断。”很明显，自北宋中期以来，死刑案件必须由提刑司详复后才能施行，州级机关不再享有终审权，并逐渐形成一种制度。该做法一直沿用到南宋。除非遇有紧急情况，才暂时赋予知州以死刑终审权，而免于提刑司复核。如高宗建炎元年（公元1127年），因战乱而下诏规定：“自今获到强盗至死，情理巨蠹者，更不申提刑司详复，令本州一面依法处斩，俟盗贼衰息日仍旧。”④ 这种由提刑司详复地方死刑案件的制度，显然有别于前述唐代由中央有关机关复核死刑案件的做法，它一方面能够避免州县对死刑案件的专断，另一方面又加强了中央对地方的控制，同时也不至于淹滞刑狱。⑤ 有文章认为，自隋朝以后，死刑的最终决定权统一由中央行使，一直到清末也未改变，只不过在不同的朝代，负责复核的机关和程序略有不同而已。⑥ 应当说，这种观点与史实是不相符合的。元代亦要求“应犯死罪者，具由申奏待报，然后行刑”。

明清时期的死刑，分为立决（立即执行）和秋后决（秋后执行）两种形式。清律称前者为“斩立决”“绞立决”，后者为“斩监候”“绞监候”。凡是性质特别严重的死刑案件，如谋反、大逆、谋叛及杀人、强盗罪中之严重者，要立决，一般死刑则待秋后决。这两种死刑都要经过中央司法机关和皇帝的审

① 参见《历代名臣奏议》卷一五九。

② 庄季裕：《鸡肋集》，转引自张晋藩主编：《中国法制通史》（第五卷·宋），法律出版社1999年版，第663页。

③ 参见《宋会要辑稿·刑法三》。

④ 参见李心传：《建炎以来系年要录》卷十。

⑤ 薛梅卿等主编：《两宋法制通论》，法律出版社2002年版，第452页。

⑥ 陈永生：《对我国死刑复核程序之检讨——以中国古代及国外的死刑救济制度为视角》，载《比较法研究》2004年第4期。

核批准。[①] 对于秋后处决的死刑案件，明朝建立了朝审制度加以审核。《明会典》曰："天顺二年，令每岁霜降后，该决重囚，三法司会多官审录，著为令。"[②] 同年九月二十五日诏曰："人命至重，死者不可复生，自天顺三年为始，每至霜降后，但有该决重囚，著三法司奏请会多官人每（们），从实审录，应不冤枉，永为定例。钦此。"[③] 另据《明史·英宗后记》记载，"是月（天顺三年冬十月），命法司会廷臣，每岁霜降录囚，后以为常"。《明史·刑法志》亦载："天顺三年，令每岁霜降后，三法司同公、侯、伯会审重囚，谓之朝审，历朝遂遵行之。"可见，朝审是天顺二年下的诏，三年开始实行的，且从此"永为定例"，"每岁霜降后"进行，"历朝遵行"，所以史称"朝审始于天顺三年"，成为对在京立决重囚法定的每年必行的制度[④]。

清朝则在明代的基础上实行秋审和朝审两种复核制度，凡斩监候和绞监候的案件，都要经过秋审、朝审。秋审是审核地方各省所判的监候案件，朝审是审核刑部所判的监候案件。[⑤] 关于前者，清律规定："秋审时，督府将重犯，审拟情实、缓决、可矜具题，限五日内到部。刑部将原案及法司看语，并督抚看语刊刷招册，送九卿、詹事、科道各一册，八月内在金水桥西，会同详核情实、缓决、可矜，分拟具题，请旨定夺。"[⑥] 关于后者，清律规定："刑部现监重犯，每年一次朝审。刑部堂议后即奏请特派大臣复核，核定具奏后，摘紧要情节，刊刷招册送九卿、詹事、科道各一册，于八月初间，在金水桥西，会同详审，拟定情实、缓决、可矜具题，请旨定夺。"[⑦]二者进行审核的机关地位都很高，处理结果也相同，且最后都要奏请皇帝审批。

由上所述，可以看出，除宋代以外，我国古代各朝法律都规定对于判处死刑的案件，无论立即执行，抑或缓期执行，必须报请中央司法机关复核，然后由最高统治者进行核准，经过近1600年的发展历程，逐渐形成为一项完善的

---

① 陈光中等：《中国古代司法制度》，群众出版社1984年版，第160页。对于立决的死刑案件，一般先经刑部审定，都察院参核，再送大理寺审允，而后三法司会奏皇帝最后核准。

② 参见《明会典》卷一七七。

③ 转引自董康：《秋审制度》。

④ 郑秦：《清代司法审判制度研究》，湖南教育出版社1988年版，第197页。

⑤ 陈光中等：《中国古代司法制度》，群众出版社1984年版，第161页。

⑥ 参见《大清律例》"断狱"门"有司决囚等第"条所附"秋审"条例。此条例系康熙年间现行例，乾隆三十二年改定。

⑦ 参见《大清律例》"断狱"门"有司决囚等第"条所附"朝审"条例。此条例系康熙七年定例，乾隆二十三年修改，嘉庆二十三年改定。

制度。集中统一行使死刑案件的核准权，已成为我国的一项历史传统。即使在宋代，法律也规定要由设在路一级的提刑司统一行使对地方死刑案件的核准权。

新中国成立以来，我国对死刑的核准权也几经变化。1954 年人民法院组织法规定，死刑案件由最高人民法院和高级人民法院核准。1957 年第一届全国人民代表大会第四次会议讨论通过修改的人民法院组织法则进一步具体规定，判处死刑立即执行的案件，统一由最高人民法院复核和核准；判处死刑缓期二年执行的案件，由高级人民法院复核和核准。1979 年刑法明确规定："死刑除依法由最高人民法院判决的以外，都应当报请最高人民法院核准。死刑缓期执行的，可以由高级人民法院核准。"1979 年刑事诉讼法规定："死刑由最高人民法院核准。"1979 年人民法院组织法也规定，死刑案件由最高人民法院判决或核准。① 1996 年、1997 年修改的刑事诉讼法和刑法，都仍然规定死刑案件的核准权由最高人民法院统一行使。应当说，这是符合我国历史上的一贯做法的。

但是，自从 20 世纪 80 年代以来，我国对死刑案件的核准权先后进行过四次较大规模的集中授权和三次单独授权。四次集中授权分别是：（1）1980 年 2 月 12 日，第五届全国人大常委会第十三次会议批准最高人民检察院检察长黄火青代表最高人民法院、最高人民检察院所提出的建议，即同意"在 1980 年内对现行的杀人、强奸、抢劫、放火等犯有严重罪行应当判处死刑的案件，最高人民法院可以授权省、自治区、直辖市高级人民法院核准"。（2）1981 年 6 月 10 日，第五届全国人大常委会第十九次会议通过的《关于死刑案件核准权问题的决定》规定，在 1981 年至 1983 年内，对犯有杀人、抢劫、强奸、爆炸、放火、投毒、决水和破坏交通、电力等设备的罪行，由省高级人民法院终审判处死刑的，或者由中级人民法院一审判处死刑后被告人不上诉、经高级人民法院核准的，以及由高级人民法院一审判处死刑、被告人不上诉的，都不必报最高人民法院核准。（3）1983 年 9 月 2 日，第六届全国人大常委会第二次会议通过的《关于修改〈中华人民共和国人民法院组织法〉的决定》规定："杀人、强奸、抢劫、爆炸以及其他严重危害公共安全和社会治安判处死刑的案件的核准权，最高人民法院在必要的时候，得授权省、自治区、直辖市高级人民法院行使。"（4）1997 年 9 月 26 日，最高人民法院发出《关于授权高级人民法院和解放军军事法院核准部分死刑案件的通知》，继续授权高级人民法

① 陈光中等：《我国死刑审判程序改革刍议》，死刑的正当程序学术研讨会论文 2004 年 5 月。

院和解放军军事法院核准部分死刑案件。三次单独授权则是指：（1）1991年6月6日，最高人民法院决定将云南省的毒品犯罪死刑案件的核准权，授权给云南省高级人民法院行使。（2）1993年8月18日，最高人民法院决定将广东省的毒品犯罪死刑案件的核准权，授权给广东省高级人民法院行使。（3）1996年3月18日，最高人民法院决定，广西、四川、甘肃的走私、贩卖、运输、制造毒品等犯罪的死刑案件的核准权（最高人民法院判决的和涉外的毒品犯罪死刑案件除外），依法分别授权给广西壮族自治区、四川省和甘肃省高级人民法院行使。① 经过以上七次授权之后，我国死刑案件的核准权已由原来的最高人民法院统一行使变成了33个法院均可同时行使，也就是说，31个省（自治区、直辖市）的高级人民法院和解放军军事法院从此也拥有了对死刑案件的核准权。这种由两个不同级别的数十个人民法院分别行使死刑案件核准权的做法，与我国千余年来所形成的由中央最高司法机关集中行使地方死刑案件核准权的历史传统是不相符合的。为此，我们需要认真总结和借鉴古代死刑复核制度的成功经验，切实改变目前这种死刑案件核准权“遍地开花”的局面，尽快收回死刑案件的核准权，确保最高人民法院集中统一行使。这样做，不仅符合现代法治原则的要求，而且有利于统一死刑案件适用标准，真正发挥死刑复核程序的核准作用②。这是中国古代死刑复核制度所给予我们的第二点启示。

三、死刑复核对象的明确性

死刑是古代法律规定的一种通过割断身首（即斩）或窒绝呼吸（即绞）的方式剥夺罪犯生命的刑罚。其适用不当特别是错杀无辜，必然会引起民愤，导致社会的动荡不安，因此，历代统治者才非常重视死刑的适用。这不仅表现在前文所述的死刑复核模式的双轨性与死刑复核权限的集中性上，而且也突出地表现在死刑复核对象的明确性上。死刑复核的对象，毫无疑问，应当只限于死刑，而非别的什么刑种。我国古代历朝法律均对死刑的种类及形式作出了明确规定，以便为死刑复核提供一个实体法上的根据。

据史料记载，早在虞舜时期，死刑就有“刑”“五刑五用”等，其中，

① 马长生等：《论我国死刑核准权的回归》，死刑的正当程序学术研讨会论文2004年5月；张永红：《死刑核准权刍议》，张永江：《中国死刑复核程序的检讨与改进》，死刑的正当程序学术研讨会论文2004年5月。

② 陈光中等：《我国死刑审判程序改革刍议》，死刑的正当程序学术研讨会论文2004年5月。

"刑"指割喉不断头的死刑；"五刑五用"指将人的头、手、足分别束缚在木质的十字架上，先割头、手、足，然后从腰部割断和诛死。商纣王时期，更是创造了许多新的死刑，如"炮烙""醢"（音 hai 海，将人杀死后制成肉酱）、"脯"（将人杀后砍成肉块晒干成脯）。西周时，死刑名目亦较繁多，斩、杀是常用的死刑，焚刑适用于杀亲的犯罪，脯、辜则是对严重犯罪所适用的死刑。① 春秋战国时期，死刑有"杀"、"烹"（用锅煮人）、"醢"、"轘"（音 huan 环，即车裂）。② 秦律规定的死刑有"戮"（刑辱示众）、弃市（杀之于市，暴尸于众）、磔（分裂肢体致死）、定杀（固定水中，淹溺而死）四种。此外，还有车裂、扑杀、夷三族、枭首、腰斩、凿颠、抽胁、具五刑等。③ 北齐律规定的死刑分为轘之、枭首、斩刑、绞刑四种。北周则在北齐的基础上增加了"磬"，即打击而死。④ 隋唐五代，死刑有绞、斩两种形式。宋又袭唐，另设凌迟，后为元所沿用。明代分为绞、斩，兼用凌迟、枭首。清又因袭明制。⑤

由上可见，中国古代通过法律的形式来明确规定死刑的种类和方式，经过先秦至明清 4000 余年的发展历程，已成为一项优良的传统，其目的则是从根本上保证死刑的适用，也能使中央有关司法机关和皇帝在复核死刑案件时有一个统一的法律依据可供遵循。在死刑复核的一般对象（亦称适用死刑的一般对象）上，我国 1997 年刑法典将 1979 年刑法典关于"死刑只适用于罪大恶极的犯罪分子"⑥ 的规定，修改为"死刑只适用于罪行极其严重的"⑦。把"罪大恶极"修改为"罪行极其严重"，规范了法律的科学用语，明确了限制适用死刑的实体标准⑧，保持了与死刑适用对象和条件上的一般国际标准的一

① 包雯等：《刑法总论专题研究》，人民法院出版社 2003 年版，第 354 页。

② 陈光中等：《中国古代司法制度》，群众出版社 1984 年版，第 165 页。

③ 包雯等：《刑法总论专题研究》，人民法院出版社 2003 年版，第 354 页。汉朝死刑只有腰斩、枭首和弃市。魏律规定的死刑，除腰斩、枭首、弃市以外，还有污潴、枭菹、夷三族等。晋朝死刑有枭首、斩杀、弃市。

④ 乔伟：《唐律研究》，山东人民出版社 1985 年版，第 71 页。

⑤ 陈光中等：《中国古代司法制度》，群众出版社 1984 年版，第 165 ~ 166 页。

⑥ 《中华人民共和国刑法》（1979 年）第 43 条。

⑦ 《中华人民共和国刑法》（1997 年）第 48 条。

⑧ 王世洲：《关于中国死刑制度的反思》，载《北京大学学报》2004 年第 4 期。

致。① 同时，在分则条文中，对可以适用死刑的属于"罪行极其严重"的犯罪情节作了进一步的规定。但问题是，究竟如何正确地理解"罪行极其严重"？对此，人们的认识并不一致。其中，有一种观点认为，所谓"罪行极其严重"，就是指触犯了可以适用死刑的刑法分则规范。笔者认为，这种意见是站不住脚的。因为我国刑法分则对任何一种犯罪和罪犯都没有把死刑规定为唯一可适用的法定刑，而只是将死刑作为选择性刑种之一，与无期徒刑、有期徒刑等其他刑罚方法共同构成一个量刑幅度。刑法分则的这种立法模式向我们明确表明，并非任何触犯了可适用死刑的分则规范，都必须判处死刑。例如，《刑法》第 232 条规定的故意杀人罪，罪犯既可以被判处死刑，也可以被判处自由刑。而且司法实践也一再表明，由于量刑的法定情节和酌定情节的运用，真正被判处死刑的故意杀人犯实际上只占到被判刑杀人犯的极少数，此其一。其二，对犯罪分子适用死刑除了依据刑法分则的规定以外，还必须从主客观相统一的角度来判断是否属于"罪行极其严重"，即从行为所造成的客观危害及犯罪人的主观恶性和人身危险性等方面加以考虑，只有犯罪达到了没有任何宽恕理由不判处死刑就难以维持正常社会秩序的程度时，才可以算得上是真正的"罪行极其严重"，才能适用死刑②。

需要说明的是，我国现行刑法分则所采取的这种对可以适用死刑的属于"罪行极其严重"的犯罪情节分散规定在有关具体法条中的立法形式，显然有别于古代法律所一贯采取的统一法律化模式。笔者认为，现行的"分散规定"模式并非我国死刑适用对象的最佳立法模式选择，因为它的最大弊端就在于缺乏一定的系统性和完整性，也难以为最高司法机关复核死刑案件提供一个统一的法律依据。所以，应当借鉴古代死刑及复核制度的立法经验，尽快在刑法总则中详细列举规定可以适用死刑的属于"罪行极其严重"的犯罪情节，或者采取有关单行法的形式，并相应补充和修改程序法的规定。这是当前改革和完善我国死刑复核制度的一个重要问题，也是笔者研究中国古代死刑复核制度所得出的第三点结论。

四、死刑复核程序的审转性

死刑复核程序的审转性，是指下级审判机关对于需要判处死刑的案件，无

① 如《公民权利和政治权利国际公约》第 6 条第 2 款规定："在未废除死刑的国家，判处死刑只能是作为对最严重的罪行的惩罚……" 参见董云虎等主编：《世界人权约法总览》，四川人民出版社 1990 年版，第 974 页。这里的"罪行极其严重"和"最严重的罪行"，二者的英文表述完全相同。

② 包雯等：《刑法总论专题研究》，人民法院出版社 2003 年版，第 357 页。

权定判执行，必须在拟定判决以后，逐级向上一级审判机关主动上报，层层审转，直至有权作出判决的中央最高审判机关批准后才能定判并交付执行。

死刑审转复核最早源自西汉。1959 年秋，在甘肃省武威县磨咀子第十八号墓中出土的“王杖十简”本（始）二年（公元前 72 年）诏曰：“殴击先，用（因）诉，地太守谳廷尉，报：罪名明白，赏当弃市。”1981 年 9 月，磨咀子汉墓新出土的“王杖诏书令”第七、八两简又载：“汝南太守谳廷尉，吏有殴辱受王杖主者，罪名明白。”“谳何，应论弃市。”《说文》：“谳，议罪也。”谳，即是指一种规定下级官吏必须将重大或疑难案件报请上级官府和天子裁决的制度。该案中，先是汝南太守上谳廷尉，问吏有殴辱王杖主者该当何罪，请示决断。因为涉及是否适用死刑，廷尉也不敢专断，只好奏闻皇帝。最后皇帝裁决：殴辱王杖主的官吏应该论弃市。《汉书》中有不少关于郡守判处死刑案件，均得逐级上报，请求复核定判及批准执行的记载，如上文所引河内太守王温舒上任伊始奏杀一事。又如，义纵为定襄太守，“纵至，掩定襄狱中重罪二百余人，及宾客昆弟私人相视者亦二百余人。纵壹切捕鞠，曰：‘为死罪解脱。’是日皆报杀四百余人。”注引师古曰：“奏请得报而论杀。”①

隋唐时期，死刑审转复核制度渐趋完善。据史料记载，隋朝从开皇十二年（公元 592 年）开始，对于死罪案件，州级审判结案以后，必须上报到大理寺、刑部复审，最后奏请皇帝核准。唐朝的审级，一般分为县、州、大理寺、尚书省刑部四级，加上皇帝则为五级。《唐六典·刑部》规定：“若大理及诸州断流以上，若除免官当者，皆连写案状，申省案复，理尽申奏”“凡决死刑，结于中书、门下详复……然后奏决”。唐律还对下级审判机关违反逐级审转复核制的责任作出了明确规定。《唐律·断狱》“应言上而不言上”条规定：“诸断罪，应言上而不言上，应待报而不待报，辄自决断者，各减故失三等。”

唐以后的各朝法律也有类似唐律的规定，如元朝立国之初就曾规定，凡州县所审之死刑案件，应一律逐级上报复核，不得“擅行科差”“违着论死”。元朝《大元通制》亦规定：“诸斗殴杀人无轻重，并结案上省、部详谳，有司任情擅断者，笞五十七。”② 即对斗殴杀人的案件，地方审判结案后，必须上报到行省和刑部复核，否则要被处以刑罚。明英宗正统四年（公元 1439 年）于《宪纲事类》中申明：凡在外问之徒、流、死罪，申上司详审；直隶地方，由刑部、巡按御史负责，各布政司由按察司并分司负责。审录无异时，徒、流

① 参见《汉书·义纵传》。
② 参见《元史·刑法志》。

就便断遣；死罪，议拟奏闻。①

总之，自西汉以来直至明清时期所实行的死刑审转复核制，有助于上级审判机关考查下级审判机关的工作，并纠正其错误判决，以维护法律的正确统一实施。当然，正如郑秦博士所讲的那样："这种审判程序也是历代相沿的，下级审理的案件主动向上级审转，并非对当事人负责，而是对上司负责。诉讼案卷就像其他公文一样向上申报，逐级审转考虑的不是被告人的什么诉讼'权利'，而是为完成上下官府间的公事。当事人上诉与否并不影响逐级审转程序的进行，下级向上级审转并不以是否提起上诉为依据。"②

1998年6月29日，最高人民法院公布施行《关于执行〈中华人民共和国刑事诉讼法〉若干问题的解释》，其第275条第（一）项规定："中级人民法院判处死刑的第一审案件，被告人不上诉、人民检察院不抗诉的，在上诉、抗诉期满后三日内报请高级人民法院复核。高级人民法院同意判处死刑的，应当依法作出裁定后，报请最高人民法院核准。"该项司法解释所体现出来的对于死刑案件须逐级报请复核的精神，从渊源上来看，与我国古代的死刑审转复核制不无联系。但是，其效力层次较低，毕竟还没有上升到法律的高度。因此，笔者认为，我们应当认真借鉴古代有关这方面的立法经验，在即将出台的刑事诉讼法修改草案中就死刑案件报请复核的具体程序作出补充规定，以切实发挥我国优良的司法传统，正确指导当前的司法实践。这是中国古代死刑复核制度所给予我们的又一启示。

五、死刑复核方式的结合性

关于我国古代死刑复核的方式，有的文章认为，"古代交通不发达，而中国地域又非常辽阔，将所有死刑犯都解送京城难度很大，因而古代死刑复核通常实行书面审理。但由于书面审理不利于查清案件事实，因而古代有些朝代又实行一定范围内的言词审理"③。似乎给人们造成了这样的印象：古代的死刑复核是以书面审理为主的，言词审理（亦称直接审理）只不过是个补充和例外。笔者虽然赞同其所坚持的中国古代死刑复核既有书面审理，又有言词审理的观点，但却认为持论者对书面审理与言词审理两种复核方式在我国古代死刑

① 参见《大明会要》卷一七七。

② 郑秦：《清代司法审判制度研究》，湖南教育出版社1988年版，第153～154页。

③ 李元鹤等：《中国死刑复核程序的价值选择与重构》，死刑的正当程序学术研讨会论文2004年5月；陈永生：《对我国死刑复核程序之检讨——以中国古代及国外的死刑救济制度为视角》，载《比较法研究》2004年第4期。

复核程序中所处的地位及其相互关系恰恰作了相反的理解。我国古代的死刑复核并非像持论者所说的那样，是以书面审理为主，言词审理为辅。事实上，言词审理才是复核官员们所孜孜以求的，而在他们看来，书面审理只不过是个例外和补充的方式。因为他们也想探求案件的真实情况，给上司一个满意的交代，至少在表面上让人们看不出来有什么漏洞，否则异常严厉的法官责任制则会使自己轻则丢掉乌纱帽，重则人头落地。所以，不发达的交通并未成为阻挡他们实现这种追求的障碍。正因为如此，古代的皇帝不仅常常“亲鞠狱案”，以操“生杀之柄”，而且也要求司法官吏“明审克之公，使奸不容情，罚必当罪，用迪于刑之中”①。这样，人们就不难理解为什么我国古代在死刑复核方面必然要求采取言词审理，而辅之以书面审理的方式了。如上文所引，魏明帝“太和三年十月改平望观为听讼观，每断大狱，常幸观临听之”，并在“青龙四年六月壬申诏曰：其令廷尉及天下狱官，诸有死罪，具狱以定，非谋反及手杀人亟语其亲治，有乞恩者，使与奏当，文书俱上，朕将思所以全之”②。这说明魏明帝也以最高裁判官的身份亲自参与绝大部分死刑案件的审理。北魏太武帝时，则要求对于应判处死刑的案件，必须一律上报皇帝，由皇帝亲自进行审讯，直到犯人没有任何怨言和异词之后，才可以被判处死刑。③ 据《明史·刑法志》记载，“太祖尝曰：‘凡有大狱，当面讯，防构陷锻炼之弊。’故其时重案多亲鞠，不委法司”。唐代的三司推事、九卿议刑乃至都堂集议的三法司会审、九卿会审等，都要求有关的官员必须亲自参与案件的审讯，并当庭提讯有关的人犯，以核实案件事实和证据。至于明清时期的朝审，由于其所审理的死罪人犯都关押在京城的监狱中，因此，法律规定朝审应当采取言词审理的原则，须提人犯到堂，当面朗诵罪状，并加以讯问。而秋审时所要审理的死罪人犯并不羁押在京城，因而秋审只能凭招册进行书面审理。④ 当然，我国古代死刑复核程序中所适用的言词审理，既可以是解送囚犯到复核机关加以审讯，也可以是派人到下面去就地审问。⑤ 如《明会典》载：“凡在外五年审录。洪武二十四年差刑部官及监察御史分行天下，清理狱讼。正统六年令监察御史及刑部、大理寺官分往各处，会同先差审囚官，详审狱案。十二年差刑部、大理寺官往南北直隶及十三布政司，会同巡按御史、三司官审录：死罪可矜、可疑及

① 参见《宋书·刑法志》。

② 参见《三国志·魏书·明帝本纪》。

③ 参见《魏书·刑罚志》。

④ 肖胜喜：《略论我国古代死刑复核制度》，载《法学研究》1988年第6期。

⑤ 陈光中等：《中国古代司法制度》，群众出版社1984年版，第153页。

事无证佐可结正者，具奏处置，徒流以下减等发落。”① 可见，我国古代在死刑复核方面是将言词审理和书面审理结合适用的，但以前者为主。而我国现行刑事诉讼法中对于死刑复核的方式并未作出明确的规定，以至于实践中普遍采取书面审理的方式。这种方式显然不利于保障有关诉讼当事人的合法权益，同时也无助于死刑案件审判质量的提高。在这方面，古代的经验很值得我们借鉴。

六、死刑复核责任的严格性

我国古代的法律不仅明确规定了死刑复核的模式、权限、对象、程序和方式，而且进一步规定了违反死刑复核制度时有关司法官吏所应承担的责任，如唐律规定：“诸死罪囚，不待复奏报下而决者，流二千里。”② 宋宁宗庆元年间（公元1195—1200年）规定：“自今有司奏谳死刑不当者，论如律。”③ 元朝《大元通制》规定：“诸斗殴杀人无轻重，并结案上省、部详谳，有司任情擅断者，笞五十七，解职，期年后降先品一等叙。”④ 明律规定：“凡死罪囚，不待复奏回报而辄处决者，杖八十。”⑤ 其责任较唐律有所减轻。清仁宗嘉庆四年（公元1799年），规定：“各省勘拟秋谳，除失入仅一、二案者，仍毋庸议外，如失入至三案者，将臬司巡抚降一级调用，加级不准抵销。四案者，降二级调用；五案者，降三级调用。如过此数，以次递加。”⑥ 上述规定表明了司法长官如对秋审案件所审定上报的处理意见，与后来秋审的结果有出入，超过一定案数，要受到降级调任的处分。⑦ 嘉庆十年（公元1805年）则规定，“失出五案失入一案者，予以处分”。严格的司法责任，能促使有关的复核官员增强责任心，对保证死刑案件的审判质量不无益处，同时对我们当前健全和完善死刑复核程序也具有直接的参考价值。

综上所述，中国古代死刑复核制度确立于北魏，定型于隋唐，完善于明清。其历史悠久，沿革清晰，内容丰富，体系完整，功能明确，制度完备，影响深远，特点鲜明，傲然屹立于世界先进诉讼法律文化之林。它的确立和发展，反映了中国古代高度发达的社会文明，在世界诉讼法律发展史上也是一个

---

① 参见《明会典》卷一七七。
② 参见《唐律·断狱》“死囚复奏报决”条。
③ 参见《事类备要外集》卷二二《刑法门·详谳》。
④ 参见《元史·刑法志》。
⑤ 参见《明律·刑律·断狱》“死囚复奏待报”条。
⑥ 参见《大清律例增修汇纂大成》“死囚复奏待报”卷三十七《秋审实缓错误》。
⑦ 陈光中等：《中国古代司法制度》，群众出版社1984年版，第162页。

陡起的高峰。今天，我们之所以研究中国古代死刑复核制度，一方面是为了大力弘扬和继承这一中华民族的优秀传统诉讼法律文化遗产，充分认识它在世界诉讼法律文化发展史上所处的重要地位和发挥的特殊作用，这有助于进一步激发我们的民族自豪感和自信心；另一方面，则是为了能从中国古代死刑复核制度这一优秀传统诉讼法律文化遗产中吸取当前建立具有中国特色的死刑复核程序的历史经验。因为任何一种法律制度在其长期的实践过程中总会积累这样或那样的经验，古代死刑复核制度在我国存在了近 1600 年，它蕴含着我们祖先智慧的结晶，除去其为封建专制皇权政治统治服务的阶级实质外，在特别重视慎用死刑，为防止错杀无辜而采取的许多有效的制度、程序和方法都是值得我们借鉴的。正如董必武同志所指出的："我们的人民民主法制，还吸收了我国历史上和国际上对于人民有益的法律。"① 最后还需特别指出的是，当我们谈到死刑复核制度时，实在不应言必称西方，数典忘祖。同时，我们对于中国古代死刑复核制度，也不应该抱残守缺，泥古不化，要防止陷入复古主义的泥潭。但历史的辩证发展是有联系性的，马克思主义者最善于吸收人类所创造的一切文明财富。中国古代死刑复核制度为我们如何从历史的、发展的角度来认识当代死刑复核程序提供了可资借鉴的参照样式，对于进一步改革和完善我国现行的死刑复核程序也具有较大的现实作用。

① 董必武：《论社会主义民主和法制》，人民出版社 1979 年版，第 131 页。

刑事缺席审判制度之考察*

——以我国签署《联合国反腐败公约》为背景

现代刑事诉讼基于保障被告人的程序参与原则和有效辩护原则，一般都赋予被告人在刑事审判中的在场权，不允许对被告人进行缺席审判，只是在少数例外的情形下，才可以进行刑事缺席审判。但在司法实践中，尤其是在腐败犯罪的案件中，腐败分子在实施犯罪行为以后，往往潜逃出境或将腐败犯罪所得转移至境外，以逃避刑事追究。由于腐败分子的潜逃，不仅无法有效地惩处和打击腐败犯罪行为，而且也无法及时追回腐败犯罪所得。在腐败犯罪越来越呈现出有组织、跨国化趋势的今天，如何预防和控制跨国腐败犯罪，已成为摆在世界各国面前的一个重大课题。《联合国反腐败公约》（以下简称《公约》）规定的资产追回机制即是在建立和完善境外追逃追赃机制方面提出的针对性措施。《公约》第54条“通过没收事宜的国际合作追回资产的机制”，其第1款第3项规定，各缔约国应根据本国法律，采取必要的措施，以便在因为犯罪人死亡、潜逃或者缺席而无法对其进行起诉的情形或其他有关情形下，能够不经过刑事定罪而没收因腐败犯罪所获得的财产。笔者认为，这是指该条第1款第1项规定的可以通过提起民事诉讼解决。就通过刑事诉讼程序而言，根据《公约》第57条“资产的返还和处分”第3款第2项的规定，据笔者的理解对于本公约所涵盖的腐败犯罪所得的财产，被请求国在对相关财产没收后，应基于请求国法院作出的生效判决，在被请求缔约国承认请求缔约国受到的损害是否返还所没收财产的依据时，才能将所没收的资产返还请求国，当然，该请求国也可以放弃对生效判决的要求。如果被请求国坚持要求请求国提供法院的生效判决才提供刑事司法合作，在请求国不能满足这一要求的情况下则无法实现合作。也就是说，请求国在其本国法不允许进行刑事缺席审判的情形下，是很难通过《公约》的这一机制向被请求国主张返还转移至其境内的腐败犯罪所得的资产。刑事缺席审判制度的缺失，无疑不利于各缔约国之间顺利开展腐败犯

---

* 作者：刘根菊、李秀娟。本文原标题为“借鉴与平衡：构建我国对外逃贪官缺席审判制度的两个问题”，刊载于《人民检察》2005年第16期。

罪刑事司法合作，有效打击腐败犯罪行为，最大限度地追回腐败犯罪所得。

我国的三大诉讼法中，民事诉讼法与行政诉讼法都规定了缺席审判制度，唯独刑事诉讼法没有规定。这种现状引发了相互矛盾着的两方面问题：一方面，为了保障被告人的诉权、实现诉讼公正而不允许对被告人进行缺席审判；另一方面，为了有效地惩罚犯罪、实现诉讼效率似乎不宜一味忽视缺席审判的价值。一国究竟是否应该设立以及如何进行刑事缺席审判制度，在一定程度上反映了该国的诉讼模式和诉讼价值的权衡问题。在刑事诉讼效率价值日益凸显的今天，如何在保障被告人人权和惩罚犯罪，实现诉讼公正和诉讼效率之间寻求平衡，应是设置刑事缺席审判制度必须予以厘清的价值基点。为了适应国际反腐败斗争的需要，遏制和打击跨国腐败犯罪行为，有必要以签署《公约》为契机，构建我国外逃贪官缺席审判制度。

在一般意义上，诉讼中的“缺席”是指当事人在法庭开庭审理（或言词辩论）期日不到场。缺席审判是指法院在一方当事人缺席时所为的审判。本文所称的刑事缺席审判与对席审判相对应，是指在法院开庭审理期日，辩方未出席法庭的情况下，法院依法对案件进行审理并作出判决的诉讼制度。刑事缺席审判程序只适用于辩方缺席的情形，对控辩双方同时缺席的，法院则不能进行缺席判决，而只能中止对案件的审理。

一、对有关国家实行刑事缺席审判制度之考察

对外逃贪官缺席审判是刑事缺席审判的一种。构建制度必须研究带有普遍意义的启示，因此有必要对有关国家实行的刑事缺席审判制度进行考察。由于刑事诉讼关乎个人的财产、人身自由乃至生命等重大权益，因而被告人的诉讼参与权对其尤为重要，对被告人缺席的审判程序不得任意适用。为此各国均通过立法严格限制其适用情形，以免造成诉讼不公。通过对不同立法例的考察，概括起来，对被告人缺席的审判程序主要适用以下几种情形：

（一）被告人犯罪后潜逃

在侦查过程中，犯罪嫌疑人可能畏罪潜逃，而侦查机关又无法将其缉捕归案。在这种情况下，只要犯罪事实已经查清，通过侦查获取了足够的证据，符合法定起诉条件的，就应当提起诉讼，进行缺席判决。如《法国刑事诉讼法典》第 270 条、第 410 条、第 544 条规定，对重罪、轻罪和违警罪案件均有缺席审判和类似内容。在意大利，《意大利刑事诉讼法》第 488 条第 3 款规定，当被告人在法庭审理的任何时刻脱逃或者在法庭审理的间歇期脱逃的，由其辩护人代表，可以进行缺席审判。在比利时，被告有权利但没有义务出庭。如果被告选择不出庭，法院将对其缺席判决。除特殊情况外，被告不能由律师代

理。缺席判决按照诉讼的常规程序进行。[①] 在希腊，对缺席审判限制不严，《希腊刑事诉讼法典》第 340 条规定，无论是轻罪还是重罪案件，被告经正当传唤而不能到庭的，法院均可作出缺席判决。我国台湾地区“刑事诉讼法”第 251 条规定：“检察官依侦查所得之证据，足以认为被告有犯罪嫌疑者，应提起公诉。被告之所在不明者，亦应提起公诉。”即起诉之案件，不以被告到案为必要。

就腐败案件而言，有的国家还通过专门的反腐败立法，设置特别的诉讼程序（包括缺席判决），以补充和完善刑事诉讼法的有关规定，从而更加有效地惩治腐败，如 1989 年新加坡颁布了《没收贪污所得法》，共 24 条，分为序言、没收贪污所得、没收令的执行、对潜逃者的适用四大部分。其中该法第四部分在“对潜逃者的适用”中对“潜逃者”和“被告潜逃下的没收令”作出了明确的界定。该法第 24 条规定：“根据本法，如果需要将文书送达某人，而该人尚未被发现或者在国外而且不能被强制到庭参加根据本法进行的诉讼，那么法院无须再向他送达文书并在该人缺席的情况下可继续进行诉讼，作出缺席判决。”

（二）在审判程序中法律允许被告人缺席

这类缺席判决程序主要有两种情形：一种情形是被告人是法人或者没有责任能力。如《日本刑事诉讼法》规定，被告人是法人的，由其代理人到庭即可（第 283 条）；被告人没有责任能力的，由其法定代理人到庭即可（第 28 条）。在被告人处于心神丧失的状态时，显然应当作出无罪、免诉、免除刑罚或者公诉不受理的裁判，可以不必等待被告人到场（第 341 条第 1 款）。另一种情形是简单轻微或适用简易程序的案件，如《法国刑事诉讼法典》第 411 条规定：“因可处罚金或 2 年以下监禁的罪行而受传唤的被告人，可以致函审判长要求予以缺席审判，此项函件应附入案卷。”在德国，《德国刑事诉讼法》第 232 条和第 233 条规定，对可能仅是单处或者并罚 180 个日额以下的罚金、保留处刑的警告、取消驾驶资格、追缴、没收、销毁或者废弃处分的案件，对被告人已经依法传唤并在传票中已经言明可以对他进行缺席审判时，法院可以进行无被告人的审判；上述案件法院也可依申请解除被告人审判时到庭的义务。《日本刑事诉讼法典》第 284 条、第 285 条也有类似规定。《联邦俄罗斯刑事诉讼法典》第 247 条第 4 款规定：“在轻罪或中等严重的犯罪案件中，如果受审人申请缺席判决审理他的案件，则允许在受审人不出庭时进行法庭审

① 王以真主编：《外国刑事诉讼法学》，北京大学出版社 2004 年版，第 322 页。

理。”英国法中虽然没有关于缺席审判的绝对规定，但在简单案件的审判中，被告人常常可以通过书信表达有罪答辩的意见，在这种情况下，他不必出庭。在苏格兰，适用简易程序的案件中，如果经正式传唤被告人没有到庭，审判可以在被告人缺席时进行。由此可见，这类缺席审判程序主要适用于处罚较轻或简单的案件，在认为到庭对保障被告人的权利并不重要时，可以免除其到庭义务，其判决不至严重影响被告人的生活，允许对这类案件的被告人进行缺席判决，实际上是为了提高诉讼效率而对正当程序所作的简化处理。

（三）被告人违反法庭秩序，妨碍诉讼顺利进行

良好的法庭秩序是法院正常进行庭审，查明案件真相，解决社会纷争的必要条件；如果被告人扰乱法庭秩序，妨碍庭审正常进行的，法院将剥夺其在场资格而进行缺席审判，如《德国刑事诉讼法典》第231条b第1项规定：“因为违反秩序的行为，被告人被带离审判庭或拘押（法院组织法第177条）的时候，如果法庭认为他的继续在场并非必要不可，他的在场对审判进程甚至有影响之虞，可以进行无被告人的审判。”《意大利刑事诉讼法典》第475条第1款规定：“如果被告人在受到警告后仍然坚持自己的态度，以至可能妨碍庭审的正常进行，庭长可以将其强制带离。”在美国，《美国联邦刑事诉讼规则》第43条b第2项规定，如果被告人在法庭警告扰乱法庭将会被逐出法庭后，仍坚持其行为一直被押出法庭的，应被视为放弃到庭的权利。在苏格兰，正规程序中通常不允许缺席审判；但如果由于被告人在审判中的行为致使审判不能进行时，法院可以命令将被告人带出法庭，审判可以在被告人缺席时进行。①

违反法庭秩序的行为还包括被告人庭审途中退庭的。如《美国联邦刑事诉讼规则》第43条b第1项规定，在审判已经开始后被告人自愿缺席，不管其是否被法庭告知在审判期间有保持到庭的义务，不要求其继续到庭。《日本刑事诉讼法》规定，被告人未经许可擅自退庭，或者因扰乱法庭秩序被责令退庭的，被告人不到庭也可以开庭。②《意大利刑事诉讼法典》第488条第2款规定，如果被告人在出庭后又离开审判庭，由其辩护人代表，可以进行缺席审判。

（四）被告人故意或过失使自己无受审能力

程序参与原则的重要内涵之一是当事人在场原则，即法庭在开庭审判时，

① 汪建成、黄伟明：《欧盟成员国刑事诉讼概论》，中国人民大学出版社2000年版，第426页。

② ［日］田口守一：《刑事诉讼法》，刘迪等译，法律出版社2000年版，第205页。

原、被告双方当事人必须亲自到庭出席审判，而且在精神上和体力上均有参与审判活动的能力。在刑事诉讼中，尤其要求被告人应该具有受审能力，无受审能力则应停止法庭审理，否则审判活动归于无效。但是，如果被告人为拖延诉讼或逃避审判而故意或过失造成自己无受审能力的则不应停止审判而应为缺席判决，因为被告人对造成自己无受审能力的状态存在过错，自应承担相应的后果，如《德国刑事诉讼法典》第 231 条 a 第 1 项规定："被告人故意和有责任地把自己置入排除自己参加审理能力的状态，以此有意识地使得审判不能在他在场的情况下正常进行或者正常继续进行的时候，即使在此之前还未曾对他就公诉予以讯问，但只要法院认为他的在场并非必要不可的，可以在他缺席的情况下进行或者继续进行审判。"我国澳门特别行政区"刑事诉讼法典"第 313 条第 4 款也有类似规定。

（五）共同犯罪案件审理期间，个别被告人不到庭

《德国刑事诉讼法典》第 231 条 c 规定："对数名被告人进行审判的时候，依申请法院可以以裁定允许个别的被告人，在强制辩护情况中也包括允许他们的辩护人，不参加不涉及他们的个别部分审理活动。裁定应当写明允许不参加的审理活动部分，对允许可随时撤回。"作此规定，是因为参与原则是被告人参与作出严重影响自己生活的判决的审理活动理应参与，对与自己无关的个别部分审理活动，自始至终无参加的必要。

由上述可知，基于案件性质的差异，各国刑事诉讼法一般都不允许公诉案件中的控方缺席，即无控方缺席的审判；而自诉案件中，则允许控方即自诉人缺席的审判。对被告人在审判中缺席的情形，各国刑事诉讼法根据不同的情形分别作了详细而周延的规定，以适应复杂多样的刑事诉讼实践。无论是对自诉案件的被告人缺席审判程序，还是对公诉案件被告人的缺席审判，其本质上仍然是言词审理程序。① 在缺席判决程序中，虽因控辩双方一方缺席而无法进行控辩双方之间的攻击防御，但在场一方仍须以言词陈述的方式进行证据调查，针对控方在起诉状中提出的事实和法律观点发表意见，未经以言词陈述方式提出的诉讼资料仍视为未曾发生或不存在，不具有程序上的效力，不能作为法院

---

① 言词原则又称口头原则，是近现代刑事审判原则之一。它是指基于口头提供的诉讼资料进行裁判的原则，其目的是在形成法官心证之际，给法官以新鲜的印象，以期发现实体真实。一切诉讼中的程序，包括对刑事被告人的讯问、证据的收集调查、控辩双方的攻击防御以及判决的宣告等都必须以言词陈述的方式进行。只有控辩双方在法庭上以言词陈述所提供的诉讼资料，才能作为法院判决的依据。所有没有在法庭审理中以言词方式提出者，均视为未曾发生或不存在，而不可作为判决之基础。

裁判的基础，因而缺席判决程序仍然贯彻了言词辩论原则，缺席判决程序仍是言词审理程序，而非书面审理程序。① 缺席判决程序的这一特征也决定了在控、辩双方同时缺席的情况下不能进行缺席审判，因为控、辩双方同时缺席就不能进行言词陈述和辩论，其程序等于书面审理，而违背了缺席判决程序应是言词审理程序这一本质特征。

二、刑事缺席审判与保障被告人诉权之冲突与平衡

刑事缺席审判既有利，也有弊，如何平衡二者之矛盾和趋利避弊实乃不可不予重视和应当解决的问题。

（一）缺席审判制度与程序参与原则的冲突：公正与效率的冲突

程序参与原则是刑事诉讼的一项基本原则，在诉讼中发挥着极为重要的作用。程序参与原则是指程序所涉及其利益的人或者其代表，能够参与诉讼，对与自己的人身、财产等权利相关的事项，有知悉权和发表意见权，国家有义务保障当事人的程序参与权。程序参与原则的实质要求是应当为程序所涉及其利益的人提供陈述意见的机会。程序参与原则体现在刑事审判阶段即当事人的在场权，控、辩双方亲自参与诉讼，在平等对抗的前提下发表对案件的意见。当事人的在场权的价值基础在于诉讼公正：一方面，当事人双方亲自到庭出席审判，参与审判过程，以言词辩论发现实体真实，有利于实现结果公正；另一方面，控、辩双方亲自到庭出席审判体现了诉讼主体对诉讼的参与性，有利于保障程序公正。作为诉讼主体，他应能较有影响地参与法院作出严重影响自己生活的审判过程。在刑事诉讼中，对作为当事人的被告人的诉讼参与权的保障具有更为重大的意义，因为刑事诉讼以惩罚犯罪分子和保障无辜的人不受刑事追究为目的，不仅涉及国家的稳定和社会的秩序，而且直接关系到其自身的财产安全、人身自由甚至生命等重大权益，因此在程序上必须确保被告人能够有效地参与刑事诉讼过程，并最终影响到法院判决的形成。同时，也正是在这一参与过程之中，被告人的人格尊严才能真正得到尊重，其诉讼主体性地位才得以

① 所谓书面审理程序，即实行书面审理原则的程序，指法院直接依据起诉状、答辩状、证据调查笔录等书面材料制作最终的判决，而不再举行任何形式的法庭审判。书面审理原则是中世纪纠问式诉讼（inquisitional procedure）模式下的庭审原则，自近代以来已为直接言词原则所取代。但作为原则之例外，在现代刑事诉讼法中仍有一些程序实行书面审理原则，如一些国家规定的非常上诉程序、第三审程序以及作出不受理裁定和驳回起诉裁定的庭前审查程序、庭审中就程序方面的问题（如回避、搜查、扣押）等所作的审查和决定程序。

凸显。正因为如此，被告人出庭就成为刑事审判的前提要件。如《德国刑事诉讼法典》第 230 条第 1 款明确规定，对未接受审判之人，不得对其行为判决，此为今日刑事诉讼法之重要原则；由此也发展出直接审理原则，此原则要求，审判之法官不只对证人，也要对被告亲自观察，以对其人格获得真正的认识。因此，原则上如被告来到庭者，不得进行审判程序。① 日本、俄罗斯刑事诉讼法也规定了审判时被告人的在场义务，除非法律另有规定，原则上不得进行缺席判决。

从理论上讲，刑事审判只有贯彻言词原则和直接原则，控、辩双方亲自到庭直接陈述其主张和意见，才能有充分的机会实质性地参与诉讼并影响裁判结果，法院也才能据此明辨是非，查明案件真相。但在诉讼实务中，由于实际情况复杂多样，控、辩双方主动或被动缺席的情形时有发生，尤其是被告人为了逃避刑事追诉，往往会逃匿或隐藏而缺席审判。这种情况下法院便面临着两难的尴尬境地：是严格按照程序参与原则的要求进行审理，还是作为原则的例外，在一方缺席的情况下继续开庭审理并作出判决，以迅速终结诉讼。若进行缺席审判固然会有碍结果公正和程序公正的实现，但如果停止审理也会产生诸多弊端：一是会迟延刑事诉讼程序，相应地会延长诉讼周期，增加诉讼成本，导致诉讼无效率；而且这种刑事诉讼程序的迟延，还可能为刑事被告人或其辩护人所滥用，作为其延缓刑事诉讼程序的手段，如被告人故意佯装成无受审能力。二是诉讼迟延同样可能有碍于诉讼公正价值的实现，所谓“迟来的正义为非正义”。因为随着时间的流逝，有的证据可能灭失，证人对案情的记忆也可能淡化，从而导致对案件事实真相的认定愈来愈困难，影响公正判决的作出。三是诉讼迟延还会制约刑罚威慑功能的发挥。正如贝卡里亚所言：“刑罚的及时性是比较有益的，因为犯罪与刑罚之间的时间隔得越短，在人们心中，犯罪与刑罚这两个概念的联系就越突出、越持续。因而，人们很自然地把犯罪看作起因，把刑罚看作不可缺少的必然结果。只要使犯罪和刑罚衔接紧凑，才能指望相连的刑罚概念使那些粗俗的头脑从诱惑他们的、有利可图的犯罪图景中立即猛醒过来。推迟刑罚只会产生使这两个概念分离开来的结果，给人造成的印象不像是惩罚，倒像是表演。”②

由此可见，缺席审判制度与程序参与原则存在一定的矛盾关系，突出表现为两者赖以存在的价值基础的冲突：程序参与原则在于追求诉讼公正，而缺席

---

① ［德］克劳思·罗科信：《刑事诉讼法》，吴丽琪译，法律出版社 2003 年版，第 570 页。

② ［意］贝卡里亚：《论犯罪与刑罚》，黄风译，中国大百科全书出版社 1993 年版。

审判程序则注重诉讼效率的实现。在这种价值冲突的情形下，需要权衡利弊作出明智而理性的选择。正是基于对缺席判决的诉讼价值的清醒认识，现代法治国家在其刑事诉讼中设置缺席审判制度的同时，又纷纷规定了对缺席审判（主要是被告人缺席的情形）进行补救的措施，以寻求诉讼公正与诉讼效率价值之间的平衡。

（二）对缺席审判制度的救济措施：公正与效率的平衡

为了保障被告人在刑事诉讼中的程序参与权，特别是充分有效地行使辩护权，各国法律在设置缺席审判制度的同时，又规定了一系列的补救措施，以保障被告人的诉权。归纳起来，大致有以下几种对缺席审判制度的补救措施：

1. 由辩护人代理缺席的被告人出庭，保障被告方的辩护权

为了保障被告人的辩护权，在审判过程中被告人缺席的场合，往往由辩护人代理缺席的被告行使辩护权，如《德国刑事诉讼法典》第 234 条规定：“在准许进行无被告人的审判情况中，被告人有权让持有书面全权委托的辩护人作为他的代理。”在意大利，《意大利刑事诉讼法典》第 475 条第 2 款、第 487 条第 2 款和第 488 条规定当审判在被告人被带离法庭或缺席的情况下进行时，辩护人在法庭审理中代表被告人。在这种情形下，由辩护人代替被告人行使辩护职能，为维护被告人的利益而参与审判，这样就相当于被告人获得辩护防御的机会，在一定程度上兼顾了诉讼公正的实现。

2. 被告人应获得向法庭陈述意见的机会

尽管被告人在缺席审判程序中不在场，但为了维护被告人的辩护权，法律大多赋予被告人向法庭陈述意见的机会，如《德国刑事诉讼法典》第 231 条 a 规定，对造成无审理能力的被告人缺席审判，只有在审判程序开始后被告人得到过向法庭、受命法官就公诉表示意见的机会时，才可适用。该法第 231 条 b 规定，对违反秩序的被告人缺席审判时，在任何情况下，对被告人都要给予就公诉表示意见的机会。《俄罗斯联邦刑事诉讼法典》第 258 条第 3 款规定：“受审人扰乱审判庭秩序的，可以勒令退出法庭，直至控辩双方辩论结束。但在这种情况下他仍然有权进行最后陈述。在这种情况下，刑事判决应在受审人在场时宣读或宣读后及时向他宣布，由他本人签收。”规定嫌犯在最后讯问时在场，其目的在于给予嫌犯向法庭陈述意见的机会，切实维护被告人的辩护权。

3. 剥夺在场资格的效力范围

在被告人因违反法庭秩序而被剥夺在场资格，并非将其驱逐出法庭，完全禁止他再次参加法庭审判，而是有所限制，法庭通常会给改过自新的被告人重新参与审判的机会。如《德国刑事诉讼法典》第 231 条 b 第 2 项规定，对于因违反秩序行为而被带离审判庭的被告人可被准许重新出庭。《意大利刑事诉

讼法典》第475条第3款规定，被带离的被告人可随时获准返回法庭。如果必须再次将被告人带离，法官可以在同一裁定中宣布将其逐出法庭，禁止他再次参加法庭审理，但是接受讯问或进行最后陈述的例外。限制剥夺在场资格的效力范围，尤其是应听取被告人最后的陈述，其目的在于维护被告人的辩护权。

在缺席的被告人被准许重新到庭的情况下，法院对其有告知诉讼进展情况的关照义务，其目的在于使被告人了解其不在场时诉讼的有关情况，以尽快地进入角色，更好地行使辩护权，如《德国刑事诉讼法典》第231条a第2项规定：被告人一旦恢复参加审理的能力，如果此时还尚未开始宣布判决的，审判长应当告知他缺席时进行的审判的主要情况。该法第231条b第2项规定，因为违反秩序的行为，被告人被带离审判庭或拘押的，一旦准许被告人重新出庭，审判长亦应告知他缺席时进行的审判的主要情况。《法国刑事诉讼法典》为确保被告人的知情权，其第320条规定："对因被告人拒绝到庭缺席审判的，每次开庭后，重罪法庭书记官应当向被告人宣读其缺席的审判笔录，并且将检察院的要求和一切被告人可能不同意法庭裁决送达被告人。"

三、构建我国对外逃贪官缺席审判制度的设想

鉴于《公约》的资产追回机制旨在解决犯罪人在死亡、潜逃或者缺席等情形下如何追回腐败犯罪所得的问题，下面以被告人缺席审判为中心，对构建我国的刑事缺席审判制度提出如下设想：

（一）对外逃贪官缺席审判的适用条件

构建我国的刑事缺席审判制度必须符合一定的条件。笔者建议在《公约》框架内借鉴国外先进的立法例，结合我国的司法实践和具体国情设立缺席审判制度。其适用的主要条件具体如下：

1. 适用案件的范围

缺席审判制度只适用于重大的腐败犯罪案件，可以涉案数额作为标准，如100万元人民币以上的腐败犯罪案件。鉴于缺席审判制度毕竟在一定程度上有损被告人的辩护权和程序参与权，基于价值冲突的利弊权衡，对于轻微的腐败犯罪案件则不宜适用缺席审判。

2. 主体身份明确

犯罪行为人的身份必须明确，这是对腐败犯罪行为人追究刑事责任的必备条件。如果犯罪分子身份尚未查明，即使案件的其他犯罪事实已经查清，证据确实充分，终因追究对象的不确定而无法进入审判程序，自然也无从定罪量刑。

3. 行为要件

涉嫌腐败犯罪被告人拒不归案的行为，经司法机关用尽各种努力或公告后

一定时间内仍不回国接受审判的。

4. 法律要件

犯罪分子的犯罪行为需要追究刑事责任，且案件经公安或检察机关侦查终结，案件事实已经查清，证据确实充分，只是犯罪分子因下落不明，一时无法缉捕归案。

5. 起诉程序已启动

我国检察机关根据事实、证据和法律向本案有管辖权的法院已提起公诉。

只有同时具备上述条件，人民法院才可以据此进行缺席审判。欠缺其中的任何一个条件，则无从开启缺席审判程序。

（二）对外逃贪官缺席审判的适用程序

在缺席审判中，由于被告人外逃他国，且不愿回国接受我国法院的刑事审判。根据刑事诉讼正当程序的要求，审判必须有被告人或者委托辩护人参加审判，否则，无辩方参加的审判就属于剥削了辩护权的专横审判，就属于非公正和非正义的审判。但是，在贪官外逃拒不回国接受法庭审判的特殊情形下，如果拘泥于常态的审判形式而不进行缺席审判，不追究贪官的刑事责任而任其逍遥法外，对国家政权而言是极大的不公正，对未外逃出我国的其他贪官受到刑罚处罚来说亦不公正；不追回贪官携带到国外的巨额赃款，使国有、集体财产流失，这对国家和集体而言也是极大的不公正。为了平衡既惩罚外逃贪官和没收携带的巨额资金，又尊重和尽量保障他们享有辩护的权利关系，因此在缺席审判程序上应注意做到如下几点：

1. 法院依法履行告知或送达程序

其方式可以是，在开庭前的法定期限内由法院将起诉书副本送达外逃被告人的近亲属，如夫妻、父母、兄弟、姐妹等，并要求他们转送或者转告；或者请求与我国签订了司法协助条约甚至只有外交关系的国家司法机关向逃到该国的贪官转送起诉书副本和法院有关司法文书；亦可以在庭审前利用国家主要媒体，如电视台、电台、报纸、网络等发布公告，公布外逃贪官的犯罪事实、罪名及赃物赃款的数额，参加庭审享有的法定权利等。

2. 书面告知并使其享有辩护权

由法院出面或者通过国家主要媒体告知外逃贪官，若不回国接受审判，有权亲自或者通过其近亲属委托律师、其他辩护人为其在他缺席的情况下进行辩护；如果他们不这样做，也可由律师机构指派一名刑事辩护律师进行法律援助或者参加庭审辩护；亦可由法院指定一名刑事辩护律师为其辩护等，以维护其合法权益。

3. 按常态审判程序开庭审判并作出判决

即使外逃贪官未出席庭审，但有为其辩护的辩护人或者律师参加，即有辩护方参加。有控辩双方出席，由法官主持公开审判，这完全符合刑事审判的要求。为了保障被告人的诉权和程序参与权，缺席审判应当开庭，控、辩、审三方必须遵循直接原则、言词原则、辩论原则等审判活动的基本原则。如果缺席被告人的近亲属未委托辩护人，人民法院应当为被告方指定律师进行辩护，经过法庭调查、法庭质证、法庭辩论等再由法官作出刑罚处罚和没收携带到国外的财物的判决，这完全合法、合理和公正。

4. 允许辩方上诉

如果辩方对一审判决不上诉，一审判决经过法定期限就生效。如果上诉，二审法院亦可进行二审，并依法作出终审裁判。

5. 重新审判

无论在一审或者二审期间，若外逃贪官对缺席审判作出的判决不服而愿意回国亲自参加庭审，法院应当重新依照正常程序开庭审判。判决以最后一次为准。若被告人在刑罚未执行完毕之前证明他未回国接受审判有正当理由并请求回国参加审判时，法院在撤销已作出的缺席审判的判决后，重新对其进行公开审判。

6. 限制条件

为防止刑事缺席审判制度的滥用，在涉及重大犯罪的案件中，是否允许刑事缺席审判，还应附加其他一些条件限制，如案发已达到一定年限，已经用尽各种侦查手段，确实难以把犯罪嫌疑人或被告人拘捕到案等。

毋庸置疑，落实《联合国反腐败公约》，构建我国对外逃贪官刑事缺席审判制度，是反腐败斗争的需要，更是国内法与国际法相适应的必然趋势。在这一过程中，既要借鉴国外的先进立法经验，吸收人类的先进文化成果，符合反腐败国际潮流，又要结合我国国情，制定出符合我国实际情况的法律制度；要完善立法，严格执法，坚决惩处外逃贪官的腐败犯罪；还要注意保障犯罪嫌疑人、被告人的诉讼权利，以正当的程序、公正的法律实现惩贪防腐，最终达到国际公法与国内立法的平衡，惩罚犯罪与保障人权的平衡。

借鉴“刑事免责”制度和“证据强制”规则之构想*

近年来，我国刑事诉讼法学界不少学者纷纷主张我国应借鉴英美国家实行的被追诉者享有“不被强迫自证其罪特权”和“沉默权”制度，以适应联合国刑事司法准则的基本要求，充分保障犯罪嫌疑人的合法权益。但是，在我国现有的客观条件下，如果规定“不被强迫自证其罪权”和“沉默权”，也会大大地增加侦查机关的取证困难，削弱控方的追诉力度，不利于提高诉讼效率，实现对日益攀升的刑事犯罪的及时打击，不利于国家权益和被害人权益的保护。如何解决这一矛盾，学界和司法实务部门的同志见仁见智。笔者以为，借鉴美国“刑事免责”制度和“证据强制”规则的合理内容，并建立起相应的机制，不失为一种有效的解决办法。

一、“刑事免责”制度和“证据强制”规则概述

（一）“刑事免责”制度与“证据强制”规则的立法背景

在封建纠问式诉讼中，控方的官员行使控诉权，被告人是被追诉的客体，毫无辩护权可言，亦无控、辩平衡之说。随着人权运动的发展和司法制度的文明进步，许多国家的立法机关在宪法或刑事诉讼法等法律中赋予了犯罪嫌疑人、被告人享有自行辩护的权利，还允许他们聘请熟悉法律知识和辩护技巧的律师为其辩护，增强了对抗控方的防御力度，以期实现控、辩双方力量的基本平衡。同时，为了防止警官、检察官出于强烈追求破案的欲望而使用刑讯逼供等违法犯罪手段，世界上许多国家的宪法、刑事诉讼法、刑事证据法还规定了不得强迫犯罪嫌疑人、被告人自证其罪的原则。如 1789 年美国的《人权法案》第 5 条等。尽管如此，为了获取或尽快获取犯罪嫌疑人的供述和物证、书证等犯罪证据，侦控机关采取刑讯逼供等手段非法取证的事例仍有禁不止。鉴于禁止刑讯逼供和采取非法证据排除规则等均仅仅是钳制追诉者非法行为的

---

* 作者：周国均。本文成稿于 2003 年 9 月。

一种手段，缺少从法律上保障犯罪嫌疑人拒绝供述、提供物证、书证的自我保障措施，因此，美国联邦刑事诉讼法又规定了犯罪嫌疑人享有沉默权。

1835年，美国纽约州法律规定，纽约州的治安法官在讯问犯罪嫌疑人时，必须向其提出沉默权警告；后来美国联邦最高法院还以“米兰达规则”的判例允许犯罪嫌疑人、被告人享有沉默权。如此一来，在审判前的讯问程序的犯罪嫌疑人拒绝回答警方提问的情况逐渐增多。① 在此背景下，警官、检察官倍感获取犯罪嫌疑人供述及有关证据的难度越来越大，由此，造成了许多案件特别是重大案件和共犯案件无法侦破的情况。惩治犯罪不力，犯罪率急骤上升，社会治安状况出现了混乱。对任何一个国家而言，保障社会的治安稳定、公民安居乐业都是政府管理社会的首要职责，有鉴于此，加之警官、检察官强烈呼吁国会和联邦法院采取有效措施改变这种状况，1857年，美联邦议会制定了《联邦刑事免责法》，对共同犯罪中的轻罪嫌疑人供认自己的犯罪事实并揭发同案犯主要犯罪事实并提供犯罪证据的，可以免除其在该案中的刑事责任。1868年和1893年美国联邦议会又根据该法的实施情况和社会的现实情况分别修改了该法。美国联邦最高法院在1896年对布朗案件所作的判决中肯定了“刑事免责”制度的合理性。1970年美国联邦议会又修改、制定了直至现在仍适用的《联邦刑事免责法》。依照该法规定，在部分特定案件中，通过赋予犯罪嫌疑人、被告人刑事免责权而换取他们必须供认犯罪事实和提供能证明共犯者罪行的物证、书证等证据的义务，从而使其能够帮助侦查人员尽快侦破案件。这就相对地增加了控方收集证据的机会和增强了追诉的力度，以求控、辩力量的相对平衡。

（二）“刑事免责”制度概述

《联邦刑事免责法》中的“刑事免责”制度，是指追诉主体（警官、检察官）向有管辖权的联邦法院申请，若共同犯罪案件中的某名被追诉者（嫌疑人或者被告人）承认自己的犯罪事实并揭发了同案人的主要犯罪事实或者提供破案证据，就免除其在该案中的刑事责任（伪证罪、虚伪供述罪、违反证据强制令行为的犯罪除外）的一种法律制度。免除其刑事责任，是对其认罪和揭发同案犯行为的一种肯定和奖励，亦可视为是一种诉讼利益的交换。这样做的目的在于促使被追诉者放弃“不被强迫自证其罪特权”，而配合控方破案。实施的具体程序是：在刑事诉讼中，当警官、检察官出于破案的需要，首

① 孙长永：《部分国家国内法与国际法上的沉默权制度概述》，载陈光中主编：《沉默权问题研究》，中国人民大学出版社2002年版，第536页。

先向有管辖权的联邦法院提出“刑事免责”和“证据强制”的申请，经司法长官等主管官员批准后，由检察官向被追诉者当面宣布“刑事免责”和“证据强制”的命令。如果犯罪嫌疑人述认自己的罪行并且揭发同案犯的主要犯罪事实和提供物证、书证等证据，经联邦法院批准后，就可以根据《联邦刑事免责法》免除其就该案应当承担的刑事责任；否则，由联邦法院根据《证据强制法》对其处以民事拘禁（最长可达18个月）。在被处以民事拘禁的18个月内，一旦被追诉者交代自己的罪行，并揭露同案犯的主要犯罪事实和提供证据，就随时可以免除其刑事责任；若被追诉者不服从命令，再处以刑罚（3年以下有期徒刑）。

“刑事免责”制度的内容，既包括“免除刑事责任”，又包括“证据强制”。从联邦法院的判例来看，“刑事免责”制度的重心与其说是“刑事责任的免除”，不如说是强制被追诉者必须提供犯罪证据的“证据强制”。[①] 由此可见，“刑事免责”与“证据强制”是紧密相连的。为了获取某个被追诉者揭发同伙的罪行和提供的证据，“刑事免责”是前提，“证据强制”是手段。

长期以来，美国联邦最高法院一直对“刑事免责”制度确立和存在的法律依据作如下解释：其一，政府对公民个人拥有强制证据的权力，公民个人对政府负有提供证据的义务，这种权力和义务是基于普通法上“公共对个人所拥有的证据享有权利”的原则而存在的；其二，宪法修正案第6条对此也作了规定。由此可以认为，对共犯中某人进行证据强制构成了政府的重要权力。当然，这项重要权力不是完全绝对的，还存在若干例外，其中之一就是宪法修正案第5条规定的“拒绝证明自我有罪特权”。当政府强制共犯中某人必须揭发同伙的罪行或者提供证据，而该人以他享有“拒绝证明自我有罪特权”而不服从时，为了解决二者之间的矛盾，美国国会才出台了《联邦刑事免责法》。该法以赋予该人享有“刑事免责”权的优惠条件为代价，强制其供述、作证或者提供证据。若不服从，就予以民事拘禁或者处以刑罚。由此可见，“证据强制”不是对“拒绝证明自我有罪特权”的否定，而是政府享有的“证据强制权”与公民享有的“拒绝证明自我有罪特权”二者的矛盾调和。这种调和对警官、检察官侦破案件十分有用，对追究犯罪者的刑事责任十分必要。

（三）“证据强制”规则概述

“证据强制”，是指法院在赋予共犯中某人享有“刑事免责”的优惠条件以后，强制其供认本人的罪行和提供其他同案犯犯罪证据的一种规则。若该人

① 王云海：《美国的贿赂罪》，中国政法大学出版社2002年版，第151页。

不服从就对其予以民事拘禁或者处以刑罚。供述，既包括承认自己的罪行，又包括揭发其他共犯的罪行；提供证据，包括提供证明共犯者罪行的物证和书证等证据。强制的方法是认定该人属于“对抗性证人”①（在英美法系国家，被追诉者也称“证人”，即一个共同犯罪人的证词可以用来审查其他犯罪参与人，但是，陪审团对其证词必须有保留地认真对待，查证属实后才能认定），触犯“藐视法庭罪”，予以“民事性拘禁”或者“刑事性处罚”。②“证据强制”，是对国家赋予“刑事免责”优惠条件拒不接受者以“藐视法庭罪”成立而对其采取的强制供述和提供共犯罪证的一种措施。其理论依据是“公共(国家）权力对公民享有必须提供证据的权利”；其法律依据是《联邦刑事免责法》和《联邦刑事诉讼规则》。其目的旨在帮助侦查机关破案。

1. 民事性拘禁

其“民事性拘禁”，相当于我国的司法拘留性质。《美利坚合众国法典》第28卷第1826条规定了对“对抗性证人”的民事性拘禁措施。其主要内容是：在联邦法院或者大陪审团进行的程序中，若共犯中的某个犯罪嫌疑人无正当理由而拒绝按法院的要求供述、作证或者提供其他同案犯的犯罪证据的命令，联邦法院可以以违反命令为理由将该人拘禁于适当的场所，直到他供述、作证或者提供其他同案犯的犯罪证据为止。但该拘禁应当随法院审判程序或者大陪审团的追诉程序的结束而终止，且拘禁时间最长不得超过18个月。被拘禁者对此有权上诉。上诉期间不允许保释，但上诉法院必须在30日以内作出决定。当被拘禁者逃跑或者企图逃跑时，法院可以对其判处3年以下拘禁刑或者1万美元以下的罚金；对帮助或者企图帮助被拘禁者逃跑者，处罚亦同。③被拘禁者在被拘禁期间作了供述、作证或者提供其他同案犯的犯罪证据的，就可以立即解除拘禁。

2. 刑事性处罚

刑事性处罚，即刑罚。《美利坚合众国法典》第18卷第401条及《联邦刑事诉讼规则》第42条规定了包括对“反抗性证人”在内的违反诉讼程序者的刑罚处罚。根据《联邦刑事诉讼规则》第42条规定，联邦法院法官对抵抗或者拒绝合法的令状、程序、命令、规则以及藐视法庭的人员，可以“藐视法庭罪”判处反抗性或抵抗性证人以拘禁或者罚金。当法官“证实其目击或

---

① ［英］戴维·M. 沃克：《牛津法律大辞典》，北京社会与科技发展研究所译，光明日报出版社1988年版，第7页。

② 王云海：《美国的贿赂罪》，中国政法大学出版社2002年版，第157页。

③ 王云海：《美国的贿赂罪》，中国政法大学出版社2002年版，第157～158页。

者听见的在法庭现场实施的构成藐视法庭的行为，可以对其行为进行简易处罚”（亦称“略式处分程序”），即当庭决定对行为人进行处罚。如果法官认为没有必要当即处罚时，可以通过“听证后的处理程序”处理（亦称“审判处分程序”），即择日按普通程序进行审判。

虽然《美利坚合众国法典》第18卷第401条和《联邦刑事诉讼规则》第42条规定可以对“抵抗性证人”判处拘禁或者罚金，但是没有具体的拘禁时间和罚金数额的规定。实际上，处罚权由法官裁量决定。根据联邦法院的判例，按照“略式处分程序”处分时，拘禁时间一般不超过6个月；按照“审判处分程序”进行处分时，拘禁期一般在3年有期徒刑以下。对于罚金的数额，联邦法院的判例没有规则性的解释，全凭各法院法官自定。

关于“民事性拘禁”与“刑事性处罚”的运用顺序，联邦法院判例认为，一般应先处以“民事性拘禁”，在处以“民事性拘禁”无效时才处以“刑事性处罚”；但是，必要时二者可以并处。

（四）“刑事免责”制度和“证据强制”规则的适用范围

在美国，“刑事免责”制度和“证据强制”规则频繁适用于贿赂案件。除此之外，对于一些非同寻常的案件，检察官若发现收集的证据达到起诉标准确有困难，于是就寻求另一种机制：请求调查的大陪审团协助。例如，有时证人拒绝与警察或其他调查员谈论有关他们所知道的案件事实，一个不合作的证人可能竭力要保护一些人免受诉讼，或可能害怕若与政府合作会遭到报复，此时，检察官可以申请大陪审团传唤他们作证。如果大陪审团传唤证人，他们必须出庭和被迫回答问题，否则将面临藐视法庭而被关押……大陪审团最常被用来调查结伙犯罪和仍在进行的犯罪行为，比如有组织犯罪或警察贪污案。① 大陪审团一般调查复杂的有组织的犯罪、政府犯罪、政府机构贪污和其他通过警察使用的方法很难侦查的犯罪。在大多数案件中，大陪审团与检察官合作并在检察官的指导下进行调查工作。大陪审团这样做，并赋予被追诉者享有“刑事免责权”和“证据强制”（简称“强制程序”），是法院赋予的权力。② 由上可见，“刑事免责”制度和“证据强制”经常适用于贿赂犯罪案件、有组织犯罪案件以及其他依靠警察调查的方法很难侦破的案件。正如有些学者介绍说：“检察官有权向那些有罪的证人签发豁免书，保证不会因为作证所涉及的问题

① ［美］爱伦·豪切斯泰勒·斯黛丽、南希·弗兰克：《美国刑事法院诉讼程序》，陈卫东、徐美君译：中国人民大学出版社2002年版，第283～284页。

② ［美］爱伦·豪切斯泰勒·斯黛丽、南希·弗兰克：《美国刑事法院诉讼程序》，陈卫东、徐美君译：中国人民大学出版社2002年版，第392页。

而被起诉——伪证罪和妨碍审判罪的起诉除外。对于那些有罪的知情人来说，这种豁免书很有诱惑力，因为他们只要与检察官合作就可以免除自己的某些罪过。① 在美国，除了在刑事诉讼中使用“刑事免责”和“证据强制”以外，在部分行政程序和联邦议会程序中也有使用。②

二、我国借鉴“刑事免责”制度和“证据强制”规则之构想

（一）借鉴“刑事免责”和“证据强制”的必要性

必要性是指借鉴需求的客观性。必要性是借鉴的前提。在我国，之所以存在借鉴“刑事免责”和“证据强制”的必要，主要基于以下原因：

1. 保持控、辩平衡力度的需要

在学界，众多学者建议我国刑事诉讼法应规定沉默权制度和不被强迫自证其罪特权原则，加强被追诉者的防御力量。如此，将极大地增加处于控方地位的警官、自侦案件侦查人员的取证、破案困难，削弱控方的追诉力度，因此，他们反对确立沉默权制度和不被强迫自证其罪原则。如果经过广泛的论证后由立法机关或者司法机关确立了有限的沉默权制度和规定了不被强迫自证其罪的原则，与以前相比，就辩方而言，必然会增加防御的力度。为与这种防御力度相对应，适当地增强控方调查取证的力量，即在我国借鉴“刑事免责”和“证据强制”的合理部分，以平衡控、辩双方的力量对比差距，笔者认为也不失为一种有效之举。

2. 适应世界经济一体化后打击跨国、跨境犯罪的需要

随着经济全球化趋势的不断发展和我国对外开放政策的实施，国际间的经济往来日益增多，由此产生的跨国、跨境、有组织的走私、贩毒等特大案件必然也会相应地与日俱增。由此必然会大大地增加侦控机关的调查取证难度，妨碍诉讼效率的提高，不利于打击跨国、跨境犯罪。为了及时打击跨国、跨境犯罪，在我国借鉴“刑事免责”和“证据强制”势在必行。

3. 侦破重大案件的需要

当前和今后一段时期，我国犯罪的总体趋势已出现国际化、有组织化、智能化、高科技化、高危害化等特点，侦破案件的障碍和困难越来越多。为消除障碍和困难，除提高侦查人员素质、改革侦查管理体制、应用先进科技设备以外，急需对法律规定和证据制度进行补充和完善，赋予侦查人员享有新的破案权力和手段。借鉴“刑事免责”和“证据强制”不失为一种甚佳的选择。

---

① 何家弘：《毒树之果》，中国人民公安大学出版社1996年版，第87页。

② 王云海：《美国的贿赂罪》，中国政法大学出版社2002年版，第149～150页。

（二）借鉴"刑事免责"和"证据强制"的可能性

在当前，借鉴"刑事免责"和"证据强制"已有相当好的社会环境。毛泽东同志说过："我们决不拒绝继承和借鉴古人和外国人，哪怕是封建的和资本主义的东西。"① 在如何继承和借鉴的问题上，他形象地告诫我们："批判继承的过程，正如我们对于食物一样，必须经过自己的口腔咀嚼和胃肠运动，把它分为精华和糟粕两部分，然后排泄其糟粕，吸收其精华。"② 这就是说，对于前人的和外国的文化，不可盲目地照搬照套、囫囵吞枣，而应当经过自己的思考和消化，吸收其有用之精华。邓小平同志在1992年南巡讲话中指出："社会主义要赢得与资本主义相比较的优势，就必须大胆地吸收和借鉴人类社会创造的一切文明成果，吸收和借鉴当今世界各国包括资本主义发达国家的一切反映现代生产规律的先进经营方式、管理方法。"③ 邓小平理论是当代具有中国特色的马克思主义理论，他主张的这种吸收和借鉴的原理与毛泽东同志的主张是一脉相承的。改革开放这么多年，人们的思想解放，对国外优秀的、先进的文化成果已不再采取排斥抵触的现象，在这种大的社会背景下，我国借鉴"刑事免责"和"证据强制"完全有可能。

"刑事免责"，是司法机关给予被追诉者的优惠条件，以求换取他们的回报。在这一点上，我国有关法律规定已有某些类似于"刑事免责"的因素。例如，《刑法》第67条对自首者可以视自首情节的不同予以从轻、减轻或者免除（犯罪情节较轻的）处罚。《刑法》第68条规定，对立功者可以从轻或者减轻处罚；对有重大立功表现的，可以减轻或者免除处罚。虽然免除处罚的是有重大立功者，且立功是揭发与本案、本罪无关的其他人的犯罪行为，但与"刑事免责"的性质是相同的。上述规定表明，在某些特定情况下，我国刑事法律还是主张"利益互换"的。从这一点讲，笔者认为，我国借鉴"刑事免责"有一定的法律依据和刑事法律思想的基础。至于"证据强制"，虽然我国法律中没有"证据强制"的规定，但是，这正如我国法律没有"沉默权"的规定一样，并不妨碍立法机关考虑像增设"沉默权"那样增设"证据强制"制度。为何可以主张增设有限的"沉默权"，就不可以增设有限的"证据强制"？笔者认为完全可以。

（三）借鉴"刑事免责"和"证据强制"的原则

做任何事情均有一定的原则。所谓原则，是指办事的规程和准则。只有坚

---

①《毛泽东选集》（第三卷），第817页。

②《毛泽东选集》（第三卷），第817页。

③《邓小平文选》（第三卷），人民出版社1993年版，第373页。

持原则，才能避免盲目性、随意性、武断性等，才能按照既定原则的要求把事情办好。否则，是非不分，良莠不辨，无视巨细、不管缓紧等，一概兼收并蓄，照搬照套，那么，就会事与愿违，欲成而败。笔者认为，在借鉴“刑事免责”和“证据强制”制度上，似应坚持如下原则：

1. 区分不同国情原则

我国与美国政体迥异，刑事诉讼模式不同。对刑事案件的处理，美国只有10%的案件进入普通诉讼程序，90%的案件适用辩诉交易程序处理。而我国则不同，除了10%～20%的案件按简易程序处理外，绝大部分案件按普通程序审判。在美国，虽然通过诉讼处理的案件只占全部案件的10%左右，但是，适用“刑事免责”和“证据强制”的案件范围比较宽，除经常在贿赂案件中适用以外，还包括有组织的犯罪、政府犯罪和警察侦破很难的案件。① 在美国，大陪审团经司法长官批准，就可以适用“刑事免责”和“证据强制”。但是，我国无大陪审团。美国是一个重视商业利益的社会，事事讲究利益交换。我国一向是重刑轻民的社会，在价值观上，重刑事惩罚而轻利益互换等。凡此种种，均是借鉴“刑事免责”和“证据强制”应当考虑的因素。

2. 有限适用原则

有限适用原则，是指适用于部分刑事案件的准则。在我国，通过普通诉讼程序审判的案件比美国多得多，如果全部或者大量借鉴并适用“刑事免责”和“证据强制”，就必然会造成对被追诉者享有“沉默权”和“不被强迫自证其罪特权”（如果确立）的全部或者大部分抵销，不利于维护其合法权益、保障实现司法公正。有鉴于此，只能设想在处理小部分刑事案件中借鉴和适用“刑事免责”制度和“证据强制”规则。

3. 严格审批原则

严格审批原则，是指严格由公诉机关提出，经法院有关部门批准才能适用的原则。由于适用“刑事免责”和“证据强制”是一项严肃的司法行为，涉及控方与辩方的利益互换。若无严格审批程序，就必然会导致随意适用，破坏程序公正和司法公正；在有被害人的刑事案件中还涉及如何保障他们的切身实体利益和在何种程度上满足其惩处被追诉者的强烈愿望以及社会各界的民愤等诸多因素，因此，必须严格审批程序。同时，在当前公正执法存在不少问题的背景下，为防止极少数警官、检察官以权谋私或者循情枉法，也很有必要严格审批程序。

---

① ［美］爱伦·豪切斯泰勒·斯黛丽、南希·弗兰克：《美国刑事法院诉讼程序》，陈卫东、徐美君译，中国人民大学出版社2002年版，第283～284页。

（四）借鉴并确立“刑事免责”和“证据强制”案件的范围及程序

“刑事免责”和“证据强制”是一把双刃剑，设立并适用它既有利又有弊。谓其有利，是指确立并适用的案件范围合适，既有利于被适用者，又有利于侦查机关迅速破案，节省侦查的时间、人力和财力，大大提高诉讼效率；谓其有弊，是指如果确立和适用案件的范围太大，就会抵销被适用者享受的“沉默权”和“不被强迫自证其罪特权”而损坏司法公正。为了避小弊趋大利，有必要在确立“刑事免责”和“证据强制”原则的前提下，研究和构想出一个适用案件的范围和程序。笔者的思路是：就犯罪形式而言，“刑事免责”和“证据强制”仅适用于作案人均不交代罪行的共犯案件；就案情来说，仅适用于重大疑难的案件；就案件罪名的种类来讲，只适用于贿赂、贪污、盗窃、杀人、强奸、抢劫、放火、爆炸、决水、诈骗、走私、贩毒案件。在上述案件中，如果侦查（包括自侦案件）人员认为需要适用“刑事免责”和“证据强制”的，先向检察机关呈报，再由检察机关向人民法院提出申请，得到批准后，由侦查人员向可能处刑最轻的被追诉者宣布。宣布后，若他能在1～2天之内在交代自己所犯罪行的同时又揭发其他同案人的主要犯罪事实和提供相关的书证、物证（包括证据线索），并经查证属实，则视其提供破案证据、线索价值的大小，或者在移送起诉书中请求检察机关对其作出不起诉处理；或者由检察机关请求人民法院免予其刑事处分。若他既不交代自己的罪行，又不揭发其他共犯的主要犯罪事实，就将其交由看守所另行羁押，强制其交代和揭发，期限为30日。在30日之内，若能交代自己的罪行和揭发共犯的主要犯罪事实，仍对其免予刑事处罚。若仍不理睬，建议人民法院以“藐视法庭罪”（当然应当通过立法程序设立该罪）对其判处2年以下有期徒刑实刑。如果其他共犯交代了罪行，使此案得以破获，在此之后，无论其交代不交代自己的罪行，对其应按所犯之罪和藐视法庭罪依法并处。如果其他共犯交代了自己罪行而经过法院审判证明他无罪，侦、检机关应当共同承担刑事司法赔偿责任。

第六章　刑事诉讼构造与模式

刑事诉讼中应广泛采用“三角形”模式*

在法治社会，预防冤假错案的发生是立法者和司法者所肩负的责任。其中的“冤案”，是指误判的冤屈案件，即将无罪之人误判为有罪的案件。“假案”，是某人根本没有犯罪而被他人诬告、陷害后被错判有罪的案件。“错案”，是指某人虽有损害事实发生但又有合法的阻却事由的事件，如正当防卫、紧急避险等。冤假错案的共同点是对案件的判断发生了错误。基于此，本文所言“错案”，是广义上的错案，亦包括冤案和假案。

《检察日报》辟“健全机制防错案”专栏是一件慧眼选题、切中时弊之举。我国刑事诉讼法和有关刑事法律规定的诉讼程序，就包含有预防错案的内容，但是，还有很多应当完善健全之处。健全防错案的机制，就是完善防错案的运行模式和制度。导致错案发生的原因甚多，既有客观的，也有主观的。就客观而言，有立法上某些诉讼制度的缺失（如证人和鉴定人必须出庭作证制度），科学技术的滞后（如法医鉴定学、物证鉴定学的技术滞后等），程序设置的不科学等，司法上已有的规定尚未严格执行（如证人不出庭作证等），公安司法人员的综合素质不高，社会执法环境较差等。就主观而论，某些公安司法人员对预防错案的重要性认识不足，少数公安司法人员出于各种错误动机而搞刑讯逼供，极少数公安司法人员徇私或者贪赃枉法，甚至有的为泄私愤而伪造证据并制造假案等。

笔者认为，从完善诉讼机制来说，在刑事诉讼中实行听证，也即通常所说的“三角形模式”对于防错案益处甚多，择其要者有：它吸纳了控、辩双方参讼，使各自充分陈述理由和提交相关证据；控、辩双方对争议点面对面地进行论辩；待裁判之事原貌得以全面展示；能实现权利制约权力；主持者能兼听而明；裁判结果实现最大限度的公正、合法等。有鉴于此，笔者主张在刑事诉

* 作者：周国君。本文刊载于《检察日报》2005 年 4 月 14 日。

讼中更多地采用“三角形”模式进行诉讼。

第一，在审查起诉阶段，增设“听诉”制度。我国《刑事诉讼法》第145条规定，被害人对于不起诉决定既有向上一级人民检察院申诉的权利，又有向人民法院起诉的权利。但是，根据第146条规定被不起诉人对此不服，却只有向人民检察院申诉的权利。二者相比，享有权利不公平。有的被不起诉人，不满足不起诉的决定（程序上无罪），愿意被起诉到人民法院，以便由法院作出无罪判决（实体上无罪），因此，也应当赋予他有起诉选择权。有鉴于此，有必要设立“听诉”制度，即在作出不起诉决定之前，采用由检察官主持，吸收警官和被不起诉人、被害人参加的“听诉”会议，听取双方的意见。被害人一方可以提出对不起诉决定的异议，被不起诉人也可以要求起诉，检察官应当尊重被不起诉人的程序选择权，作出起诉决定并提起公诉。

第二，在审判阶段的二审程序中，对疑难、复杂和重大案件，凡是被告人上诉的，均不能只作书面审理，尤其对那些一审判处死刑的案件，即使事实清楚，也应当开庭审理。这既排除了书面审理方式，又否定了调查讯问方式，只有这样，才能从二审程序上加强防错机制，力争杜绝死刑案的错判。

第三，鉴于近年来死刑复核程序适用混乱，应当将下放到高级法院的死刑复核权收归最高人民法院统一行使。在死刑复核程序中，增设“听证”制度。复核死刑案件，均由最高人民法院派员到案发地的相应法院主持“听证”，通知承办该案的公诉人、辩护律师（有待刑事诉讼法增补辩护律师参加死刑复核程序）和提审被告人参加“听证”，充分听取他们的陈述，再向最高人民法院审委会汇报，以最高人民法院的名义作出死刑复核决定。

第四，严格执行刑事诉讼法关于对死刑案件执行中“应当停止执行”和“应当暂停执行”的规定，发现有停止执行的法定情形的，必须停止执行死刑，并立即报告最高人民法院，由其按“听证”制度再行复核和裁定，以此严守防止错案发生的最后一道关口。

当然，由于防止错案是一个系统工程，需要诸多原则、制度相配套，笔者建议，在刑事诉讼法中增加规定无罪推定原则、程序制裁原则、非法证据排除规则、有限沉默权制度、有限的辩诉协商制度、庭前证据展示制度、关键证人和鉴定人必须出庭作证制度、律师在侦查阶段的辩护人地位及有限的刑事豁免制度等。

刑事和解之“倒三角形”模式*

近年来，刑事诉讼法学界一直在热烈地探究刑事和解制度，司法实务部门也在试验、摸索刑事和解之具体做法。理论探究众说纷纭，实务做法不尽相同。为了参与对刑事和解的研究，笔者略陈愚见，以期抛砖引玉，共谋深入。

一、刑事和解盛行之缘由

刑事和解的核心是使被害人以主体的地位获得物质和精神损害赔偿，恢复人身健康和心理上的平衡。在传统的诉讼模式中，被害人受犯罪行为侵害而获得物质赔偿，除有权提起附带民事诉讼外，主要是依靠公权机关行使诉讼权利代表其实现，但是，往往代表不力，差强人意。随着世界范围内保护被害人权益潮流的风起云涌，被害人依靠自身力量维权意识的觉醒和强化，开始从公权代表人的幕后冲到前台，以第一主体的身份与侵害方面对面，明确提出道歉、赔偿等要求，并与其直接协商、和解，以维护其权益。公权机关则负责审查双方和解协议的真实性或者是否确认、或者依法作出宽大处理。由此也就自然而然地产生了刑事和解。

刑事司法由传统的公权主宰逐渐在一定范围内让权于双方当事人自决和协商，是刑事和解盛行的另一缘由。传统司法观认为，刑事司法是国家公权机关的专利，不承认也不允许当事人双方在解决罪与刑中与其平起平坐。但是，一方面，由于种种原因，刑事案件日益暴增，司法力量难以应对。另一方面，随着人权运动的发展、人本主义的崛起、私权重保的普化、被害人维权意识的强化，为了快速处理日益暴增的积案和适应以人为本盛行的潮流，公权机关开始重视刑事双方当事人在诉讼中的协商和解的作用，在一定范围内和一定程度上赋予他们以平等主体身份共商刑纠的快速解决，这就使刑事和解有了产生的基础和存在的空间。

崇尚社会和谐，寻求生存平安，是人们的共同期望和追求，刑事和解则是促其实现的重要措施。社会和谐是社会各方关系的平和相处，生存平安是市民

---

* 作者：刘根菊。本文刊载于《检察日报》2008 年 6 月 21 日。

劳作和生活的有序安全。为达此目标需要诸方力量的奋斗和努力，也需要多种良策和措施促其达到。社会和谐要求司法平和；司法平和要求通过刑事和解予以实现和保障。就地位而言，刑事和解是社会和谐的子系统，是社会和谐的基因；就作用而论，刑事和解是促进社会和谐的推进器，是调节社会和谐的润滑剂。这是因为，通过刑事调解，刑事案件得到比较公正、公平、公开的处理，双方当事人积怨得到化解，社会公众对此也能理解和宽容，被犯罪破坏的局部社会环节得以修补和恢复等。

二、刑事和解的模式：倒等腰三角形

何谓刑事和解？国内观点不一。有的认为，刑事和解是调停人（社区志愿者）居中帮助被害人与侵害人直接商谈，解决刑事纠纷，简称“私力救助型”①；也有的认为，刑事和解是经由司法机关的职能作用，促使被害人与侵害人面对面商谈并达成协议，使刑事案件得以解决，简称“公权主导型”②；亦有的认为，刑事和解是侵害人向被害人认罪、道歉、赔偿等行动求得谅解以后，在刑事程序中由司法机关确认并予以从轻处罚的一种案件处理方式，简称“司法机关确认型”③。笔者基本上赞同第三种观点。详言之，刑事和解是在刑事诉讼程序中，侵害人通过主动向被害人认罪、赔偿等得到其宽恕并达成物质赔偿和解协议，或者邀请公权机关派员参与听取双方和解，达成的协议（含自行和解协议和经调解达成的和解协议，以下简称和解协议，又称和解私权元素），最终请求公权机关确认并给侵害人以宽大处理（撤案、不起诉、缓刑、免刑、从轻处罚，以下简称宽大处理，又称和解公权元素）的一种制度。它主要包括：刑事和解寓于刑事诉讼程序之中，主体是被害人和侵害人；和解的前提条件是前者主动向后者认罪、赔偿；和解的方式是双方自愿达成赔偿协议；确认主体是公权（司法）机关；和解的结案方式是司法机关制作的宽大处理文书。它与私了、诉讼内和诉讼外的调解不同。“私了”虽是当事人双方在自行和解的基础上了结纠纷，但未经公权机关确认和处理；“诉讼内调解”虽是在诉讼程序之内，但它是由公权机关主导双方当事人进行调停、协商达成和解协议解决的，而缺少当事人互相以独立主体身份自由表达意志：“诉讼外调解”是由诉讼之外的民间组织或其他基层组织主持双方当事人就民事纠纷进行调停、协商、达成协议后解决的，也未完全体现双方当事人自发的自由意

① 刘凌梅：《西方国家刑事和解理论与实践评介》，载《现代法学》2001 年第 1 期。

② 刘守芬、李瑞生：《刑事和解机制建构根据简论》，载中国人民大学刑事法律科学研究中心编：《刑事和解研讨会论文集》。

③ 陈光中：《刑事和解的理论基础与司法适用》，载《人民检察》2006 年第 5 期。

志。以上几种达成和解协议的形式均不能称为刑事和解。对此再从以下三个方面略作剖析：

（一）刑事和解的静态图景

传统的刑事诉讼模式是等腰三角形（简称“正三角形”），如图1所示：

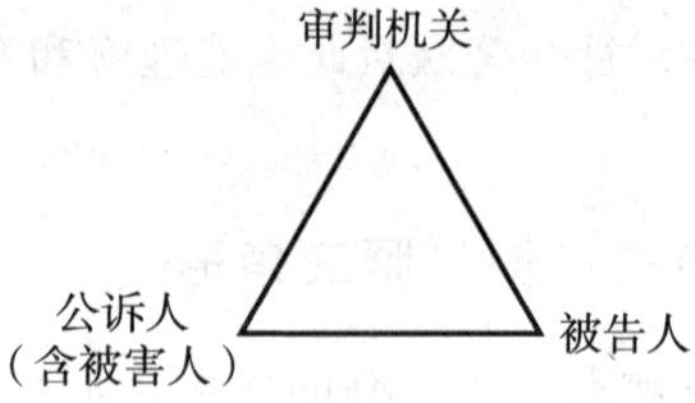

图1

刑事和解的静态图景应当是倒等腰三角形（简称“倒三角形”），如图2所示：

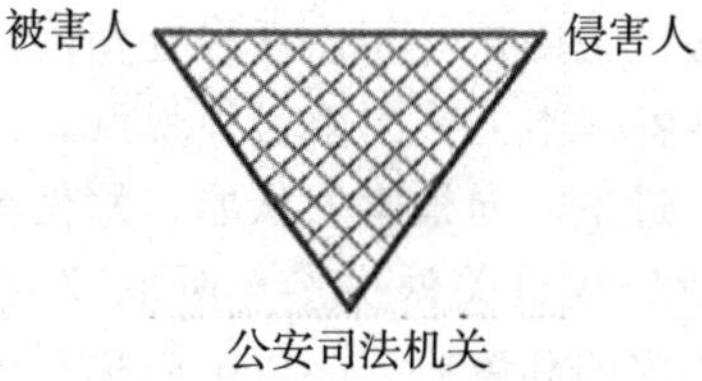

图2

在该图景中，被害人与侵害人共处于主体地位并在司法机关之上，与传统的正三角形中被害人隐居于公诉机关之后不同，也与双方同居于审判机关之下有别，由此凸显出了他们的主体地位及相应的权利、义务关系。这种权利、义务关系，可以图景加以说明，如图3所示：

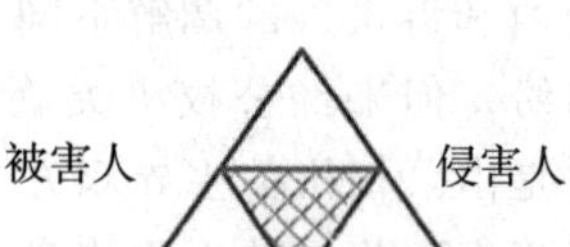

图3

倒三角形与正三角形的关系，可表示为：

（1）倒三角形是以正三角的存在而存在的，即刑事和解的产生、存在和发展依附于刑事诉讼的存在。

(2) 两图形之间既不是相互平行、并列且大小相等的关系，如图，也不是相连一边而形成的菱形关系，如图。

(3) 二者是大小不等、包含与相嵌的关系。理由有二：其一，谓其大小不等，是因为刑事和解只是刑事诉讼中的一个组成部分，绝非全部。其二，谓其具有包含与镶嵌关系，是因为它们依据的事实和法律是相通的，和解的事实是在刑事诉讼中查明的，和解的过程各程序是在整个刑事诉讼中进行的，和解的结果和效力是由公权机关决定和认可的，并由相应的法律文书予以确定和发生法律效力的。

(二) 刑事和解的运行机制

刑事和解的关键在于它的运作机制。倒三角形的两角代表刑事和解主体，底点代表确认方——公权机关。其动态机制是由侵害人首先向被害人认罪和主动承担赔偿（物质、精神）义务，以真诚认罪换取对方谅解，以口头道歉换取对方理解，以悔罪之心换取对方宽恕，以赔偿损失换得对方心理平衡；经过双方沟通、协商，达成和解协议，并由被害人申请司法机关确认协议的真实可信和请求给予宽大处理；公权机关在查明案情的前提下，经审查和解协议确系双方真实意思表示，确认协议成立并根据事实、法律、道德、人情等因素，出具既公正又能被公众所接纳（法律效果与社会效果相统一）的宽大处理法律文书。刑事和解的运作，前者是民事运行机制，后者是刑事运行机制，整个流程是刑民运行机制的统一。

(三) 刑事和解的实现机理

利益，是刑事和解的基础，也是刑事和解实现的机理。其机理主要包括：(1) 侵害人赔利，被害人获利，即侵害人认罪和赔偿，被害人得到心理抚慰和获得物质赔偿。(2) 公权让小利（宽司），私权得大利，即公权略损司法公正以对侵害人给予“宽大处理”，侵害人和被害人均获大利。(3) 公权让利（宽司）是前提，私权获利是结果，即只有公权机关承诺侵害人悔罪和赔偿才得到“宽司”，私权中的侵害人才会向被害人给利，被害人才同意与其达成和解协议，并请求公权“宽司”。(4) 公权“宽司”有限度，公众接纳是界限，即公权宽处不是宽大无边，民意能宽容、能接受的程度是其边界。(5) 公权“宽司”也获利，即公权“宽司”后使得刑事案件能尽快解决（节省司法资源），被破坏的社会和谐环节得到修复（恢复社会秩序），社会主义法治、道德观念更为树立。当然，公权“宽司”也在客观上会有损司法公正，但利弊相衡，利大于弊。(6) 刑事和解之“和”是基础，

“解”是结果，即只有先有当事人双方自愿言和，才后有公权机关依法确认并对案件作出公正“宽司”的结果。从另一个角度而言，刑事和解之“解”（仇怒消解）是手段，“和”是目的，也即只有通过化解矛盾，才能实现当事人双方关系重归和好，才能修合被破坏的社会关系，促进整个社会秩序的和谐。

刑事和解之理论基础与司法公正*

刑事和解存在的理论基础和它与司法公正的关系，是理论界需要进一步探讨的问题。对此，必须结合刑事和解的特点和实际运用操作方法与步骤做探究。现分述如下：

一、刑事和解的理论基础

研究刑事和解的理论基础，旨在阐明其赖以立足之根基，从而引导人们加深对它的理解及掌握，最终促使实践者清醒、自觉地对它执行。这正如有学者所言："离开一项制度赖以存在的理论基础而谈对这一制度的严格把握，无异于缘木求鱼；缺乏对一项制度的深刻理解而要求它得到普遍的认同和遵循，在实践中必将只是一种空幻。"① 刑事和解的理论基础，有学者认为：（1）以和为贵的文化；（2）当事人主体地位的回归；（3）罪行法定原则从绝对到相对的转化等。② 笔者认为，第（1）点和第（2）点可视为刑事和解的理论基础，第（3）点则不是。还有学者认为，刑事和解的理论基础有三：（1）中西和谐文化传统的交汇；（2）被害人与被告人主体地位的回归；（3）罪行法定原则、罪刑相当原则从绝对到相对的理论转变。③ 笔者同意上述第（1）点、第（2）点是刑事和解的理论，第（3）点无特定性，说它是中国式辩诉交易的理论基础同样适用。

美国犯罪学家约翰·R. 戈姆在其《刑事和解计划：一个实践和理论构架的考察》一文中声言，刑事和解的理论基础是平衡理论、叙说理论和恢复正义理论。笔者认为，该内容具有一定的可参考性，但不具独特性。这是因为，普通（对抗）程序中的正三角形模式也是以它们为理论基础的。就刑事和解（合作）倒三角形模式而言，笔者认为其理论基础有以下五点：

---

* 作者：刘根菊。本文刊载于《法律适用》2008 年第 8 期。

① 熊秋红：《刑事辩护论》，法律出版社 1998 年版，第 74 页。

② 陈瑞华、陈国庆等：《主题探讨——刑事和解：法律家与法学家对话》，载《国家检察院学院学报》2007 年第 4 期。

③ 陈光中、葛琳：《刑事和解初探》，载《中国法学》2006 年第 5 期。

（一）和合传统，继优而成

笔者赞同有学者认为的，中国文化的精髓是“和合”。儒家主张人和、兼爱、不争、至善。社会治理，既有依法严治，也有民纠民调。和合思想就是刑事和解生成的传统土壤。在当今构建社会主义和谐社会的背景和氛围中，当事人双方求和互利，就是自然继承和合中的精华元素，而乐于走刑事和解之路。

（二）私权优先，权益自处

从倒三角形模式图景上能明显得知，侵害人与被害人（私权人）诉讼地位平等，且位居在确认方（公权机关）之上。侵害人主动向被害人认罪并承担赔偿，被害人表示是否接受以及讨价还价式的协商，均是他们对自己权益自由处分的表现。

（三）契约黏合，协商赔偿

刑事和解是以民事契约精神为纽带把当事人双方黏合在一起的，他们按照契约自由的原则，双方以平等主体的身份协商、洽谈物质赔偿之数额，几经商讨，方趋一致，才达成协议。

（四）利益互得，仇终怨了

被害人从侵害人认罪中得到心情平和，精神抚慰，从赔偿中得到物质补偿、利益享用；侵害人由此得到被害人的谅解和公权机关的“宽大处理”，获利亦多。由于双方各得其所，各享其利，故会前仇终止、旧怨了结。

（五）相对公正，诉效提高

在刑事和解中，公权机关在查明案情、确认双方协议真实之后，对侵害者依法“宽大处理”，在一定程度上有损司法公正，但也有一定的收益，即“宽大处理”换来被害人能及早获得实实在在的物质和精神利益，当事人双方争端消弭，案件较快结案，使诉讼效率提高。

二、刑事和解与司法公正

刑事和解的价值取向当然也是司法公正，但是，在某些环节上只能做到相对的司法公正。在我国，司法公正中的“司法”，是指国家司法机关根据法定职权和法定程序运用法律法规等处理刑事、民事、行政诉讼案件的活动。“公正”，对其理解和界定自古至今观点林立，各持己说。笔者认为，简言之，公正是指公平、正义、正直、正当、合理之意。司法公正包括司法实体公正和司法程序公正，二者均系刑事和解之价值追求。

（一）刑事和解与司法实体公正

司法实体公正，又称司法实质公正，是指司法机关对案件中诉讼参与人的权利、义务和责任进行处理的结果公正。就此而言，可简称为“司法结果公正”。实现司法公正首先是查明案件事实真相（发现事实真相），再根据法律、法规（正确适用法律）对案件作出公正的处理。前者是实现司法公正的前提，后者是实现司法公正的结果。在刑事和解中，实现司法公正很重要。这是因为：（1）国家、社会、公民（以下简称公众）需要司法公正。它包括对案件的处理，国家希望维护安全，社会需要恢复正常安定秩序，公民希望安居乐业。（2）被害人感到案件的处理结果使他得到了正当的利益。这包括物质上得到补偿；受伤的身体得到医治；被害的心理得到恢复；被伤的情感得到抚慰。从此仇消怨了，和睦相处。（3）侵害人感到案件处理对他是公平对待。这包括自己犯罪受到公权机关依法处理不冤枉；向被害人认罪、悔罪是心甘情愿；赔偿对方物质损失完全应当；与被害人和好使自己卸下负罪的思想包袱等。（4）公权机关为查明案情，除自身依权发现事实真相以外，还包括从侵害人的认罪、悔罪中发现他案线索并据此按图索骥取得证据并查实，是刑事和解查明案情的优势。对案件事实的证明只要有确凿证据证明已构成犯罪，但不一定非要达到充分。在被害人得到侵害人的物质赔偿和悔罪并请求公权机关“宽大处理”侵害人的前提下，可以依据有关法律、法规和宽严相剂的刑事政策对侵害人作出公正的“宽大处理”。作这种处理的案件，证明标准可能比严格证明略低，但是，只要不是显失公平（普通公众强烈反对），亦属司法实体公正（即司法结果公正）。也即刑事和解中公权机关作出案件处理达到了司法实体公正的标准。当然，这只是相对的司法实体公正。

（二）刑事和解与司法程序公正

司法程序公正，又称“过程公正”，是指司法机关处理诉讼案件必须依照已有的法律法规规定的程序、手续等行使职权。当然，所依据的程序应当有正当性，即具有正义性、合理性。司法程序公正既要求诉讼方式、诉讼手段、诉讼行为等具有正当性，又要求对当事人双方在诉讼过程中予以平等对待。近年来，我国学者对司法程序公正的标准有“三标准说”“四标准说”“五标准说”和“六标准说”。[①] 笔者认为，上述各说均有道理，但不能完全苟同。笔者主张，司法程序公正性的主要要素包括裁判者的中立性、当事人参与权利的对等性、处理案件的程序透明性、程序规则的科学性。司法程序的公正性，贯

① 肖贤富等：《司法公正干部读本》，中共中央党校出版社2001年版，第23页。

穿着保障私权利和制约公权力，使二者相辅相成，共铸公正。在刑事和解中，程序公正十分重要和必要。这是因为：(1) 程序公正是实现实体公正的保障。只有公权机关依据法定程序进行刑事和解，才能保证适用法律正确，依据的证据确凿，对案件的处理步骤先后和谐，促使和解的进展顺利，得到的结果公正和正确。(2) 程序公正是当事人双方看得见的公正。程序是客观存在的，它的构造和要素是当事人双方都能得到的。而程序是法律规定的，法律是经过广大人民群众或者公民代表制定的，其核心代表了公正。当事人双方亲眼看到了公权机关依照法律程序处理他们的纠纷和亲身体会到程序公正，由此乐意接受公权机关对其纠纷的处理。(3) 程序公正能使公众理解和接受公权机关对当事人双方的处理结果。当事人往往站在自我立场上对案件的公正不易理解，但是，公权机关是否依照法定程序处理案件，公众看得清、辨得明。只要公权机关依法定程序办案，他们就认为做到了司法公正，因而也能理解和接纳侵害人。为此，公权机关应当乐意接受当事人双方达成的"和解协议"，认真审查其真实性，决定是否确认进而依法作出"宽大处理"。经过这一系列的诉讼程序，案件事实已查明，被害人以第一主体的身份获得物质赔偿和心理抚慰，侵害人在承担赔偿、认罪的义务后获得"宽大处理"的实惠，能依法迅速结案，三方互赢，皆大欢喜。当然，实践中也应注意防止违反刑事程序以权胁迫和宽大无边，以致严重损害司法公正的现象发生。

(三) 刑事和解应实现两种公正的统一

刑事和解应实现两种公正的统一，是指适用刑事和解处理案件实现司法实体公正与司法程序公正两种价值的衡平、和谐、兼得。"衡平"，体现为前者与后者地位平行，分量并重；"和谐"表现为互为因果，相伴相容；"兼得"表现为一并获得。

1. 刑事和解是刑事诉讼程序中的一部分，应当做到程序公正与实体公正的有机统一

从前文所列，刑事诉讼和解模式与整个刑事诉讼模式的相互关系可知，前者是镶嵌在后者的模式之中，是后者的一部分。整个刑事诉讼追求的价值目标是程序真实和实体真实相统一，那么，作为它的组成部分——倒等腰三角形刑事和解，也理应如此。

2. 做到两种公正的统一，才能保证案件质量

前文已述，刑事诉讼程序是办案人员办理刑事和解案件中收集证据、查明案件真实的指南、轨道，又是依法对案件作出公正处理的可靠保障。也就是说，只有做到程序公正，才能实现实体公正。

第七章　世界各国宪法及刑事诉讼法中的无罪推定

关于被追诉者沉默权价值的研讨*

研究沉默权在当今中国已成为一个热点问题，但是，深入研究沉默权价值的文章极少。为了加深对沉默权的理解，笔者仅就被追诉者沉默权价值（以下简称“沉默权价值”）问题尽力作一些研讨，以求教于各位专家、学者。

一、“价值”和“法的价值”

（一）“价值”在国外研究的情况

一般而言，“价值”，相当于英语中的 Value，法语中的 valeue，德语中的 Wert，俄语中的 цеииость。“价值”一词与古代梵文和拉丁语中的“掩盖、保护、加固”词义有渊源关系①，是它派生出“尊敬、敬仰、喜爱”的意思才形成价值一词的“起掩盖和保护作用的，可珍贵的，可尊重的，可重视的”基本含义。②

在西方，价值论著名学者富兰克纳在总结了西方“价值”一词的使用情况及基本含义时说，“价值”及其同源词、复合词，以一种被混淆和令人混淆，然而广为流传的方式应用于我们的当代文化中——不仅应用于经济学和哲学中，也应用于其他社会科学和人文科学中。“价值”这个术语在意义上和利用上的扩展，最初始于经济学，即当时的所谓政治经济学，随着这一过程的发展，价值成了经济学中价值论的中心术语。而一些哲学家如尼采等，则在更广泛的意义上来理解价值和价值准则的概念，并在他们的思想活动中赋予这些概

---

* 作者：周国均。

① 卓泽渊：《法的价值论》，法律出版社 1999 年版，第 1 页。

② 《马克思恩格斯全集》（第 26 卷 III），第 327 页。

念以及重要地位。通过奥地利迈农、艾伦菲尔斯的著作，通过德国舍勒、哈曼特的研究，一般价值理论的观念在欧洲大陆和拉丁美洲普及开来。在英国，这种价值观念有相当影响。在美国，这种观念在第一次世界大战前后受到了热烈欢迎。培里、杜威、泰勒等人将其发展、创新。对价值和价值准则的广泛探讨也随之扩展到了心理学和各门社会科学、人文科学，甚至日常谈论的领域之中。①

哲学家们对“价值”的用法也是多种多样的。在富兰克纳看来，它们大致可以被归纳如下：

1. “价值”有时被用作抽象的名称。(1) 在广义上，只包括可以用“善意”“可取”和“值得”等术语来恰当地表示的东西。(2) 在狭义上，则包括各种正当、义务、美德、美、真和神圣。

2. “价值”作为一更具体的名词，譬如当我们谈及一种价值或多种价值时。(1) 往往是用来指被评价、判断为有价值的东西，或者被认为是好的、可取的东西。(2) 也被用来指有价值或是有价值、是好的东西，“各种价值”就意味着“有价值的各种东西”“好的各种东西”或“各种善”。(3) “价值”一词还在“评价”“作出评价”和“被评价”等词组中被用作动词。②

富兰克纳在概述了西方学者的“价值”用法之后说，像“价值”这样的词，可以也的确有多种多样的用法，即使是我们小心翼翼地使用它们也是如此；遗憾的是，在哲学和其他学科中，人们往往并非小心翼翼地使用它们。在使用这些术语时，人们应当选择一个清晰而又系统的方案，并力图前后一致。③

在国外，对“价值”的研究，除经济学、哲学以外，逐渐开始向其他人文社会科学领域渗透。例如，“培里和泰勒就列出了如下八大价值领域：道德、艺术、科学、宗教、经济、政治、法律和习惯或礼仪”④。由此，艺术价值、历史价值、法律价值、美学价值相继出现，并取得了相当大的成果。拉德勃鲁赫认为：“法律是人的创造物，只能根据人的理念，也即创造的目的或价值来理解。所以对任何法律现象不可能采取价值盲的观点。法律又是一种文化

① 转引自卓泽渊：《法的价值论》，法律出版社 1999 年版，第 1 ~ 2 页。

② 转引自卓泽渊：《法的价值论》，法律出版社 1999 年版，第 2 页。

③ [美] 培里等：《价值和评价》（中译本），中国人民大学出版社 1989 年版，第 1 ~ 7 页。

④ [美] 培里等：《价值和评价》（中译本），中国人民大学出版社 1989 年版，第 3 页。

现象，即与价值有关的事实。”①

（二）法的价值

在国外，对“法的价值”，学者们有不同的理解和界定。英国的《牛津法律大辞典》在解答什么叫“价值”时称：价值（value），经济学概念，但在法律文本中常常也很重要。价值具有精神或美学的特征，并具有使用性，可以用金钱及能够交换的物来衡量。通常最后一方面与法律有关，如“等价的持有人”或“等价物的购买人”。这两个短语中的“value”是“偿付了价钱公道的等价物”的意思。在英格兰法律中，简单契约可行的要求是：“以对价来换取允诺的允诺。”②《英国牛津法律大辞典》还称：“价值因素包括：国家安全、公民的自由、共同的或者公共的利益，财产权利的坚持，法律面前的平等、公平，道德标准的维护等。另外还有一些较次要的价值，如便利、统一、实用性等。”③ 由上可见，首先，在英国学者中，对价值在法律中解决经济问题时，认为价值就是买卖双方在契约中约定“对价”的交换。所谓“对价”，其含义是指：“一方面是一方的某种权利、利益、利润或收益的产生，另一方面是要忍受或承担他方引起的损害、损失或责任。”据笔者理解，例如，买卖双方在契约中约定，买方付给卖方一斗小米，卖方交给买方2尺棉布。就买方而言，一方面得到了2尺棉布的利益（权利），另一方面却付给了卖方（由卖方要求而引起）一斗小米的损失（尽到责任）。反之，对卖方而言，道理亦同。这就是“价值”在法律规定的购销合同中的适用。其次，“价值”因素除对价之外，还包括国家安全，公民的自由，共同的或公共的利益，财产利益的坚持，法律面前的平等，公平、道德标准的维持等以及便利、统一、实用性。

在日本，川岛武宜认为：“法律所保障的或值得法律保障的（存在这种必要性）价值，我们将其称之为‘法律价值’；各种法律价值的总体，又被抽象为所谓的‘正义’。”④ 笔者认为，将“法的价值”的定义，从总体上抽象为“正义”是正确的，但是未免过于笼统。因为，如前所述，“法的价值”因素还包括国家安全、公民的自由、共同的或公共的利益、财产之权利、公平等。

笔者认为，从上述对“价值”的研究中，可以得到如下几点启示：（1）对

① 转引自沈宗灵：《现代西方法理学》，北京大学出版社1992年版，第41页。

② ［英］沃克：《牛津法律大辞典》，光明日报出版社1988年版，第920页。可见，在英国，价值在法律中已得到适用。

③ ［英］沃克：《牛津法律大辞典》，光明日报出版社1988年版，第920页。

④ ［日］川岛武宜：《现代化与法》（中译本），中国政法大学出版社1994年版，第246页。

“价值”的研究，在国外已经经历相当长的时间，且研究得相当全面、深入。(2)“价值”一词，不仅广泛应用于经济学之中，还扩展到哲学、心理学和其他人文社会科学领域。(3)“价值”一词的含义相当丰富和复杂，经济学家、哲学家、其他人文社会科学等专家，均有不同的理解和在不同场合使用。(4)对“价值”一词含义的作用，在学者中仍未达成共识。(5)即使在哲学领域，就“价值”的理解和适用还存在使用前后不一致的情况。(6)对“价值”的研究，还有待经济学家、哲学家和其他人文社会科学等专家继续深入研究。(7)“价值”研究已深入法学领域。(8)如前所述，在法学领域，“价值”的因素众多。

（三）国内对“价值”的研究及本人的见解

自从十一届三中全会以来，我国哲学界和法学界已开始对“价值”进行研究，并取得了一定的成果。

在哲学界，有学者认为，价值一般是指客体对主体的意义；也有学者认为，价值是客体的属性对于满足主体需要的积极意义（正价值）或消极意义（负价值）；还有学者认为，价值应是客体对主体的生存和发展的效用。有学者将上述两种观点的内容综合起来说，认为价值“是指客体的存在、作用以及它们的变化对于一定主体需要及其发展的某种合适、接近或一致”①。还有学者主张，价值是指“一切能够满足人和社会需要的东西。换言之，‘价值’是指物满足人和社会需要的那种属性，即物对人和社会的有用性，是指对人的生存、发展和享受具有积极意义的一切东西”②。

综上观之，上述学者基本上认为，“价值”有两种含义：一是体现在商品中的社会必要劳动；二是指客观事物的有用性或者具体的积极作用。关于这一点，《现代汉语词典》对“价值”的解释也是如此。例如，该词典称：“价值”的含义之一是“体现在商品里的社会必要劳动。价值量的大小决定于生产这一商品所需的社会必要劳动时间的多少。不经过人类劳动加工的东西，如空气，即使对人们有使用价值，也不具有价值”“价值量，指体现在商品中的社会必要劳动”“价值形成，即商品价值的表现形式，也就是交换价值。一个商品的价值不能由这个商品自身来表现，而必须同另一种商品交换时，通过所交换的一定数量的商品才能表现出来。如一丈布可以换二斗米，二斗米就是一

① 李德顺：《价值论》，中国人民大学出版社1987年版，第13页。
② 杜齐材：《价值与价值观念》，广东人民出版社1987年版，第9页。

丈布的价值形式或交换形式。”①

由上可见，商品价值的主体是人；商品的客体是价值量，而价值量体现商品中的社会必要劳动；商品价值形式，是该商品与另一种商品进行交换中表现出来的交换形式，而该商品对于购买商品的公民来说，能起到可食用或者可穿的作用，换言之，商品的价值，就是商品的作用、用途。

马克思在创立的剩余价值理论中不仅揭示了剩余价值的含义，而且还指出了一般的价值概念。他说：“‘价值’这个普遍的概念是从人们对待满足他们需要的外界物的关系中产生的”②，是“人们所利用的并表现了对人的需要的关系的物的属性”。③ 据笔者理解，马克思的上述论断包括这样几层含义：第一，价值的主体是人；第二，价值的客体是物；第三，价值存在的前提是人的需要，而人的需要是多方面的，既有物质的，也有精神的；第四，价值的内容是满足人们的物的属性，即满足人们有益的、有利的、有用的属性；第五，价值满足人们的属性是在人与人之间需要和利用的相互关系中产生的，而不是价值自发产生的。

由于社会的发展，价值广泛地运用到哲学、人文社会科学（其中包括法学）等多种学科之中，作为价值客体的物，是哲学上的物，即指人主观世界以外客观存在的物，它们既可能是具有物质形态的物，如人、物品等，也可以是意识形态的物，如法律规定、社团规章、纪律等。价值客体的物既包括“社会物”，如山川、河流、大气等，也包括社会物，如宗教、道德等。由上可见，价值客体的物之范围是十分宽泛的。

将“价值”引入法学领域，国内有不少学者进行了研究，有些学者还出版了专著，取得了可观的研究成果。有的学者在论著中说：“法的价值是标志着法律与人的关系的一个范围，这种关系就是法对人的意义、作用或效用，和人对这种效用的评价。因此，法的价值这一概念包括以下两个方面的基本含义：第一，法律对人的作用、效用、功能或意义……第二，人对法的要求和评价。”④ 也有学者认为：“法的价值是一定的社会主体需要与包括法律在内的法律现象的关系的一个范畴。这就是，法的存在、属性、功能以及内在机制和一定人们对法律要求或需要的关系，这种关系是通过人们的法律实践显示出来

---

① 中国社会科学语言研究所词典编辑室编：《现代汉语词典》，商务印书馆 1997 年版，第 610 页。

② 《马克思恩格斯全集》（第 19 卷），第 406 页。

③ 《马克思恩格斯全集》（第 3 卷），第 139 页。

④ 严存生：《法律价值》，陕西人民出版社 1991 年版，第 28 页。

的……法的价值应该包括以下几方面的内容：法的内在要素、功能及其相互关系。第二，社会主体对法的需求。如果主体对法律没有需求，法的价值就是若有若无的，更谈不上评价法的价值问题。第三，要有法律实践这一重要环节。”① 还有的学者主张：“法的价值就是法这个客体对满足个人、群体、阶级、社会的积极意义。一种法律制度有无价值、价值大小，既取决于法律制度的性能，又取决于一定主体对这种法律制度的需要，取决于这种法律制度能满足一定主体的需要以及满足的程度。”② 由上观之，诸学者认为，法的价值包括以下几方面内容：（1）法的价值的主体，主要是人，除此之外，还包括社会主体、群体、阶级、社会。（2）法的价值的客体，是主体的需要满足的作用、效用、功能或意义。（3）法的价值的实现，需要法律实践，通过实践的途径，使法的价值在主、客体相互关系的作用中完成。（4）法的价值的大小，既取决于法律制度的性能，又取决于一定主体对这种法律制度的需要和能否满足一定主体的需要以及满足的程度。笔者赞同上述观点。

也有的学者认为：“法的价值对人的意义，之一：法对于人的需要的满足。价值都是相对主体而言的，都是主体需要的满足。没有主体的需要，就无所谓价值。满足人的需要是法的价值最基本的内容，是法对人的首要意义，人的需要是多元的、多层次的，法的价值也具有多元、多层次性……法的价值对人的意义，之二：法的价值是人关于法的绝对超越指向。”在解释什么是“绝对超越指向”时，该学者认为，“是指法的价值对于主体与现实都始终具有不可替代的指导性质。作为绝对的超越指向，法的价值对于人类关于法的行为和思想具有根本的指导意义，甚至是人的精神企求与信仰。法的价值在满足人的需要的同时，作为一种绝对超越指向，包括着人类在法上的要求和愿望。它属于人的思想的范畴，是人的相关思想与行为目标，在指导人类的同时，又评价着人类关注法与自己之间的关系，以及人类的相关思想与行为”③。笔者认为，这倒是一种很有新意的提法。这种法的“绝对超越指向，虽然是法的价值具有的超越时空、人们永远追求的目标、导向等含义”，但是，如果缺乏主体的实践，或者通过实践尚未实现主体的需求和一定程度的满足，仍然是理想性质的，尚未获得实际意义的价值，即没有实现法的价值。确切地讲，这只是法的主体（人）对法的价值的渴望和追求而已。

---

① 乔克裕、黎晓平：《法的价值论》，中国政法大学出版社 1991 年版，第 41 ~ 42 页。

② 孙国华主编：《法理学教程》，中国人民大学出版社 1994 年版，第 94 页。

③ 卓泽渊：《法的价值论》，法律出版社 1999 年版，第 13 页。

二、沉默权的价值

人在世上，享有各种各样和不同层次的权利，其中生存权、自身发展权是最根本的权利。由此产生的财产权、自由权、人格尊严权、名誉权、劳动权、受教育权等，也是很重要的权利。作为刑事诉讼中犯罪嫌疑人、被告人（以下简称被追诉者）享有的沉默权，是他们有不说话（不回答讯问或提问）自由的权利，属于人身自由权不受非法侵犯的权利。

对于所谓沉默权，国内外学者已进行过许多讨论。笔者认为，沉默权是指被追诉者在侦查、起诉、审判过程中，对警官、检察官、法官（以下简称讯问者）的提问享有缄口不语的权利。它的特点包括：（1）沉默权的主体是被追诉者；（2）沉默权的表现形式是缄口不语；（3）沉默权的客体是能满足他免受刑事追究或者免受重罚的愿望和好处；（4）沉默权价值的大小或者价值多少，既取决于各国法律制度规定在何种诉讼阶段和是否全面赋予或者是有限制地赋予被追诉者享有多大程度的沉默权，又取决于被追诉者对沉默权的需要及实现程度。同时，还取决于讯问者允许被追诉者享有沉默权多少的情况。有鉴于上述各点，笔者认为，沉默权的价值是指对被追诉者在刑事诉讼中，对讯问者的提问依法缄口不语，以维护自身利益和权益的权利。对沉默权的价值国内法学界鲜有学者论及，有待深入研究。

在国内，有学者认为："沉默权的诉讼价值"有三点："1. 沉默权是平衡刑事诉讼中的政府权力与个人权利、维护程序公正的一项重要条件……2. 沉默权有助于防止无罪的人受到刑事追究，保证准确地起诉和审判……3. 沉默权有助于防止官方权力的滥用，维持刑事程序的公信力。"① 笔者认为，这不属于被追诉者享有的沉默权的价值。因为，参照前文对沉默权价值的概念和特点所作的界定，沉默权价值的主体是行使沉默权的被追诉者，沉默权的客体是被追诉者在行使沉默权后自己得到免受刑事追诉或者免受重罚的利益。以此两点观之，该论者所言之沉默权价值不属于被追诉者享有的沉默权价值。不过，笔者认为，该论者所说的沉默权价值，不如视为沉默权在刑事诉讼中的作用更合适。

也有学者认为，沉默权的"价值蕴涵"有两方面："价值蕴涵之一：体现

---

① 孙长永：《沉默权的是非之争与正当根据（下）》，载《现代法学》2001 年第 4 期。

程序正义理念”“价值蕴涵之二：实现人权保障与惩罚犯罪的统一”。[①] 笔者认为，该论者所说的沉默权规则的价值蕴涵，亦是沉默权在刑事诉讼中的作用，而不是被追诉者享有的沉默权价值本身的蕴涵，其理由已如上述。

笔者认为，沉默权的价值，主要包括如下几项内容：

（一）沉默权的权利保护价值

权利体现在社会习惯、宗教、道德、法律等诸多方面，包含着相应的习惯权利、宗教权利、道德权利、法律权利等内容。权利是在人与人的相对、相容的社会结构中产生和存在的。“权利具有权利主体自主的权能和利益属性。权利的外在表现为权能或者利益。总之，权利，是在社会中产生并以一定社会成员的承认为前提，由其自主享有的权能或者利益”[②]。笔者完全赞成这种观点。

具体到刑事诉讼中的被追诉者享有的沉默权而言，它是法的权利中的一种，是刑事诉讼法律制度确认（规定）的一种法定权利。这种权利有如下特点：(1) 沉默权是被刑事诉讼法律化了的社会权利。这种法律化表现为在刑事诉讼法（当然也包括刑事证据法或者其他法律）中有明文规定。不过，这种沉默权还只是被追诉者企望的权能，而不是实际已享受到的权益。(2) 沉默权是由刑事诉讼法等法律保障的。这就意味着，被追诉者享有的沉默权有了法律上的保障条款，而讯问者应当允许被追诉者实质上而不是形式上享有沉默，否则，侵犯沉默权的讯问者就要受到法律的追究。这种追究只是一种手段，其目的在于保障被追诉者享有的沉默权的实现。(3) 被追诉者行使沉默权的态度和行为都是自主决定的。他可以行使沉默权，也可以放弃沉默权，其目的在于对自己有利。

在控辩模式（形式）的刑事诉讼中，指控犯罪的属于控方，否认犯罪或者为轻罪、轻罚进行辩护的为辩方，居中裁判者为裁判方。控、辩双方处在相互尖锐对立又相互制约的统一体系之中。在公诉案件中，控方的力量强大，既有高素质的警察运用包括各种刑侦技术和高科技手段依法进行侦查取证的优势，又能利用相当长的侦查期限作大量的收集证据、固定证据、证明犯罪及罪重的工作。与此相比，对被追诉者来说，在侦查期间人身自由因受羁押而被剥夺，无法去取证，同时，绝大多数人不懂法律知识或者知之甚少，防御能力差，虽然可聘请律师提供法律帮助，但在收集证据方面的手段和能力十分有限等。将控方与辩方的力量对比观之，控方的优势明显强于辩方。但是，在刑事

① 金泽刚：《沉默权规则的价值蕴涵》，载《上海政法管理干部学院学报》2001年第2期。

② 卓泽渊：《法的价值论》，法律出版社1999年版，第374页。

诉讼中，控、辩双方在有罪与无罪、罪重与罪轻的焦点问题上，又是尖锐对立的，而居中裁判的法官只能在听取控、辩双方提供的证据和理由之后作出裁判。立法者为了使法官充分、全面地了解控、辩双方的情况，也出于平衡控、辩双方的对抗力量，因此，有的国家在刑事诉讼法或者在相关的证据法中规定被追诉者享有沉默权，以此作为对抗并削弱具有强大优势的控方力度的制度。而处在劣势的被追诉者，就可以通过依法享有沉默权来与控方相抗衡，以维护自己的权利。被追诉者通过依法行使沉默权，如果控方收集不到足以证明犯罪是被追诉者所为的证据，法官就相应地依法作出被追诉者无罪的判决；如果控方收集不到证明被追诉者罪重的证据，法官就作出从轻的判处。其结果，也就达到了被追诉者行使沉默权后保护自己合法权益的目的。从这个角度讲，沉默权的权利保护价值就得到了实现。

（二）沉默权的不说话自由价值

“自由”一词，在西方，相当于英语中的“Freedom”和“Liberty”，包含着不受任何拘束地自然地生活和获得解放等含义。① 在我国，汉语中的“自由”是指“不受约束、不受限制”地自意行动，如自由发表意见。②

自由相对于人而言，具有重要的价值意义。自由是人们生存的条件、自主决定行为的体现。国外学者斯宾诺沙认为：“自由比任何事务都为珍贵。有鉴于此，欲证明容纳自由，不但于社会的治安没有妨害，而且，若无此自由，则敬神之心无由而兴，社会治安也不巩固。我相信我的此举，也无非无益之举。”③ 由此可见，该论者不仅充分肯定了自由的珍贵价值，而且还认为自由对巩固社会治安没有妨害。卢梭认为：“在一切动物中，区别人的主要特点的，与其说是人的特性，不如说是人的自由主动者的资格。自然支配着一切动物，禽兽总是服从的；人虽然也受到同样的支配，却认为自己有服从或反抗的自由。而人特别是因为他意识到这种自由，因而才显示出他的精神的灵性。”④ 由上可知，卢梭既认为自由是人的自由主动者的资格，又认为自由是人区别于一切动物的特点，还认为人能意识到有服从或者反抗自然支配他的自由等。

马克思和恩格斯关于自由对人的价值作出过精辟的论述。马克思说：“自由确是人所固有的东西，就连自由的反对者也在反对实现自由的同时来实现着

① 卓泽渊：《法的价值论》，法律出版社 1999 年版，第 389 页。

② 中国社会科学语言研究所词典编辑室编：《现代汉语词典》，商务印书馆 1997 年版，第 1669 页。

③ 转引自《中国法学原著选读》，法律出版社 1986 年版，第 419 页。

④ 柳文超、李培湘主编：《西方自由民主研究》，重庆出版社 1990 年版，第 96 页。

自由：他们想把曾被他们当作人类天性的装饰品而否定了的东西攫取过来，作为自己最珍贵的装饰品。”① 这段论述表明，马克思肯定了自由是人所固有的东西，就连反对无产阶级争取自由的资产阶级统治者，也是这样认为的。他还说：“没有一个人反对自由，如果有的话，最多也只是反对别人的自由。可见各种自由向来就是存在的，不过有时表现为特权，有时表现为普遍的权利而已。”② 这句论断告诉人们，没有任何人会反对自由，即使有人反对的话，在资本主义社会，最多也只是资产阶级反对无产阶级有自由。自由向来是客观存在的，不过，其表现形式有时表现为资产阶级享有自由的特权（如剥削自由），有时表现为人人享有自由的普遍权利（如人人有支配时间的自由等）而已。马克思的最后结论是：“对人来说只有体现自由的东西才是好的”③。这是马克思对体现自由的东西的肯定评价，就沉默权表现被追诉者有不说话的自由而言，对被追诉者就是一件大好的事情。

革命烈士方志敏曾说过：“生命诚可贵，爱情价更高，若为自由故，二者皆可抛。”这里所说的自由，虽然是指全国受苦受难的人民的自由，但是，却从另一个角度表明了革命先烈对自由的强烈期愿和对自由价值的崇高评价。

沉默权是由法律（在法律已有规定时）赋予被追诉者对讯问者的提问享有不说话的自由，这是法律规定范围内的自由。它是沉默权重要的价值之一。

关于沉默权的自由是与法律密切相关的问题。从自由与法的关系来看，自由需要法律作保障，法律规定自由的范围。人们只有在法律规定的范围内行使自由权，才能实现自己享有的自由，也不妨碍他人获得自由。对于自由与法律的关系，孟德斯鸠指出：“在一个国度里，也就是法，在一个有法律的社会里，自由仅仅是：一个人能够做他应该做的事情，而不被强迫去做他不应该做的事情。我们应该记住什么是‘独立’，什么是‘自由’。自由是做法律所许可的一切事情的权利；如果一个公民能够做法律所禁止的事情，他就不再有自由了，因为其他的人也同样会有这个权利。”④ 卢梭也说：“唯有服从人们自己所规定的法律，才是自由。”⑤ 上述先哲所讲的自由与法律的对立统一关系，笔者认为是完全正确的，也是引导人们在理解自由与法律关

---

① 《马克思恩格斯全集》（第1卷），第63页。

② 《马克思恩格斯全集》（第1卷），第63页。

③ 《马克思恩格斯全集》（第1卷），第67页。

④ ［法］孟德斯鸠：《论法的精神》（上）（中译本），商务印书馆1982年版，第154页。

⑤ ［法］卢梭：《社会契约论》（中译本），商务印书馆1980年版，第30页。

系时应坚持的原则。

马克思主义法律观认为，法与自由的关系是辩证统一、相辅相成的，二者不可偏废。马克思说："法律不是压迫自由的手段，正如重力定律不是阻止运动的手段一样……法律是肯定的、明确的、普遍的规范，在这些规范中自由的存在具有普遍的、理论的、不取决于个别人的任意的性质。法典就是人民自由的圣经。"① 他还说："哪里的法律成为真正的法律，即实现了自由，哪里的法律就真正地实现了人的自由。"②

由上可见，法律所规定的自由，是指在一切社会中由法律确认并受到保障的、由人们按照自己的意志进行活动的权利。在被追诉者享有沉默权这个问题上，他们享有的自由权利是指在不同的国度里，由该国法律确认并受到保障，由被追诉者按自己的意志对讯问者的提问行使缄口不语的权利。

上述定义，包括如下几个方面的内容：(1) 沉默权的自由，是指被追诉者享有缄口不语自由的权利。这是因为，在马克思看来，自由是人权的组成部分。(2) 沉默权的自由，是由某国法律所确认并受到保障的自由权利。这是沉默权自由的外部特征，是与其他自由（如道德自由、习惯自由、思想自由等）的重要区别。沉默的自由因受法律的确认和保障，因此，法律排除任何人违法侵犯被追诉者行使沉默权的自由。(3) 沉默权的自由，是由被追诉者按照自己意志进行活动的自由权利。这是因为被追诉者享有的沉默的自由，不仅仅是思想的自由，还是进行活动的自由，并以缄口不语的形式表明行使自由权。

三、沉默权价值的实现

沉默权价值的实现，是指沉默权价值规定经过被追诉者行使法定的沉默权转化为现实的过程和结果，既包括沉默权价值实现的过程——沉默权价值实施，又包括沉默权价值实现的结果——沉默权价值实施的社会效果。二者的关系是：沉默权价值实现的过程是沉默权价值的结果得以实现的条件或者前提；沉默权价值实现的结果是沉默权价值实现过程的结局或者终了的状况。

沉默权价值的实现，需要有沉默权制度予以确定和保障。沉默权制度一旦确立，沉默权价值的追求也就由立法机关赋予在沉默权的规范之中。由于沉默权价值是沉默的精神内核，因此，沉默权的实现中也就包含有沉默权价值的应然实现。即使任何一部法律将沉默权制度规定得如何如何好，倘若不被实现（执行），那么，沉默权的价值就等于零；如果被部分地实现（执行），那么，沉

① 《马克思恩格斯全集》（第1卷），第71页。

② 《马克思恩格斯全集》（第1卷），第72页。

默权价值只能得到部分实现；只有当沉默权制度的规定得到全面、充分的实现(执行)，那么，沉默权价值才能得以全面、充分的落实和体现。由此可见，法律制度规定沉默权和沉默权得以实现，对沉默权价值的实现具有重要的作用。

（一）沉默权价值实现的条件

沉默权价值实现的条件很多，但笔者认为，如下几个条件尤为重要：

1. 在沉默权制度中体现沉默权价值

由于沉默权制度是由国家立法机关的立法官员根据统治阶级的意志，在宪法、刑事诉讼法或者证据法中规定的，因而立法官员的沉默权价值观（认识）在制定沉默权制度中起着十分重要的作用。持沉默权价值十分重要观点的立法者，会在自己的立法建议中充分考虑到沉默权价值；持沉默权部分价值者，就会在立法建议中赋予沉默权部分价值；持沉默权价值没有什么作用的立法者，就会在自己的立法建议中不建议建立沉默权制度。由上可见，立法者对沉默权价值的重视、部分重视或者根本不重视或者反对者，对建立沉默权制度有着很大影响。

欲使沉默权的价值得以实现，首先，必须使立法者对沉默权价值的重要性有充分、高度的认识。其次，要促使他们在立法建议中主张建立沉默权制度的。至于是主张建立无限沉默权制度，还是主张建立有限沉默权制度；是主张在整个刑事诉讼中建立沉默权制度，还是在某个或者某两个诉讼阶段建立沉默权制度，这些只是主张建立沉默权制度赋予被追诉者享有多少、多大程度的沉默问题，而不是不主张建立沉默权制度的问题，也不是忽视或者反对沉默权价值的问题。如果立法者不主张建立沉默权制度，那么，沉默权价值也就因此荡然无存。有鉴于此，建立起沉默权制度和在沉默权制度中体现沉默权价值是沉默权价值实现的首要条件。

2. 讯问者具有良好的价值修养

讯问者具有良好的价值修养，是指警官（侦查人员)、检察官（审查起诉人员)、法官（审判人员）具有较好的对沉默权价值的认识水平和能力。只有他们具备了这种修养，才能从侦查方面理解和执行沉默权制度，使沉默权价值得以实现。柏拉图指出：“每个人都清楚，立法工作是很重要的事情，可是，如果在一个秩序良好的国家安置一个不称职的官吏去执行那些制定得很好的法律，那么这些法律的价值便被掠夺了，并使得荒谬的事情大大增多，而且最严重的政治破坏和恶行也会从中滋长。”① 这段论述，清楚地指明了称职的执法

① 转引自《西方法律思想史资料选编》，北京大学出版社1983年版，第26页。

官执行制定得很好的法律，对法律价值的实现具有重要影响。笔者认为，这种观点是正确的，对实现沉默权价值也是适用的。

之所以讯问者要有良好的价值修养，这是因为：沉默权价值深藏于沉默权制度及其规范之中，只有讯问者具有良好的价值修养，才有对沉默权制度的价值追求，此为其一；其二，因为沉默权价值准则本身是难以准确把握的，只有讯问者具有一定的价值修养，才能认识到社会与沉默权制度所认同的沉默权价值；其三，因为讯问者在实现沉默权价值的过程中，还需要克服自身在对沉默权价值认识上的偏见。人们对沉默权价值的认识是多元的，讯问者也一样。只有讯问者具有良好的价值修养，才不会以自己的价值追求代替沉默权的价值追求，就不会被自己的感情左右，或者屈从外界的干扰或压力，而不执行沉默权制度赋予被追诉者的沉默权。

（二）沉默权价值实现的障碍及解决的途径

沉默权价值实现的障碍，是指沉默权价值实现中遇到的困难和阻碍等不利因素。研究它，可以有针对性地寻找如何克服困难和阻碍，探求沉默权价值实现的途径和方式，以促进沉默权价值在刑事诉讼中得以真正实现。沉默权价值实现的障碍主要有客观障碍和主观障碍两个方面。现分述如下：

1. 沉默权价值实现的客观障碍

沉默权价值实现的客观障碍有许多，主要有沉默权制度设置上的障碍和沉默权价值实现的社会条件障碍。

（1）关于沉默权价值实现的制度障碍问题。当前，在我国刑事诉讼法没有规定沉默权的情况下，没有设立沉默权制度就是沉默权价值实现的首要障碍。这是因为，设立沉默权制度是沉默权价值实现的前提，没有沉默权制度，也就根本谈不上沉默权价值的实现。然而，设置（确立）沉默权制度，从积极意义上讲，是侦查、检察、法院、律师协会等各方利益求得最大化的过程；从消极意义上讲，是这四方互相争权的过程；从综合上讲，是四方利益相互妥协的过程。从各方利益方面看，控方（侦查机关、检察机关）考虑到赋予被追诉者享有沉默权，必然会增加侦查破案和起诉的诉讼成本，因此，最反对在刑事诉讼法中设置沉默权制度，也是沉默权价值实现的最大障碍。但是，作为辩方的律师协会则主张设置沉默权制度，则实现沉默权不会遇到障碍。而作为居中裁判的法院，虽然不强烈反对设置沉默权制度，但是，出于在审判中被告人一旦行使沉默权会造成拖延诉讼或者难以下判等考虑，会对设置沉默权持消极或者一定程度的抵制态度。对这些矛盾如何解决，这就不得不由国家立法机关出面邀请四方集中到一起，听取不同意见，并主持协商、协调，在根据国际上有关刑事司法原则和中国的国情，在顾及各方利益的基础上，在我国刑事诉讼中作出是否应当设置沉默权制度或者设置何种类型的沉默权制度的决定。一旦决定并设置了沉默权制度，那么，只要执法人员坚决执行，被追诉者知道并行使沉默权，那么，沉默权价值就或多或少得以实现。

消除沉默权价值实现在制度设置方面的障碍，首先，要在我国刑事诉讼法中规定沉默权制度。要做到这一点，就必然会涉及我国《刑事诉讼法》第93条规定的“犯罪嫌疑人对侦查人员的提问，应当如实回答”的障碍。如果刑事诉讼法规定犯罪嫌疑人享有沉默权，为了消除这种障碍，立法机关就不得不取消上述规定。

除此之外，还必须在刑事诉讼法中增加相应的法律制度或者原则，诸如，讯问人员在讯问前应当告知他们享有沉默权的规定；当侦查人员第一次或者第二次讯问被追诉者时，律师有权在场；非法获取被追诉者的供认无证据效力；能证明犯罪事实存在和罪重的关键证人必须出庭作证；建立具有中国特色的辩诉交易制度等。

（2）关于沉默权价值实现的社会条件障碍问题。沉默权价值的实现，依赖于沉默权制度的设置，而它的设置，又必须依赖于侦查机关人员素质、刑侦设备等客观社会条件。立法机关在考虑是否在刑事诉讼法中设置沉默权制度或者设置何种类型的沉默权制度，就不得不顾及当前侦查机关的上述客观条件。如果立法机关决定并同意在刑事诉讼法中规定赋予被追诉者享有无限沉默权，那么，他们行使沉默权得到的价值就大；如果刑事诉讼法只规定赋予被追诉者享有有限沉默权，那么，他们行使沉默权得到的价值就相对较小。由此可见，社会现实中的客观条件，是沉默权价值实现的另一个客观障碍。要解决上述障碍，笔者认为，首先，国家要加大对侦查机关购买刑侦设备和用于侦查的经费，实行科技强警、富裕待警；其次，应当补充学历高、素质高的公安法律等大专院校本科生、硕士研究生、博士研究生到侦查部门；再次，通过专业培训，提高在职侦查人员的政治、业务素质；复次，应奖励和选拔具有高素质的侦查人员；最后，改革侦查体制，建立起快速、高效的侦查体系等。

2. 沉默权价值实现的主观障碍

沉默权价值实现的主观障碍，是指沉默权价值实现过程中遇到有关人员对沉默权价值的误解、偏执等主观因素，包括对沉默权价值认识的误解和对沉默权价值偏执认识两个方面。

对沉默权价值认识的误解，其主体包括立法人员、侦查人员、审查起诉人员和审判人员等。这种误解主要表现在，一部分立法、侦查、起诉、审判人员误认为，法律赋予被追诉者享有沉默权，就是赋予他们拒不认罪的王牌，是一种庇护被追诉者的法律制度，沉默权的价值是被追诉者享有价值专利，对追诉犯罪有弊而无利。

笔者认为，产生误解的主要原因是：首先，是他们对沉默权制度的发展历史，在国外刑事诉讼中的适用情况，以及沉默权制度对保障被追诉者的合法权益和加强辩方的抗辩力度，对实现司法公平、公正等重要作用未清楚认识。其次，担心建立沉默权制度，允许被追诉者享有沉默权，会大量放纵犯罪，有损保护国家、集体和公民的合法权益，会影响社会的治安稳定，等等。当然，笔者也不否认，设置沉默权制度，赋予被追诉者沉默权，可能会出现放纵犯罪的情况，但是，只要通过采用前述措施增添先进侦查设备、增强侦查能力，完善侦查体系，建立相应的法律制度，就可以大大减少这种负面影响。

为克服上述主观障碍，很有必要广泛研究并大力宣传实行沉默权制度和追求沉默权价值的利大于弊，消除相关人员对它们的误解，此为其一。其二，应建立起类似美国实行的公民收支只能使用银行卡的制度，不允许公民手头上有大量现金。这对侦破金融犯罪、贿赂犯罪等案件具有重要作用。在这些案件中，只要从银行账户上就可以查明被追诉者违法资金的来源情况，即使被追诉者行使沉默权，办案人员也能凭银行出具的书面证据认定他犯罪。做到这一点，就可以部分消除因被追诉者行使沉默权而逃避刑事追究的顾虑，从而消除某些反对设置沉默权制度人员的误解。

侦查、起诉人员对沉默权价值的偏执认识，是沉默权价值实现的另一个障碍。这种障碍，是由于少数侦查、起诉人员对沉默权制度的故意不执行和故意不去追求沉默权价值造成的。

为了克服上述障碍，笔者认为，首先，要启发、教育侦查、起诉人员认识到法律赋予被追诉者享有沉默权，对实现司法公正和适应世界刑事诉讼民主化的趋势的意义，提高认识，克服对沉默权价值认识的偏执情绪。其次，应当建立起采用录音、录像设备同步记载讯问的情况，以监视、发现、固定讯问人员采用刑讯逼供等非法手段获取被追诉者违心供述的情况。最后，应采用合适的惩罚措施处理使用刑讯逼供等手段取供的讯问人员，以儆效尤。

当然，笔者研究沉默权的价值，一方面是出于促进对这个问题的深入探讨，另一方面也意在宣传沉默权价值在沉默权制度中的地位和重要性。笔者主张在我国刑事诉讼法中确立沉默权制度，以实现沉默权价值。但是，由于确立沉默权制度是一项非常复杂和艰巨的系统工程，因此，主张根据我国的国情，吸收国外沉默权制度和与此相关的法律制度的合理因素，建立起符合我国国情、具有中国特色的有限沉默权制度，以实现有限沉默权的价值。

在我国确定沉默权原则几个问题之研讨*

近几年来，特别是我国签署加入《联合国公民权利和政治权利国际公约》之后，关于犯罪嫌疑人的沉默权问题，引起了学界及司法实务部门的广泛关注和探究。对于在我国刑事诉讼法中是否应补充规定沉默权和如何规定的问题，学者们各抒己见，仁者见仁，智者见智。沉默权问题渐渐成为一个热点问题。为参与本题探讨，试述己见。

一、沉默权概述

（一）沉默权和不被强迫自证其罪权的起源和发展

沉默权从产生发展到今天，已经有800余年的历史。据有关学者考证①，在英国，关于争取沉默权的斗争最早可追溯到12世纪早期。1066年以后，教会法院实行纠问式诉讼，法官有权依照教会法定罪的规定，要求被告人忠实地回答法官的提问并作承认犯罪的宣誓。否则，将对其定罪判刑。出于维护人格尊严，被告人本能地反对这样做，并与教会法院展开激烈的斗争。在这场斗争中，世俗法院出于自身利益的需要，也抵制教会法院推行承认犯罪的宣誓程序，在客观上就起到了被告人反认罪宣誓的配合作用。

世俗法院在反对宗教法院宣誓程序的同时，王座法院、星座法院和高等委员会等发展了自己的纠问式诉讼程序，其中包括强迫被告人当庭作自供其罪的誓言（纠问誓言）。这种纠问式诉讼程序与普通法院所形成的弹劾式诉讼发生了冲突。1568年，普通上诉法院首席大法官戴尔第一次以反对在王座法庭进行纠问誓言为由，为一名被迫宣誓者签发了人身保护令。戴尔的这种做法，后来被抽绎成为一句名言："任何人都不得被强迫提供反对自己的证据。"② 在查尔斯和罗德统治时期，星座法院指控李尔本运输煽动性书籍进英国，他对此断然否认，同时要求与控告者当面对质，并拒绝宣誓。由于李尔本拒绝宣誓，星

---

* 作者：周国均。本文原分为上、下篇，分别载于《中国法学》2000年第2期、第3期。

① 易延友：《沉默的自由》，载《中国律师》2000年第1期。

② 易延友：《沉默的自由》，载《中国律师》2000年第1期。

座法院于1639年以他犯藐视法庭罪，将之判刑并投入监狱。李尔本在受到鞭刑后，向众多在场公民控诉纠问程序的不公正、不人道。由于议会和清教徒利用像李尔本这样的典型案件向王国发动进攻，最后终于获得了权力，并在李尔本受鞭笞后的两年内，就使他的反对宣誓观点得到大多数人的赞同。1641年，议会裁决星座法院对李尔本一案的判决违法，并禁止在刑事案件中使用纠问宣誓。1688年，国王詹姆斯二世起诉7个主教违抗他关于取消所有反对极端主义的法律、命令。在这个案件中，沉默权在英国牢牢地站稳了脚跟。在拒绝签发一个请愿书以保护清教会时，大主教圣克莱夫特诉诸这样一句名言："我有权拒绝回答任何可能使我自证其罪的问题。"① 这就是沉默权产生的第二阶段，也是在16世纪被告人开始在普通法院的审判中行使沉默权以抵制法官提出纠问式问题的阶段。

规定被告人享有沉默权的最早成文法是1898年的英国《刑事证据法》。后来这个权利又被1984年的《警察与刑事证据法》《法官规则》（第1条、第2条、第3条）以及实践法典所间接确定。鉴于实行沉默权对打击日益增多的犯罪分子不力的情况，北爱尔兰于1988年颁布的仅适用于北爱尔兰的《刑事证据法》明确规定，法官在特定情况下，可以对被告人保持沉默作出对其不利的推定。1991年成立的皇家司法委员会，经过两年多的调查和研究，于1993年就英国刑事诉讼制度改革问题提出了一份报告。报告特别对沉默权问题提出："沉默权目前实际上只在少数案件中得到行使。它的行使经常发生在那些被告人可以得到有关法律建议的严重案件之中。"其结论是不完全抛弃沉默权规则，原来实行的那种由警察警告嫌疑人不被强迫回答问题的做法应当继续坚持，不应从被告人的沉默中推导出对其不利的结论。但是，委员会建议对沉默权规则进行一定程度的改革。在此前后的一段时间里，英国的学者、律师、法官等就沉默权规则展开了较为广泛的讨论甚至争论。其焦点问题是能否从审判前被告人保持沉默中得出对其不利的推论，以及这些推论能否在陪审团面前进行评论，反对和赞成的呼声都很高。这种争论一直持续到1994年《刑事审判与公共秩序法》颁布为止。② 根据1994年《刑事审判与公共秩序法》第34条、第35条、第36条、第37条的规定，在法定的情况下，被告人的沉默权可以被用作对他作出不利裁判的证据。除此之外，在其他情况下，沉默权仍然有效。这就是英国对沉默权作出的一定限制的具体内容。《美国联邦刑事

① 易延友：《沉默的自由》，载《中国律师》2000年第1期。

② 《关于改革沉默权规则问题》，载陈光中、江伟主编：《诉讼法论丛》（第2卷），法律出版社1998年版，第368页。

证据规则》第58条（b）中的（D）款规定，被告人有“保持沉默”的权利。某些大陆法系国家的法律中，也规定了沉默权或者不受强迫自证其罪的内容或者精神，例如《法国刑事诉讼法典》第128条、第133条，《德国刑事诉讼法典》第136条第1款，《日本刑事诉讼法典》第311条第1款，《意大利刑事诉讼法典》第64条第3款、第210条第4款，另外，《保加利亚刑事诉讼法》第8条第3款，《波兰刑事诉讼法》第62条，《南斯拉夫刑事诉讼法》第218条第3款，等等。

少数国家宪法规定，被告人有不被强迫自证其罪的权利。例如，美国宪法第5条修正案规定，任何人“不得在任何刑事案件中被迫自证其罪”。加拿大权利和自由宪章第11条规定，被告人有权在针对自己的刑事指控中不被强迫作证。

沉默权及其任何人不被强迫自证其罪原则，不仅为某些国家的法律所规定，而且其某些内容或者精神被联合国有关规章及其他国际性文件所确认。例如，联合国《公民权利和政治权利国际公约》第14条（3）（g）、联合国《少年司法最低限度标准规则》（《北京规则》）第7条、1994年9月10日召开的世界刑法学协会第十五届代表大会通过的《关于刑事诉讼中的人权问题的决议》第17条等。

综上所述，沉默权与不被强迫自证其罪权的产生和发展经历了一个时间长久、道路曲折、范围逐广的过程。研究在法律中如何规定沉默权问题已成了完善法制的一大趋势。

（二）沉默权的概念、内容及其理论基础

概念是事物本质属性的反映，内容是反映其本质属性的范围，也即事物的外延，要研究某事物的理论基础及与其他事物的相互关系，首先应当明确该事物的概念、内容、特征等，然后才能有针对性地分析、探讨其理论基础以及与其密切相关的问题，这是研究问题的正确方法和科学思维逻辑。据此，现就沉默权的概念、内容、特征等问题略述管见。

1. 沉默权的概念

对沉默权概念的界定，学界认识不一。总的看来，有这样几种：“沉默权是指在刑事诉讼中，犯罪嫌疑人或被告人享有对司法人员，包括警察、检察人员、法官的讯问保持沉默，不证明自己有罪的权利。”① “沉默权是犯罪嫌疑

① 曾辉林：《简论沉默权对完善我国刑事诉讼制度的意义》，载《人民司法》1999年第6期。

人、被告人依法享有的，对司法官员的提问保持沉默或拒绝回答且不因此而推定为有罪的权利。”① “沉默权，即拒绝陈述权。”② “……沉默权，即拒绝供述的权利。”③ “被告人的沉默权是指被告人在受到审判、检察和侦查人员讯问时有权拒绝予以回答的权利。”④ “刑事沉默权，是指在刑事诉讼中，犯罪嫌疑人、被告人享有不自证其罪，可以对司法人员的讯问保持沉默的权利。”⑤ “沉默权是与反对自我归罪证据紧密地联系在一起的，因此，沉默权又被称为反对自我归罪的特权。”⑥

综上所述，诸学者为沉默权所下定义均有可取之处，也有尚需商榷探讨之必要，笔者认为，吸收其合理因素并结合我国实际情况，沉默权似乎应当包括如下构成要件：

第一，权利主体，即享有沉默权的主体，应当是被追诉者，包括犯罪嫌疑人和被告人。因为，在为沉默权下定义的时候，首先应当考虑到权利主体，即谁享有这一权利，否则它将失去存在的意义；其次要考虑到主体范围，即哪些人享有这一权利，当然是犯罪嫌疑人和被告人。这样表述，不仅反映了权利主体的完整性，而且反映了权利主体所跨越的诉讼阶段，即犯罪嫌疑人是权利主体在侦查、审查起诉阶段的称谓，被告人是在审判阶段（含一审、二审、死刑复核程序）的称谓，即自法院受理以后到判决生效以前之称谓。因此，在为沉默权界定概念时，应当包括完整意义上的权利主体——犯罪嫌疑人、被告人。

第二，与权利主体相对应的是追诉者，在我国包括公安司法人员，即警察、检察官和法官。因为，这些机关和人员是否严格执法、是否能切实保障被追诉者享有沉默权，关系到该项权利能否落到实处，能否实现立法宗旨和确保犯罪嫌疑人、被告人沉默权的实现，因此，在为沉默权下定义时，必须包括该项内容。

---

① 张倩：《沉默权及其限制》，载《闵行审判研究》（上海）1999 年第 4 期。

② 陈光中、张建伟：《联合国〈公民权利和政治权利国际公约〉与我国刑事诉讼》，载《中国法学》1998 年第 6 期。

③ 周国均：《拒绝强迫自证其罪与沉默权》，载《法制日报》1999 年 1 月 2 日第 7 版。

④ 姚彬：《口供刍议》，载《法学天地》1997 年第 3 期。

⑤ 梅芳、尚进：《论刑事沉默权的诉讼价值及缺陷》，载《当代法学》1999 年第 5 期。

⑥ 易延友：《沉默权与无罪推定原则的关系》，载《检察时空》（北京市检察院二分院）1999 年第 2 期。

第三，行为方式应当是针对讯问有权缄口不语。该项是沉默权的关键内容，对于在概念中所引的第三种、第四种观点，笔者认为，“陈述”与“供述”，虽然仅一字之差，其表达的方式均有用沉默不语或作特殊的口头回答（如有的被追诉者说“无可奉告”或者“我什么也不会说的”等）方式，但是，二者所包含的内容的多少即外延大小却不相同。前者包含内容广泛，既有对供认犯罪的沉默，也有对辩解无罪的沉默；后者包含的内容较为狭窄，即只包括对供认犯罪的沉默，不包括对辩解的沉默。笔者认为，上述两种表述无论范围广泛还是狭窄，均不是沉默本身的含义，沉默本身的含义应当是缄口不语，即不作声和不作其他形式的表示。至于有的学者认为：“沉默权又称为反对自我归罪的特权。”对此，笔者将在“不被迫自证其罪权与沉默权”部分阐明，故不赘述。不过，需要指出的是，沉默产生的原因有二：一是在无外力胁迫情况下行为人一开始就沉默；二是行为人在外力强迫下产生的沉默。显然前者与强迫自我归罪无关联，而后者沉默的产生，则与强迫自证其罪有关。因此，决不能把沉默权与强迫自证其罪权混为一谈。

基于上述分析，笔者主张，对沉默权的界定应当是指被追诉者（犯罪嫌疑人、被告人）对追诉者（警察、检察官、法官等）的讯问享有缄口不语的权利。

2. 沉默权的内容

沉默权包括哪些内容或特定含义，在国外众说纷纭。美国学者 Chrireopher O sak We 认为，“沉默权的特定含义包括以下三种：一是被告人没有义务向追诉一方或法庭提供任何可能使自己陷入不利境地的陈述或其他证据，追诉一方不得采取任何非人道或有损被告人人格尊严的方法强迫其就某一案件事实作出供述或提供证据。二是被告人有权拒绝回答追诉官员的讯问，有权在讯问中始终保持沉默，司法警官、检察官、法官应及时告知被告人享有这一权利，并不得因犯罪嫌疑人、被告人行使这一权利作出不利的推论。三是被告人有权就案件事实作出有利或不利的陈述，但这种陈述必须是在意识到自己的行为后果的情况下作出的出于其真实意愿的陈述，法庭不得将被告人非出于自愿而是迫于外部强制或压力所作的陈述作为定案的根据”。① 经研究，笔者认为，美国学者所言沉默权的三项基本内容，简言之，第一项是关于追诉一方不得采用刑讯逼供或非人道等手段获取供述和让其提供其他证据，这是对追诉方而言的。第

① Chrireopher O sakwe; The Bill of Right sforthe Criminal Defendantin American Law, in Human Rightsin Criminal Procedure, 1982, by Martinus Nihoff Publishers. 易延友：《沉默的自由》，载《中国律师》2000 年第 1 期。

二项是关于被追诉方享有沉默权的问题。第三项是关于被追诉者就案件事实有权自由地作有利或者不利于己的陈述。笔者认为，这三项中只有第二项内容是沉默权的含义，第一项是不被强迫自供其罪的内容，第三项是不得将非任意自白作为定案的根据，第一项和第三项内容是第二项内容（沉默权）的保障。

在国内，有的学者认为，沉默权的内容包括两项含义；也有的认为，包括三项内容；还有的认为："沉默权应包含以下内容：（1）犯罪嫌疑人和被告人对与案件有关的事实有权自己决定是否作出供述，他们有不作陈述的权利，没有必须陈述的义务。（2）司法机关在追究刑事犯罪时，必须履行告知犯罪嫌疑人和被告人有权沉默之义务，保障受刑事追诉的人有自由的意志可以决定是否行使该项权利。（3）司法机关不得强迫犯罪嫌疑人和被告人作出不利于自己的证言或强迫自证其罪。（4）法院不能因为被告人行使了沉默权，而作出对其不利的判决。（5）如果司法工作人员采取野蛮及其他不人道方式强迫受刑事追究的人供认有罪，并以此等方法获得相关证据，则证据无效，不能作为定案的根据。"① 笔者认为，上述内容中第一点才是沉默权，其他均属于使沉默权得到落实的保障内容。因此，笔者认为，沉默权的含义及其内容应当是本文前述沉默权概念中所含的诸构成要素，即：（1）沉默的主体是被追诉者（包括犯罪嫌疑人、被告人）；（2）权利保障主体是追诉者（包括警察、检察官、法官）；（3）讯问的实体内容是有罪、无罪及罪轻与罪重等；（4）表述的方式是缄口不语。

3. 沉默权产生和确立的理论基础

关于沉默权产生和确立的理论基础，据笔者愚见确有不少，但为了加深对沉默权的理解和认识，对其理论基础作简要地研究和阐述。笔者认为，沉默权最直接的理论基础主要包括以下几个方面：

第一，人格尊严理应受到尊重。按照资产阶级自然法学派的观点：人生来平等，人格尊严应当受到尊重。康德说，人有天生的尊严，任何人都无权把别人当作达到主观目的的手段，每个人总是把自己当作目的。② 这就是说，任何人天生就有不被他人当作御用工具的、独立的尊严。黑尔格认为，理性的基本要求之一是必须尊重他人的权利和人格，法律是设计并用以加强和保障这种尊

① 曹秀谦、杨世强：《略论沉默权在我国的确立和适用》，载《政法学刊》1999 年第 4 期。

② ［德］康德：《道德形而上学的基本原则》，载《康德文集》（中译本），刘克苏等译，改革出版社 1997 年版，第 92 页。

重的主要手段之一。① 简言之，就是任何人的权利和人格尊严应当受到尊重。从沉默权的起源来看，在英国12世纪至16世纪教会法院纠问式中和在16世纪至18世纪的世俗法院纠问式诉讼中，法庭不承认被追诉者有人格尊严，为了惩罚犯罪，从有罪推定原则出发，用刑讯（包括鞭刑）的手段，强迫被追诉者提供有罪证据和承认犯罪。被追诉者出于人生来皆平等的理性，反抗刑讯逼供，极力呼唤和要求享有体现人格不受欺侮的沉默权，因此，可以说，人格尊严理应受到尊重，这是沉默权的理论基础之一。

第二，言论自由不受侵犯。在英国12世纪至16世纪实行纠问式诉讼的情况下，被追诉者只是诉讼的客体，而不是诉讼的主体，他们只有承认犯罪的义务，没有辩解的权利。为了取得口供，国家官吏采用刑讯等手段逼供，这在当时，被公认是合法的。在欧洲16世纪文艺复兴时代，资产阶级的启蒙思想家在反对封建农奴制的斗争中，强烈要求人人享有民主、平等、自由的权利。而这些革命的口号和精神自然渗透到刑事诉讼程序中，即被追诉者要求在刑事诉讼中与控诉者享有平等、自由的权利，其中包括言论自由的权利，即在刑事诉讼中，被追诉者对国家官吏、警察、法官的讯问，有回答或者缄口不语的权利。1688年，大主教圣克莱夫特曾说，“我有权拒绝回答任何可能使我自证其罪的问题”就是突出的例证。

第三，实现诉讼权利趋向平衡的需要。资产阶级在反对纠问式诉讼过程中，主张建立控、辩双方平等的控辩式（亦称诉辩式）诉讼形式（又称模式），力求实现司法公正。他们认为，在纠问式诉讼中，控方是国家官吏或司法官员，以国家权力作后盾，他们是追诉者，有充足的经费、必备的设备，追诉时处于强有力的攻势；而被追诉者处于人身被羁押，除了只能靠本人去抗争外，孤立无援，还可能会受到刑讯逼供等非人道的摧毁或者其他虐待。在审判中他们没有辩护权，处在十分不利的任人摆布的地位。除此之外，控方还强迫其自证其罪，辩方若有不从，控方就采用刑讯逼供等手段逼其承认。在这种诉讼中，控方与辩方的力量、权利及地位极不平等。在这种审判极不公正的情况下，主张废除纠问式诉讼并建立起控辩式的诉讼形式，即控方与辩方平等的诉讼形式已成必然。在这种诉讼形式中，被追诉者（辩方）不再是诉讼客体，而是主体，享有与控方平等的权利。为此，法律规定赋予被追诉者享有无罪推定权、不被强迫自证其罪权、辩护权、辩论权、上诉权等一系列诉讼权利，以实现诉讼权利的平等。由于沉默权是一种防御权，当辩方认为控方的提问对其

---

① 转引自［美］博登海默：《法理学——法哲学及其方法》，邓正来、姬敬武译，华夏出版社1987年版，第75页。

不利时，就有权保持沉默，不再非承认有罪不可，这在客观上就剥夺了控方强迫辩方自证其罪的权利，相反，增加了辩方防御的权利，从这个角度讲，法律赋予辩方享有沉默权，是使控、辩双方权利趋于平衡的内容之一，亦是实现控、辩平等的需要。

第四，是当事人主义诉讼形式（模式）的内在要求。世界历史告诉我们，西方国家实行的是以人为本、权利本位的原则，十分注重保护个人的人身权利和言论自由等，因而有的国家把犯罪嫌疑人、被告人享有沉默权作为一个内容在宪法中予以规定，自在必然，此为其一。其二，要使该项原则落到实处，就必然在刑事诉讼中切实保障犯罪嫌疑人、被告人的人身权利和言论自由等权利。保障被追诉者这些权利的重要措施就是刑事诉讼实行控辩式，即当事人主义的诉讼模式。在此诉讼模式中，控、辩双方利益冲突，力量悬殊，被控方明显处于弱势，为保障其人身、言论自由等权利不无节制地受到限制或者剥夺，这就要求法律赋予他们沉默权，因此，法律赋予被追诉者沉默权是当事人主义诉讼模式的内在要求。

由上可见，沉默权产生和确立的理论基础，主要体现在被追诉者的人格尊严应当受到尊重、言论自由不受非法侵犯，以实现控、辩双方权利趋于平衡和当事人主义诉讼形式（模式）的内在要求等方面。

（三）沉默权与不被强迫自证其罪权

关于沉默权的概念及内容前文已述。那么何为不被强迫自证其罪？学界观点不一。笔者认为，《布莱克法律大词典》对它的界定比较正确。该词典称："反对被迫自证其罪之权利源于美国宪法第 5 条修正案以及其州宪法。该权利要求政府在查证罪案时，不能将被告人提供的反对自身的证言用来针对被告人。然而其仅仅保护言词证据，而不保护诸如指纹、笔迹之类的实物证据。因此在审判过程中抑或是陪审团听证和调查过程中，使被告人违背自愿原则，作出的证据均归于无效。但是，当被告人自愿改变态度后，其权利是可以放弃的。"① 该论说明了此项权利的本质及其主要内容，并阐明了其主要适用规则等。

沉默权与不被强迫自证其罪权，二者的关系如何？是同一种权利，还是既相互独立又相互联系的两种权利？对此，学界有两种观点，现分述如下：

---

① 转摘自游伟、孙万怀：《论刑事诉讼中反对被迫自证其罪权》，载《法律科学》1998 年第 3 期。

1. 共同说

该说认为，沉默权就是不被强迫自证其罪权，二者没有区别。例如，有的学者认为："在英国证据法上，保持沉默的权利（righttosilence）又被称为不被强迫自证其罪的特权（privilege againstself - incrimination）"。[①] 在这种观点看来，二者毫无二致，只是名称不同而已。也有的学者说："在证据理论上，沉默权（rig htto silence）是与反对自我归罪证据紧密地联系在一起的，因此，沉默权又被称为反对自我归罪的特权（the privilegeagainstself - incrimination）"。[②] 由此可见，该学者认为，二者既无区别，又有联系。相比之下，比第一种观点增加了"紧密地联系在一起"的内容。还有的学者更直截了当地说："沉默权又称为反对强迫自证其罪。"[③] 亦有些学者采取了比较灵活的说法，认为："在理论上，有的学者认为沉默权与反对自我归罪的特权是两个不同的概念。沉默权可以拒绝提供任何情况，而反对自我归罪之特权在内容上仅限于回答导致自我归罪的问题。实际上，沉默权的说法侧重于行使此项权利的形式，而反对自我归罪则强调行使此项特权的目的，角度不同而已。另外，沉默权一般为犯罪嫌疑人、被告人主张，而反对自我归罪的特权可以适用于证人。因此，如从理论上详加剖析，两个概念之间可能存在一些细致的差别，若着重其刑事诉讼中的意义和在司法实际中的适用，将两者视为一体也无不可。"[④] 在持这种观点的学者看来，二者虽有细微的区别，但也有联系。区别是从不同的角度去理解而产生的，若从它们在诉讼中的意义和司法实践中的运用角度看，是可以将二者视为一体的。

2. 不同说

该说认为，沉默权与反对强迫自我归罪是不同的两个概念，不能将二者混为一谈。例如，有的学者认为，拒绝强迫自证其罪权与沉默权是两个不相同的权利，"前者是无罪推定的内容之一，后者又是前者内容的突出和补充"。[⑤] 也有的学者认为，"在许多国家的刑事程序中都确认了任何人不必自我归罪的原则，即任何人都没有协助证明自己实施了犯罪行为的义务，侦查机关不得强迫任何人负此项义务。作为此项原则在刑事诉讼程序中的直接体现和具体保障措

① 中国政法大学刑事法律研究中心：《英国刑事诉讼制度的新发展》（赴英考察报告），载《诉讼法论丛》1997 年第 2 卷，法律出版社 1998 年版，第 366 页。

② 易延友：《沉默的自由》，载《中国律师》2000 年第 1 期。

③ 吴俐：《被控告人享有沉默权》，载《中国律师报》1999 年 11 月 17 日。

④ 卞建林、郭志媛：《英国对沉默权的限制》，载《比较法学》1999 年第 1 期。

⑤ 周国均：《拒绝强迫自证其罪与沉默权》，载《法制日报》1999 年 1 月 2 日第 7 版。

施，是各国刑事程序中关于沉默权的规定”。[①] 由此看来，该学者认为不必自我归罪原则与沉默权，是两个各自独立的，但又相互联系的概念。其相互联系表现在不必自我归罪原则是沉默权的直接体现和具体保障措施。

笔者认为，以上各说均有其相应的理由及根据，但是，根据笔者的认真思考和相互比较，认为二者虽是相互联系的，更是相互独立的，而且它们之间也是相互区别的。就二者的联系而言，基本同于上述第二种观点，不用赘述。就二者的区别而言，笔者认为，有如下几点：

第一，二者产生的先后顺序不同。纵观世界诉讼发展史，不被强迫自证其罪在前，沉默权在后。例如，英国自12世纪至16世纪，在教会法院实行纠问式诉讼中，就实行强迫被告人作提供有罪证据以自证其罪的宣誓（以下简称“纠问宣誓”），这就表明，在当时就出现了强迫自证其罪的情况。1568年，普通法院首席大法官戴尔就以反对王座法院进行纠问宣誓为由，为一名被迫宣誓者签发了人身保护令，他的这种做法，为后来“任何人都不得被强迫提供反对自己的证据”成为名言并被法律规定奠定了基础。这也是不被强迫自证其罪的原始表述，以至发展到最后，形成了大主教圣克莱克特这样一句名言，“我有权拒绝回答任何可能使我自证其罪的问题”。由上观之，不被强迫自证其罪最早出现在1568年；而沉默权的出现却是1688年。可见，二者产生的先后顺序不同。

第二，二者词语的表述不同。表述是内容的外在形式，内容不同其表述也不相同。对于不被强迫自我归罪与沉默权的表述，也各有不同。例如，有的学者认为，不被强迫自我归罪的英语表述是“the privilege ag ainstself - incrimination ”；而沉默权的英语表述是“righttosilence”。[②] 有的学者将二者中的不被强迫自我归罪的英语表述为“privilege againstcompulsoryself - in - crimination”；沉默权的英语表述是“Rightto silence”。[③] 还有的学者认为，不被强迫自证其罪的英语表述是“privilegeag ainstselfincrimination”；沉默权的英语表述是：“rightto silence”。[④] 从以上所列情况看，虽然对二者翻译后的表述有的相同有的不同，但从各位学者引用的英语原文来讲，它们也是各有其表述方式的，由

① 宋英辉：《不必自我归罪原则与如实陈述义务》，载《法学研究》1998年第5期。

② 易延友：《沉默权的自由》，载《中国律师》2000年第1期。

③ 宋英辉、吴宏耀：《论任何人不受强迫自证其罪及其程序保障》，载《诉讼法理论与实践》（1998年卷），中国民主法制出版社1999年版，第427页。

④ 中国政法大学刑事法律研究中心：《英国刑事诉讼制度的新发展》（赴英考察报告），法律出版社1998年版，第366页。

此可知，不被强迫自证其罪与沉默权的表述是不相同的，当然所反映的内容也是不相同的。

第三，有的国家刑事诉讼法对二者分开作出规定。有的国家在同部刑事诉讼法中，既规定了不被强迫自证其罪原则，同时又规定了沉默权原则。例如，《德国刑事诉讼法》第136条规定："初次讯问：（一）初次讯问开始时，要告诉被指控人所被指控……接着应当告诉他，依法他有就指控进行陈述或者对案件不予陈述的权利……"笔者认为，这就是关于沉默权的规定。该法第136条a又规定："禁止讯问的方法：（一）对被指控人决定和确认自己的意志的自由，不允许用虐待、疲劳战术、伤害身体、服用药物、折磨、欺诈或者催眠等方法予以侵犯。只允许在刑事诉讼法准许的范围内实施强制。禁止以刑事诉讼法不准许的措施相威胁，禁止以法律没有规定的利益相许诺。"笔者认为，该条规定的内容，虽相当于我国严禁刑讯逼供的内容，但是，从其本质上看，它属于不被强迫自证其罪的内容。《日本刑事诉讼法》第198条第2款规定："在进行前款调查时，应当预先告知被疑人没有必要违反自己的意思进行供述的旨意。"① 此条规定适用于嫌疑人、被告人。就其内容而言，属于不被强迫自证其罪。《日本刑事诉讼法》第311条第1款规定："被告人可以始终沉默，或者对各项质问拒绝供述。"笔者认为，此条规定的内容就是实际意义上的沉默权。《南斯拉夫刑事诉讼法》第218条第2款规定了被告人享有沉默权，而该条第3款又规定了严禁刑讯逼供。从以上三个国家法律对不被强迫自证其罪与沉默权分别作出明确规定观之，足以说明二者亦不相同。

第四，美国宪法和有关证据法对二者的规定不同。1789年的美国宪法第5条修正案规定："不得在任何刑事案件中被强迫自证其罪。"但是，该宪法并没有规定有关沉默权的内容。然而，美国在"米兰达"忠告的内容中，却表明了犯罪嫌疑人的沉默权。该忠告的内容包括："你有权保持沉默和拒绝回答问题的权利""你所说的一切都有可能在法院中用来反对你""如果你现在找不到律师，你有权保持沉默，直到你有机会向一位律师咨询"。《美国联邦刑事证据规则》第58条（b）中的（D）款规定："被告人有保持沉默的权利。"从以上对二者作出不同的规定来看，二者是不同的。

第五，二者的内容不完全相同。据笔者理解，不被强迫自证其罪权，其内容主要是指嫌疑人、被告人不得被强迫提出对自己不利的证据和证明自己犯了罪的证据。其实质内容是不被强迫提出有罪证据或者承认犯罪以抑制刑讯逼供；其表现形式，既可以是沉默不语，也可以是口头拒绝供述及提供有罪证

---

① 宋英辉译：《日本刑事诉讼法》，中国政法大学出版社2000年版。

据，还可以是自我进行辩解。而沉默权则不同，其表现形式只有缄口不语一种，而不包括口头拒绝及其他形式的拒绝，其内容除不提供于已不利的证据外，还包括放弃自我辩护权，而自我辩护权在刑事诉讼中，不仅是很重要的权利，而且是对反驳控诉极为有利的权利，仅基于此，沉默权也有别于不被强迫自证其罪权。因此，二者在表现形式和内容方面是不完全相同的两项权利。

第六，二者适用对象的范围不同。不得强迫自证其罪权，只适用于犯罪嫌疑人、被告人；而沉默权除适用于犯罪嫌疑人、被告人外，还适用于证人(只指同案被告人及承认犯罪后的被告人，一般意义上的证人除外)。在我国，《刑事诉讼法》第43条规定："审判人员、检察人员、侦查人员必须依照法定程序，收集能够证实犯罪嫌疑人、被告人有罪或者无罪，犯罪情节轻重的各种证据。严禁刑讯逼供……收集证据。"笔者认为，此条规定就属于不被强迫自证其罪的内容。如果像有些学者所言，"反对自我归罪的特权，又称沉默权",[①] 或者又像有的学者所说："沉默权又称为反对强迫自证其罪"[②]。即二者等同说，那么，就可以说我国刑事诉讼法已经确立了沉默权原则。然而这些学者并不这样认为，不然的话，为何还要强烈地呼吁立法机关在刑事诉讼法中赋予犯罪嫌疑人、被告人有保持沉默的权利呢？可见，主张二者等同说的观点，不能自圆其说。

第七，就国际文件的规定来看，二者也不相同。联合国《公民权利和政治权利国际公约》第14条第3款规定："不被强迫作不利于自己的证言或强迫自己承认犯罪。"笔者认为，这样规定既包括警察、检察官、法官不得强迫证人作不利于自己的证言，又包括不得强迫犯罪嫌疑人、被告人承认犯罪，该《公约》只规定了不准刑讯逼供（不被强迫自证其罪)，并未规定他们享有沉默权。有的学者认为，此条规定的内容包括了沉默权，笔者认为，这是一种误解。造成这种误解的原因是不了解二者的区别和联系。按照笔者主张二者不同说的观点来看，我国《刑事诉讼法》第43条规定的严禁刑讯逼供的内容与该《公约》规定的"不被……强迫承认犯罪"相吻合的。至于应不应该赋予犯罪嫌疑人、被告人沉默权，是有待研究探讨的另一个问题。由此可见，研究二者的区别是有理论和现实意义的。

二、我国应当确立"沉默权"原则

关于沉默权的产生、发展和概念、内容等前文已述。现就我国应当确立沉

① 易延友:《反对自我归罪的特权》，载《比较法研究》1999年第2期。

② 吴俐:《被控人应当享有沉默权》，载《中国青年报》1999年11月17日。

默权原则阐明已见。

（一）我国刑事诉讼法是否已规定犯罪嫌疑人享有“沉默权”问题

对此，法学界有两种截然不同的观点，分述如下：

1. 我国刑事诉讼法未规定犯罪嫌疑人享有“沉默权”原则

此种观点认为，我国刑事诉讼法没有规定“沉默权”，是因为：其一，刑事诉讼法没有明文规定犯罪嫌疑人、被告人在刑事诉讼中的任何阶段享有沉默的权利。其二，《刑事诉讼法》第93条规定：“侦查人员在讯问犯罪嫌疑人的时候，应当首先讯问犯罪嫌疑人是否有犯罪行为，让他陈述有罪的情节或者无罪的辩解，然后向他提出问题。犯罪嫌疑人对侦查人员的提问，应当如实回答。但是对与本案无关的问题，有拒绝回答的权利。”该条中规定的“应当如实回答”的内容，就是不允许犯罪嫌疑人沉默的依据，亦即否定了犯罪嫌疑人享有沉默权，故表明刑事诉讼法未确定“沉默权”原则。至于刑事诉讼法规定：“但是对与本案无关的问题，有拒绝回答的权利”，是因拒绝回答的问题与本案无关，所以不属于沉默权的范围，故不能认为我国刑事诉讼法规定了“沉默权”。这是学界绝大部分学者之看法。笔者完全同意这种观点及其理由。

2. 我国刑事诉讼法中已规定有“沉默权”的内容①

持此种观点的学者认为，沉默权在我国刑事诉讼中是客观存在的，其依据是：

第一，从辩护的角度看，沉默权是客观存在的。该说认为，根据《刑事诉讼法》第93条规定，犯罪嫌疑人、被告人有辩护权。而辩护是一种权利，既可以行使，也可以不行使（放弃）。而放弃辩护（辩解）的权利，用不着说话，因此，也就是享受了沉默权。对上述观点和现由，笔者不敢苟同。因为，在笔者看来，纵观《刑事诉讼法》第93条的全部内容可见，法律要求犯罪嫌疑人对侦查人员的提问必须（应当）如实回答，而侦查人员提问的是“是否有犯罪行为”和让他陈述“有罪的情节和无罪的辩解”。这表明两点：如实回答是义务，不允许沉默，此为其一；其二，回答的内容是供认犯罪和辩解无罪。虽然辩解是犯罪嫌疑人的权利，从法学原理上讲，对于权利他可以放弃，但是就该条的规定看，法律并不支持他放弃权利，因此，依据我国《刑事诉讼法》第93条的规定，说明法律赋予了犯罪嫌疑人享有沉默权的观点不能成立。

第二，从如实回答义务角度看，沉默权是客观存在的。持此观点者认为，

① 宋福义、潘道义、郑瑞琰：《沉默权与如实回答义务的关系》，载《研究生法学》1999年第1期。

虽然《刑事诉讼法》第93条规定了“犯罪嫌疑人对侦查人员的提问，应当如实回答”，但是刑事诉讼法并未规定不如实回答应当承担什么法律后果。这表明法律允许犯罪嫌疑人沉默，此为其一；其二，该说认为，《刑事诉讼法》第46条规定：“没有被告人供述，证据充分确实的，可以认定被告人有罪和处以刑罚。”这条规定表明，定罪和处罚并不是非有犯罪嫌疑人、被告人的供述不可，即使不供述，也完全能凭除此以外的证据定罪判刑。这从另外一个方面证明允许犯罪嫌疑人、被告人沉默。在笔者看来，就其第一个理由而言，虽然刑事诉讼法未规定对不如实回答应承担不利的法律后果，但是，根据“坦白从宽，抗拒从严”的政策，即使对其不以抗拒论处，起码也不能以坦白论处，还可能因没有卓有成效的辩解，无法查明其从轻、减轻处罚的情节，最终对他不利。加之我国刑法规定的法定刑幅度大，如抢劫罪，可以在3年以上10年以下判处，或者10年以上直到死刑判处。对于犯罪嫌疑人、被告人始终守口如瓶、缄口不语的态度，在法官的心理就可能产生不良反应，评议量刑时很有可能发表偏重的意见，这就从实质上对犯罪嫌疑人不利，因此，说犯罪嫌疑人即使不如实地回答也不承担法律后果，与我国的司法实际是不完全相符的。至于其第二个理由，即《刑事诉讼法》第46条规定的内容，只表明法律重证据、重调查研究，不轻信口供，否定“口供是证据之王”和“据供定案”的封建时代的证据规则，而立法本意在于追求查明案件客观真实的价值目标，要求凭借其他充分确实的证据定罪判刑，并不表明法律赋予犯罪嫌疑人、被告人享有沉默权。

第三，从客观规律看，沉默权也客观存在。[①] 该论者认为：“客观规律表明，沉默权在我国的刑事诉讼中从来没有被剥夺，任何主体也不应该试图去剥夺。无论是否受到重视，沉默权的客观存在是不能否认的。”其理由是：“从人的正常心理反应的一般规律来说，当问题提出后，被讯问者首先面临的选择是‘沉默’或者是‘回答’，只有作出‘回答’的决定后，才能面临第二步选择‘如实回答’或者是‘虚伪回答’。对第二步选择的限制，不能逆推为对第一步选择的限制。”笔者认为，论者的这一理由是不能令人信服的。因为，问题的本质只在于论者所言的第一步，未涉及第二步，因此，无论是回答也好，或是“如实回答”也罢，其实质均是开口说话，它与缄口不语的沉默是矛盾对立的两个方面。法律规定了“应当如实回答”，当然就否定了（不允许）不回答，即否定了沉默，这是自然而然的道理，不存在不能逆推为第一

① 宋福义、潘道义、郑瑞琰：《沉默权与如实回答义务的关系》，载《研究生法学》1999年第1期。

步选择的限制问题。

第四，“从形式逻辑学的一般规律来说……由于‘如实回答’与‘沉默’根本不是同一属概念中的两种概念。二者之间不可能成立矛盾关系，‘如实回答’的‘是’不等于‘沉默’的‘非’，肯定如实回答的义务，不能当然地否定沉默的权利。”① 笔者认为，论者运用形式逻辑的一般规律来论证其观点的正确，也是不能成立的。因为，“如实回答”是“回答”中的一种情况，而“回答”与“沉默”二者是对立的，法律规定应当（如实）“回答”，当然就否定了沉默的权利。

第五，“从法律渊源的一般规律来说，凡我国参加的国际条约是我国法律的一部分。到目前为止，我国签署涉及人权问题的国际条约时，从未对有关沉默权的条款声明保留。这表明沉默权与我国刑事诉讼的法律、政策绝不冲突。”据笔者所知，我国的国际司法准则文件中，只有联合国《少年司法最低限度标准规则》第7条有被告人“保持缄默的权利”的规定，虽然我国政府参加签署了这个规定，这只表明政府对该规定的内容未持保留意见，但是，要把它变为司法机关执行的法律，还需经全国人大或者其常委会讨论、通过；否则，就不能成为我国法律的内容，上述规则第7条“保持缄默的权利”就是其中之一。鉴于此，那种认为凡是我国政府参加签署的国际刑事司法准则的所有规定，就等于我国司法机关执行的法律的观点是欠妥的。故该论者的理由不能成立。

（二）我国刑事诉讼法应否确立“沉默权”原则

对于在我国刑事诉讼法中应否确立“沉默权”原则问题，学界有否定说与肯定说之争。否定说的观点认为，目前我国刑事诉讼法不宜确立“沉默权”。主张此类观点的学者中，有的认为，在我国应当暂缓设立沉默权制度。因为我国是一个重视群体利益和国家利益并且强调司法活动实体公正的国家，目前尚无设立沉默权的条件；对我国来说，当前最重要的是采取有效措施遏制刑讯逼供，而不是超越现实搞什么“沉默权”。② 有的认为，确立沉默权以后，犯罪嫌疑人、被告人沉默不语，既包括不承认犯罪，也包括放弃了辩护的权利。从维护权利的角度看，不宜确立沉默权。③ 还有学者认为，确立沉默权原

① 宋福义、潘道义、郑瑞琰：《沉默权与如实回答义务的关系》，载《研究生法学》1999年第1期。

② 何家弘：《沉默权制度且慢设立》，载《法制日报》1999年9月9日；童勇：《我国不宜草率采用沉默权制度》，载《上海政法管理干部学院学报》2000年第2期。

③ 杨宇冠：《沉默权与“坦白从宽、抗拒从严”》，载《检察日报》1999年8月12日。

则，会导致诉讼成本增加和对辩护权的放弃；同时，在我国现阶段，犯罪案件增多、社会治安不稳定、侦查破案难的情况下，确立沉默权不合时宜。因此，设立沉默权原则要“慎重、慎重、再慎重”①。

肯定说的观点则认为，目前我国应当确立“沉默权”原则。随着我国政府1998年10月5日签署《公民权利和政治权利国际公约》，鉴于该《公约》第14条“不得被强迫自证其罪或者承认其罪”的规定，主张我国应当确立“沉默权”，以期与《公约》相协调。为此，他们阐述了沉默权在我国的确立和适用。② 有的还阐述了确立沉默权对完善我国刑事诉讼制度的意义。③ 有的论述了沉默权的利、弊关系。④ 有的学者则主张，应逐步确立沉默权规则。⑤ 有的从法律经济学的角度分析了沉默权。⑥ 有的就我国设立沉默权究竟应采用何种方式发表了看法。⑦ 还有的提出确立沉默权在立法技术上如何选择的问题，等等。⑧ 笔者赞同肯定说，其理由将随后论述。

（三）沉默权原则的价值析解

任何一种原则只有在具有一定价值和作用的情况下，才能存在和发展，沉默权原则也概莫能外。法律确立沉默权原则既有正面的价值，也有负面影响。因此，建议我国确立沉默权原则之前，应对其价值和影响进行分析和研究，以明确其利、弊。

1. 沉默权的诉讼价值。是指沉默权在诉讼中的作用和效益。概言之，其诉讼价值主要有三个方面：

（1）确立“沉默权”是落实无罪推定原则的内在要求。无罪推定原则是资产阶级反对封建专制斗争的产物。它是以司法文明战胜司法专横，使诉讼走向民主的标志。据资料统计，目前共有19个国家将其作为宪法原则予以规定。

---

① 魏晓娜：《慎重对待沉默权》，载《研究生法学》1999年第3期。

② 曹秀谦、杨世强：《略论沉默权在我国的确立和适用》，载《政法学刊》1999年第4期。

③ 曾耀林：《简论沉默权对完善我国刑事诉讼制度的意义》，载《人民司法》1999年第6期。

④ 梅芳、尚进：《论刑事沉默权的诉讼价值及缺陷》，载《当代法学》1999年第5期；彭焚、李智雄：《沉默权移植与刑事证明标准的重构》，载《人民检察》1999年第12期。

⑤ 梁欣：《应逐步确立沉默权规则》，载《法制日报》1999年9月9日。

⑥ 曹呈宏：《沉默权的经济分析》，载《检察日报》2000年2月17日。

⑦ 龙宗智：《沉默的方式》，载《南方周末》1999年9月17日。

⑧ 陈卫东、徐美君：《沉默权的立法抉择》，载《检察日报》2000年2月17日。

这一原则也被写入联合国有关人权公约之中。例如，联合国大会通过的《世界人权宣》《公民权利和政治权利国际公约》。我国参加的一些国际公约如《儿童权利公约》也有类似规定。一些重要的地区性的法律文件中，对无罪推定原则也作了明确规定。由上可见，无罪推定原则具有世界性意义。根据任何人在未经审判机关作出发生法律效力的判决之前被推（假）定为无罪的原则，此人既然被推（假）定无罪，那么，他对讯问就有沉默的自由，因此，沉默权是无罪推（假）定原则的内容之一自不待言。反过来说，只有确立无罪推定原则，才能使沉默权原则落到实处，即法律上规定沉默权，是无罪推（假）定原则的内在要求。

（2）确立沉默权原则是为被追诉者提供的一个权利保障机制。犯罪嫌疑人、被告人（以下简称被追诉者）被追究刑事责任，处于十分不利的地位。在力度上，前者强大，后者弱小；在气势上，前者持积极、主动进攻态势，后者处在消极防御地位。在这两种情况下，被追诉者很容易被刑讯逼供，或者受到其他非法侵害。只有法律赋予被追诉者沉默权，才能以法律的形式约束司法人员的非法行为，也才能以此为依据保护被追诉者的合法权利不受侵犯。因此，为了文明执法和保障被追诉者的人权，法律应当赋予被追诉者沉默权。当然，也不能认为，赋予沉默权就能完全杜绝刑讯逼供，但赋予他们以沉默权，起码可以阻却其人身遭受侵害的可能，它毕竟是对执法者非法行为的约束和对被追诉者人身权利的法律保护。

（3）确立沉默权能够促进和保障司法公正。现代刑事诉讼实行控、辩、审模式，控、辩处在既对立又统一的关系之中，审判居于中立地位。做到控、辩双方力量平衡，是查明案件真实情况的需要，又是实现裁判公正的保障。若控方力量太强，辩方力量太弱，必然导致裁判不公或者造成错判；反之，必然会导致放纵犯罪。为防止这些弊端的产生，在诉讼结构方面，必须注意控、辩双方权利平衡，这是实现公正裁判的前提条件。由于被追诉者处在被追诉地位，人身自由受到严格的限制，无法收集和提供有力的证据，因此，必须赋予他们某些法定的权利，沉默权就是其中的一种。这样做，既表明他们不承担证明犯罪的责任，与其被推定无罪和处于被追诉的地位相适应，又能强化控方承担证明责任的力度，从而使法官全面了解和掌握全部案情，对案件作出公正的裁决，最终实现判决公正。

在学界，有的学者认为沉默权规则蕴含“体现程序正义理念”与“实现人权保障和惩罚犯罪的统一”两个价值①。对此，笔者完全赞同。

2. 沉默权原则的内在缺陷

笔者认为，沉默权原则的内在缺陷主要有两个方面：

（1）很可能使大量确凿证据丧失。虽然刑事诉讼法规定被追诉者的供述是证据的一种，但是，由于它是直接证据，不仅对定案能起到重要作用，而且通过它能获取物证、书证、证人证言或者被害人陈述等大量证据线索。赋予被追诉者沉默权后，他就可以据此不提供明明知道并且对查明案件事实有很重要作用的大量证据，这就必然造成司法人员本来完全可以收集到的证据而收集不到；同时，在客观上还增加了警察、检察官的办案难度，重者会出现疑案（事出有因，查无实据），使有罪者逍遥法外。

（2）必然会增加办案难度和增加诉讼成本。由于被追诉者行使沉默权，警察、检察官收集不到他们的供述和其他能证明案件真实情况的证据线索，不得不另辟途径去收集其他证据。为此，就需从发案的时间、地点、气候、环境、被害人（有被害人的案件）尸体状况等方面去分析案件，查找线索，再去收集证据。这比按照被追诉者供述的线索去收集、核实证据耗时、花钱、费力得多。尤其是在一些特殊案件如贪污、受贿、巨额财产来源不明以及利用现代科技犯罪的案件中，行为人的供述显得更为重要，甚至没有它们就难以定案。沉默权的确立无疑会大大增加诉讼成本。

3. 沉默权的利大于弊

笔者认为，赋予被追诉者沉默权利大于弊。首先，赋予他们沉默权，虽然可能会丧失他们的供述和难以收集到众多证据，增加诉讼成本，但是，只要从立法方面采取有效措施，作出一些限制性规定，就会弥补这个不足。有鉴于此，应当在一定程度上限制沉默权。这在国外不乏其例。例如，在实行沉默权的英国，采用告知程序，即在确凿证据面前保持沉默可能受到不利判决，以限制沉默权；美国联邦法院对危害公共安全罪的犯罪嫌疑人规定不得拒绝供述等。凡此种种均表明沉默权之弊端可以得到抑制。其次，如果被追诉者选择了沉默，也就放弃了辩护权。据有关资料显示，在法律赋予沉默权的国家，选择行使沉默权的人并不多，因此，不必担心不供认犯罪的人会大大增加。例如，根据英国内务部 1993 年第 10 号研究报告所载，在刑事诉讼中，行使沉默权的

① 金泽刚：《沉默权的价值蕴涵》，载《上海政法管理干部学院学报》2000 年第 2 期。

人只占被讯问者总数的4.5%。[①] 在美国，大约占4.7%。[②] 在日本，只占被告人的7.7%。[③] 最后，前文已述，目前在世界上既有英美法系许多国家的法律规定被追诉者享有沉默权，又有某些大陆法系国家在刑事诉讼法中规定了沉默权，甚至有的地区和国际性组织的文件中也规定了沉默权。所有这些都是在权衡沉默权的利弊之后，认为利大于弊所作的选择。可见，确立沉默权利大于弊。

（四）我国确立“沉默权”原则的必要性和可能性

1. 确立“沉默权”原则的必要性

（1）进一步促进我国刑事诉讼民主和公正的需要。现行刑事诉讼法与原刑事诉讼法相比，其民主和公正的内容有所增加，如规定定罪权由人民法院统一行使，吸收了无罪推定原则中疑罪从无的内容等。但是，随着依法治国、建设社会主义法治国家的不断深入，客观形势要求，刑事诉讼应当进一步实现民主化和公正地确保被追诉者的诉讼权利。为此，赋予他们沉默权势在必行。

（2）使大陆刑事诉讼在规定沉默权问题上与香港、澳门特区有关法律、法规的内容相协调的需要。香港刑事诉讼法规定了被追诉者享有沉默权。例如，香港保安公司公布了《查问嫌犯及录取口供的规则及指示》第2条和第3条，[④] 澳门“刑事诉讼法”第50条和第324条，均规定了被追诉者在任何诉讼阶段享有沉默权，而且还要告知行使沉默权不会受到不利后果。自香港和澳门回归祖国以后，因经商、投资、办企业等三地相互来往的人员增多，涉及刑事案件的数量也会相应地增多。为了使三地司法机关在办理刑事案件时，使被追诉者享有沉默权并相互协调，便利诉讼，因此，有必要经过立法程序在现行刑事诉讼法中增加规定“沉默权”的内容。

（3）顺应世界诉讼民主化潮流发展的需要。在当今世界，刑事诉讼民主化的不断发展已逐渐成为一个大趋势，其中赋予被追诉者享有沉默权就是一个

---

① L eng, R., Theright to Silence in Police Interrogation, Home Office Research Study-No10, 1993. 转引自 HelenFen - wick, Civil Liberties, Second edition, CavendishPublishing-Limit ed. 1998, p458。

② www. law. utah. edu/faculty/bios/cassell/uclamir. htm; Paul G. Gasselland BretS. Hayman. PoliceInt errogationin 1990s: An Empi rical Stduy of the Effects of Mirand, Part III. The interrogationprocess anditsou tcomes, table 3, p10.

③ ［日］田宫裕：《被告人地位及其口供》，载《日本刑事法的形成与特色》，法律出版社、日本国成文堂1997年联合出版。

④ 甄贞主编：《香港刑事诉讼法》，河南人民出版社1997年版，第196页。

重要内容。例如，在英国，1994 年修订的《法官法规则》第 1 条、第 2 条、第 3 条和 1994 年《刑事审判与公正程序法》均有此项内容的规定。美国，1966 年 6 月 13 日联邦最高法院在“米兰达”案件中，确立了“沉默权”规则。①《德国刑事诉讼法》第 136 条第 1 款、《日本刑事诉讼法》第 311 条第 1 款、②《意大利刑事诉讼法》第 210 条第 4 款、《加拿大刑事诉讼法》第 541 条第 2 款均规定了沉默权。随着社会的进步，诉讼民主、文明的日益发展，联合国机构中的某些组织或世界性的协会，也承认或者号召赋予被追诉者沉默权。例如，《联合国少年司法最低标准规则》(《北京规则》) 第 7 条和世界刑法学协会第十五届代表大会通过的《刑事诉讼中的人权保障问题决议》第 16 条等。为了顺应诉讼民主化的发展趋势，我国也应当根据本国司法实际，逐步确立被追诉者享有“沉默权”的原则。

(4) 由于我国已认同某些国际规则或会议倡导的“沉默”原则，因此，就需要在刑事诉讼法中做出相应的规定。例如，我国认同《联合国少年司法最低标准规则》(《北京规则》) 和世界刑法学协会第十五届代表大会通过的《关于刑事诉讼中的人权问题的决议》，在《北京规则》第 7 条和《关于刑事诉讼中的人权问题的决议》第 16 条中，均规定和建议各国立法机关赋予被追诉者享有沉默权的内容，我国并未对此提出保留意见，表明对其认同，因此，在我国刑事诉讼法中也需要相应地予以规定。

2. 确立“沉默权”原则的可行性

(1) 我国刑事诉讼法中已经蕴含有少数“沉默权”的内容，这是确立“沉默权”的基础。《刑事诉讼法》第 46 条规定：“对一切案件的判处都要重证据，重调查研究，不轻信口供。只有被告人供述，没有其他证据的，不能认定被告人有罪和处以刑罚；没有被告人供述，证据充分确实的，可以认定被告人有罪和处以刑罚。”这是否定单凭被告人供述认定有罪及处刑和肯定没有被告人的供述但证据充分确实的也可以认定有罪的依据。否定前者，表明法律反对仅凭口供定罪，要求办案人员把办案的基点放在深入案情、调查取证（口供以外的证据）上；肯定后者，表明法律主张只要其他证据充分确实，即使没有被告人口供也能定罪，即被告人不承认犯罪、不开口说话也能定罪。从这一角度看，该规定包括有允许被告人沉默的含义。同时，法律并未规定对沉默者应当从重或者加重处罚。《刑事诉讼法》第 43 条规定的“严禁刑讯逼供”的方法收集犯罪嫌疑人、被告人的供述，本身就包含有二层含义：一是对司法

① 李文冠：《美国刑事审判制度》，法律出版社 1997 年版，第 52 页。
② 《日本刑事诉讼法》，宋英辉译，中国政法大学出版社 2000 年版。

人员来说，刑讯逼供等是非法收集证据，并在《刑法》第247条中规定有刑讯逼供罪；二是对被告人来说，有不被刑讯逼供的权利，也即他应当不被强迫自证其罪和有权表示沉默。因此，刑事诉讼法的上述规定，应当理解为包含有允许被追诉者享有沉默的含义。

（2）我国宪法的有关规定，是确立“沉默权”原则的根本法律依据。根据《宪法》第35条和第33条的规定，被追诉者有言论自由，当然也应当包括说话和不说话的自由（沉默自由）；又根据公民在法律面前一律平等的原则，被追诉者与普通公民一样，亦有说话与不说话（沉默）的自由。宪法是国家的根本大法，是制定和执行其他各法的母法，因此，在刑事诉讼法中，也应当根据上述精神，增加“沉默权”的内容。

（3）国家推行依法治国基本方略和加强社会主义民主法制建设，是确立“沉默权”原则的大环境。加强社会主义法制建设是十一届三中全会作出的重要决策；依法治国，建设社会主义法治国家，是在此基础上制定的治国方略；二者都旨在为建设社会主义现代化国家服务。正是在这种社会背景下，人大常委会委员长李鹏指出：“立法要从我国的国情出发……同时要借鉴国外的立法经验和立法成果，为我所用。”① 这就是说，在加强社会主义民主法制的时代，我国可以也应当借鉴、吸收国外法律中对我国有益的内容或者规定。在这种大环境下，立法部门将国外法律中有益的条款，根据我国国情予以吸纳，这就是我国立法机关在我国刑事诉讼法中确立“沉默权”原则或者司法机关在司法解释中规定“沉默权”内容的现实条件。

（五）在我国刑事诉讼法中确立“沉默权”原则的构想

在我国刑事诉讼法中确立“沉默权”原则，首先必须正确认识我国国情，然后了解国外设立“沉默权”原则的模式；再研究我国确立何种类型的“沉默权”原则；最后研究确立“沉默权”的保障条款。

1. 我国的国情

几千年来，我国在政治上实行的是高度集权制的封建主义专制制度，诉讼中实行纠问式模式。任何公民一旦成为被追诉者，即将成为被拷问的对象，毫无享受诉讼权利可言，更无保持沉默的权利。新民主主义革命时期的根据地，由于当时敌强我弱，形势严峻，为了维护当地社会秩序，所制定的法规、条例多侧重于严厉打击和惩办汉奸、卖国贼和重大杀人、放火、强奸、盗窃等刑事

---

① 李鹏1998年3月21日在九届人大常委会第一次会议上讲话——《为加强社会主义民主法制，推进依法治国而努力》，载《人大工作通讯》1999年第8期。

犯罪，强调打击是重点，保护是其次。但是，不少根据地的条例仍蕴含有保护被告人享有沉默权的内容。例如，1944 年 3 月 1 日公布施行的《晋冀鲁豫边区太岳区暂行司法制度》（共六章，60 条）第 22 条的规定，就蕴含有被告人享有沉默权。然而到了 1948 年的《哈尔滨特别市人民法庭规则》第 3 条规定，当事人在法庭上“对所讯问题不得答非所问，或拒绝答复”。① 笔者认为，该条规定，实质上不允许被告人享有沉默权。新中国成立以后，1957 年的刑事诉讼法第一稿第 123 条中并未规定有被告人“对侦查人员的提问，应当回答”的内容。然而，1963 年的刑事诉讼法草案第 63 条和 1979 年 5 月 25 日由法制委员会印发的《中华人民共和国刑事诉讼法》第 64 条以及 1996 年 3 月 17 日修定的刑事诉讼法第 93 条却规定了犯罪嫌疑人“对侦查人员的提问，应当如实回答”，实际上都否定了犯罪嫌疑人享有沉默权。笔者认为，在建议立法机关确立“沉默权”时，不得不特别重视这一国情，这是其一。其二，全国解放以后，党和政府十分注重保障国家利益、集体利益和公民个人利益。但是，在这三者之间，更注重保护国家和集体的利益。在追究犯罪与保障人权方面，国家更侧重于追究犯罪；与之相比，保障被追诉者的诉讼权利显得相对薄弱。在此基础上制定的刑事诉讼法，虽然在任务中强调惩罚犯罪与保障人权相结合，但是，二者并重的思想未能在刑事诉讼法的各个环节得到保障。特别是刑事诉讼的形式（模式），我国基本上属于强职权主义的审问式，控方强、辩方弱，是其一大特点，因此，显露出对被追诉者诉讼权利的保障乏力。与英美法系国家实行“以人为本”“权利本位”相比，在刑事诉讼中实行当事人主义，强调当事人双方地位对等和控、辩平衡的方式不同。这也是在确立“沉默权”原则时应当注意的中国国情的另一个重要方面。众所周知，我国是一个幅员辽阔、人口众多的国家，又是经济发展不平衡、交通欠发达的国家；而犯罪情况复杂、发案率居高不下，严重危害着国家和人民的安全及经济发展，加之国家经济尚不发达、国家投入的诉讼资本有限，以及侦查、检察、审判人员的数量、人员素质较低，用于取证的技术设备陈旧、科技含量不高等。特别是近几年来，犯罪分子采用隐蔽、狡猾和利用高科技手段实施犯罪的案件与日俱增，贪污、贿赂犯罪分子的关系网密、保护层厚，而且还越来越多地发生带有黑社会性质的犯罪、团伙犯罪和跨国犯罪等案件。为破获一起大案、要案往往要投入大量的人力、财力和时间等。所有这些，均给取证、破案造成巨大困难，这是在考虑确立“沉默权”原则时应当注意的中国国情之三。

---

① 韩延龙、常兆儒编：《中国新民主主义时期根据地法制文献选编》（第三卷），中国社会科学出版社 1981 年版，第 424 ~ 425 页。

2. 外国有关“沉默权”原则的立法模式

前文已述，世界上有些国家在宪法、刑事诉讼法、警察法中规定犯罪嫌疑人享有沉默权，但是立法模式却不尽相同，现概述如下：其一，有的国家法律规定在刑事诉讼中被追诉者享有沉默权，但是，其权利的享有也有些差别，可谓模式有异。表现在：（1）全过程型，即被追诉者在侦查、起诉、审判全过程均享有沉默权，如英国、美国、意大利等国家。对此，我国学者有的称其为“绝对沉默权”。（2）特殊情况限制型，即法律规定被追诉者虽然在诉讼过程中享有沉默权，但是，又规定了在一些特殊情况下的限制性条款，如英国法律规定了四种限制情形。（3）案件除外型，即大多数被追诉者在整个刑事诉讼中都有沉默权，但是法律又规定了某些特殊案件被排除在外，如英国、美国等，国内有的学者称其为“沉默权例外型”。其二，有的国家以刑事诉讼阶段划分，只规定在审判阶段被告人享有沉默权，可称为诉讼阶段限制型，如日本、加拿大等国家，国内有的学者称其为“相对沉默权”。在上述各种类型中，以英国为最典型。英国法律规定，被追诉者在整个刑事诉讼过程中享有沉默权，但是有两个限制：一是限制某些案件中的被追诉者享有沉默权，如共同犯罪、有组织犯罪、危害国家安全犯罪、抢劫罪等严重暴力性犯罪和金融诈骗、智能、严重经济犯罪等案件。二是在1994年制定的《刑事审判与公共秩序法》中对沉默权的行使设置了一系列的限制条件，集中体现在该法第34条、第35条、第36条、第37条的规定之中。在上述四种情况下，法庭或陪审团可以作出适当的不利于他的推论，可简称“不利推论”。在美国，法律规定被追诉者在整个刑事诉讼中享有沉默权的同时，还规定，“公共安全例外”“抢救例外”,① 又规定了被追诉者对他的姓名、身份、职业、住址等享有沉默权的例外。

综上可见，上述这些国家，无论是英美法系国家还是大陆法系国家，虽然在宪法、刑事诉讼法或者警察法中规定了被追诉者享有沉默权，但是，在不同情形下，对不同案件或在某些诉讼阶段中，都有不同程度的限制性规定，所有这些，都值得我们探讨和借鉴。

3. 我国应当确立有限“沉默权”原则

（1）目前我国学者对在本国确立“沉默权”模式的探讨

由于对“沉默权”原则的研究刚刚起步，因此，对其立法模式论述不多，据已有资料观之，其主张主要有：①修改法条法。有的学者认为，在我国现阶段犯罪率较高，侦查力量不强和社会治安不稳定的情况下，应当采取循序渐进

① 李文冠：《美国刑事审判制度》，法律出版社1999年版，第58～59页。

的方法，将《刑事诉讼法》第93条中“犯罪嫌疑人对侦查人员的提问，应当如实回答”的规定改为，“犯罪嫌疑人对侦查人员的提问，无须违背自己意愿作出回答”即可。① ②案件除外法。有的学者主张，在我国法律中规定被追诉者享有沉默权，但是，还应当规定下列案件除外：洗钱罪案件（《刑法》第191条）、黑社会性质犯罪案件（《刑法》第294条）和巨额财产来源不明犯罪案件（《刑法》第391条第1款）。② ③特别事项例外法。有的学者认为，下列场合和事项应当排除在沉默之外：涉及公共安全、紧急状态、个人身份及住址。③ ④特殊情形例外法。有的学者主张，凡有下列情形之一者例外：（a）受讯问者的体能、智能、社会阅历、专业知识等方面与讯问人员相抗衡，且受讯问者对提问必然是独知的；（b）受讯问者在接受讯问时，出现暴力抗法或者妄图逃逸且不能作出合理解释的；（c）侦查机关在受讯问者身上、日常活动场所被抓获处提取到物证或痕迹，并有足够理由确定这些证据与所指控的案件有关，在侦控人员向受讯问者说明以上情况时，他没有或者拒绝解释的；（d）受讯问者曾出现在特定场合，侦控机关有理由相信其在特定时刻特定场所可归因于其参与案件。在侦控机关向受讯者说明上述情况并要求其作出解释时，他没有或者拒绝解释的。④ ⑤不利推论法。有些学者认为，在我国可以从侦查阶段起，赋予被追诉者享有沉默权，但是，在审判阶段，“如果某些问题站在被告人立场是能够回答而不予回答的，或者对以前的供述相互矛盾的地方，要求他们予以回答的，被告人却保持沉默，法庭则可以根据案情作出对其不利的推断”。⑤

笔者认为，上述各种立法建议均有可取之处，值得称道，但是，笔者觉得似有待商榷之处。例如，就第一种观点而言，很有参考的必要，起码应当把该条中犯罪嫌疑人“应当如实回答”中的“应当”删掉。就第二种观点来说，似乎建议规定的例外案件类型太少，而且未提出兜底款项，显得不周严。就第三种观点来讲，有些例外事项难以掌握，如涉及公共安全、紧急状态等，表述很原则，而包括的内容又相当广泛，执行起来难免五花八门或者随心所欲。从第四种观点所述内容观之，似感有些繁杂，欠规范，在法律、法规中难以表

---

① 陈卫东、徐美君：《沉默权的立法抉择》，载《检察日报》2000年2月17日。

② 周国均：《拒绝强迫自证其罪与沉默权》，载《法制日报》1999年1月2日。

③ 梅芳、尚进：《论刑事沉默权的诉讼价值及缺陷》，载《当代法学》1999年第5期。

④ 张倩：《沉默权及其限制》，载《闵行审判研究》（上海）1999年第4期；汤啸天：《建立符合中国国情的沉默权制度》，载《上海政法管理干部学院学报》2000年第2期。

⑤ 章克勤、金泽刚：《对沉默权的理性呼唤》，载《政治与法律》2000年第1期。

述。第五种观点把“如果某些问题站在被告人立场是能够回答而不予回答”作为作出不利推断的情形，似不好掌握。因为，这只是审判人员的估计和推测能够回答，但不一定是被告人确实能回答得出来。总之，在笔者看来，所有这些，有很多可取之处，均为在我国确立沉默权原则提出了很好的建议。

(2) 在我国确立有限“沉默权”的模式及其理论基础

有限“沉默权”原则，是指在普遍确立沉默权的同时，具体作出某些限制，即普遍确立与具体限制相结合的原则。前文所阐述的沉默权的诉讼价值、理论基础，确立沉默权的必要性和可能性等，是确立普遍沉默权的基础；前文所述我国的国情及沉默权的弊端，是确立有限“沉默权”应当考虑的条件。

根据上文介绍国外关于多种多样沉默权的立法模式，综合权衡各种利弊得失和结合我国国情，笔者认为，我国应确立有限“沉默权”的原则，宜采用诉讼阶段立法模式，即从起诉阶段起赋予被追诉者享有沉默权。

目前，在我国宜确立从起诉阶段起赋予被追诉者沉默权。任何一项原则的确立，必须有其理论依据，否则，就成了无源之水，缺乏其赖以生存的根基。在确立有限“沉默权”原则的问题上，笔者认为有如下三项理论基础：①实现权力与权利力度趋于平衡。在刑事诉讼中，追究犯罪的一方是公、检、法机关及其办案人员，他们具有较强的业务能力和较丰富的法律知识，以及相当的技术手段，处在主动进攻的态势：而被追诉一方中的犯罪嫌疑人、被告人一般是个人，即使是共同犯罪案件，也因其多数人文化素质不高，人身自由受到限制，处于被动状态。前者虽然处在有利地位，但也有不利因素，要查明尚未知晓的全部案情也有极大困难，甚至非利用尖端科技手段不可；后者虽然处在不利地位，但也有有利条件。常言说“一人藏物，百人难寻”，他们得益于隐蔽作案，甚至利用尖端科技手段，所以，很难被发现和暴露，从这一点上说，他们又处于有利地位。就我国刑事诉讼法规定的侦查、检察、审判人员的职权与被追诉者享有的权利观之，前者的力度大于后者。为了保障司法公正和防止无辜者受追究，必须加强被追诉者的防御力度，让权利有效地制约权力，因此，确立沉默权原则，让被追诉者通过行使沉默权使二者趋于平衡，就是一项必要的诉讼措施。②既立足于稍有超前，又不脱离现实。我国现行刑事诉讼法不仅未规定被追诉者享有沉默权，同时还明文否定沉默权，即要求犯罪嫌疑人如实回答，这就是我国的立法和执法实际。因此，建议刑事诉讼法赋予他们在整个诉讼阶段都享有沉默权，实为超越目前刑事诉讼法实际。超越实际，要有幅度，即可以规定犯罪嫌疑人在开始被讯问时（侦查阶段）就允许其沉默，也可以在起诉或者审判阶段允许他们沉默。由于我国目前条件尚不具备（发案广、大案多、社会治安状况较差，加之侦查人员少、素质较低、经费少、设备差、承担任务重、破案率不高等），若赋予犯罪嫌疑人在侦查阶段享有沉默权，势必造成打击犯罪不力，社会公共秩序更难维护，有碍国泰民安，因此，似不可行。若在起诉阶段赋予犯罪嫌疑人享有沉默权，就可以既避免发生上述各种弊端，又能让其享受到沉默权，使二者兼而有之。这不仅做到了适当超前，推动司法文明发展，靠近或趋于世界诉讼民主化水平，又不脱离现实，符合我国国情和被广大司法人员所接受。也正像有的学者所主张的那样，既避免了固步自封的“法治保守主义”，又能防止不切实际的“法治浪漫主义”。①

③追求程序公正与实体真实的有机统一。程序公正，除强调诉讼原则和程序科学、有序及严谨以外，还强调最大限度地保障诉讼参与人的各项诉讼权利；而实体真实，则更侧重于通过一定的程序，最大限度地保障尽快查明案情，保护国家、集体和公民的利益，即控制犯罪。虽然二者都是通过刑事诉讼来实现各自所追求的目标，但是二者的侧重点却有所不同，有时甚至在一定程度上存在矛盾。在沉默权问题上也是如此。因此，如何使二者得以统一或更接近统一，是各国法学家、立法者及司法工作者所追求的。在我国，由于长期实行职权主义的诉讼，侧重于打击和惩罚犯罪，强调实体真实，因此，在保障当事人诉讼权利方面尚有不足之处，例如，法律未赋予被追诉者沉默权就是其中之一。为了适当地协调程序公正与实体真实之间的辩证统一关系，在刑事诉讼法中规定犯罪嫌疑人享有沉默权，就是其中一个重要措施。因为，法律赋予他们沉默权，是对处在强者地位的追诉权的一种克减（削弱），同时也是被追诉者对追诉职权阻却力度的一种增强。但是，在什么阶段和如何赋予犯罪嫌疑人、被告人沉默权，实有研究之必要。若在侦查阶段就赋予他们沉默权，虽然对阻却非法追诉能起到很大作用，但是，前文所述，鉴于我国目前条件，可能会使不少案件难以侦破，使有效控制犯罪的砝码严重倾斜，导致国家、集体及个人利益难以保障，特别是查处那些大案、要案、智能型犯罪案件及“一对一”证据的案件等，更成为一大难题，其结果可能是：主观上虽然可以使诉讼价值、程序公正得以最大限度地实现，而客观上在追诉实效上却事与愿违。因此，笔者认为，在侦查阶段就赋予犯罪嫌疑人沉默权的条件尚不成熟。而从起诉阶段赋予犯罪嫌疑人沉默权则不同，它不仅能防止上述那些不利因素的发生，而且也能克服公安司法人员轻视证据、忽视调研和依赖口供定案的陈旧观念，增强保障犯罪嫌疑人、被告人充分行使权利的新观念。同样，对被追诉者来讲，在起诉和审判阶段进行沉默，而由他聘请具有法律知识、辩护经验的律师为其辩

① 龙宗智：《沉默的方式》，载《南方周末》1999年9月17日。

护，完全可以代其阻却非法追诉或不公正的审判，以实现程序公正与实体真实的有机统一。

（3）我国确立有限“沉默权”原则的现有条件

现有条件是指业已存在的客观条件，在沉默权问题上主要是指侦查、检察、审判人员法制观念转变、整体素质的提高以及执法环境的改善程度等。从目前我国的实践基础看，在我国刑事诉讼法中确立有限“沉默权”原则已具备以下四个方面的条件：①我国《刑事诉讼法》第 43 条和第 46 条的规定，已深入侦查、检察、审判人员乃至各诉讼参与人的人心，即严禁刑讯逼供，重证据、不轻信口供，没有被告人供述证据充分确实的，可以认定被告人有罪和处以刑罚等法律规定，已成为他们执行和遵守的依据。②刑事诉讼法的规定应当与宪法的规定相适应。《宪法》第 35 条规定，公民有言论自由，它不仅包括了任何公民有发表议论的自由，也包括了他们有不说话的自由。宪法是国家根本大法，具有最高的法律效力，作为基本法的刑事诉讼法，规定犯罪嫌疑人享有言论自由权和沉默权，是应有之义。笔者以为，在刑事诉讼法中应增加规定：“侦查人员应当听取犯罪嫌疑人的陈述”，从而将侦查人员向他提问的权力，改为听取他陈述的义务，使其成为介于在侦查阶段赋予沉默权与绝对禁止沉默之间的一项规定，实行起来无太大问题。③从起诉阶段赋予被追诉者以沉默权，已具备条件，包括立法条件、执法条件及案件情况等。从立法条件看，《刑事诉讼法》第 129 条规定的五项内容，不仅表明立法上对侦查终结和审查起诉的案件有法定要求，而且此时的案件情况已经可以允许犯罪嫌疑人享有沉默权，即使他缄口不语也不影响刑事诉讼的进程，不会妨碍案件得以向法院提起公诉，更不会妨碍法院审判，当然也就完全可以被检察、审判人员所接受；从被追诉者来讲，在起诉和审判阶段行使沉默权也不会受到太大的不利影响。因为此时依照《刑事诉讼法》第 31 条至第 39 条的规定，他有权利委托或者由被指定律师为他辩护，由辩护律师及其他辩护人代其依照法律规定行使辩护权。④鉴于目前我国已有较好的执法环境，如依法治国深入人心，保障人权观念空前转变，严格执法已蔚然成风。若法律规定在起诉阶段赋予被追诉者沉默权，阻力不会太大，广大司法干警能够接受并在实践中依法执行。

在学界，有的学者主张只能在审判阶段赋予被告人享有沉默权。笔者认为，此种立法模式并非不可取，只是似乎时间较迟，可能使有些人会失去本可以在起诉阶段享有沉默权的机会。相比之下，提前一步，在起诉阶段允许犯罪嫌疑人享有并行使沉默权更好。还有的学者主张，赋予犯罪嫌疑人在诉讼各个阶段享有沉默权的同时，采用规定某几种或者十几种案件作为享有沉默权的例外立法模式。笔者认为，这样做不是不可以，但是考虑到，目前性质严重的刑事案件多，侦查破案能力差，若规定例外的案件范围过窄，不利于打击犯罪和维护社会治安秩序；如果规定例外的案件范围太宽，又不利于保障犯罪嫌疑人享有沉默权。再者，规定例外案件范围的难度太大，一时难以定夺。不如从起诉阶段起赋予犯罪嫌疑人享有沉默权易规范和好操作。有鉴于此，笔者认为，可以将其作为第二步的设想，即从侦查阶段起允许犯罪嫌疑人享有沉默权的同时，作出一些例外规定，可在某些地区先行试点并取得经验之后，再行推广。

4. 实现有限沉默权的法律保障

从表面观之，确立从起诉阶段起的有限“沉默权”原则，似乎并不难，但是，欲使这项权利得到法律保障绝非易事。这是因为，赋予被追诉者沉默权，会涉及使该项权利落到实处的诸多方面和许多有关法律规定的调整，可以说是牵一权（沉默权）而动全法（刑事诉讼法等）。为此，笔者试以刑事诉讼法的编、章、节为序，提出如下建议：

（1）明确规定：“任何人在人民法院作出生效判决之前，被视为（假定）无罪的人。”在笔者看来，由于无罪推定原则包括有“沉默权”的内容，因此，只有确立无罪推定为刑事诉讼的基本原则，才能使“沉默权”有其理论基础和保障的前提。

（2）加强律师为被追诉者行使辩护权的力度。为此，应当做到以下几点：一是将《刑事诉讼法》第36条第1款和第2款规定的“可以查阅、摘抄、复制本案的诉讼文书、技术性鉴定材料”改为“有权查阅本案全部案卷材料”或者“有权复印、摘抄辩护所必需的案卷材料”。二是将《刑事诉讼法》第37条有关对辩护律师收集证据的诸多限制缩小，只规定“辩护律师可以向有关单位和个人收集与本案有关的材料，也可以申请人民检察院、人民法院收集、调取证据，或者申请人民法院通知证人出庭作证”。

（3）法律明确规定犯罪嫌疑人、被告人不被强迫自证其罪和任意陈述（自白）原则。

（4）确立排除“非法证据”的证据效力原则。据此，建议在《刑事诉讼法》第46条规定的“对一切案件的判处……不轻信口供”之后增加规定：“凡是采用非法方法收集的犯罪嫌疑人、被告人供述，被害人陈述，证人证言的，不能作为指控犯罪和定案的根据”。

（5）增加强制证人出庭作证的规定，即规定直接、言词原则。为此，建议在刑事诉讼法的“总则”部分规定直接、言词原则。

（6）修改《刑事诉讼法》第93条，规定“侦查人员在讯问犯罪嫌疑人的时候，应当首先讯问犯罪嫌疑人是否有犯罪行为，让他陈述有罪的情节或者无罪的辩解，然后听取他的陈述”。

(7) 建议在审查起诉阶段增加规定告知程序，即检察人员讯问犯罪嫌疑人的时候，应当首先告知他有沉默的权利。这样，既能使他们得知享有沉默权并决定选择是否沉默，又能促使检察人员依法讯问。

(8) 建议在审判阶段（含一审、二审）也增加规定告知沉默权程序。

(9) 建议在刑事诉讼法基本原则中补充规定："禁止将沉默行为作为从重处罚的情节"。

综上所述，笔者认为，只有将上述内容作出明确规定，才能保障沉默权的全面落实。

宪法、刑事诉讼法中的无罪推定之域外梳理与借鉴*

一、联合国公约及其他法律文件中规定的无罪推定

（一）关于无罪推定的表述

联合国《世界人权宣言》（1948.12.10）第11条规定："凡受刑事控告者，在未经获得辩护与所需的一切保证的公开审判而依法证实有罪以前，有权被视为无罪。"①

联合国《公民权利和政治权利国际公约》第14条规定："凡受刑事控告者，在未依法证实有罪之前，均有权被视为无罪。"

联合国《儿童权利公约》第40条规定："在依法判定有罪之前应被假定为无罪。"

联合国《保护所有遭受任何形式的拘留或监禁的人的原则》（1998.12.9）"原则36"规定："涉嫌或被指控犯有刑事罪行的被拘留人，在获得辩护上一切必要保证的公开审判中依法确定有罪之前应视为无罪。"

联合国《少年司法最低限度标准规则》（1985.11.29）7.1条规定："在诉讼的各个阶段，应保证基本程序方面的保障措施，诸如无罪推定……的权利。"

2002年生效的《国际刑事法院罗马规约》第66条将无罪推定的内容表述为三个方面：（1）任何人在本法院被依照适用的法律证明有罪以前，应推定无罪；（2）证明被告人有罪是检察官的责任；（3）判定被告人有罪，本法院必须确信被告人有罪已无合理疑问。这显然是基本采用了英美法系关于无罪推定原则的理解。

（二）关于证明责任的规定

在国际刑法中，《纽伦堡军事法庭宪章》和《远东国际军事法庭宪章》虽

---

* 作者：周国均。本文成稿于2013年9月。

① 《世界宪法大全》，中国广播电视出版社1989年版。

然没有明确规定无罪推定原则，但是，在其诉讼过程中还是体现了该原则。例如，检方负举证责任，被告不承担证明自己有罪的责任。此后，人权国际法律日益完善。

在1993年和1994年生效的《前南法庭规约》和《卢旺达法庭规约》中，明确规定了无罪推定原则。例如，《前南法庭规约》第21条第3款规定，在根据本规约的规定证明被告有罪前需假设其无罪。《卢旺达法庭规约》第20条第3款也有类似规定。

1998年通过并于2002年生效的《国际刑事法院罗马规约》更是从含义到内容进行了详细的论述，例如，其第66条规定，任何人在本法依照适用的法律证明有罪之前，应推定无罪；证明被告人有罪是检察官的责任；判定被告人有罪，本法院必须确信被告人有罪已无合理怀疑。

在我国代表参加签署的巴西世界刑法学协会第十五届代表大会上通过的《关于刑事诉讼法中的人权问题的决议》强调："被告人在直至判决生效为止的整个刑事诉讼中享有无罪的假定待遇。"①

二、地区层面的法律文件规定的无罪推定

一些地区性的法律文件对无罪推定原则作了规定。例如，《欧洲人权公约》（1953.9.3生效）第6条第2款规定，任何被指控犯罪的人，在被依法确定为有罪之前，应当被假定为无罪。

《欧洲人权公约》，全称为《保护人权和基本自由的欧洲公约》，于1950年11月4日在意大利罗马签署，1953年9月3日正式生效。共有21个成员国，分别是奥地利、比利时、塞浦路斯、丹麦、法国、希腊、冰岛、爱尔兰、意大利、列支敦士登、卢森堡、马耳他、荷兰、挪威、葡萄牙、西班牙、瑞典、瑞士、土耳其和英国。希望能够通过这个公约达到双重效应——引导效应和矫正效应。所谓引导效应是指各国在建立自己的法律制度和司法体制的过程中，要考虑到欧洲人权公约的规定；所谓矫正效应是指对于各国侵犯人权的现象，能够及时得到纠正。②

三、各国宪法层面规定的无罪推定

《法国人权宣言》（1789.6.14）中与公民有关的内容主要有："承认法律

① 陈建国主编：《刑事诉讼制度的改革与完善》，红旗出版社1997年版，第14页。

② 汪建成、黄伟明：《欧盟成员国刑事诉讼概论》，中国人民大学出版社2000年版，第442页、第444页。

不溯及既往和无罪推定原则。”《法国人权宣言》第 9 条规定：“任何人在其被宣告为犯罪以前，应当推定为无罪。”《法国宪法》（1958 年）第 15 条规定：“任何受指控犯罪的人，在没有依法确定其有罪之前，均推定其无罪。”①

《美国宪法修正案》第 5 条规定：“任何人在被宣判有罪之前都推定为无罪……不得强迫任何人证明自己的犯罪。”②

《葡萄牙宪法》第 32 条第 2 项规定：“任何被告在证明其有罪以前，应推定为无罪。”③

《科威特宪法》（1962. 11. 11）第 34 条规定：“被告在没有依法审讯被证明有罪前应推定是无罪的。”④

《塞浦路斯宪法》第 12 条第 4 项规定：“任何被指控犯罪的人在依法证明其有罪以前应推定为无罪。”⑤

西班牙于 1988 年 12 月根据宪法的规定，对刑事诉讼法典进行了全面修订。该法典中，规定了世界上通行的原则，即无罪推定原则。⑥

《阿富汗宪法》第 41 条规定：“无罪是人的根本状态；被告在法院作出终审判决前，应推定为无罪。”⑦

《土耳其宪法》第 38 条第 4 项规定：“任何人在未被法院证实其有罪以前，应推定为无罪。”⑧

《卡塔尔宪法》第 11 条规定：“被告在被证明有罪之前应推定为无罪。”⑨

《菲律宾宪法》第 14 条第（2）项规定：“在任何刑事诉讼中，被告在最终定罪之前应推定为无罪。”⑩

《叙利亚宪法》第 28 条规定：“被告未经终审判决定罪前，应推定为

---

① 《法国刑事诉讼法》，罗结珍译，中国政法大学出版社 2009 年版，第 67 页。

② 《世界宪法大全》，中国广播电视出版社 1989 年版，第 945 页。

③ 《世界宪法大全》，中国广播电视出版社 1989 年版，第 761 页；张福森主编：《各国司法体制的宪法性规定》，法律出版社 2005 年版，第 256 页。

④ 《世界宪法大全》，中国广播电视出版社 1989 年版，第 214 页。

⑤ 《世界宪法大全》，中国广播电视出版社 1989 年版，第 334 页。

⑥ 汪建成、黄伟明：《欧盟成员国刑事诉讼概论》，中国人民大学出版社 2000 年版。

⑦ 《世界宪法大全》，中国广播电视出版社 1989 年版，第 98 页。

⑧ 《世界宪法大全》，中国广播电视出版社 1989 年版，第 414 页。

⑨ 《世界宪法大全》，中国广播电视出版社 1989 年版，第 193 页；张福森主编：《各国司法体制的宪法性规定》，法律出版社 2005 年版，第 82 页。

⑩ 《世界宪法大全》，中国广播电视出版社 1989 年版，第 1113 页；张福森主编：《各国司法体制的宪法性规定》，法律出版社 2005 年版，第 37 页。

无罪。"①

《斯里兰卡宪法》第13条第（5）项规定："任何人在被证明有罪之前应推定为无罪，但是可以依法要求被告人举证说明事实真相。"②

《马耳他宪法》第40节第5条规定："任何刑事诉讼的被告在被证实有罪或本人服罪之前，应推定为无罪。但是，要求被告必须就具体事实举证……"③

《巴林宪法》第20条第3款规定："被告在依法审讯被证明有罪以前应推定为无罪。"④

《巴哈马联邦宪法》(1973.7.10生效）第20条规定："（二）对每一位被指控犯有刑事罪的人，首先应假定其无罪并进行处理直至证明有罪或无罪。"⑤

《泰王国宪法》第9条第1款规定："在刑事案件中，应预先假定被告人是无罪的。"第2款规定："在终审判决任何人有罪以前，不能将其作为罪犯对待。"⑥ 另一个版本的《泰国宪法》第27条规定："在刑事案件中，对被指控犯罪的人或被告应假定其为无罪，任何人，在其被最后判决以前，不应视为罪犯。"⑦

《巴布亚新几内亚独立国宪法》第37条规定："被指控有罪的人，在根据法律证明其有罪以前应假定其无罪，但法律可以责成被指控有罪的人证实他所独知、或略加注意即可独知的具体事实。"⑧

前苏联刑事诉讼法没有规定无罪推定原则，但是，1978年6月15日其最高法院全体会议的决议指出："被告人在其罪责未依法定程序被证明并被已发生法律效力的判决确定以前，被视为无罪。"

《伊朗宪法》第37条规定："除非有资格的法院证实有罪，任何人不得被视为罪犯。"⑨

---

① 《世界宪法大全》，中国广播电视出版社1989年版，第430页。

② 《世界宪法大全》，中国广播电视出版社1989年版，第355页；张福森主编：《各国司法体制的宪法性规定》，法律出版社2005版，第59页。

③ 《世界宪法大全》，中国广播电视出版社1989年版，第493页。

④ 《世界宪法大全》，中国广播电视出版社1989年版，第175页。

⑤ 《世界宪法大全》，中国广播电视出版社1989年版；张福森主编：《各国司法体制的宪法性规定》，法律出版社2005版，第417页。

⑥ 张福森主编：《各国司法体制的宪法性规定》，法律出版社2005版，第22页。

⑦ 《世界宪法大全》，中国广播电视出版社1989年版，第384页。

⑧ 张福森主编：《各国司法体制的宪法性规定》，法律出版社2005版，第324页。

⑨ 《世界宪法大全》，中国广播电视出版社1989年版，第468页。

《意大利宪法》第 27 条规定：“被告人在最终定罪之前，不得认为有罪。”①

《俄罗斯宪法》第 49 条规定：“每个被指控实施犯罪的人，在通过法定程序被证明有罪并由已经发生法律效力的刑事判决确定有罪之前，被认为无罪。”②

《加拿大宪法》（1982 年）在关于被指控犯罪的人享有法律上的权利部分规定：“在由独立的不偏袒的法庭举行公平的公开的审判，根据法律证明有罪之前，应推定为无罪。”

《哈萨克斯坦宪法》第 14 条规定：“在执法时，法官应遵循以下原则：（1）被指控犯罪的人，在罪名未被法院判决认定之前，应视为无罪……”③

《西萨摩亚独立国宪法》（1962. 1. 1 生效）第 9 条规定：“在依法确凿证明为犯罪之前，任何被控违反刑律之人应一律视为无辜者。”④

《阿尔及利亚宪法》（1976. 11. 19）第 46 条规定：“任何人在其未经正常审判定罪前，都被视为是无罪的，并受到法律保护。”⑤

《也门宪法》第 24 条规定：“被告在未被证实犯罪之前无罪。”⑥

《玻利维亚宪法》第 60 条规定：“凡未证明被控有罪时，即应以无罪论。”⑦

《巴拉圭宪法》（1967. 8. 25）第 63 条规定：“凡不是由有法定资格的法官判决有罪的人，法律概不认为他有罪。”⑧

《吉尔吉斯斯坦宪法》（1994. 11. 6）第 39 条规定：“当公民的罪名还没有被法院已生效判决之前，他被认为是未犯罪。”⑨

《厄瓜多尔共和国宪法》（1984. 5. 16）第 19 条规定：“在法律上未宣布罪

---

① 《世界宪法大全》，中国广播电视出版社 1989 年版，第 857 页。

② ［俄］K. ф. 古岑科主编：《俄罗斯刑事诉讼教程》，黄道秀等译，中国人民公安大学出版社 2007 年版，第 111 页。

③ 张福森主编：《各国司法体制的宪法性规定》，法律出版社 2005 版，第 123 页。

④ 张福森主编：《各国司法体制的宪法性规定》，法律出版社 2005 版，第 367 页。

⑤ 董云虎、刘武萍编著：《世界人权约法总览》，四川人民出版社 1990 年版，第 549 页。

⑥ 《世界宪法大全》，中国广播电视出版社 1989 年版，第 105 页。

⑦ 张福森主编：《各国司法体制的宪法性规定》，法律出版社 2005 版，第 516 页。

⑧ 张福森主编：《各国司法体制的宪法性规定》，法律出版社 2005 版，第 533 页。

⑨ 张福森主编：《各国司法体制的宪法性规定》，法律出版社 2005 版，第 179 页。

状之前，任何人都是无罪的。”①

《危地马拉共和国政治宪法》（1985. 5. 31）第14条规定：“推论无罪和公开案情，任何人在未经查有实据的判决中宣布法律上负有罪责时都是无罪的。”②

《巴巴多斯宪法》（1966. 11. 30生效）第18条规定：“凡被指控犯有刑事罪的人：1. 在他被证明有罪或他服罪之前应视为无罪……”③

《坦吉克斯坦宪法》第20条规定：“任何人在法院判决生效之前都能被认为无罪。”④

《斯洛文尼亚宪法》（1991. 12. 23）第27条规定：“被指控犯有刑事罪之人，在法定的发生法律效力的判决确定之前，被看作是无罪的人。”⑤

《乌克兰宪法》第62条规定：“在当事人的罪行未以法律程序以确证和未被法院判为有罪之前，不能被认为是犯有罪行的人。”⑥

《阿联酋宪法》第28条规定：“被告在通过合法公正宣判认定犯罪以前应该推定为无罪。”⑦

《丹麦宪法》（1953年修订）规定了“无罪推定原则”。无罪推定原则，即任何被指控犯罪的人非依法证明有罪应推定无罪。任何人非经法庭根据有罪的证据认定不能被定罪。国家被要求无合理怀疑地证明犯罪的每一方面因素。⑧

英国英格兰和威尔士的某些判例法体现了无罪推定原则，有学者称，无罪推定是英国刑事诉讼中的一项基本原则，英国将此表述为：“任何人在被证明有罪之前应被推定为无罪。”并由此衍生出几个基本原则：（1）证明被告人有罪的责任在控方，控方对被告人犯罪的证明不应存在合理怀疑；（2）被指控有刑事不法行为的人一般不允许保释；（3）实行“一事不再理”原则，即一

---

① 张福森主编：《各国司法体制的宪法性规定》，法律出版社2005版，第489页。

② 张福森主编：《各国司法体制的宪法性规定》，法律出版社2005版，第389页。

③ 张福森主编：《各国司法体制的宪法性规定》，法律出版社2005版，第458页。

④ 张福森主编：《各国司法体制的宪法性规定》，法律出版社2005版，第136页。

⑤ 张福森主编：《各国司法体制的宪法性规定》，法律出版社2005版，第274页。

⑥ 张福森主编：《各国司法体制的宪法性规定》，法律出版社2005版，第172页。

⑦ 《世界宪法大全》，中国广播电视出版社1989年版，第117页。

⑧ 汪建成、黄伟明：《欧盟成员国刑事诉讼概论》，中国人民大学出版社2000年版，第55页。

个人不得因为同一犯罪行为遭受两次审判；（4）赋予犯罪嫌疑人以沉默权。①

《挪威宪法》（1941.5.17）第50条规定："凡在法院诉讼中被指控有罪的人只有在法律就其罪行发表合法的裁决意见后才可能被宣判有罪。"②

《意大利宪法》（1947年）第27条规定："被告人在最终定罪之前，不得被认为有罪。"

最早提出无罪推定思想的是18世纪意大利著名启蒙法学家贝卡利亚。他在《犯罪与刑罚》一书中说："在没有作出有罪判决以前，任何人都不能称为罪犯。"

四、各国刑事诉讼法规定的无罪推定

（一）关于无罪推定的立法表述

《俄罗斯联邦刑事诉讼法典》（俄罗斯联邦委员会于2001.12.5批准）第14条"无罪推定"规定："刑事被告人在未依照本法典规定的程序被证明其有罪并由已经产生法律效力的刑事判决确定其有罪以前被认为无罪。"③

无罪推定原则在资产阶级国家诉讼理论或者立法上还有第三种表述，即任何人在证明有罪以前，应推定为无罪。例如，英国的不成文诉讼规则强调："每个人在未经证实犯罪之前，推定为无罪的。"④

1946年苏联最高法院全体会议决议指出："被告人在他的罪过未经法定的程序加以证明以前，不得认为是犯罪人。"

1958年公布的《苏联和加盟共和国刑事诉讼纲要》第7条规定："非经法院判决，任何人不能被认为罪犯并受到刑事处罚。"

苏联学者蒂里切夫等人认为，苏联的无罪推定是一项宪法原则，其根据是原苏联宪法第160条。⑤

即使是斯大林时代的著名法学家维辛斯基也认为："苏维埃诉讼法是以在

---

① 汪建成、黄伟明：《欧盟成员国刑事诉讼概论》，中国人民大学出版社2000年版，第79～80页。

② 张福森主编：《各国司法体制的宪法性规定》，法律出版社2005版。

③ 《俄罗斯联邦刑事诉讼法典》，黄道秀译，中国政法大学出版社2003年版，第13页。

④ ［英］靳克斯：《英国法》中译本，第81页；［英］约翰·欧文：《英国的法院、律师和警察》，载《世界之窗》1979年第1期。

⑤ 张福森主编：《各国司法体制的宪法性规定》，法律出版社2005年版；［苏］蒂里切夫等著：《苏维埃刑事诉讼》，法律出版社1984年版，第76页。

未证明被告人有罪推定其无罪”的原则为出发点的。①

苏联刑事诉讼法没有规定无罪推定的原则，但是1978年6月16日其最高法院全体会议的决议指出“被告人在其罪责未依法定程序被证明并被已发生法律效力的判决确定以前，被视为无罪”。

（二）证明责任与严禁刑讯逼供

《尼泊尔宪法》第11条第6款规定：“不得强迫任何被告自证己罪。”②

《古巴宪法》（1976.2.15）第58条规定：“禁止使用暴力或任何强制手段使他招供，违背这一规定获得的证据一律无效；责任承担者应根据法律规定受到处罚。”③

《瑞士宪法》（1874.5.29）第65条规定：“禁止使用肉刑。”

《阿根廷宪法》（1851.5.1）第18条规定：“……不得施行逼供……永远取消对政治犯判处死刑，取消一切形式的拷打和鞭挞。”

《海地宪法》（1987.3.29）第25条规定：“禁止在逮捕和拘留中使用任何不必要的暴力或强制。严禁施加任何心理压力和酷刑，尤其在审理期间。”

《斯洛伐克宪法》（1992.12.16）第50条规定：“被告有权拒绝作证，并且这项权利不得以任何方式加以剥夺。”

《巴哈马联邦宪法》（1972.10.11）第20条规定：“因刑事罪受审的人不能被迫出庭作证。”

《斯洛伐克宪法》（1992.12.16）第47条规定：“如果牵连到自己或与自己关系密切的人，则每个公民都有权拒绝作证。”

《秘鲁宪法》（1979.7.12）第233条规定：“以任何形式的非法强制、威胁或暴力而取得的证词一律无效。”

（三）非法拘留逮捕的刑事损害赔偿

《巴巴多斯宪法》第13条规定：“被其他任何人非法逮捕或拘留的人，将因此有权从非法逮捕或拘留的人那里得到赔偿。”

《秘鲁宪法》（1979.7.12）第233条规定：“刑事案件中因发生司法错误时依法律规定予以赔偿……国家对于任意逮捕行为予以赔偿，同时追究发出任意逮捕令的人的责任。”

---

① ［苏］安·扬·维辛斯基：《苏维埃法律上的诉讼证据理论》，法律出版社1957年版，第298～299页。

② 《世界宪法大全》，中国广播电视出版社1989年版，第220页。

③ 张福森主编：《各国司法体制的宪法性规定》，法律出版社2005版，第429页。

《圣克里斯托弗和尼维斯联邦独立宪法》（1983.9.19）第5条规定："任何人被他人非法逮捕或拘留者有权向该人或指使其行为的其他人及机构要求赔偿。本款中……个人对忠实履行职能行动不负任何赔偿负责。任何上述行动的赔偿由王国政府赔偿。"

《西班牙宪法》（1978.10.31）第29条规定："蒙受不当刑事处分的公民，有权依照法律规定的条件要求复审并要求对其所蒙受之损害予以赔偿。"

《巴哈马宪法》（1973.7.10）第19条规定："任何被逮捕或拘留的人有权向对方要求赔偿。"

（四）禁止双重危险

《巴哈马宪法》（1973.7.10）第20条规定："只要受审人的罪行已得到赦免，那他就不能再因同一罪行重新受审。"

《萨尔瓦多宪法》第15条规定："任何人不应依犯罪前未曾公布的法律受审；或因非先前依法设立的法庭审判。"

《洪都拉斯宪法》（1998.1.12）第90条规定："只能由法官或有关法庭根据法律规定的手续、权利和保障才能对人进行审判。"

（五）有利被告原则

《秘鲁宪法》（1979.7.12）第233条规定："对处刑的时效发生疑问或冲突的情况下，实行对犯人有利的原则。"

《多米尼加宪法》（1966.11.28）第8条第2款规定："不得要求任何人作出不利于他本人的证言。"

《巴拿马宪法》（1972.10.11）第43条规定："在刑事方面，对犯人有利的法律总是优先援用，并具有追溯作用，即使已有业经执行的判决。"

《洪都拉斯宪法》（1982.1.12）第96条规定："除非新法对犯罪者或被审判者有利，一般法律对犯人不具有追溯力。"

《玻利维亚宪法》（1967.2.2）第33条规定："法律只对未来情况作出规定，因此无追溯效力，但当时法律在社会方面作出明确规定，和在刑事方面有利于累犯时的除外。"

《葡萄牙刑诉法》（1988.10生效）的调查原则中，规定了"异议有利于被告人的原则"，无罪推定原则也对该原则给予了本质的支持。①

《西班牙宪法》（1978.10.31）第29条规定："不得对任何人施以重于当

① 汪建成、黄伟明：《欧盟成员国诉讼概论》，中国人民大学出版社2000年版，第390页。

时施行的刑法所规定的刑罚或治安措施，只有刑法的内容有利于被告时，方可追溯适用。”

《委内瑞拉宪法》（1961.1.23）第4条规定：“任何立法规定也不具追溯效力，除非是当它对当事人有利的时候……”

《巴拉圭宪法》（1967.8.25）第67条规定：“除那些更有利于被告或者被判决人的刑法以外，任何法律不得有追溯效力。”

《厄瓜多尔共和国宪法》（1984.5.16）第19条规定：“在两种刑法发生矛盾时，刑法只作对罪犯有利的处罚。”

《智利宪法》（1980.8.11）第19条规定：“对任何罪行都不得施行犯罪以前颁布的法律以外的刑罚，除非新法律有利于当事人。”

（六）法院定罪判刑权

《巴巴多斯宪法》（1966.11.30）第12条规定：“除法院根据某人宣布有罪的巴巴多斯法律对刑事犯罪执行判决外，不得有意剥夺任何人生命。”

《巴拉圭宪法》（1967.8.25）第62条规定：“禁止强迫作不利于自己、不利于其配偶或不利于四代以内的同宗亲属或者两代以内的婚亲证明。凡这种强迫作出证明均为无效，而且指出人或者执行人要负法律责任。”

《危地马拉宪法》第17条规定：“法律无规定的犯罪，也不受惩罚。直到事发以前法律不认为是犯罪、过失也不予惩罚的行为或忽略，不受惩罚。”

《斯洛伐克宪法》（1992.9.3）第50条规定：“任何人不得因其已被判处有罪或无罪的行为而根据刑法遭到起诉。”

《古巴宪法》（1976.2.15）第58条规定：“任何人只能由有权的法庭……才能被起诉和判决。”

（七）一罪不二罚

《秘鲁宪法》（1979.7.12）第233条规定：“禁止重提已经结案的案件。”任何人不因已被宣判无罪或已经判决定罪的行为重新受审理。

《洪都拉斯宪法》第95条规定：“对任何人不得处以法律上没有规定的惩罚……也不得以从前已被惩罚的那些行为再次予以审判。”

《哥斯达黎加宪法》（1949.11.7）第42条规定：“任何人不得因为同一罪行而受到多次审判……业经判决的刑事案件和业经确定的判决，除依法复审外，禁止再审。”

《阿根廷宪法》（1853.5.1）第95条规定：“……不得复审已结的案件。”

《西班牙宪法》（1978.10.31）第29条规定：“任何人不得因同一犯罪而受两次刑事处分。”

《多米尼加宪法》（1966.11.28）第8条第2款规定：“任何人不得因犯一罪而受两次审判。”

《危地马拉宪法》第203条规定：“……审判和推动执行的权力属于法庭。”第211条规定：“任何案件的审判不得超过两审。在其中一审中行使司法权的大法官或法官不得过问同一案件在另一审或上诉法院审问的情况，否则得承担责任。”

《斯洛伐克宪法》（1992.9.3）第50条规定：“只有法院才能裁定罪行和对该罪行的惩罚手段。”

《哥伦比亚宪法》（1986.8通过，1997年修改）第26条第1款规定：“除非依据在向主管法庭控诉的行为发生之前即已存在的法律并遵守每一审判程序的全部特有程序，不得对任何人进行审判。”

《玻利维亚宪法》（1967.2.2）第116条规定：“司法院由最高法院、区高等法院和法律规定的其他法庭和审判庭行使。”

《摩尔多瓦宪法》（1994.7.29）第114条规定：“依据法律审判权只由司法部门行使。”

《苏联和各加盟共和国刑事诉讼法纲要》第7条规定：“非经法院判决，任何人不得被认定为犯罪人并受到刑事处罚。”

《西班牙宪法》（1978.10.31）第117条规定：“……司法权只能由法律确定的法庭和法院根据法律规定的职权及程序行使。”

《马尔代夫宪法》第7条规定：“除非依照法律或法律规定证明有罪，任何公民不受刑事处罚。”

《智利宪法》（1980.8.11）第19条规定：“任何人都不得接受特别机构的审判，而只能接受法律制定的预先设立的法院的审判。”

《捷克宪法》（1992.12.16）第90条规定：“只有法院才能对犯罪行为作出判决。”

1877年苏格兰制定了第一部刑事诉讼法案，以后又制定了大量的法案，1975年通过了新的刑事诉讼法案。往后，又制定了许多特别法案，以补充1975年刑事诉讼法案的规定，其中包括1993年的囚犯和刑事诉讼法案，该法案中规定了无罪推定原则和举证责任原则。无罪推定，是指“通常在确定指控的犯罪事实无合理怀疑地被证明时才能推翻无罪的假定”。①

有学者认为：“刑事诉讼的一大原则为被告应被推定无罪，除非他被证

① 汪建成、黄伟明：《欧盟成员国刑事诉讼概论》，中国人民大学出版社2000年版，第402页、第410页。

明有罪。”①

除上述部分国家的宪法规定无罪推定原则外，不少国家刑事诉讼法中也有规定。例如，“《匈牙利刑事诉讼法典》（第3节）、《波兰刑事诉讼法典》（第2节第3条）、原《捷克斯洛伐克刑事诉讼法典》（第2部分第2节）等”。②

《希腊刑事诉讼法》第6条第2款规定“每个被控刑事犯罪的人在依法被证明有罪前应当推定无罪”。该法还规定：“被告人被不可撤销的判决认定犯罪之前应被认为无罪。”这两条规定，清楚地表明了无罪推定原则的基本含义。与该原则相联系，希腊刑事诉讼实行有利于被告人的原则，即在刑事审判中，对证据不确实的案件，应作有利被告人的处理。③

《法国刑事诉讼法典》有规定：“有犯罪嫌疑或者受到追诉的任何人，只要没有确认其有罪，均推定其为无罪。对无罪推定的妨害，按照法律规定的条件预防、赔偿和制裁。”④

（八）证明标准

《前南法庭规约》和《卢旺达法庭规约》第84条、第85条、第86条、第87条规定，初审法庭的多数法官认为证据无合理怀疑时，才能作出有罪判决。

五、我国香港和澳门特区相关法律规定中的无罪推定

1990年4月4日第七届全国人大三次会议通过的《香港特别行政区基本法》（1990.4）第87条第2款规定：“任何人在被合法拘捕后，享有尽早接受公正审判的权利，未经司法机关判罪之前均假定无罪。”⑤

《澳门特别行政区基本法》第29条规定：“澳门居民在被指控犯罪时，享有尽早接受审判的权利，在法院判罪之前均假定无罪。”⑥

“香港人权法案条例”（1990.4）第11条规定：“受刑事控告的人，未经

---

① 王兆鹏：《美国刑事诉讼法》，北京大学出版社2005年版。

② 张福森主编：《各国司法体制的宪法性规定》，法律出版社2005年版；［苏］蒂里切夫等编著：《苏维埃刑事诉讼》，法律出版社1984年版，第77页。

③ 汪建成、黄伟明：《欧盟成员国刑事诉讼概论》，中国人民大学出版社2000年版，第235页。

④ 《法国刑事诉讼法典》，罗结珍译，中国法制出版社2006年版。

⑤ 转引自陈光中主编：《中华人民共和国刑事诉讼法修改建议稿与论证》，中国方正出版社1995年版，第103页。

⑥ 周士敏：《澳门刑事诉讼制度论》，国家行政学院出版社2001年版，第20页。

依法确定有罪以前，应假定其无罪。”①

“澳门刑事诉讼法典”第49条规定：“应在不抵触各种辩护保障下尽早审判嫌犯，在有罪判决确定前推定嫌犯无罪。”②

六、专家建议

陈光中主编的《中华人民共和国刑事诉讼法再修改专家建议稿与论证》，其中第10条规定：“任何人未经司法机关依照法定程序判定有罪以前，都应当假定为无罪的人。”③ 另一方案，“任何人未经司法机关依照法定程序判定有罪以前，都不应当视为罪犯”。④

陈光中主编的《中华人民共和国〈刑事诉讼法专家拟制稿〉条文、释义与论证》，其中第5条（无罪推定）规定：“任何人在人民法院依法确认有罪之前，都应当推定为无罪。”

陈光中主持的《中华人民共和国刑事诉讼法再修改专家建议稿与论证》，其中第10条规定了两款内容，其中第1款规定：“在人民法院依法作出生效裁判确定有罪以前，任何人应当被推定为无罪。”第2款规定：“不能认定犯罪嫌疑人、被告人有罪或无罪的，按无罪处理；不能认定犯罪嫌疑人、被告人罪重或罪轻的，按罪轻处理。”⑤

七、日本词典和日本学者的观点

无罪推定，法院应在恰如一张白纸的情况下开始审理案件，如果检察官对犯罪事实的存在提不出合理的、不容置疑的证明，就不能认定被告人有罪。按大陆法来说，法院是从侦查机关受理嫌疑案件，所以说，不能认为法院是在一张白纸的情况下开始审理。因此，可以说并不存在无罪推定。“如有置疑，应

① 刘玫：《香港和内地刑事诉讼制比较研究》，中国政法大学出版社2001年版，第150页。

② 《澳门刑法典、澳门刑事诉讼法典》，澳门政府法律翻译办公室译，法律出版社1997年版，第151页。

③ 陈光中、严端主编：《中华人民共和国刑事诉讼法修改建议稿与论证》，中国方正出版社1999年版，第17页。

④ 陈光中、严端主编：《中华人民共和国刑事诉讼法修改建议稿与论证》，中国方正出版社1999年版，第17页。

⑤ 陈光中主编：《中华人民共和国刑事诉讼法再修改专家建议稿与论证》，中国法制出版社2006年版，第4页。

以被告人的利益为重。”①

日本学者松尾浩也称，在日本，无罪推定在宪法中，并说，日本虽然没有在成文中作出直接（无罪推定）规定，但是，明治时期以后，这一原则被理解为当然的原则。现在从《日本刑事诉讼法》中可以看到相关规定，其第336条“无罪判定”规定：“被告案件不构成犯罪时，或者被告案件没有犯罪的证明时，应当判决无罪。”也可以说，这一原则包含在《日本宪法》第31条的“法律规定的程序”中，该条规定：“不经法律规定的程序，不得剥夺任何人的生命或自由，或科以其他刑罚。”②

八、对我国《刑事诉讼法》第12条之理解

我国《刑事诉讼法》第12条规定：“未经人民法院依法判决，对任何人都不得确定有罪。”“本条是新增加的规定，对一个人在法院作出判决以前是否有罪，原刑事诉讼法确定的原则是以事实为根据，以法律为准绳，我们反对有罪推定，但也不是西方国家的那种无罪推定，而是实事求是地进行……”③

“应当指出，刑诉法第12条的上述规定，与‘无罪推定’原则是有区别的。”④“本条是关于未经法院判决对任何人不得确定有罪的原则的规定……是增加的一条十分重要的原则，对维护公民合法权益，加快社会主义民主和法制建设具有十分重要的意义。此项原则是对有罪推定的否定，同时吸收了西方无罪推定原则的合法部分，但又不同于西方的无罪推定原则……本条原则明确了审判权由法院统一行使，其他任何机关和个人包括检察院无权行使审判权。”⑤

我国1996年修改的《刑事诉讼法》虽然在第12条增加规定：“未经人民法院依法判决，对任何人都不得确定有罪。”这含有无罪推定原则之精神，而非该原则到位之表述。⑥

草拟于1957年的《中华人民共和国刑事诉讼法草案（草稿）》第5条规

① 董潘舆：《新法律学辞典》，中国政法大学出版社1991年版，第923页。

② ［日］松尾浩也：《日本刑事诉讼法》（上卷、新版），丁相顺译，金光旭校，中国人民大学出版社2005年版，第247页。

③ 胡康生、李福成主编：《中华人民共和国刑事诉讼法释义》，法律出版社1996年版，第15页。

④ 郎胜主编：《〈关于修改刑事诉讼法的决定〉释义》，中国法制出版社1996年版，第25页。

⑤ 刘家琛主编：《刑事诉讼法条文释义》，人民法院出版社2002年版，第40~41页。

⑥ 陈光中、江伟主编：《诉讼法论丛》（第11卷），法律出版社2006年版，第17页。

定："被告人在有罪判决发生法律效力以前，应当假定为无罪的人。"[①] 有学者认为，无罪推定原则的内容主要有三个方面：一是控方负举证责任。要想认定嫌疑人、被告人有罪，必须通过证据来证明，控方负有收集证据并承担证明被告有罪的责任。二是被告人享有沉默权或不自证其罪的权利。三是疑罪从无。如果控方举证不能，或没有充足的证据能够证明被告人有罪，则判定其无罪。

① 赵树荣：《刍议无罪推定原则》，载《河北法学》1999年第6期。

各国宪法中有关刑事诉讼人权保障之借鉴*

亚洲卷

国名（页）		1 有利被告	2 冤狱赔偿	3 禁双危险	4 禁非人道	5 禁止药试	6 不自证无罪	7 禁止终身监禁	8 禁止奴役	9 证责倒置	10 缺席审判	11 全废除死刑	12 判决说理	13 法定举证	14 赦与豁	15 溯与不溯	16 禁止类推
1.	阿富汗 28				29				22	30（坦白）			129			不 27	
2.	阿拉伯酋长国 39	109							28						107 109		
3.	阿曼 48				20 22	26											
4.	阿塞拜疆 55	62（2）66	68	64	31	27					禁缺 127						
5.	巴基斯坦 72	12（1）6263		13					11	不 6（3）不 13（2）						不 12（1）	
6.	巴林 138				19（4）20（4）											不 20（1）	
7.	不丹 148				7（17）							7（18）					
8.	朝鲜 162	—	—	—	—	—	—	—	—	—	—	—	—	—	—	—	—
9.	东帝汶 173	31（5）		31（4）	29（4）25（5）				25（5）			29（3）				不 31（5）	
10.	菲律宾 186		3（9）	3（21）	3（12）						可缺 3（14）					不 3（22）	
11.	格鲁吉亚 206	40（3）43（8）	42（5）42（6）	42（4）	17（2）（4）18（4）					42（8）不 40（2）						42（5）	

* 作者：周国均。本文成稿于 2013 年 9 月。本文相关数据依据孙谦、韩大元主编：《世界各国宪法》，中国检察出版社 2012 年版。

续表

项目\条文 / 国名（页）		1	2	3	4	5	6	7	8	9	10	11	12	13	14	15	16
		有利被告	冤狱赔偿	禁双危险	禁非人道	禁止药试	不自证无罪	禁止终身监禁	禁止奴役	证责倒置	缺席审判	全废除死刑	判决说理	法定举证	赦与豁	溯与不溯	禁止类推
12.	哈萨克斯坦 223	77(6)(7) 77(8)		77(2)	17(2)		77(6)		17(2)	不 77(6)				77(6)	可 15(2)		
13.	韩国 238	12(2)(7) 13(3) 26(3)(4)	28(1)	13(1)	12(7)												
14.	吉尔吉斯斯坦 246	20(5)	20(5)	27(3)		20(5) 22(3)	26(2)	20(5)	20(4)	不 26(4)(15)	禁缺 99(2)	部分 20(4)				可 20(5)	
15.	柬博寨 202	38(7)			38(1) 38(4)												
16.	卡塔尔 272				36(1)											不 40	
17.	科威特 280	32			31(2) 34(2)											不 32	
18.	老挝 289	—	—	—	—	—	—	—	—	—	—	—	—	—	—	—	
19.	黎巴嫩 296	—	—	—	—	—	—	—	—	—	—	—	—	—	—	—	
20.	马尔代夫 304	51(7) 59	58(1)	60(1)	54(1)	60(1)			25(1)	不 51(1)						不 7(1)	
21.	马来西亚 328	7(1)		7(2)					6(1)						可 16(14)	7(1)	
22.	蒙古 383		16(14)		16(13)												
23.	孟加拉国 392	35(1)	46	35(2)	35(5)			46	34	不 35(4)						不 35(1)	
24.	缅甸 416	—	—	—	—	—	—	—	—	—	—	—	—	—	—	—	
25.	尼泊尔 457		26(2)	24(6)	26(1)					不 24(7)		12(1)				不 24(4)	

续表

项目\条文 国名（页）		1 有利被告	2 冤狱赔偿	3 禁双危险	4 禁非人道	5 禁止药试	6 不自证无罪	7 禁止终身监禁	8 禁止奴役	9 证责倒置	10 缺席审判	11 全废除死刑	12 判决说理	13 法定举证	14 赦与豁	15 溯与不溯	16 禁止类推
26.	日本 494	38（3） 39（1）	40	39	36 38（2）		38（1）		18							不 39（1）	
27.	沙特阿拉伯 500	—	—	—	—	—	—	—	—	—	—	—	—	—	—	—	
28.	斯里兰卡 503	13（6） 13（7）										13（4）		13（5）	11K 条	可 13（6）	
29.	塔吉克斯坦 555	20（6）			18（2）	18（3）										不 20（3）	
30.	泰国 564	39			32（1）								40（2）			不 39	
31.	土耳其 59	38 22	19（7） 40（3）		17（3）	17（2）			18	不 38（5）		38（9）		39（1）		38	
32.	土库曼斯坦 629				23（2）	23（2）						22（2）					
33.	文莱 638														可 84－2		
34.	乌兹别克斯坦 651	116（1）			26（2）	26（3）											
35.	新加坡 664	11（1）		11（2）					10（1）			部分 9（1）				不 11	
36.	叙利亚 698	53（1）	53（4）		53（2）											不 52	
37.	亚美尼亚 707	18（2） 21（2） 22（5）（6）	20（5）	22（5）	17（1）	17（2）				不 21（2）		15			可 20（4）	可 20（4） 22（5）	
38.	也门 722		48（5）		48（2）											不 47	
39.	伊拉克 731	19（10）		19（5）	38（1）				37（3）							不 19（10）	
40.	伊朗 742				38（1）												

续表

国名（页） \ 项目 条文	1 有利被告	2 冤狱赔偿	3 禁双危险	4 禁非人道	5 禁止药试	6 不自证无罪	7 禁止终身监禁	8 禁止奴役	9 证责倒置	10 缺席审判	11 全废除死刑	12 判决说理	13 法定举证	14 赦与豁	15 溯与不溯	16 禁止类推
41. 以色列 757			19（1）													
42. 印度 773	20（1）		20（2）						不 20（3）						不 20（1）	
43. 印度尼西亚 895				28（7）（9）				28（9）								
44. 约旦 901				8（2）				13（1）								
45. 越南 912		72（2）		71（3）												

欧洲卷

国名（页） \ 项目 条文	1 有利被告	2 冤狱赔偿	3 禁双危险	4 禁非人道	5 禁止药试	6 不自证无罪	7 禁止终身监禁	8 禁止奴役	9 证责倒置	10 缺席审判	11 全废除死刑	12 判决说理	13 法定举证	14 赦与豁	15 溯与不溯	16 禁止类推
1. 阿尔巴尼亚 1	32（1）		34（1）	25（1）	26				32（1）						可 29（3）	
2. 爱尔兰 16	—	—	—	—	—	—	—	—	—	—	—	—	—	—	—	—
3. 爱沙尼亚 31	23（2）	25	23（3）	18（1）	18（2）			29（2）	不 22（2）（3）						不 23（1）	
4. 安道尔 45				8（2）							8（3）	86（2）			不 9（4）	
5. 奥地利 55	91（3）										85				可 93	
6. 白俄罗斯 95	27（1）				25（4）	26（2）			不 26（2） 27（1）		部分 24（2）				可 24（2）	
7. 保加利亚 108				29（1）	29（2）				不 31（2）		121（4）				可 98（11）	
8. 比利时 124												149				
9. 冰岛 139	69（1）	67（5）		68（1）				69（2）			69（2）				不 69（1）	

续表

项目 \ 条文 国名（页）		1 有利被告	2 冤狱赔偿	3 禁双危险	4 禁非人道	5 禁止药试	6 不自证无罪	7 禁止终身监禁	8 禁止奴役	9 证责倒置	10 缺席审判	11 全废除死刑	12 判决说理	13 法定举证	14 赦与豁	15 溯与不溯	16 禁止类推
10.	波兰 144		41（5）77（1）		40	39										可 43	
11.	波斯尼亚和黑哥维那 163				2（3）				2（4）								
12.	丹麦 170	71（5）	73（1）														
13.	德国 177			103（3）	104（1）							102				不 103（2）	
14.	俄罗斯联邦（1977）211	49（3）54（2）	53（1）	50（1）	21（2）	21（2）	49（2）			不 49（2）51（1）	部分 123（2）				可 50（3）	不 54（2）	
15.	法国（1958）267											66－1					
16.	芬兰 285	8（1）	118		7（2）9（4）							7（2）				可 105	
17.	荷兰 206											114				不 16	
18.	黑山 311	33，34，35（3）	25（3）38	36	28（3）	27（1）	35（2）		28（4）			26			可 86	不 33 可 137	
19.	捷克 324	—	—	—	—	—	—	—	—	—	—	—	—	—	—	—	—
20.	克罗地亚 333	25（2）	25（4）	31（2）	25（1）23（1）	23（1）			23（2）	不 29（10）		21（2）			可 81（8）	可 122（1）	
21.	拉脱维亚 347		92（2）		95（1）				95（1）								
22.	立陶宛 354	31（2）31（4）	30（2）	31（5）	21（3）	21（4）				不 31（3）							
23.	列支敦士登 370	33（2）	32（4）		27（2）												
24.	卢森堡 381	16										18	89（1）		可 38		

续表

国名（页） \ 项目 \ 条文		1 有利被告	2 冤狱赔偿	3 禁双危险	4 禁非人道	5 禁止药试	6 不自证无罪	7 禁止终身监禁	8 禁止奴役	9 证责倒置	10 缺席审判	11 全废除死刑	12 判决说理	13 法定举证	14 赦与豁	15 溯与不溯	16 禁止类推
25.	罗马尼亚 389	27（4）			22（2）							22（3）				不 15（2）	
26.	马耳他 404	39（8）	34（4）	39（9）14 54（4）	36（1）				35	不 39（10）	部分 39（5）			可 39（2）	可 39（9）	可 39（9）	
27.	马其顿 428	12（3）53（4）	13（2）		11（1）				11（2）			10			可 64	不 22 不 52	
28.	摩尔多瓦 441	22			24（2）				44			24（3）				不 22 可 66	
29.	摩纳哥 457		24		20（1）							20（1）				不 20（4）	
30.	挪威 462		95（1）		96（1）										不 95（1）	不 97	
31.	葡萄牙 467	29（4）32（6）	27（5）29（6）	29（5）	25（2）	26（3）		30（1）				24（2）				不 10 可 29	
32.	瑞典 506	10（1）			5	5						4				不 10	
33.	瑞士 561		124		10（3）	119 120			25（3）			10（1）				可 123（B）	
34.	塞尔维亚 581	33（6）34（2）	35（2）	34（4）	25（2）	25（2）			26			24（2）			可 151（1）145（5）		
35.	塞浦路斯 601	12（2）11（3）	11（8）	12（2）					10			部分 7			部分（7）（5）	不 12（1）	
36.	圣马力诺 629												14（2）			部分 15（4）	
37.	斯洛伐克 633	50（6）	46（3）	50（5）	16（2）				18（1）			15（2）					
38.	斯洛文尼亚 651	28（1）	15（4）30	31	18	18				不 21 28（5）		17			可 100	不 28、155	

续表

项目 条文 国名（页）	1 有利被告	2 冤狱赔偿	3 禁双危险	4 禁非人道	5 禁止药试	6 不自证无罪	7 禁止终身监禁	8 禁止奴役	9 证责倒置	10 缺席审判	11 全废除死刑	12 判决说理	13 法定举证	14 赦与豁	15 溯与不溯	16 禁止类推
39. 乌克兰 656	62 (3)		61	28 (2)	28 (3)				不 62 (2)							
40. 西班牙 689	25 (1)	121 (1)							24 (2)			120 (3)			不 23 (1)	
41. 希腊 707	7	7 (4)		7 (2)							部分 7 (3)				不 7	
42. 匈牙利 731		4 (4)	28 (6)	3 (1)	3 (1)			3 (1)							不 28 (4)	
43. 意大利 746	111 (4)	24 (4)		13 (3)							27 (4)	111 (6)			不 7	
44. 英国（1989 年人权法案）761	7 (1)	5 (5)		3				4							不 7 (1)	

非洲卷

项目 条文 国名（页）	1 有利被告	2 冤狱赔偿	3 禁双危险	4 禁非人道	5 禁止药试	6 不自证无罪	7 禁止终身监禁	8 禁止奴役	9 证责倒置	10 缺席审判	11 全废除死刑	12 判决说理	13 法定举证	14 赦与豁	15 溯与不溯	16 禁止类推
1. 阿尔及利亚 1		49										144			不 46	
2. 埃及 12	9 (2)			9 (2)				18 (2)						不 21 (2)	不 19	
3. 埃塞俄比亚 16	22 (1)		23	18 (1)				18 (2)	不 20 (3) 19 (5)		部分废 15				不 22 (1)	
4. 安哥拉 29	65 (4)	65 (6)	65 (5)	36 (3) 60	36 (3)						59			不 61、62	不 58 (5)	
5. 贝宁 55	17 (2)			18 (1) 19				19 (1)							不 17 (2)	
6. 博茨瓦纳 65	10 (4)	5 (4)	10 (5)	7				6			部分 4 (1)			可 10 (6)	不 10 (4)	
7. 布基纳法索 91				2 (1)											不 5 (2)	

续表

国名（页）＼项目＼条文		1 有利被告	2 冤狱赔偿	3 禁双危险	4 禁非人道	5 禁止药试	6 不自证无罪	7 禁止终身监禁	8 禁止奴役	9 证责倒置	10 缺席审判	11 全废除死刑	12 判决说理	13 法定举证	14 赦与豁	15 溯与不溯	16 禁止类推
8.	布隆迪 101	41（2）	23（2）		25				26				207			不 41（1）	
9.	赤道几内亚 117	13（8）		13（1）	16（2）					不 13（P）		部分废 13（P）				13（1）	
10.	厄立特里亚 134			17（8）	16（2）				16（3）							不 17（2）	
11.	多哥 124	19（3）	19（4）	17（7）	21（2）											不 19（2）	
12.	佛得角 141	22（4）	25（5）	32（5）	35（8）			33									
13.	冈比亚 174	24（5） 24（7）		24（6）	21				20	不 24（8）	可 24	部分废 18（1）（2）				不 24（5）	
14.	刚果（布）205		17（2）		9（4）				26（1）（2）								
15.	刚果（金）216	17（3） 17（4）			16（3）				16（3）				21（1）			不 17（3）（4）	
16.	吉布提 234	10（4）			16（1）							10（3）				不 10（4）	
17.	几内亚 241	9（6）			6（1）												
18.	几内亚比绍 252	9（6）			32（2）				32（3）							不 33（2）	
19.	加纳 260	19（6）	14（5） 14（7）	19（7）	15（2）				16	不 19（10）	17（2）	部分 19（b）			可 117－121	19（5）	
20.	加蓬 311	—	—	—	—	—	—	—	—	—	—	—	—	—	—	—	—
21.	津巴布韦 322	18（5）	13（5）	18（6）	15（1）				14（1）					18（13）	可 18（7）	不 18（5）	不 18（13）
22.	喀麦隆 375				11											不 8	
23.	科摩罗 384														可 31（5）		

续表

项目 条文 国名（页）		1 有利被告	2 冤狱赔偿	3 禁双危险	4 禁非人道	5 禁止药试	6 不自证无罪	7 禁止终身监禁	8 禁止奴役	9 证责倒置	10 缺席审判	11 全废除死刑	12 判决说理	13 法定举证	14 赦与豁	15 溯与不溯	16 禁止类推
24.	科特迪瓦 390		15 (2)		3				3			2 (3)				不 21 可 71	
25.	肯尼亚 398			50 (2)	25 (2) 29 (f)				25 (3) 30 (1)	不 50 (i)					可 71 (6)		
26.	莱索托 452	12 (4)		12 (5) (6)	8 (1)				9 (1)	不 12 (7)	12 (1)				可 12 (6)	不 12 (4)	
27.	利比里亚 487	21 (4)	21 (e)	21 (h)						不 21 (h)		部分 21 (e)				21 (a)	
28.	利比亚 498	21 (h)		21 (h)	31											可 21 (j)	
29.	卢旺达 500	20 (2)		140 (5)	15 (1)	15 (2)			15 (1)				141 (2)	141 (2)		不 20 (1)	
30.	马达加斯加 516			13 (4)	8 (2) 13 (7)	8 (3)			8 (2)								
31.	马拉维 529	42		42 (vii)	45 (b) 19 (3) (4)	19 (5) 45			45 (d)	不 42 (iv)						不 45 (5)	
31.	马里 565				3				6								
33.	毛里求斯 573		3 (5) 5 (5)		7									可 10 (11)			
34.	毛里塔尼亚 606				13				13							不 2 (4)	
35.	摩洛哥 614				22 (2)												
36.	莫桑比克 627	60 (2)	58 (2) 79	59 (3)	40 (1) 65 (3)							40 (2)				可 57 (1) 60 (2)	
37.	纳米比亚 651	12 (3)		12 (2)	7 (2)				9			6 (1)				不 12 (3)	

续表

项目 条文 国名（页）		1 有利被告	2 冤狱赔偿	3 禁双危险	4 禁非人道	5 禁止药试	6 不自证无罪	7 禁止终身监禁	8 禁止奴役	9 证责倒置	10 缺席审判	11 全废除死刑	12 判决说理	13 法定举证	14 赦与豁	15 溯与不溯	16 禁止类推
38.	南非 675	35 (9) (4)		35 (D3)	10 (5)				13 (1)	不 35 (3) (10)							
39.	南苏丹 719				18 (1)				13		部分 19 (6)	部分 废 11 21 (1) (3)				不 19 (5)	
40.	尼日尔 747	18 (1) 20 (2)			14 (1)											不 19、20	
41.	尼日利亚 760	36 (8)		36 (10)	34 (1)				34 (1)	不 36 (5)					可 36 (10)	不 36 (8)	
42.	塞拉利昂 819	23 (7) 23 (8)	15 (d)							不 23 (4)		部分 废 16 (1)		23 (4)		可 23 (9)	
43.	塞内加尔 853				7 (2)												
44.	塞舌尔 863		19 (13)	19 (5)	16				17		部分 19 (9)			可 19 (10)			
45.	圣多美和普林西比 891	37 (2) 40 (6)			23 (2) 40 (6)							22				不 37 (1)	
46.	斯威士兰 904	21 (6)	16 (8)	21 (7) 16 (8)	14 (1) 18 (2)				14 (1) 17	不 21 (9)		15 (2)			可 21 (8) 275	不 21 (6)	
47.	苏丹 949	34 (4)			33 (1)				30		不 34 (5)	部分 36 (1)				不 42	
48.	索马里 974	18 (1)							17 (2)			部分 16 (3)					
49.	坦桑尼亚 983	13 (c)	24 (7)		13 (e) 24 (1)				25 (1)							不 13 (c)	
50.	突尼斯 1017	—	—	—	—	—	—	—	—	—	—	—	—	—	—	—	—

续表

条文 / 项目 / 国名（页）		1 有利被告	2 冤狱赔偿	3 禁双危险	4 禁非人道	5 禁止药试	6 不自证无罪	7 禁止终身监禁	8 禁止奴役	9 证责倒置	10 缺席审判	11 全废除死刑	12 判决说理	13 法定举证	14 赦与豁	15 溯与不溯	16 禁止类推
51.	乌干达 1023		23（7）	28（9）	24（1）				25（1）		部分 28（5）						
52.	赞比亚 1078	18（4）	13（4）	18（5）	15（1） 44（a）				14（1）	不 18（12）	18（12）	部分 12（1）		18（12）		不 18（4）	
53.	乍得 1100	—	—	—	—	—	—	—	—	—	—	—	—	—	—	—	—
54.	中非 1111	—	—	—	—	—	—	—	—	—	—	—	—	—	—	—	—

美洲、大洋洲卷

条文 / 项目 / 国名（页）		1 有利被告	2 冤狱赔偿	3 禁双危险	4 禁非人道	5 禁止药试	6 不自证无罪	7 禁止终身监禁	8 禁止奴役	9 证责倒置	10 缺席审判	11 全废除死刑	12 判决说理	13 法定举证	14 赦与豁	15 溯与不溯	16 禁止类推
1.	阿根廷 1				18				18	不 18		部分 18					
2.	安提瓜和巴布达 11	15（2）	5（7）	15（5）（6）	7（1）				6	不 15（7）	部分 15（6）	部分 4（1）		15（11）	可 15（6）	不 15（2）	
3.	巴巴多斯 45	18（4）	13（4）	18（5）	15（1）				14	不 18（7）	部分 18（2）	部分 12（1）		18（11）	不 18（4）	不 18（4）	
4.	巴哈马 77	20（4）	19（4）	20（5）					17	20（7）	部分 20（2）	部分 16（1）			可 20（6）	不 20（4）	
5.	巴拉圭 108		17（11）	17（4）					10							不 14	
6.	巴拿马 131			32（1）	23（3）					不 25（1）		30					
7.	巴西 153	5（40）	5（10）（75）		25 5（3）											不 5（40）	
8.	秘鲁 220	2（24）			2（24）				2（24）							2（24）	
9.	玻利维亚 237	123（1）			15（1）				15（5）		部分 126（3）	15				可 15（1）	

续表

条文 / 项目 / 国名（页）		1	2	3	4	5	6	7	8	9	10	11	12	13	14	15	16
		有利被告	冤狱赔偿	禁双危险	禁非人道	禁止药试	不自证无罪	禁止终身监禁	禁止奴役	证责倒置	缺席审判	全废除死刑	判决说理	法定举证	赦与豁	溯与不溯	禁止类推
10.	伯利兹 272	6（4）	5（6）	6（5）	7（1）				8（1）	不 6（3）（6）	129（4）			不 6（10）		6（4）	
11.	多米尼加 306	40（13）		69（5）	42（1）	42（3）			41		部分 8（6）	37（1）			不 81	不 40（13）110	
12.	多米尼克 331	8（4）8（6）	3（6）		5（1）				4（1）	不 8（7）	8（2）					不 8（4）可 73	
13.	厄瓜多尔 360	76（5）		76（9）	66（3）	66（3）86（9）			66（29）	86（3）		66（1）	76（12）	86（3）		不 76（5）	
14.	哥伦比亚 403	29（3）31（2）		29（4）	12（1）			34		不 33（1）		11				不 29（3）	
15.	哥斯达黎加 442	42（2）	41（1）	42	40（1）					不 36（1）						可 34（1）	
16.	格林纳达 457	8（4）	3（6）	8（5）	5（1）				4（1）	不 8（7）	部分 8（2）	部分 2（1）			可 8（6）	不 8（4）	
17.	古巴 482	59（4）61（1）			58（3）					不 59（3）						不 61（1）	
18.	圭亚那 497	144（4）144（10）	139（5）		141（1）				140（1）	不 144（7）	部分 144（6）	部分 138（1）		144（11）	144（2）188	可 144（6）	
19.	海地 545				25			21（1）			部分 25（1）	20	181（1）				
20.	洪都拉斯 585	86、89、96		88、95 182（1）	68（2）182（1）			97				66				不 96	
21.	加拿大（1982）590	11（9）		11（8）	12					不 11（3）13（1）				可 13（1）		不 11（9）	

续表

项目 条文 国名（页）		1 有利被告	2 冤狱赔偿	3 禁双危险	4 禁非人道	5 禁止药试	6 不自证无罪	7 禁止终身监禁	8 禁止奴役	9 证责倒置	10 缺席审判	11 全废除死刑	12 判决说理	13 法定举证	14 赦与豁	15 溯与不溯	16 禁止类推
22.	美国（修正案）615	6		5、7	8				13						不14		
23.	墨西哥 622	14（2）20（1）	17（4）20（3）	23但可三审	20（2）22（2）				5（3）						不23 12	不14（1）	
24.	尼加拉瓜 663	33（5）39		34（10）	36			37（不超30年）	40	不34（7）		23				不38	
25.	萨尔瓦多 679		17（2）	11（1）	4（1）				4（2）			部分27			可182（8）	不15、21	
26.	圣基茨和尼维斯 699	10（4）	5（6）18（1）	5（4）10（5）	7（1）				6（1）			部分4（1）			可10（6）	不10（4）	
27.	圣卢西亚 731	5（4）	3（6）	8（5）（6）	5（1）				4（1）	不8（7）	部分8（2）	部分2（1）			可5（6）	可8（6）	
28.	圣文森特和格林纳丁斯 763	8（4）	3（6）		5（1）				4（1）		部分8（6）				可8（6）	不8（4）	可推断
29.	苏里南 791			8（5）	9（2）				15（1）								
30.	特立尼达和多巴哥 806				5（2）									5（2）			
31.	危地马拉 835	15、22前科	19（3）	211（2）	19（1）	19（1）				不16（1）		部分18（1）				不15	
32.	委内瑞拉 861	24	30（1）	49（7）	44（5）46（1）	46（3）		44（5）	54	不49（5）		部分43				可29（2）	
33.	乌拉圭 888	12，32	25（1）								不21	25（1）					
34.	牙买加 917	20（7）	15（4）	20（8）	17（1）							部分14（1）			可20（8）	不20（7）	

续表

国名（页）	项目＼条文	1 有利被告	2 冤狱赔偿	3 禁双危险	4 禁非人道	5 禁止药试	6 不自证无罪	7 禁止终身监禁	8 禁止奴役	9 证责倒置	10 缺席审判	11 全废除死刑	12 判决说理	13 法定举证	14 赦与豁	15 溯与不溯	16 禁止类推
35.	智利 950	19（3）	19（9）							不 19（7）		部分 19（1）				不 19（3）	
36.	大洋洲（第四卷）																
37.	澳大利亚 974	—	—	—	—	—	—	—	—	—	—	—	—	—	—	—	—
38.	巴布亚新几内亚 985	36（7）		37（8）	36（1）				43（1）	不 37（10）	部分 37（5）	部分 15（2）		37（4）	可 37（9）	不 37（7）有特殊 115	
39.	斐济 1050	28（9）		28（10）	25（1）	25（2）			24	不 28（6）	部分 28（8）				可 115	不 28（9）	
40.	基里巴斯 1081	9（7）	5（4）	10（5）	7（1）				6（1）	不 10（7）		部分 4（1）		9（11）	10（6）		
41.	马绍尔群岛 1107			4（9）	6（3）				2（1）	不 4（6）（7）		6(1)					
42.	密克罗尼西亚 1127			4（7）	4（10）					不 4（7）		4(9)				可 3（6）	
43.	瑙鲁 1133	10（4）		10（5）	7（1）				6（1）	不（7）	部分 9(3)			10（12）	可 10（6）	不 10（4）	
44.	帕芬 1153	4（7）	4（8）	4（6）	4（10）				4（11）	不 4（7）							
45.	萨摩亚 1161	10（2）		10（3）	7（1）				8（1）	不 9（5）		部分 5(1)				不 10（2）	
46.	所罗门群岛 1179	10（4）		10（5）10（6）	7（1）				6（1）	不 10（7）	部分 10（2）	部分 4(1)		10（10）	可 10（6）	不 10（4）	
47.	汤加 1211	13（1）	100	12（1）					2	不 14（1）							
48.	图瓦卢 1228	122（1）		22（8）	19（1）				18（1）	不 22（10）	部分 22（4）	33（4）			可 80（1）	不 22（6）	
49.	瓦努阿图 1269	5（2）		5（2）							部分 5(5)					不 5（2）	

续表

项目 条文 国名（页）		1 有利被告	2 冤狱赔偿	3 禁双危险	4 禁非人道	5 禁止药试	6 不自证无罪	7 禁止终身监禁	8 禁止奴役	9 证责倒置	10 缺席审判	11 全废除死刑	12 判决说理	13 法定举证	14 赦与豁	15 溯与不溯	16 禁止类推
50.	新西兰（1989）1279	25（8）		26（2）	9（1） 23（5）	10（1）				不25（d）		部分8（1）			可26（2）	26（1）	
	193个国家	124	84	96	150	45	6	7	92	59	32	47	14	21	38	126	
	占193个国家的	64.2%	43.5%	49.7%	77.7%	23.3%	3%	3.6%	47.7%	30.6%	16.6%	24.3%	0.73%	10.9%	19.7%	65.2%	

《世界各国宪法》词典中的“无罪推定”和“沉默权”法条*

<table>
<tr><th colspan="6">亚　洲（1～2卷）</th></tr>
<tr><th colspan="4">一、无罪推定</th><th colspan="2">二、沉默权</th></tr>
<tr><th colspan="4">亚洲：卷（一）</th><th colspan="2">亚洲：卷（一）</th></tr>
<tr><td>1. 推定式</td><td>1.</td><td>阿富汗：第25条第1款（条名是“无罪推定”）</td><td>P30</td><td rowspan="12">1. 菲律宾：“原则”第3条第12款（1）</td><td rowspan="12">P188</td></tr>
<tr><td>2. 审前是清白式</td><td>2.</td><td>阿拉伯联合酋长国：第28条</td><td>P40</td></tr>
<tr><td>3. 值得研究</td><td>3.</td><td>阿曼：第22条第1款（“法定确认其有罪前是无罪的”值得研究）</td><td>P49</td></tr>
<tr><td>4. 推定式</td><td>4.</td><td>阿塞拜疆：第63条和第127条第9款（有“无罪推定”条名）</td><td>P60
P67</td></tr>
<tr><td>5. 定罪前无罪式</td><td>5.</td><td>巴林：第20条第3款</td><td>P140</td></tr>
<tr><td>6. 推定式</td><td>6.</td><td>不丹：第7条第16款</td><td>P151</td></tr>
<tr><td>7. 推定式</td><td>7.</td><td>东帝汶：第34条第1款</td><td>P174</td></tr>
<tr><td>8. 推定式</td><td>8.</td><td>菲律宾：第3条第14款第（2）项</td><td>P188</td></tr>
<tr><td>9. 被视为式</td><td>9.</td><td>格鲁吉亚：第40条第1款</td><td>P210</td></tr>
<tr><td>10. 被视为式</td><td>10.</td><td>哈萨克斯坦：第77条第3（1）</td><td>P234</td></tr>
<tr><td>11. 推定式</td><td>11.</td><td>韩国：第27条（4）</td><td>P239</td></tr>
<tr><td>12. 被视为式</td><td>12.</td><td>吉尔吉斯斯坦：第26条第1款</td><td>P249</td></tr>
<tr><td>13. 推定式</td><td>13.</td><td>柬埔寨：第38条第7款</td><td>P264</td><td rowspan="4">2. 马尔代夫：第48条第3项</td><td rowspan="4">P307</td></tr>
<tr><td>14. 值得研究</td><td>14.</td><td>卡塔尔：第39条（“被告人在法庭上法官确认定罪前是无罪的”值得研究）</td><td>P273</td></tr>
<tr><td>15. 值得研究</td><td>15.</td><td>科威特：第34条（“被告人在法庭对其定罪前是无罪的”）</td><td>P281</td></tr>
<tr><td>16. 推定式</td><td>16.</td><td>马尔代夫：第51条第8项</td><td>P307</td></tr>
</table>

* 作者：周国均、刘根菊。本文成稿于2013年7月。参见孙谦、韩大元主编：《世界各国宪法》（亚洲：1～2卷；欧洲：1～2卷；非洲：1～3卷；美洲大洋洲：1～4卷，共计11卷），中国检察出版社2012年版。

续表

17. 值得研究	17.	蒙古：第16条（“非经法院依法确认有罪，不得将任何人视为罪犯”值得研究）	P385		
18. 不得推定有罪式	18.	尼泊尔：第24条（5）	P460		
19. 推定式	19.	沙特阿拉伯：第13条（5）	P504		
亚洲：卷（二）				亚洲：卷（二）	
20. 值得研究	20.	塔吉克斯坦：第20条第1款（“在法院裁决发生效力之前，不得被视为有罪”值得研究）	P557	①最值得研究：第48条第2款：“可以拒绝作任何口供。”（是不是沉默权，值得研究）	P724
21. 推定式	21.	泰国：第39条第2项	P566		
22. 推定式	22.	土耳其：第38条第4款（另有：在诽谤案中，有证明责任倒置：第39条）	P603		
23. 被视为式	23.	乌兹别克斯坦：第26条	P653		
24. 推定式	24.	叙利亚：第51条第2款	P701		
25. 值得研究	25.	亚美尼亚：第21条（不被定为犯罪式值得研究）	P709		
26. 值得研究	26.	也门：第47条（“每位被告人在最终的司法判决证明其有罪前均是无罪的”值得研究）	P724		
27. 值得研究	27.	伊拉克：第19条第5款（“非经公正、合法的法院判决，任何人不得被认为有罪”值得研究）	P733		
28. 推定式	28.	伊朗：第37条	P747		
29. 值得研究	29.	约旦：第101条⑤（“在经最终判决确认其有罪前，被告人均无罪”值得研究）	P909		
30. 值得研究	30.	越南：第72条（“公民非经法院生效判决，不得被认为有罪并受惩罚”值得研究）	P916		

<table>
<tr><th colspan="6">欧　洲（1~2卷）</th></tr>
<tr><th colspan="4">一、无罪推定</th><th colspan="2">二、沉默权</th></tr>
<tr><td colspan="4">欧洲：卷（一）</td><td colspan="2">欧洲：卷（一）</td></tr>
<tr><td>1. 值得研究</td><td>1.</td><td>阿尔巴尼亚：第30条（“每个人都是清白的，只要他的罪行没有被最终的司法判决证明”值得研究）</td><td>P3</td><td rowspan="13"></td><td rowspan="13"></td></tr>
<tr><td>2. 被视为式</td><td>2.</td><td>爱沙尼亚：第22条</td><td>P33</td></tr>
<tr><td>3. 推定式</td><td>3.</td><td>安道尔：第10条第2款</td><td>P46</td></tr>
<tr><td>4. 值得研究</td><td>4.</td><td>白俄罗斯：第26条（“任何人的罪过未依照法律规定的程序被证实，并且未经法院已经发生法律效力的判决所确认，均不得被视为有罪”值得研究）</td><td>P97</td></tr>
<tr><td>5. 被视为式</td><td>5.</td><td>保加利亚：第31条第3款</td><td>P110</td></tr>
<tr><td>6. 推定式</td><td>6.</td><td>冰岛：第70条第2款</td><td>P142</td></tr>
<tr><td>7. 推定式</td><td>7.</td><td>波兰：第42条第3款</td><td>P147</td></tr>
<tr><td>8. 被视为式</td><td>8.</td><td>俄罗斯：第49条第1款</td><td>P216</td></tr>
<tr><td>9. 值得研究</td><td>9.</td><td>法国1789年人权宣言：第9条
芬兰：第8条（“行为时法律无明文规定，任何人不得被视为有罪”值得研究）然而2000年6月15日刑诉法在序言中规定了“推定式”的无罪推定</td><td>P283
P286</td></tr>
<tr><td>10. 推定式</td><td>10.</td><td>黑山：第35条</td><td>P313</td></tr>
<tr><td>11. 推定式</td><td>11.</td><td>克罗地亚：第28条</td><td>P336</td></tr>
<tr><td>12. 被视为式</td><td>12.</td><td>拉脱维亚：第92条</td><td>P352</td></tr>
<tr><td>13. 被视为式</td><td>13.</td><td>立陶宛：第31条</td><td>P356</td></tr>
<tr><td colspan="4">欧洲：卷（二）</td><td colspan="2">欧洲：卷（二）</td></tr>
<tr><td>14. 推定式</td><td>14.</td><td>罗马尼亚：第23条第11款</td><td>P391</td><td rowspan="8">3. 塞尔维亚：第29条第2款</td><td rowspan="8">P583</td></tr>
<tr><td>15. 推定式</td><td>15.</td><td>马耳他：第39条第5款（另外，第39条第5款中有被告人负举证责任）</td><td>P408</td></tr>
<tr><td>16. 被视为式</td><td>16.</td><td>马其顿：第13条（第12条不得强迫陈述，是沉默权吗？）</td><td>P429</td></tr>
<tr><td>17. 推定式</td><td>17.</td><td>摩尔多瓦：第21条（有“无罪推定”条名及内容）</td><td>P443</td></tr>
<tr><td>18. 推定式</td><td>18.</td><td>挪威：第96条（条名及内容）
（另有：第110条之三：尊重和保障人权）</td><td>P467
P468</td></tr>
<tr><td>19. 推定式</td><td>19.</td><td>葡萄牙：第32条第2款</td><td>P476</td></tr>
<tr><td>20. 不得认为有罪式</td><td>20.</td><td>瑞士：第32条第1款</td><td>P563</td></tr>
<tr><td>21. 推定式</td><td>21.</td><td>塞尔维亚：第34条第3款</td><td>P584</td></tr>
</table>

续表

22. 推定式	22.	塞浦路斯：第 12 条第 4 款	P603		
23. 值得研究	23.	圣马力诺：第 15 条第 5 款（“在最终裁判作出前，不得对被告人作有罪推定”值得研究）	P631		
24. 应当认定式	24.	斯洛伐克：第 50 条第 2 款	P638		
25. 推定式	25.	斯洛文尼亚：第 27 条（有“无罪推定”条名及内容）	P653		
26. 被视为式	26.	乌克兰：第 62 条	P673		
27. 推定式	27.	西班牙：第 24 条第 2 款	P691		
28. 值得研究	28.	匈牙利：第 28 条第 2 款（鉴于：“阿尔及利亚，既有标准的‘无罪推定’，又有‘……任何人不得被定为有罪。’”两种表述，匈牙利第 28 条第 2 款“除非法定裁决认定其刑事责任，否则任何人不得被认定为有罪”属不属于“无罪推定”之规定值得研究）	P735		
29. 值得研究	29.	意大利：第 27 条第 1 款（“在终局性判决作出之前被告不得被认为有罪”值得研究）	P746		
30. 假定式	30.	英国（人权法案 1998. 11. 19）［附表 1］第 6 条第 2 款	P777		

非　洲（1～3 卷）					
一、无罪推定				二、沉默权	
非洲：卷（一）				非洲：卷（一）	
1. 被视为式和被推定	1.	阿尔及利亚：1976. 11. 19 宪法第 46 条：“任何人在其经审判定罪前，都被视为是无罪的。”然而，1996. 11. 28 宪法第 45 条：“非在享有法律所要求的保障下经有权司法机关裁定有罪，任何人均应被推定为无罪。”第 46 条：“非依根据行为发生之前已经正式颁布的法律，任何人不得被定为有罪。”该条是不是“罪行法定”原则，值得研究）	P3	4. 埃塞俄比亚：第 19 条第 2 款	P17
2. 值得研究	2.	埃及：第 20 条（“被法院证明有罪之前是无辜的”值得研究）	P13		
3. 推定式	3.	埃塞俄比亚：第 20 条第 3 款	P18	5. 安哥拉：第 63 条第 1 款（5）	P35
4. 推定式	4.	安哥拉：第 67 条第 2 款	P35		

续表

5. 假定式	5.	贝宁：第 17 条	P56		
6. 推定式	6.	博茨瓦纳：第 10 条第 2 款（a）	P69		
7. 推定式	7.	布基纳法索：第 4 条第 3 款	P92		
8. 推定式	8.	布隆迪：第 40 条	P103		
9. 假定式	9.	赤道几内亚：第 13 条	P118		
10. 被视为式	10.	多哥：第 18 条第 1 款	P125		
11. 推定式	11.	厄立特里亚：第 17 条第 7 款	P136		
12. 值得研究	12.	弗得角：第 35 条（“未经判决，任何被起诉人不得被认为有罪……”值得研究）	P146		
13. 假定式	13.	冈比亚：第 24 条（1）	P177		
14. 假定式	14.	刚果（布）：第 9 条第 2 款	P206		
15. 推定式	15.	刚果（金）：第 17 条第 9 款	P218		
16. 推定式	16.	吕布提：第 10 条第 5 款	P235		
17. 推定式	17.	几内亚：第 9 条第 3 款	P242		
18. 被视为式	18.	几内亚比绍：第 35 条第 5 款	P255		
19. 推定式	19.	加纳：第 19 条第 2 款（C）是标准的无罪推定但是又有第 15 条第（3）款（“未被判决有罪的人不得被当作罪犯，应当与罪犯分别关押”，如何理解？）	P267	②值得研究：津巴布韦：第 18 条第 13 款 e：“……没有正当理由拒绝回答”，是不是沉默权……	P332
20. 假定式	20.	加蓬：第 1 条第 23 款第 3 项	P312		
21. 假定式	21.	津巴布韦：第 18 条第 3 款（a）	P331		

续表

非洲：卷（二）				非洲：卷（二）	
22. 推定式	22.	喀麦隆：序言：第 10 条	P375		
23. 推定式	23.	科特迪瓦：第 22 条第 2 款	P391	6. 肯尼亚：第 49 条第 11 款（b）	P408
24. 推定式	24.	肯尼亚：第 50 条第 2 款（a）	P408		
25. 推定式	25.	莱索托：第 12 条第（2）款（a）第 50 条第 2 款（i）“拒绝自证其罪”（是不是沉默权值得研究） 受刑事审判的人不得在刑事审判中被迫举证。第 12 款第（7）是不是沉默权值得研究	P456	7. 利比里亚：第 21 条第 3 款	
26. 值得研究	26.	利比里亚：第 21 条第 5 款（“任何人不应逮捕及被拘留于已被判罪的犯人之中或视同已被为被判罪之人”值得研究）	P489	③值得研究：第 21 条第 4 款：“不应强迫被控之人提供不利于他自己的证据，并且应假定他无罪直至对立的情况被证实已超越合理怀疑的范围。”	P489
27. 视无罪式	27.	利比亚：第 31 条	P499		
28. 推定式	28.	卢旺达：第 19 条第 1 款	P501		
29. 推定式	29.	马达加斯加：第 13 条第 8 项	P518		P536
30. 推定式	30.	马拉维：第 42 条第 2 款	P537		
31. 被视为式	31.	马里：第 9 条第 2 款	P566		
32. 被推定式	32.	毛里求斯：第 10 条第 2 款，另有：“要求被告人证明特定事实”第 10 条第 10 款（a）	P577	8. 马维拉：第 42 条第 2 款	P616
33. 推定式	33.	毛里塔尼亚：第 13 条第 2 款	P607		
34. 推定式	34.	摩洛哥：第 23 条第 4 款	P616	④值得研究：摩洛哥：第 23 条第 3 款“包括……沉默权在内……”是不是沉默权，值得研究	
35. 推定式	35.	莫桑比克：第 59 条第 2 款	P631		
36. 推定式	36.	纳米比亚：第 12 条第 1 款 d	P655		
37. 推定式	37.	南非：第 35 条第 1 款（8）	P679	9. 南非：第 42 条第 1 款（1）	P679

续表

<table>
<tr><th colspan="4">非洲：卷（三）</th><th colspan="2">非洲：卷（三）</th></tr>
<tr><td>38. 推定式</td><td>38.</td><td>南苏丹：第 19 条第 1 款</td><td>P721</td><td rowspan="16">10. 尼日利亚：第 35 条第 2 款⑤值得研究；塞拉利昂第 8 条：“被诉者不得被强迫回答问题。”是不是沉默权，值得研究

11. 塞舌尔：第 19 条第 2 款（8）</td><td rowspan="16">P770

P865</td></tr>
<tr><td>39. 推定式</td><td>39.</td><td>尼日尔：第 20 条第 1 款</td><td>P748</td></tr>
<tr><td>40. 被视为式</td><td>40.</td><td>尼日利亚：第 36 条第 5 款</td><td>P770</td></tr>
<tr><td>41. 推定式</td><td>41.</td><td>塞拉利昂：第 23 条第 4 款，另一种表述是：“应视为式。”第 14 条第 1 款：“任何人在未被证实和判决之前，应视其无罪。”（“推定”与“视为”是否通用?）（另有：“被推定无罪者就特定事实负有证明责任”）</td><td>P823</td></tr>
<tr><td>42. 值得研究</td><td>42.</td><td>塞内加尔：第 9 条第 2 款（“除非根据行为前已经生效的法律任何人不得被定罪”值得研究）</td><td>P854</td></tr>
<tr><td>43. 应视为式</td><td>43.</td><td>塞舌尔：第 19 条第 2 款（1）
第 19 条第 10 款（2）：另有“如果争议中的法律强迫被告负担证明责任特定事实的责任或者宣告特定事实的证据是犯罪行为及其构成要素的明显证据……”</td><td>P865

P866</td></tr>
<tr><td>44. 推定式</td><td>44.</td><td>圣多美和普林西比：第 40 条第 2 款</td><td>P894</td></tr>
<tr><td>45. 推定式</td><td>45.</td><td>斯威士兰：第 21 条第 2 款（a）</td><td>P908</td></tr>
<tr><td>46. 推定式</td><td>46.</td><td>苏丹：第 34 条第 1 款</td><td>P952</td></tr>
<tr><td>47. 值得研究</td><td>47.</td><td>索马里：第 43 条第 2 款（“被告人在没有确定有罪前是清白的”值得研究）</td><td>P977</td></tr>
<tr><td>48. 应视为式</td><td>48.</td><td>坦桑尼亚：第 13 条第 6 款（b）</td><td>P988</td></tr>
<tr><td>49. 值得研究</td><td>49.</td><td>突尼斯：第 12 条第 2 款（“任何被告人在法庭证明其罪行成立之前都被认为是清白的”值得研究）</td><td>P1018</td></tr>
<tr><td>50. 推定式</td><td>50.</td><td>乌干达：第 28 条第 3 款（a）</td><td>P1029</td></tr>
<tr><td>51. 推定式</td><td>51.</td><td>赞比亚：第 18 条第 2 款（a）（“有罪行法定与无罪推定相对应”）
第 18 条（12）：有法定证明责任</td><td>P1081</td></tr>
<tr><td>52. 推定式</td><td>52.</td><td>乍得：第 24 条</td><td>P1101</td></tr>
<tr><td>53. 推定式</td><td>53.</td><td>中非：第 3 条第 3 款</td><td>P1112</td></tr>
</table>

续表

在美国，虽然未规定“无罪推定”，但司法实践中，承认并适用“在检方就所指控犯罪的每一个构成要件排除合理怀疑之前，被告人被假定无罪”。①	在美国，虽然宪法未规定沉默权，但根据《美国联邦证据规则（2004）评析》介绍称：有“沉默权”。② 虽然美国宪法未规定“沉默权”，但美国最高法院在1996年米兰达诉亚利桑那州［Mranda V. Arizona］一案中确立了“米兰达规则”，即要求警察对其拘留或逮捕的犯罪嫌疑人在讯问前必须告知其享有某些宪法性权利；“包括：①有保持沉默权；……”③

<table>
<tr><th colspan="6">美洲、大洋洲：(1～4卷)</th></tr>
<tr><td colspan="4">一、无罪推定</td><td colspan="2">二、沉默权</td></tr>
<tr><td colspan="4">美洲、大洋洲：美洲卷（一）</td><td colspan="2">美洲大洋洲：美洲卷（一）</td></tr>
<tr><td>1. 推定式</td><td>1.</td><td>安提瓜和巴布达：第15条第2款（1）</td><td>P17</td><td rowspan="6">12. 巴西：第63条</td><td rowspan="6">P155</td></tr>
<tr><td>2. 假定式</td><td>2.</td><td>巴巴多斯：第18条第2款（a）；另外：同条第11款（a）有“任何受到刑事指控者以证明待定事实”</td><td>P51</td></tr>
<tr><td>3. 推定式</td><td>3.</td><td>巴哈马：第20条第2款（a）</td><td>P82</td></tr>
<tr><td>4. 推定式</td><td>4.</td><td>巴拉圭：第17条第1款（1）</td><td>P109</td></tr>
<tr><td>5. 被视为式</td><td>5.</td><td>巴拿马：第22条第2款</td><td>P132</td></tr>
<tr><td>6. 值得研究</td><td>6.</td><td>巴西：第57条（“在终审且不可上诉判决定罪之前任何人不得被认定有罪”值得研究）</td><td>P155</td></tr>
<tr><td>7. 应视为式</td><td>7.</td><td>秘鲁：第2条第24款（5）</td><td>P221</td><td rowspan="4">13. 玻利维亚：第121条第1款</td><td rowspan="4">P246</td></tr>
<tr><td>8. 推定式</td><td>8.</td><td>玻利维亚：第116条</td><td>P246</td></tr>
<tr><td>9. 推定式</td><td>9.</td><td>伯利兹：第b条第3款；另外，
第6条第10款：被告有证明责任……</td><td>P275
P276</td></tr>
<tr><td>10. 值得研究</td><td>10.</td><td>多米尼加：第40条第13款（“任何人不得在其作为和不作为认定被认定前，或确定行政处罚前被定罪或处罚”值得研究）</td><td>P310</td></tr>
</table>

① 高忠智：《美国证据法新解》，法律出版社2004年版，第21页；卞建林译：《美国刑事诉讼规则和证据规则》，中国政法大学出版社1996年版，第21页。

② 陈界融译著：《美国联邦证据规则（2004）评析》，中国人民大学出版社2005年版，第19页。

③ 薛波主编：《元照法律词典》（中册），法律出版社2003年版，第918页。

续表

<table>
<tr><th colspan="4">美洲、大洋洲：美洲卷（二）</th><th colspan="2">美洲大洋洲：美洲卷（二）</th></tr>
<tr><td>11. 被视为式</td><td>11.</td><td>多米尼克：第 8 条第 2 款
第 8 条第 7 款：可作推论</td><td>P335
P335</td><td rowspan="5">14. 厄瓜多尔：第 77 条第 7 款（2）</td><td rowspan="5">P370</td></tr>
<tr><td>12. 推定式</td><td>12.</td><td>厄瓜多尔：第 76 条第 2 款</td><td>P369</td></tr>
<tr><td>13. 推定式</td><td>13.</td><td>哥伦比亚：第 29 条第 4 款</td><td>P405</td></tr>
<tr><td>14. 推定式</td><td>14.</td><td>格林纳达：第 8 条第 2 款（a）</td><td>P460</td></tr>
<tr><td>15. 推定式</td><td>15.</td><td>圭亚那：第 144 条第 2 款（二）</td><td>P514</td></tr>
<tr><td>16. 值得研究</td><td>16.</td><td>洪都拉斯：第 94 条第 1 款（“未经法定审理、认罪，及未经相关部门或法官作出最终判决，任何人不得被处以刑罚”）
第 89 条：“疑罪从无”条名
第 96 条：“除非新法有利被告”</td><td>P571
P570
P571</td><td rowspan="3">15. 墨西哥：第 20 条第 2 款（2）</td><td rowspan="3">P627</td></tr>
<tr><td>17. 推定式</td><td>17.</td><td>加拿大（1982）第 11 条第 4 款</td><td>P607</td></tr>
<tr><td>18. 推定式</td><td>18.</td><td>墨西哥：第 20 条第 2 款（1）</td><td>P627</td></tr>
<tr><th colspan="4">美洲、大洋洲：美洲卷（三）</th><th colspan="2">美洲大洋洲：美洲卷（三）</th></tr>
<tr><td>19. 被视为式</td><td>19.</td><td>尼加拉瓜：第 34 条第 1 款</td><td>P665</td><td rowspan="6">16. 萨尔瓦多：第 12 条第 2 款</td><td rowspan="6">P680</td></tr>
<tr><td>20. 推定式</td><td>20.</td><td>萨尔瓦多：第 12 条第 1 款</td><td>P680</td></tr>
<tr><td>21. 被视为式</td><td>21.</td><td>圣基茨和尼维斯：第 10 条第 2 款（一）</td><td>P703</td></tr>
<tr><td>22. 推定式</td><td>22.</td><td>圣卢西亚：第 8 条第 2 款（a）</td><td>P734</td></tr>
<tr><td>23. 推定式</td><td>23.</td><td>圣文森特和格林纳丁斯：第 8 条第 2 款（1）</td><td>P767</td></tr>
<tr><td>24. 假定式</td><td>24.</td><td>特立尼达和多巴哥：第 5 条第 2 款（六）</td><td>P810</td></tr>
<tr><td>25. 应视为式</td><td>25.</td><td>危地马拉：第 14 条（“无罪推定”条名）第 1 款（内容）</td><td>P836</td><td rowspan="5">⑥值得研究：危地马拉：第 8 条（值得研究：“除司法当局外，被捕者不得被强迫回答讯问”）</td><td rowspan="5">P836</td></tr>
<tr><td>26. 推定式</td><td>26.</td><td>委内瑞拉：第 48 条第 1 款</td><td>P864</td></tr>
<tr><td>27. 值得研究</td><td>27.</td><td>乌拉圭：第 20 条（“废除被告人在申诉或坦白罪行时进行宣誓的行为；禁止将被告人视为罪犯”值得研究）</td><td>P889</td></tr>
<tr><td>28. 假设式</td><td>28.</td><td>牙买加（1962）：第 20 条第 5 款</td><td>P925</td></tr>
<tr><td>29. 值得研究</td><td>29.</td><td>智利：第 19 条第 3 款第 6 项（“法律禁止当然的有罪推定”值得研究。另有第 7 项：“除非犯罪行为发生前，已有法律明文规定，任何犯罪不受刑罚处罚，但新法有利于被告人除外”）</td><td>P952</td></tr>
</table>

续表

<table>
<tr><td colspan="4">美洲、大洋洲：大洋洲卷（四）</td><td colspan="2">美洲大洋洲：大洋洲卷（四）</td></tr>
<tr><td>1. 推定式</td><td>1.</td><td>巴布亚新几内亚：第37条4款（一）（但另有：是法律可以责令被指控者负有证明其知道，或略注意即可独知的具体事实的义务）</td><td>P993</td><td rowspan="7">17. 斐济：第27条第3款第1项⑦值得研究：基里巴斯：第10条第7款：“任何人不因刑事犯罪而审判时，不得在审判时被强迫提供证据。”是不是沉默权</td><td rowspan="7">P1055
P1085</td></tr>
<tr><td>2. 推定式</td><td>2.</td><td>斐济：第28条第1款（二）</td><td>P1056</td></tr>
<tr><td>3. 推定式</td><td>3.</td><td>基里巴斯：第10条第2款（一）：第9(11)，犯罪嫌疑人对特定事实负证明责任</td><td>P1085</td></tr>
<tr><td>4. 应假定式</td><td>4.</td><td>马绍尔群岛：第4条第2款</td><td>P1110</td></tr>
<tr><td>5. 被假定式</td><td>5.</td><td>瑙鲁：第10条第3款</td><td>P1135</td></tr>
<tr><td>6. 推定式</td><td>6.</td><td>帕劳：第4条第7款</td><td>P1154</td></tr>
<tr><td>7. 推定式</td><td>7.</td><td>萨摩亚：第9条第3款</td><td>P1164</td></tr>
<tr><td>8. 推定式</td><td>8.</td><td>所罗门群岛：第10条第2款（a）；另外，有第10条第10款：“当法律规定受到刑事控告的人有证明特定事实的责任。”</td><td>P1183</td><td>18. 马绍尔群岛：第4条第8款</td><td>P1110</td></tr>
<tr><td>9. 推定式</td><td>9.</td><td>图瓦卢：第22条第3款（a）</td><td>P1236</td><td rowspan="3">19. 新西兰：第23条第4款（b）</td><td rowspan="3">P1287</td></tr>
<tr><td>10. 应假定式</td><td>10.</td><td>瓦努阿图：第5条第2款（2）</td><td>P1271</td></tr>
<tr><td>11. 应假定式</td><td>11.</td><td>新西兰（1990）：第25条第1款（c）</td><td>P1287</td></tr>
</table>

由上表可知，世界各国宪法中“无罪推定”原则和“沉默权”制度的综合分析如下表所示：

已收集到的国家数	已有“无罪推定”国家数	标准的“无罪推定”国家数	标准的“沉默权”
一、亚洲：46	30	17（占193的8.8%）	21
二、欧洲：44	30	22（占193的11.4%）	10
三、非洲：54	53	45（占193的23.3%）	84
四、美洲：35	29	24（占193的12.4%）	51

续表

已收集到的国家数	已有“无罪推定”国家数	标准的“无罪推定”国家数	标准的“沉默权”
五、大洋洲：14	11	11（占 193 的 5.7%）	31
共计：193	153	119	197

据统计，在 193 个国家中有“无罪推定”的 153 个，其中 119 个有标准（定义为推定式、假定式、视为式三种）的“无罪推定”原则，占 193 个国家的 62%。笔者认为，有 27 个不是标准的“无罪推定”原则，占 193 个的 14%，值得学者们分析研究。

“无罪推定”模式统计表

亚洲：推定式：13	假定式：0	视为式：4	三项共 17	值得研究：10	其他 3
欧洲：推定式：14	假定式：1	视为式：7	三项共 22	值得研究：6	其他 1
非洲：推定式：33	假定式：5	视为式：7	三项共 45	值得研究：6	其他 1
美洲：推定式：15	假定式：3	视为式：6	三项共 24	值得研究：4	其他 0
大洋洲：推定式：7	假定式：4	视为式：0	三项共 11	值得研究：0	其他 0
共计：82	69%　13	11%　24	20%　119	26　22%	5　4.2%

由上表可知，有标准的“无罪推定”原则的共计 119 个国家，占 193 个国家的 62%；值得研究的有 27 个国家，占 193 个的 14%；其他有 7 个，如审判前是清白的、不得推定有罪、不得认为有罪等；剩余的 74 个国家，占 193 个的 22.3%，似乎与标准的“无罪推定”原则没有关系。

除此之外，美国“米兰达规则”规定，警察对被拘留、逮捕者在讯问前必须告知其享有的宪法性权利，即沉默权①。

另外，《世界各国刑事诉讼法》所涉及的 61 个国家中，有“无罪推定”规定的有 14 个国家，占 61 个国家的 21.4%。其类型似可分为 7 种，分别是：

① 薛波主编：《元照英美法词典》，法律出版社 2003 年版，第 918 页。

(1)“推定为”无罪(3个国家):拉脱维亚(第19条)、哥伦比亚(第7条)、古巴(第1条)。(2)“被视为”无罪(3个国家):加拿大(第6条)、秘鲁(第2条)、奥地利(第8条)。(3)“假定为”无罪(1个国家):瑞士(第10条)。(4)“被认定为”无罪(3个国家):保加利亚(第16条)、土库曼斯坦(第18条)、俄罗斯(第14条)。(5)“判决有罪之前”无罪(2个国家):哈萨克斯坦(第19条)、阿根廷(第1条)。(6)“未经判决之前”无罪(1个国家):智利(第4条)。(7)“终审判决有罪前”无罪(1个国家):克罗地亚(第3条)。具体如下表:

每类的国家及条文内容

“无罪”类型	国家	条文
一、“推定为”无罪(3个国家)	1. 拉脱维亚	第十九条 1. 任何人未经本法规定的程序确定有罪,均应当推定为无罪。
	2. 哥伦比亚	第七条　无罪推定和疑罪有利于被追诉人 未经最终司法裁决确定刑事责任的查证。存在疑义时,应当作出有利于被追诉人的判决。 举证责任不倒置。 宣告判决前、关于被追诉人的刑事责任的证据应当确凿无疑。
	3. 古巴	第一条　刑事司法权以古巴人民的名义行使。在未遵循法律所规定的程序准则和对案件的管辖权的法院作出的判决的情况下,不得判处刑罚或保安处分。 任何人未经法院的正式审判而确认其有罪的,均推定其无罪。所有被指控的行为均应当由除被告人或其配偶或其四亲等以内血亲或二亲等及二亲等以内姻亲之外的人员的证言独立证明。因此,被告人、被告人的配偶、被告人的四亲等及四亲等以内的血亲或被告人二亲等及二亲等以内的姻亲除个人陈述外,还负有举证的义务。 (本条依据1994年6月10日颁布的关于修订刑事诉讼法的第151号命令第1条修订)。
二、“被视为”无罪(3个国家)	1. 加拿大	第六条　无罪推定 1. 立法规定了某项犯罪并规定了相应的刑罚的: 该人在根据第730条的规定被定罪或撤销指控前,应被视为无罪; 该人根据第730条的规定被定罪或撤销指控的,不得被处以本法或确立此罪的法令规定以外的任何刑罚。 在加拿大境外犯罪 2. 除本法或议会制定的其他法令有规定的以外,不得根据第730条的规定对在加拿大境外犯罪的人定罪或撤销指控。

续表

“无罪”类型	国家	条文
	2. 秘鲁	第二条　无罪推定 1. 犯罪嫌疑人和被告人未依法证定其犯罪行为，通过确定判决认定其有罪之前，应当被视为无罪，并受到无罪对待。确定判决依据的证据应当充分，该证据的取得和受理方式应当符合诉讼法规定的保障。无法确定刑事责任时，应当作出有利于犯罪嫌疑人和被告人的结论。 2. 在作出确定判决之前，任何司法人员和公共机关不得将犯罪嫌疑人和被告人视为有罪，或者提供类似信息。
	3. 奥地利	第八条　无罪推定 任何人在被作出生效判决之前均应当视为无罪。
三、“假定无罪”（1个国家）	1. 瑞士	第十条　无罪推定与证据评价 1. 任何人在被生效判决确认有罪之前，都应被假定无罪。 2. 法庭应当根据其在整个审判过程中所形成的心证自由解释证据。 3. 当法庭对指控犯罪是否满足事实要求存在无法排除的怀疑时，应当基于有利于被告人的假设作出处理。
四、“被认定为无罪”（3个国家）	1. 保加利亚	第十六条　无罪推定 在刑事诉讼生效裁判形式得出结论，证实有罪之前，被告人应被认定为无罪的。
	2. 土库曼斯坦	第十八条　无罪推定 1. 在下述情况下，当行为人于犯罪实施中是否具有过错的问题尚未依照本法典规定程序，以及法院产生法律效力的刑事案判决予以确定之前，任何人都应当被认定为无罪。 2. 在对刑事被告人是否具有过错的疑问尚未消除的情况下，应当作出对其有利的解释。有利于刑事被告人解释的原则，同样可以在适用刑事法律与刑事诉讼法律存在疑问的情况下适用。 3. 任何人没有义务证明自己的过错。在缺乏其他证据情况下，仅依靠在认定是否具有过错时获取的部分证据，不能确定该人具有过错。 4. 宣告有罪的刑事案判决，不得以推测为基础，应当通过足够的证据链条予以确定。 5. 在司法审判阶段，不应当审查与使用通过非法手段收集的，来历不明的证据。
	3. 俄罗斯	第十四条　无罪推定 1. 刑事被告人，在其罪过依据本法典规定程序未被证明，抑或未被法院产生法律效力的刑事案判决所确定之前，应当被认定是为无罪的。 2. 犯罪嫌疑人或者刑事被告人，没有义务证明自己的过错。对犯罪嫌疑人或者刑事被告人辩护中的指控与反驳理由予以证明的责任，应当由控诉方承担。 3. 所有地刑事被告人是否有过错的怀疑，不能依据本法典规定予以排除的，均应作有利于刑事被告人的解释。 4. 认定有罪的刑事案判决，不得以假定作为认定的基础。

续表

“无罪”类型	国家	条文
五、“判决确定有罪前”无罪（2个国家）	1. 哈萨克斯坦	第十九条　无罪推定 1. 任何人都应当被认定无过错人。如果该人是否在刑事违法行为实施中具有过错的事项依据本法典规定的程序未予证明，抑或未经法院已经生效的刑事案判决所确定。 2. 任何人没有义务证明自己是无罪的。 3. 在不能排除对犯罪嫌疑人、刑事被告人与刑事受审人是否具有过错的怀疑时，应当作出有利于上述人员的解释。在适用刑事法律与刑事诉讼法律时产生相应怀疑的，应当允许适用有利于犯罪嫌疑人、刑事被告人与刑事受审人的解释。 4. 有罪刑事案判决，不得以假定作为认定的基础。应当通过充足的，具有可采性与可信性的证据总和予以确定。
	2. 阿根廷	第一条　法定法官、先期审理、无罪推定、一事不再理 只有宪法指定和法律授予管辖权限的法官才有资格对案件进行审理。仅可依据实施犯罪行为前的法律及其规定处以刑罚。针对被告人的确定判决，应当依据无罪推定原则作出。任何人未经上述程序不得被认定为有罪。不得对任何人因为其同一行为被再次提起刑事诉讼。 第三条　疑罪从无 案件存疑的，应当适用最有利于被告人的原则。
六、“未经判决有罪之前”无罪（1个国家）	1. 智利	第四条　犯罪嫌疑人的无罪推定 未经确定判决，不得确定任何人有罪或者将其作为有罪的人予以对待。
七、“终审判定有罪前”无罪（1个国家）	1. 克罗地亚	第三条 1. 直至终审判决判定有罪的，任何人都是无罪的并且没有人能使其对刑事犯罪负责。 2. 构成犯罪要件的事实存在疑问，或是刑事法律的实施条件存在疑问的，法庭应以更有利于被告人的方式作出判决。

建议我国《刑事诉讼法》增补“无罪推定”和“沉默权”*

从刑事专业角度讲，讲人权，不能不研究它的下游支流之犯罪嫌疑人、被告人应当享有的权利，特别是“无罪推定权”和“沉默权”，这是把人权的要素落到实处所必经途径。虽然我国《刑事诉讼法》第 12 条规定：“未经人民法院依法判决，对任何人都不得确定有罪。”有极少数学者认为它是无罪推定原则，笔者不敢苟同。笔者认为它是规定了人民法院的专属审判权。还有学者认为，2012 年修订的《刑事诉讼法》第 195 条第 1 款第（三）项“证据不足，不能认定被告人有罪的，应当作出证据不足、指控的犯罪不能成立的无罪判决”是无罪推定原则。笔者认为，这是吸收了无罪推定原则的合理因素，对疑罪在法律上作无罪处理的“疑罪从无”原则，而不是“无罪推定”原则。但也必须看到，虽然不是“无罪推定”原则，但执行它对于防止冤假错案仍有重要作用。2013 年 7 月，中央政法委出台了《关于切实防止冤假错案的指导意见》，针对执法和司法中存在的突出问题，根据现行有关法律规定，对审判环节的疑罪从无原则、证据裁判原则、严格证据标准、保障辩护律师辩护权等作了重新规定，并就法官、检察官、人民警察对办案质量终身负责提出了明确要求。① 笔者认为，中央政法委出台的这个指导意见很正确、很及时、很重要。谓其正确，是因为它符合法律规定；讲它及时，是鉴于冤假错案偶发难治的当下；说它很重要，因为它是贯彻和落实《宪法》和《刑事诉讼法》规定的“尊重和保障人权”的利器。笔者认为，中政委出台上述办案指导意见，正是为了遏制冤假错案。为此，司法实务界和学术理论界的学者也连连发表意见和建议。在此问题上，最高人民法院常务副院长、一级大法官沈德咏发表了《我们应当如何防范冤假错案》一文，提出了防范冤假错案的七条措施。② 最

---

* 作者：周国均、刘根菊。本文成稿于 2018 年 9 月。

① 《关于切实防止冤假错案的指导意见》，载《法制日报》2013 年 8 月 12 日。

② 沈德咏：《我们应当如何防范冤假错案》，载《法制日报》2013 年 3 月 6 日第 2 版。

高人民检察院副检察长、二级大检察官朱孝清发表《对“坚守防止冤假错案底线”的几点认识》一文，提出了防范冤假错案四个方面的问题。[①] 新闻媒体也刊登评论员文章，如《防止冤假错案，必须落实“疑罪从无”》[②] 等。著名法学家、中国政法大学终身教授陈光中先生亦这样认为。

笔者认为，虽然我国《刑事诉讼法》规定了“疑罪从无”对防止冤假错案发挥了巨大作用，但是止步于此还是很不够的，故建议进一步在《刑事诉讼法》修订时增补“无罪推定”原则。

一、学界关于无罪推定的主要观点

有学者一直主张我国应当在刑事诉讼法中规定无罪推定原则，特别是近几年来发声越来越多，呼声越来越高。据笔者研究和归纳，学界关于无罪推定原则的表述大概分为三种类型：其一，“应当推定式”。例如，陈光中先生在《〈中华人民共和国刑事诉讼法专家试拟稿〉条文、释义与论证》第5条（无罪推定）中指出：“任何人在人民法院依法确认有罪之前，都应当推定无罪。”其二，“应当视为式”。例如，西南政法大学徐静村教授主持的《中华人民共和国刑事诉讼法第二修正案》（学者拟制稿）第6条（无罪推定）条名下指出：“任何人在未经人民法院生效裁判确定有罪之前，应当视为无罪。”其三，“应假定式”。例如，笔者在1999年8月就发表文章建议：试拟修改现刑事诉讼法第12条条文，“任何人未经人民法院依法定罪判决以前，均应假定无罪”。[③] 笔者在2011年4月18日最高人民检察院“检察机关刑诉法修改座谈会”上的发言稿中再次表述了自己的主张和理由。

在国外，有的国家法律规定有“疑罪从无”原则。例如，《加拿大刑事法典》第548条第1款（b）规定：“如果认为证据不足以使被告就指控的罪名或其他涉及本案的罪名接受审判的，将被告释放。”笔者认为，这应当是“疑罪从无”。该法第608条规定：“当有关对指控作既判决无罪释放答辩或既决定罪裁决答辩的争议被审理时，在原审判决中的证据、法官的判决、法官速记员的笔记和记录按照第551条移送法庭。在法庭采纳这些证据来证明或不能证明指控的

---

① 朱孝清：《对“坚守防止冤假错案底线”的几点认识》，载《检察日报》2013年7月8日第3版。

② 李星文：《防止冤假错案，必须落实“疑罪从无”》，载《北京青年报》2013年8月13日第A2版。

③ 周国均：《关于刑讯逼供的几个问题》，载李忠信主编：《公安执法焦点透视》，中国人民公安大学出版社1999年版，第25页。

同一性以前，对被指控不作结论。”① 由此看来，对此条的规定似可理解为“疑罪从挂”。我国疑罪从无与该国的规定有异曲同工之妙。上述两条规定应是对疑罪的处理。经过综合考量，笔者认为“应当推定式”为最佳。

二、无罪推定可以防止冤假错案

从目前已知的情况观之，由于我国《刑事诉讼法》一直没有规定“无罪推定原则”，冤假错案时有发生，如赵作海杀人案、杜培武杀人案等冤假错案。② 笔者认为，为防止冤错案件的发生，十分有必要把“无罪推定”原则作为一个隔离网。

三、顺应世界法制发展的潮流和趋势

毛泽东同志教导我们要注意“洋为中用”，借鉴和吸纳世界历史文化中一切有益于我们的东西，但是也要“剔除”其糟粕。笔者认为，毛泽东同志的教导应当作为增补“无罪推定”原则的指导思想。原全国人大常委会委员长乔石，于1986年5月21日在中国法学会召开第二次会员代表大会上讲道：“坚持理论密切联系实际，繁荣法学研究。”他还曾经指出：“我们的法学研究必须是马克思主义的……外国的有益经验要借鉴，但绝不能盲目地照搬照抄。当然……马克思主义是发展的……而绝不能拘泥于已被证明不符合变化了的实际情况的个别论断。”③ 笔者认为，对研究学习马克思主义是这样，对加强立法亦应如此。乔石委员长于1993年4月1日在全国人大常委会上要求：“要大胆吸收和借鉴国外立法经验。人类社会的一切文明成果，包括西方发达国家的立法经验，都要结合我国实际加以改造、吸收，为我所用。”④ 笔者认为，乔石委员长所言极是，在立法上吸收“无罪推定”原则的问题上应当不折不扣地遵循。联合国有6个文件（宣言、公约、规则等）规定了“无罪推定”，全世界193个国家中有172个在其宪法中规定了“无罪推定”。虽然有的国家宪法未作规定，但在刑事诉讼法中也有明确的规定。例如，《俄罗斯联邦刑事诉讼法典》第14条“无罪推定”规定：“刑事被告人在未依照本法典规定的程

---

① 《加拿大刑事法典》，卞建林等译，中国政法大学出版社1999年版，第361页、第390页。

② 赵琳琳：《刑事冤案问题研究》，中国法制出版社2012年版，第298~323页。

③ 乔石：《谈民主与法制（上）》，人民出版社、中国长安出版社2012年版，第91页。

④ 乔石：《谈民主与法制（下）》，人民出版社、中国长安出版社2012年版，第339页。

序被证明其有罪并由已经产生法律效力的刑事判决确定其有罪以前，被认为无罪。”①《韩国刑事诉讼法》第 275 条之二“被告人无罪推定”中规定：“被告人在有罪判决确定之前，推定为无罪。”②

《欧洲人权公约》第 6 条第 2 款规定：“凡受刑事罪指控者在未经被依法证明为有罪之前，应当推定为无罪。”③ 1950 年 11 月 4 日签订于罗马的《保护人权和基本自由欧洲公约》第 6 条“获得公正审判的权利”规定：“任何人在依法被确定有罪之前都应当被推定为无罪。”④

由上观之，“无罪推定”在外国法律和国际法律文件中规定得比较普遍，我们应当本着“洋为中用”的原则借鉴和吸收。

关于沉默权，联合国《少年司法最低限度标准规则》第 7 条规定：“在诉讼各个阶段，应当保证基本权利方面的保障措施，诸如……保持缄默的权利。”笔者认为，这是“明示式”的沉默权。前文已述，全世界 193 个国家的宪法中有 19 个规定了沉默权，再加上美国“米兰达规则”赋予的明示式沉默权，共有 20 个国家。同时，还有些国家在刑事诉讼法、诉讼法典中也规定了沉默权。例如，《意大利刑事诉讼法典》第 210 条第 4 款规定：“在开始询问前，法官告知……他们有权不回答问题。”笔者认为，这是“拒绝式”沉默权。《瑞典诉讼法典》第三编“证据”第 4 条规定了“拒绝式”沉默权，即“一方当事人不回应法庭出庭指令……或拒绝回答调查时提出的问题，法庭应根据参与诉讼的所有情形对当事人行为的证据作出认定”。⑤ 由此可见，沉默权在部分国家的法律中有规定，表明它是被追诉者的一项重要权利，应当予以借鉴和吸收。

四、借鉴和吸收我国港澳特区关于无罪推定的立法经验

香港和澳门两个特别行政区法律规定的“无罪推定”应当借鉴和吸收。港澳因历史的原因在政治体制、法律传统等方面与内地有较大差异，具体到法律规定亦是如此。内地和港澳同根同源，地缘毗邻，历史传统相同，人脉关系

---

① 《俄罗斯联邦刑事诉讼法典》，黄道秀译，中国政法大学出版社 2003 年版，第 13 页。

② 《韩国刑事诉讼法》，马相哲译，中国政法大学出版社 2004 年版，第 81 页。

③ 陈光中主编：《比较与借鉴：从各国经验看中国刑事诉讼法改革路径》，法律出版社 2007 年版，第 231 页。

④ 陈光中主编：《比较与借鉴：从各国经验看中国刑事诉讼法改革路径》，法律出版社 2007 年版，第 85 页。

⑤ 《瑞典诉讼法典》，刘为军译，何家弘校，中国法制出版社 2008 年版，第 125 页。

密切，彼此依存。这是内地借鉴港澳立法的基础和前提。香港曾是英国的殖民地，普通法系的性质和元素贯穿于其立法原则和法律规定之中。香港的“人权法案条例”规定了“假定式”的无罪推定。其“人权法案条例”第11条规定：“被控或被判定犯有刑事罪的人的权利：受指控的人未经依法确定有罪以前，应假定其无罪……”① 1997年7月1日，香港回到了祖国的怀抱。早在1990年4月4日，第七届全国人大常委会第三次会议正式通过和颁布了《香港特别行政区基本法》确认，在1997年7月1日恢复对香港特别行政区行使主权后，在香港刑事诉讼中仍然实行无罪推定原则。《香港特别行政区基本法》第87条第2款规定：“任何人在被合法拘捕后，享有尽早接受公正审判的权利，未经司法机关判罪之前均假定无罪。”由此观之，基本法规定了“假定式”的无罪推定。香港特别行政区在“刑事诉讼程序法”第2（章）·2（节）·2（条）中规定了“明示式”的沉默权②，在该法“第2.2.3.2沉默权”规定是“拒绝回答式”的沉默权。③

据香港学者介绍，“香港法律规定刑事诉讼法的基本原则主要有两项：一是保持平衡；二是无罪推定”。“无罪推定（Innocent Presumption）是指，被告人在依法确定有罪之前，应当被视为无罪的人。它有以下四个特点：（1）证明被告人有罪的责任由控诉人一方承担，被告人没有证明自己无罪的义务；（2）不得强迫被告人证明自己有罪；（3）对被告人有罪的合理的怀疑，应作有利于被告人的解释；（4）不能证明被告人有罪，就作无罪处理。”④ 内地有学者认为，香港检控和司法机关在实践中实行“无罪推定”原则，并指出其具有五个方面的主要内容。⑤

澳门在回归祖国之前是葡萄牙统治下的区域，政治上实行的是总督制。澳门回归之前适用葡萄牙的法律，沿袭葡萄牙法律传统，本质上属大陆法系，以

① 赵秉志主编：《香港刑事诉讼程序法》，北京大学出版社1996年版，第45页。

② “法官不能因为被告人选择了保持沉默的权利而形成对被告人不利的意见，法官亦不能请陪审团作出这样的意见。”参见赵秉志主编：《香港刑事诉讼程序法》，北京大学出版社1996年版，第23页。

③ “通常，对于一个人来说没有相应法律义务回答警察提出的任何问题……首席法官帕克勋爵（Lord Rarker CJ）说：……普通法的基础是公民享有拒绝回答有权发问人的权利。”“另外，法官不能因为被告人选择了沉默的权利而请陪审团形成对被告人不利的意见。”法律还规定了“沉默权”之例外。参见赵秉志主编：《香港刑事诉讼程序法》，北京大学出版社1996年版，第23页。

④ 参见李泽沛主编：《香港法律概述》，法律出版社1987年版，第54页。

⑤ 甄贞主编：《香港刑事诉讼法》，河南人民出版社1997年版，第35~37页。

制定法为基本法律渊源。澳门回归后，除了与澳门特别行政区基本法相抵触的以外，原有法律基本上保持不变。《澳门特别行政区基本法》第 29 条规定："澳门居民在被控告犯罪时，享有尽早接受法院审判的权利，在法院判罪之前均假定无罪。"由上可知，该法第 29 条规定了"假定式"的无罪推定。澳门"刑事诉讼法典"第 49 条规定了"推定式"的无罪推定。[①] 澳门"刑事诉讼法典"第 49 条"诉讼地位"规定："应在不抵触各种辩护保障下尽早审判嫌犯，在有罪判决确定前推定嫌犯无罪。"[②] 由上可见，澳门关于无罪推定的规定带有大陆法系历史传统的印迹。澳门特别行政区法律无沉默权的规定。

五、无罪推定原则在保障被追诉者权利方面地位显赫

无罪推定最早规定在 1789 年 8 月 26 日法国的《人权和公民权宣言》（即《人权宣言》）第 9 条。[③] 它虽然只是宣言，但对当时保障被告人诉讼权利具有极大的号召作用；同时，成为世界各国立法的奠基石和仿效的楷模。1948 年 12 月 10 日联合国大会通过的《世界人权宣言》第 11 条第 1 款也规定了无罪推定。[④] 这就向全世界各国宣示：各国法律可以甚至应当在其国内法中规定无罪推定。前文已述，联合国的《世界人权宣言》《公民权利和政治权利国际公约》和联合国《刑事司法准则》等共有 7 个法律文件规定了无罪推定，它们具有国际性的号召、指导等十分重要的意义。前文也已述，全世界 193 个国家中有 172 个国家的宪法规定了无罪推定，占 70.93%。[⑤] 由此可见世界各国宪法中规定无罪推定之广泛，其地位之显赫。又如前文已述，有些国家在刑事诉讼法典中规定无罪推定，可见无罪推定魅力之大！我国香港和澳门两个特别行政区在其法律中也规定了无罪推定，足见无罪推定之影响力是何等之远。

---

① 周士敏：《澳门刑事诉讼制度》，国家行政学院出版社 2001 年版，第 20 页。

② 《澳门刑法典、澳门刑事诉讼法典》，澳门政府法律翻译办公室译，法律出版社 1997 年版，第 151 页。

③ 法国《人权和公民权利宣言》第 9 条规定："任何人在被宣判有罪之前，都推定为无罪。"

④ 《世界人权宣言》第 11 条第 1 款规定："凡受刑事控告者，在未依法公开宣判证实有罪前，应视为无罪，审判时必须予以答辩上所需之一切保障。"

⑤ 未将其他模式的 4 个国家计算在内。

附　录

跃上葱茏几多旋*

——记中国政法大学《政法论坛》（学报）前主编、编辑学家周国均

周国均，男，汉族，1942年出生，湖北鄂城县（今鄂州市）人。1967年毕业于北京政法学院，先后在广西玉林地区公安处、广西政法干校工作，1979年考回北京政法学院（中国政法大学前身）攻读硕士学位，毕业后留校分配至学报编辑部，历任副主编、主编，兼任第六律师事务所律师。全国高校文科学报研究会成立后，任研究会常务理事兼财务委员会主任。1997年11月调中国法学会任《中国法学》杂志主编。

周国均生长在湖北鄂城县司徒庙祖坟头村农民家庭，在艰难中度过了童年时光。解放后，得以上学。凭着勤奋和聪颖，从小学到初中，不断跳级，最后被保送入鄂州高中，还担任了学生会主席、校团委会宣传委员，成为12名“红旗标兵”学生之一。由于家庭经济困难，无力承担他在校的每月7元钱生活费，父亲多次要他回家务农。对知识的强烈渴望促使他顽强求学。为了筹措生活费，每个星期天他组织全班同学一起勤工俭学，或到鄂城钢厂挑煤，或去江边挑砖。在艰苦的磨炼中，培养了意志和毅力，也为他以后在人生道路上不断攀登，积蓄了强大的精神力量。

为了提高写作能力，周国均常常对《人民日报》《中国青年报》等报刊上的好文章进行分析，琢磨这些文章的谋篇布局，并经常自己命题作文。老师见他这么爱好写作，就主动为他批改习作，还将他写的文章作为范文向学生宣读。电影和文艺作品中刚正不阿的包公和现代机智忠诚的侦察员形象，使少年

* 本文是全国高校文科学报45位有突出成绩的编辑访谈录之一。本文摘自龙协涛、胡梅娜主编：《润物细无声——社科学报编辑专家耕耘录（续集）》，河南大学出版社1998年版，第8~13页。

周国均为之心仪，立志要做一个法律工作者，为老百姓主持公道。1963年，他如愿以偿地考入全国重点大学之一的北京政法学院政法系，从此和法学结下了不解之缘。1967年大学毕业时，身为党员、班长的周国均响应党的号召，奔赴边疆广西，在那里从事公安工作，一干就是十来年。1979年，当他得知“文革”期间被“砸烂”的母校刚刚复校，即将招收第一批硕士研究生时，已经36岁的周国均毅然考回母校，攻读刑事诉讼法学硕士学位。三年苦读，毕业后留校到学报工作。

周国均深知政法学报是反映学校教学、科研的窗口，也是为国家立法、执法、司法提供建议和指导的重要渠道。因此，他提出如下办刊方针：

第一，在坚持党的四项基本原则的前提下贯彻“双百”方针。法学研究直接关系着国家法制建设实践，直接服务于经济建设，服务于统治阶级的政治目标，因此，必须严格掌握学报的政治方向，掌握稿件的政治标准。多年来，他和编辑部一班人防微杜渐，不放过任何有错误政治倾向或有模糊不当提法的稿件，在历次检查中均未发现有任何问题，得到司法部的肯定。同时，在建设有中国特色社会主义的新形势下，法制建设和法学理论都在迅速发展，学报必须及时反映和推进法学研究的新进展，排除来自“左”或“右”的干扰，坚定地贯彻“双百”方针。多年来，对于新兴的法学分学科，对于不同学说，对于解决现实问题的不同见解，特别是关于立法建议的稿件，凡有采用价值的，都不拘一格，支持发表。

第二，坚持学术性。学报是高层次的学术期刊，必须充分体现学术性，及时反映和占据法学研究的前沿。周国均认为在学术上有所建树、能够说明一定问题、有一定分量的稿件，在篇幅上不能过分限制，因此，《政法论坛》常不惜篇幅，刊登确有价值的长篇巨著。法学是应用学科，但在法学基本理论方面，中外都有源远流长的理论学说，反映法学基础学科的研究成果，也是学报学术性的体现。《政法论坛》重视基础学科的稿件，特别是在法史成果难以找到发表园地的情况下，始终为法史稿件提供一定的篇幅，使法史研究为现实的社会主义法制建设提供借鉴。法学基本理论研究的深入是法学各学科得以发展的根本，《政法论坛》始终重视法学基本理论，在篇幅上加以保证，使不少有建树、有深度的法理研究成果得以发表。同时，重视中外法学学术交流，注意反映国外法学研究成果和法制建设实践的新进展。

第三，坚持学报特色。周国均在学报特色上主要抓好三点：一是理论联系实践。法学是应用学科，容易产生重应用而轻理论的偏向，《政法论坛》重视理论研究，对法学各学科的最新理论成果都及时反映，体现了浓厚的理论氛围，与此同时，对于法制建设、立法、执法、司法实践中的新情况新问题，都及时组织稿件，从理论上作出总结，作出回答。如关于刑法修改、行政诉讼法的颁布以及经济法领域中的一些法律现象等，都刊发了既有理论又有实际指导意义的稿件，因而深受理论界和实务界的关注和欢迎。二是突出强项，体现本校特点。中国政法大学在刑事诉讼、民法、法史、行政法、国际法等学科方面，历来都拥有较强的实力，拥有各该学科的带头人，学报注意重点支持这些学科，及时反映这些学科的新进展，形成了自己的特点。三是营造学报的特色形象。在信息激增的新形势下，容易追求“短平快”，追求学报的社会化，《政法论坛》始终注意长稿与短稿相结合，给长稿以必要的篇幅；始终注意以内稿为主，并适当采用外稿；始终注意反映重大理论问题和法制实践中的具体问题相结合，做到理论与实践互为促进；始终注意以理论成果来反映政治生活中的大事，而不以应景文章塞责。在学报形式上，一直注意大方、朴实、庄重，符合政法学报的性质。由此，学报一直体现出凝重的富有学术氛围的特色。

这些年来，《政法论坛》受到多方好评，时有读者来信赞誉，多次受到司法部的肯定，认为刊物政治方向稳，文章质量高。安徽、浙江、河南、黑龙江等十多个省的高级职称评审委员会都将在《政法论坛》上发表论文作为评定本省正、副高级职称的重要依据之一。1997 年《新闻出版报》以《时代性、学术性、开放性》为题撰文评赞《政法论坛》的三个特点，该文提出：所谓时代性，即从我国国情出发，着力研究社会主义市场经济建设中出现的新情况、新事物和急需创建完善的法律法规等，从理论高度探讨公安司法实践中遇到的热点、难点和重点问题。如专邀法学界著名专家、教授和公、检、法、司机关的负责人笔谈修改后的新刑法；发表了《制订民法典的几点宏观思考》《关于建立我国律师法律援助制度的构想》《试谈依法治国的概念》等，都对市场经济所急需解决的法律问题从理论上进行了深入探讨。所谓学术性，即在强调服务现实的同时，重视基础理论的研究，如有一年就刊发了 8 篇法史类文章，对于推动古代法学的研究起到了积极作用。所谓开放性，即指虽为学报，却热情欢迎国内外法学理论研究、教学和司法实际工作者投稿，择优刊用，这种兼容并蓄、荟萃精华的胸怀，使之成为全国法学理论工作者乐于交流和研讨的园地，同时也是其之所以充满生机和活力的原因之一。

身在编辑岗位，要从事科学研究，难免受到时间、精力等多方面的限制，但周国均知难而进，一直笔耕不辍。自 1979 年至今，他致力于刑事诉讼法学、诉讼证据学、律师学、刑法学、编辑学的研究。先后出版了个人专著《侦查程序论》《律师辩护论》《律师制度与实务》等；合著出版了《刑事证据种类与分类的理论与实务》《正当防卫理论与实践》；主编和参与编写了其他著述、教材、辞典等17部，在全国40余种法制报刊上发表论文100多篇，计300多万字。其中他撰写的《律师辩护论》和他主编的《实用律师学教程》等成为已获得律师资格即将走上律师岗位者的必读书，书中的许多立法建议已被新颁布的《律师法》所采纳；发表在《法学研究》的论文《财产保候审》于1987年被中国法学会评为优秀法学论文二等奖；专著《侦查程序论》于1995年获中国政法大学学术专著二等奖。早在1991年，他的学术成果及学术观点就被《中国法学家辞典》收录。由于他在学术研究上的努力和成就，他在学报主编的岗位上评上了研究员职称。

周国均悉心从事法学研究，著作颇丰，但他却并不只重视理论研究。正如他自己所说，只搞研究是不够的，应该致力于从社会实践中总结经验，上升为理论后再还给社会，为实践服务。这一思想也贯穿于他的实践活动中。他兼任北京市法大律师事务所的律师，他认为，一名好律师应该具备深厚的刑事法学理论根底；精通与案件有关的法律、法规、司法解释的内容；有对事实和法律高度负责的精神，并切实做好一切必要的准备工作；敢于依法并运用各种专门知识和辩护技巧，维护被告人的合法权益。他遵循自己的上述信条，为一些大案、要案的被告人进行了成功的辩护，取得了较好的效果。例如，某市一名犯罪嫌疑人，一审时被法院认定为黑社会势力流氓团伙案中的主犯之一，判处死刑，缓期两年执行。该被告人不服，提出上诉。周国均接受委托后，两次前往该市了解情况，多次会见被告人，查阅了8本案卷，写了2万多字的辩护词。在二审中，以雄辩的事实和充分的法律依据提出辩护，最后，省法院将该上诉人改判为无期徒刑。又如某案犯被法院一审认定为贪污罪，判处有期徒刑13年。在二审中，周国均根据调查了解后所掌握的大量有利于被告人的证据，准确地运用有关法律为之辩护，最后二审法院改判为侵占罪，被告人得以改判为有期徒刑3年。

周国均还关注并参与立法活动。他参加了由中国政法大学陈光中教授受全国人大法工委委托起草的《刑事诉讼法修改建议稿及其论证》中侦查部分的全部撰写及论证工作，参加了全国人大法工委拟出的刑事诉讼法修改意见稿（第一稿）的讨论和论证工作。由他首次提出的财产保、查询并冻结被告人的存款和汇款、军队保卫部门和监狱里的侦查部门应列入侦查主体、赋予人民检察院决定拘留权等多项立法建议，已被修正后的刑事诉讼法所采纳。

周国均在法学编辑、法学研究、法制实践中所作的努力，引起各方的关注和肯定，自1988年全国高校文科学报研究会成立以来，一直被选为常务理事，并担任财务委员会主任，1993年被全国高校文科学报研究会评为优秀学报工作者。1996年被中国政法大学评为优秀党员，同年，《政法论坛》编辑部被评为先进集体。1996 年被最高人民检察院法律政策研究室聘为专家顾问,《检察日报》的“政法名流”栏刊发了他的人物专访,《北京法制报》也报道了他的事迹。此外,他还被国家民族事务委员会经济司聘为法律顾问,被他的家乡鄂州市人民政府聘为专家顾问。

1997 年 10 月,中国法学界的权威刊物——中国法学会主办的《中国法学》,特调周国均任主编,他服从需要,离开了为之献身十多年的学报岗位。结束学报生涯,难免依恋,但他并未离开编辑岗位。在积极推进法学研究,为我国的法制建设服务方面,《中国法学》无疑为他提供了更广阔的天地,也提出了更高的要求。他正在筹划着、思考着,决心为法学编辑事业作出更大的努力。

《中国法学家辞典》收录的法学家之一*

周国均（1942—）当代诉讼法学家。湖北鄂城（现为鄂州市）人。1967年毕业于北京政法学院，后从事十年公安司法实际工作。1982年毕业于北京政法学院研究生班，获硕士学位。毕业后留校从事学报编辑和法学研究工作。现任《政法论坛》副主编、副编审、全国高校文科学报研究会常务理事、中国法学会会员、北京市第六律师事务所兼职律师。曾讲授新民主主义革命时期司法制度、法学论文写作等课程。主编了《专利法和商标法教程》①，著有《律师制度与实务》②《实用律师学教程》③等书，合著了《犯罪构成论》④《正当防卫的理论与实践》⑤《外国刑事诉讼程序比较研究》⑥《应用证据学》⑦《1990年全国律师资格考试综合指南》⑧等书。发表了《试论我国判断证据的原则》⑨《试论基本证据》⑩《论法的继承性》⑪《论新中国证据制度的创立与

---

* 本文是《中国法学家辞典》收录的中国古代、近代、现代法学家700余人的词条之一。由著名法学大家张友渔作序、由时任全国人大委员长彭冲题书名；王玉明主编、于晓光副主编：《中国法学家辞典》，中国劳动出版社1991年版，第468~470页。

① 中国政法大学出版社1989年版

② 中国政法大学出版社1989年版。

③ 警官教育出版社1990年版。

④ 法律出版社1987年版。

⑤ 中国政法大学出版社1988年版。

⑥ 法律出版社1988年版。

⑦ 中央民族学院出版社1988年版。

⑧ 学苑出版社1990年版。

⑨ 《北京政法学院学报》1981年第4期。

⑩ 《学习与探索》1984年第6期。

⑪ 《西北师范学院学报》1984年第1期。

发展》[1]《国外刑事被告人权利义务之比较研究》[2]《刑事论据关联性初探》[3]《关于收容审查存废之研究》[4] 等论文。

主要学术观点之一：主张对刑事诉讼法学的研究，应着重研究我国公安司法实践中急待解决的新情况、新问题，从理论高度总结、概括出新原则、新经验和对策与措施等，加强和完善我国的刑事诉讼法学和刑事诉讼法。对资本主义国家的刑事诉讼法学理论和法制应持批判继承的态度，剔除其糟粕，吸取其精华，为我所用。

主要学术观点之二：认为我国刑事诉讼法需要从以下几方面进行改革和完善：(1) 从全局上应强调如下几点：第一，进一步提高检察院、法院的地位，提高检察官、法官的政治、物质待遇；第二，对检察院实行党中央领导下的垂直领导，对法院实行以系统领导为主、以块领导为辅的体制，使他们能更好地独立行使职权，抵制各方面的干扰；第三，公、检、法三机关在搞好分工负责、互相配合的同时，应当十分重视互相制约，确保办案质量；第四，对侦查员、检察员、法官实行遴选制、责任制、聘任制，进一步提高他们的政治、业务素质和增强责任感；第五，公、检、法三机关应分别制定警察法、检察官法、法官法，具体规定他们的权利、义务、职权、职责范围及奖惩制度等。(2) 公安机关方面：第一，刑事诉讼法应规定确定被告人的程序，即在开展侦查之前，办理确定被告人的手续，制作司法文书，向被告人宣布其享有的诉讼权利和应尽的义务；第二，刑事诉讼法应增加"财物保候审"这项强制措施，即让被告人、他的亲属或所在单位，提交一定数量的财物（钱或贵重物品）作担保，保证被告人在侦查期间随传随到，候审不误。(3) 检察院方面：第一，刑事诉讼法应严格规定检察机关直接受理案件的范围，检察院以受理如下案件为宜：贪污案、贿赂案、刑讯逼供案、非法拘禁案、徇私舞弊案、体罚和虐待被监管人案、私放罪犯案、对判决和裁定抗拒执行案、泄露国家重要机密案、检察院认为需要自己直接受理的其他案件（如巨额财产来源不明案等）。第二，加强检察院的法律监督权。检察院除继续行使批捕、起诉权和小部分侦查权以外，立法机关还应以立法的形式赋予它对民事诉讼、行政诉讼的监督权力；在刑事诉讼中应补充规定检察院对案件坚持起诉的，法院不得拒绝受理审判和检察院对已生效的判决依照审判监督程序提出的抗诉案件，法院必

① 《新疆社会科学》1986 年第 3 期。

② 《比较法研究》1987 年第 3 期。

③ 《中国政法大学学报》1987 年第 5 期。

④ 《政法论坛》1989 年第 1 期。

须重新进行审判。第三，从审查起诉开始，刑事诉讼法应规定，允许被告人的辩护律师收集证据、了解案情、会见被告人，为被告人在审判时进行有效的辩护做准备。第四，取消现行的免予起诉制度，建立缓予起诉制度，即人民检察院对该罪起诉的被告人暂不起诉（可能判处3年以下徒刑的普通刑事案件），予以一定的考验期进行自我改造，根据其悔罪情况及表现好坏，再决定提起公诉或不再起诉的一种制度。（4）法院方面：第一，刑事诉讼法应增加“法院受理案件处理庭”的规定，即法院收到检察院起诉的案件后，由审判员2~3人或由审判员和陪审员2~3人组成处理庭，在初步审查案卷后，研究并决定该案受理或不受理。第二，刑事诉讼法应增加规定“未成年人犯罪案件的诉讼程序”。第三，刑事诉讼法应补充规定审理刑事案件的“简易程序”。此种程序只审理案情简单、犯罪情节轻微、处刑不重（5年以下）的案件，可以由审判员独任对被告人进行审判，不要求公诉人起诉，不必强调有辩护人参加辩护，不用公开审判的形式进行，以便加快刑事案件的审判速度和提高结案效率。第四，刑事诉讼法应增加规定错案赔偿程序，对错捕、错判案件中的公民，应赔偿其误工的收入和该单位的月平均奖金；对致伤的应赔偿医药费、残废生活补助费；造成死亡的应支付丧葬费、死者生前扶养人必要的生活费等，以保护公民的合法权益。第五，刑事诉讼法应补充规定“涉外诉讼程序”。随着对外开放政策的实行，外国人在我国境内犯罪并受我国司法程序审判的案件越来越多，因此，应针对此类案件的特点，参考各国刑事诉讼法规定和有关国际公约，结合我国的实际情况，在刑事诉讼法中作出相应的规定。第六，实行以刑事法律为主要依据、以典型判例为辅的审判制度。辅以判例指导审判，一则可以使审判人员依前例比照判案，从而节省时间和精力，提高办案效率；二则可以弥补刑事法律规定的某些不足。第七，刑事诉讼法应补充规定“类推判决核准程序”。这样做是为了使刑法规定的“类推”制度在刑事诉讼中得到具体落实。

主要学术观点之三：关于刑事证据制度和刑事证据立法问题。具体如下：（1）在批判继承法定证据制度和自由心证证据制度的基础上，根据我国的实际，将我国刑事证据制度定名为“依法确认”，即对证据收集、审查、判断、运用，既强调公安司法人员要依照有关法律规定进行，又强调公安司法人员以马克思主义世界观为指导，运用业务知识积极地进行。（2）在批判吸收国外法制建设的合理成分的基础上，根据我国的实际，确立“罪从证定”的原则。根据这个原则，在侦查、起诉、审判各个阶段，认定被告人犯罪，对被告人既不搞有罪推定，也不搞无罪推定，均以证据作为唯一的根据；对疑罪，先作无罪处理。（3）刑事诉讼法应将记录犯罪行为的电影、电视、录像、录音等视听资料作为证据种类补充进去。

电话采访记录*

问：大兵哥（周国君之乳名叫“大兵”），您是从我们司徒村最先闯出去直至北京的第一人，且功成名就，我想电话采访您，请在百忙中予以接谈，以便记录下来，供晚辈后生学习、参考。

答：好！这是我义不容辞的责任。

问：您从读初小到高中时情况如何？

答：我是1953年开始在许家湾读小学一年级的，因学习成绩好，读完第4册（2年级）就允许我跳级去读第7册（四年级上半年），后来，考上将军小学读完高小。

问：高小毕业后，考到了哪里？

答：1957年9月考初中很难，经过竞争，考到鄂城一中初中部（在大西门广场旁）。三年后被保送读本校高中部（在明塘湖旁边）。于三年后的1963年考取了北京政法学院（当时全国26所重点大学之一）。在鄂高时，因品学兼优，被评为全校十面红旗学生之一，任校学生会主席兼校团委会宣传委员，还被学校推荐为全县学生代表，在1956年“五四”青年节时，在大西门广场主席台上代表全县青年讲话，当时影响较大。

问：据说，当时从初中起就住校读书，是吗？

答：是。当时，全县只有县一中初中和高中是这样，实行全封闭式管理。

问：高中毕业时，您为什么不报武汉的大学而要报考北京的大学？

答：我想，凭我的政治和学业成绩应当向首都的学校挺进。

问：如果在武汉读书，既离家很近，回家又省时省钱，生活还很习惯和舒服，为何不做这种选择？

答：我当时的目标，就是要闯进京城，在首都学习。

问：为什么要考北京政法学院而不报考其他院校？

答：因为，我从小喜欢包公为老百姓做主和伸冤，秉公审案，所以，就报考了北京政治学院。

---

* 访问人：周国金；被访问人：周国均（君）；访问时间：2014年7月10日。

问：当时在校学些什么课程？

答：那时，国家尚未搞法治建设，学校主要开设政治理论课、国家与法的理论课和部分法律专业课等，培养学生毕业后进公、检、法机关工作。

问：当年入校的学生是一些什么家庭出身的青年？

答：是来自全国各地优秀的高中毕业生，在那个时代，要求家庭出身只能是贫下中农子女、革命干部和革命军人子女等。当时强调它，是为了培养到公、检、法机关办案的人才。

问：在校期间，还搞实习吗？

答：当时没有像现在的学校派学生到公、检、法机关去实习几个月，但是校方聘请公、检、法机关的干部到学校大教室或者大礼堂讲实践课和审案技巧等，我们从中能学到一些书本上没有的知识。

问：除此之外还有别的活动吗？

答：1965 年 8 月至 1966 年 6 月，学校组织我们政法系的 412 名同学到河北省廊坊地区香河县搞"四清"，让我们跟随当地干部查处大队、公社干部是否有欺压百姓、贪污受贿、多吃多占、作风霸道等问题，让我们从实践中学习社会工作经验。当时，我们住在农民家中，轮流到各家吃派饭，不许吃肉、蛋、鱼等，最好的也就是吃些白菜炖豆腐。白天下地跟农民出工干农活，实行与农民"同吃、同住、同劳动"的"三同"，以便培养为农民服务的阶级感情。在晚上，组织人民公社社员检举、揭发、批判有问题的干部，使其认错、改错，以改善干群关系，提高生产力。

问：在四年学习期间竟然花了半年多时间，这值得吗？

答：现在看来，我感到值得。我在 1963 年 4 月 1 日加入了中国共产党，成了预备党员（在"四清"期间，当时称"火线"入党）。1966 年 6 月，回校参与"文化大革命"。

问：这样做，是否有点像当今的反腐倡廉？

答：对！确实有些类似。

问：从您的履历表中看到您还到解放军部队农场劳动锻炼过，这是怎么回事？

答：1967 年，毛主席号召"知识分子要接受工农兵再教育"，目的是让青年学生向工农兵学习，增强与他们的阶级感情，以便工作后能全心全意为他们服务。

问：去接受"再教育"有多久？

答：我到湖南常德地区益阳县茅草街旁边的洞庭湖军垦农场（解放军干部战士耕种水稻、花生、大豆等农作物，目的是落实毛主席在当年提出的

“深挖洞，广积粮，备战、备荒，为人民”的战略决策，多生产粮食，以便若与苏联打起仗来，几年之内有粮吃），与近8000名来自全国各地的大学应届毕业生在一起劳动锻炼了大约一年半时间。

问：由谁组织再教育？

答：由现役解放军的连指导员、连长、司务长和正班长组织。我们学生由120余人组成一个学生连（男、女连分开），副排长、班长由选出的学生担任、协助管理。当时，在洞庭区有一个师部、三个团的师、团、营、连、排干部，万余人管教我们。

问：怎么再教育法？

答：组织我们加固大堤（因水田比堤外湖水低1米多）、修路、开渠、种植一季水稻和其他农作物，全连120余人，在一个月里要插完约100亩的秧苗。因是湖底，泥深1米多，劳动强度大。

问：劳动之余是不是就可以休息了？

答：有休息时间，但很少，只有周六、周日两天。但是，还要学习毛主席著作，进行毛泽东思想教育。具体而言，就是由连、排、班干部组织大家学习毛主席著作中的“老三篇”（“为人民服务”“愚公移山”和“反对自由主义”），边学习边谈体会，边交流心得，并要学以致用，落实到劳动中去。当时我本人当过学生战士，后来又当过炊事班长。

问：劳动结束后，干什么去了？

答：劳动到一年半时，在1971年4月，广西壮族自治区党委组织部派干部来找我谈话，按原来在学校时分配方案接我到广西玉林地区公检法军管会和保卫组工作，5天后，随他们到了工作单位，开始参与阅卷和研究审判大小刑事积案，前后共8年，在此期间跟着老同志学办案，收获很大。

问：你为什么毕业后不回老家鄂城县工作而到广西？

答：因为毕业时我是共产党员，又是班长，为了响应党的“到边疆去，到基层去，到艰苦的地方去和到祖国最需要的地方去”的“四到”号召，为支援当时正处在我国军队与越南军队作战（抗越自卫反击战）的边疆广西，所以就带头携已婚（临离校前结婚）的同班同学刘根菊报名并奔赴到广西工作。

问：之后又做了什么工作？

答：1978年8月，广西公安厅组织部门上调我和我爱人刘根菊到广西公安干部学校当教员，给经过统一考试招录的高中学生和县派出所干警讲授法律知识（当时只开设法理、宪法、婚姻法、刑事政策等）。不到一年，于1979年5月我参加了全国统一招生的研究生考试，被母校——北京政法学院刑事诉讼专业录取，回到了阔别12年的母校，已年满37岁的我，再次入校读书。三年学习期满，获得研究生毕业证和硕士学位证后，被母校留下任教，前后15年。期间，先后被评为讲师、副教授、教授；优秀共产党员，先进党总支部书记和优秀教师等。

问：由此看来，您先是从鄂城县到北京，又从北京到南方广西；再从广西考回北京，真可谓是“走南闯北”，道路曲折呀！

答：是的，但我不后悔，因为，实现了我的理想。

问：再没去别的地方工作吗？

答：去过。1997年12月，由司法部代管的中国法学会调我去担任《中国法学》杂志总编辑，自此工作到2006年，前后共9年。

问：听说您在那里工作很出色，是这样吗？

答：还可以。《中国法学》杂志是国家级权威法学双月刊。我任总编期间，《中国法学》杂志被国家新闻出版总署授予过三项国家级期刊奖：政治和经济效益双赢的“双效”学术期刊、国家期刊提名期刊奖（全国8000余种，只评出60种）和国家期刊奖（全国只有30名）。这种荣誉，不仅在《中国法学》杂志的前身《政法研究》的40余年中从未获得过，即使在全国期刊界亦属罕见。为此，国家新闻出版总署授予我全国优秀编辑、中国法学会授予我优秀共产党员和先进工作者称号。时至2006年退休。

问：您是当代中国法学名家，能否说一说有哪些名作和名著？

答：好的。如果想了解我的较详细情况，请阅人民法院出版社于2005年出版的《当代中国法学名家》第四卷（第2596～2606页）。简单讲，我已在《中国社会科学》《中国法学》《法学研究》三种国家级权威期刊和《中外法学》《政法论坛》《法学家》等21种法学核心期刊，以及81种一般法学期刊上发表多篇论文。在《光明日报》《法制日报》《检察日报》等12种报纸上，共发表论文165篇；个人专著3本：《侦查程序论》《律师辩护论》《政治防卫理论与实践》，二人合著3本；主编、参编《刑事诉讼法学》《刑法学》教材共9本。其中，《中国律师制度理论与实务》一书，全文被日本早稻田大学出版社翻译成日文出版，这是整个法学界极少数的著作，截至2010年底，以上的专著、一般书籍、学术论文，共计400万字。

问：您的学术理论成果这么多，难道没有记者采访过您吗？

答：有。主要有：《光明日报》（2000年12月19日）记者黄晓，《检察日报》（1996年6月9日）记者沃文佳，《北京法制报》（1996年7月1日）记者蔡淑芸、曹铁柱，《鄂州日报》（2002年5月12日）的记者余惠敏等9种报纸记者。

问：退休后您还想做些什么？

答：致力于多写一些高水平的学术论文，以及完成《理论刑事诉讼法学》等专著。

问：您有什么业余爱好吗？

答：有，但不多。一是喜欢旅游；二是喜欢写诗词、练书法。

问：您是当代中国法学名家、著名教授、资深编辑学家、名律师等，已年逾古稀，为何还要勤思不怠，奋斗不止，成果屡出？

答：我觉得自己做得还不够，贡献不多，成绩不大。我认为，只要活着一天，就得做点利于国家、益于人民的事情。

问：请跟大家谈谈您的经验和体会？

答：在这里，我用一首自己写的自由体“攀登歌”来回答你的提问。“不靠爹，不靠妈／续婴匍匐朝前爬／流自己的血，出自己的汗／靠自己的本事，吃自己的饭／有了成绩不自满／赶超强者永登攀／为国为民作贡献／损人利己永不沾”。

问：您对晚生后辈有什么劝诫？

答：这里我还是用一首自己写的自由体“劝勉歌”来说吧！“从小爱学习／理想心中记／做事学榜样／生活看齐低／做人要诚信／孝顺须第一／进步有快慢／都需争朝夕”。

问：我一定会把上面两首诗转达给晚生后辈，供他们学习，吸取营养，付诸行动，像您一样做一个栋梁之才，甚至是名人、大家！耽误了您不少时间，就先谈到这里。最后，望您劳逸结合，祝您健康长寿！

答：好！一定！感谢您的采访！

心中有颗“定盘星”*

——记鄂州籍中国当代法学名家周国均

引子:

秤杆子准不准，要看定盘星。定盘星准了，法律，这根秤杆子才会称出社会的公平正义。打小开始，周国均心中就有一颗“定盘星”，他说：“我从小喜欢包公为老百姓做主和申冤，秉公审案”。

已过古稀之年，周国均仍旧关注着国家的法治建设。春节前夕，老人家通过电子邮件告诉记者，撰写达到中国社会科学、中国法学、法学研究等“国家级”学术期刊发表水平的学术论文、写作《理论刑事诉讼法学》等专著依然是自己赋闲后的主业。

人物简介:

周国均，1942 年 9 月出生，湖北省鄂州市（原鄂城县）司徒村人，北京政法学院（现中国政法大学）法律系毕业获法学硕士学位。1982 年 8 月至 1997 年 11 月，在中国政法大学工作；1997 年 12 月至 2004 年 6 月，在中国法学会任《中国法学》杂志总编辑、教授。曾任中国法学会理事、中国诉讼法学研究会副会长兼刑事诉讼专业委员会主任，现为中国刑事诉讼研究会顾问。曾被中宣部、教育部、司法部聘为“四五”普法高中级干部讲师团教授，2005 年被评为“中国当代法学名家”。

理想追求——当法律工作者为百姓办实事

19 年前，在最高人民检察院的一间会议室里，15 名法学专家被聘为高检院政策研究顾问，他们要参加高检院重要司法解释文件和疑难案件、有关法案以及检察理论和法律政策问题的论证与研究。其中，就有周国均，那时，他还是一位精力充沛、意气风发的中年学者、法学专家。

与许多出生在农村的孩子一样，周国均的童年也是在艰难中度过的。不过，在进校学习的过程中，自己刻苦加上天资聪颖，周国均不断跳级，并被当

---

* 作者：李洪江，《鄂州日报》记者。本文刊载于《鄂州日报》2015 年 2 月 27 日第 5 版。

时的鄂城一中保送进入鄂城高中就读。在校期间，他曾任鄂城高中学生会副主席、校团委会宣传委员，并成为全校12位“红旗标兵”学生之一。

由于家里生活困难，无力承担当时每月7元的生活费，父母多次要求周国均回家务农。对知识的强烈渴望支撑着周国均的信念，为筹生活费，他到鄂城钢铁厂挑煤，或去长江边挑砖；为提高自己的写作水平，他常常对《人民日报》《中国青年报》等报刊上的好文章进行分析，琢磨这些文章的谋篇布局，并经常自己命题作文。

“我从小喜欢包公为老百姓做主和申冤，秉公审案。加上当时的《虎穴追踪》《徐秋影案件》等影片中英勇机智的侦察员形象给我留下了深刻的印象，要当一名法律工作者，为老百姓办实事，成为我的理想。”周国均说。

理想与信念的支撑，让周国均参加高考时选择了远离家乡的北京，1963年9月，他考入了北京政法学院（现为中国政法大学）政法系。从此，他和法律结下了不解之缘。

1967年，大学毕业，周国均与自己同班毕业的妻子奔赴广西，在那里从事公安和教学工作，一干就是10多年。1979年，母校将招收第一批研究生。闻听此消息，已是36岁的周国均又毅然加入考研大军，回母校苦读3年获得刑事诉讼法学硕士研究生学位。此后，周国均留校，任中国政法大学学报主编，从事法学研究，还做了兼职律师。

学术贡献——参与制定我国首部《刑事诉讼法》

作为一名学者，周国均教授的学术成果可谓硕果累累。长期以来，他致力于刑事诉讼法学、诉讼证据学、律师学、刑法学、编辑学的研究与写作，独著专著5本，参著专著16本，二人合著3本，主编、参编书籍、教材、辞典等9本。其中，《中国律师制度理论与实务》一书，全文被日本早稻田大学出版社翻译成日文出版，这是整个法学界被外国出版社全文翻译的极少数著作之一。截至2010年底，他的专著、一般书籍、学术论文，共计400余万字。

1979年，我国制定并颁布第一部《刑事诉讼法》，这里面就有周国均的心血。他说，当时，全国人大法制工作委员会委托自己的硕士生导师也是中国政法大学校长的陈光中教授率领12位教授、专家、学者组成起草小组，根据我国司法实践经验，借鉴国外立法资料，运用法学理论等，他本人负责草拟《刑事诉讼法（草案）》“侦查”一章，共8节，34条。其中，绝大部分内容被1979年由全国人大通过的《中华人民共和国刑事诉讼法》所吸纳。以后，又参加研究、修改1996年和2012年《刑事诉讼法》。此外，还参与讨论公安部、国家安全部、司法部、最高人民法院和最高人民检察院制定司法解释的活动。

在周国均众多的学术专著中，他的许多学术理论观点也被相关的法律法规所采用。

独著《侦查程序论》是新中国成立以来最早的一本侦查程序专著，他的“财产保候审”观点被1996年版的《刑事诉讼法》采纳；他的“预审”制度观点，被1996年版的《刑事诉讼法》采纳。

独著《律师辩护论》，论述我国律师性质是为社会服务的法律专业者，这一论点被立法所吸收。

最早出版的《刑事证据种类与分类理论与实践》，书中首创证明力强的证据与证明力弱的证据分类，突破了传统的四分法，并被实际部门所吸纳。

最早论证我国的刑事诉讼证据制度是“依法确认”；证明标准应当是“法律真实与客观真实相统一，以法律真实最大限度符合客观真实为依归”。

他还提出，我国的刑事审判制度宜确定“诉讼民主集中制”模式。

实践求真——律师不能成为被告人的代言人

他是学者，却又不是一位“纯学者”。正如他自己所说，只搞研究是不够的，应致力于社会实践，并从中总结经验，上升为理论后再还给社会，为实践服务。

担任《政法论坛》主编期间，他十分青睐从理论高度探讨实际问题的文章。他认为，一篇论文应该具有指导意义，才有更高的价值。担任《中国法学》杂志总编期间，他就像园丁一样，既要保证花园里百花齐放，又要尽力发现和培养新苗。为此，他曾专门开辟“杰出中青年法学家论坛”“博士学位论文精萃”等推出新人新观点的栏目。他认为，法学研究的花园里，不仅要老花常开，更要新花怒放。

为了更多地接触社会、了解社会，周国均还做起了兼职律师。他认为，律师的职责应该是法律尊严的维护者，在为被告人进行辩护时应坚持以事实为依据、以法律为准绳，追求对案件的定性和量刑的准确，而不应一味地迎合被告人的愿望进行无罪辩护，成为被告人的代言人。

说到怎样才算一名好律师时，周国均认为，一名好律师应具备以下几项素质：有深厚的刑事法学理论和专业知识功底；精通与案件有关的法律、法规、司法解释的内容；有对事实和法律高度负责的精神并切实做好一切必要的准备工作；敢于依法并运用各种专门知识、辩护技巧维护被告人的合法权益。

在实践中，周国均曾在一些大案、要案中成功地为被告人进行了辩护，彰显了法律的公平。如，某市一名案犯，一审时被法院认定为黑社会势力流氓团伙案中的主犯之一，判处其死刑，缓期两年执行。该犯不服，提出上诉，周国均受委托后，两次前往该市了解情况，多次会见被告人，查阅了8本案卷，写了2万多字的辩护词。在二审中，他以雄辩的事实和充分的法律依据，使省高院将该案中的上诉人改判为无期徒刑。在另一案中，案犯被法院一审认定为犯贪污罪，判处有期徒刑13年。在二审中，周国均根据调查了解后掌握的大量证据，准确运用有关法律为其进行辩护，使二审法院将该案改判为侵占罪，被告人得以改判为有期徒刑3年。

遥寄心声——一首《攀登歌》勉励家乡子弟

退休赋闲，仍是闲不住的人。撰写达到中国社会科学、中国法学、法学研究等“国家级”学术期刊发表水平的学术论文、写作《理论刑事诉讼法学》等专著依然是老人家赋闲后的主业。

挂念家乡，2014年10月，老人家特作“赋”一首《诉衷情》，赋中写道：“我家紧傍洋澜湖，食鱼虾鳖蚌。我村邻城挨长江，水陆商贸忙。稻麦丰，百鸟唱，花果香。身居北京，四十余载，常赞。”

“我觉得自己做得还不够，贡献不多，成绩不大。我认为，只要活着一天，就得做点利于国家、益于人民的事情。”周国均说。

对家乡子弟，老人家特赋诗一首《攀登歌》，诗中写道：“不靠爹，不靠妈，续婴匍匐朝前爬。流自己的血，出自己的汗，靠自己的本事，吃自己的饭。有了成绩不自满，赶超强者永登攀。为国为民作贡献，损人利己永不沾。”

周国均（君）教授主要作品目录

一、专著、书籍、辞（词）典

1. 《犯罪构成论》（合著），法律出版社 1987 年版。

2. 《外国刑事诉讼程序比较研究》（合著），法律出版社 1988 年版。

3. 《正当防卫理论与实践》（合著），中国政法大学出版社 1988 年版。

4. 《应用证据学》（合著），中央民族学院出版社 1988 年版。

5. 《刑事证据种类与分类的理论与实践》（合著），中国政法大学出版社 1992 年版。

6. 《中国刑事诉讼程序研究》（合著），法律出版社 1993 年版。

7. 《侦查程序论》（独著），中国政法大学出版社 1994 年版。

8. 《律师辩护论》（独著），中国人民公安大学出版社 1995 年版。

9. 《中华人民共和国刑事诉讼法修改建议及其论证》（合著），方正出版社 1995 年版。

10. 《有中国特色马克思主义法学》（合著），群众出版社 1998 年版。

11. 《沉默权研究》（合著），中国人民公安大学出版社 2002 年版。

12. 《实用律师学教程》（主编，本人承担 38.5 万字），警官教育出版社 1990 年版。

13. 《专利法与商标法教程》（主编，撰写部分内容），中国政法大学出版社 1989 年版。

14. 《刑法适用实务》（主编，撰写部分内容），中国政法大学出版社 1993 年版。

15. 《刑事诉讼法教程》（副主编，撰写部分内容），法律出版社 1996 年版。

16. 《学报主编的思考》（合著），辽宁大学出版社 1984 年版。

17. 《学报管理纵横》（合著），辽宁大学出版社 1991 年版。

18. 《律师制度与实务辅导》（独著），中国政法大学出版社 1989 年版。

19. 《律师制度与实务辅导》（自编），中国政法大学出版社 1989 年版。

20.《实用行政诉讼法学》（合著），群众出版社 1990 年版。

21.《刑事诉讼法修改与完善》（合著），中国政法大学出版社 1992 年版。

22.《中华人民共和国疑难法条释义》（合著），中国劳动出版社 1992 年版。

23.《政法高等院校大学生学习指导书》（合著），中国政法大学出版社 1992 年版。

24.《高级律师办案析解》（合著），红旗出版社 1992 年版。

25.《全国律师资格考试综合指南》（合编，撰写部分内容），学苑出版社 1990 年版。

26.《律师制度理论与实务技巧》（独著），中国人民公安大学出版社 2003 年版。

27.《中国辩护制度与实务》（日文，独著），日本株式会社成文堂 2001 年版。

28.《辩诉交易在中国》（任副主编），中国检察出版社 2003 年版。

29.《〈联合国反腐败公约〉与我国刑事诉讼法再修改》（合著），中国人民公安大学出版社 2006 年版。

30.《中国大百科全书》（法学）“证明对象”词条（2700 字），中国大百科全书出版社 1994 年版。

31.《中华法学大辞典·诉讼法学卷》（合著），（任编辑部主任，全文 2336000 字，撰写 8 万字），中国检察出版社 1995 年版。

32.《简明犯罪学辞典》（撰写 11 万字），群众出版社 1993 年版。

33.《当代社会科学大辞典》（法律词条，撰写 6 万字），南京大学出版社 1995 年版。

34.《全国农村法律知识竞赛模拟试题及答案》（普法读物，撰写 6 万字），中国政法大学出版社 1988 年版。

35.《1990 年全国律师资格考试综合指南》（普法读物，撰写 5 万字），学苑出版社 1990 年版。

二、论文

36.《刑事法制建设的回顾与展望》（合著），载《中国社会科学》1998 年第 1 期。

37.《刑诉法、司法解释与律师诉讼权利的保障》，载《中国法学》1999 年第 1 期。

38.《借鉴“刑事免责”与“证据强制”规则之构想》，载《中国法学》

2003 年第 5 期。

39.《论自诉案件立案的几个问题》，载《中国法学》1991 年第 4 期。

40.《试论证明力强的证据与证明力弱的证据》，载《法学研究》1983 年第 6 期

41.《刑事被告人权利及其义务》，载《法学研究》1985 年第 4 期。

42.《增补“财产保候审”初探》，载《法学研究》1989 年第 1 期。

43.《关于刑事搜查中的几个问题》，载《法学研究》1992 年第 4 期。

44.《试论增补“追缴赃款赃物为侦查措施”》，载《法学研究》1993 年第 4 期。

45.《控辩平衡与保障律师的诉讼权利》，载《法学研究》1998 年第 1 期。

46.《关于法院能否变更罪名的探讨》，载《法学研究》2000 年第 4 期。

47.《试论举报的几个问题》，载《中国人民大学学报》1992 年第 5 期。

48. 关于刑讯逼供的几个问题，载《中国人民大学学报》1994 年第 1 期。

49.《询问证人若干问题探析》，载《法学家》1993 年第 4 期。

50.《被告人如实回答与拒绝回答研讨》，载《法学家》1994 年第 2 期。

51.《刑事侦查终结研究》，载《法学家》1995 年第 4 期。

52.《严禁刑讯逼供的几个问题》，载《中国人民大学学报》1994 年第 1 期。

53.《执法也要为人民》，载《北京政法学院学报》1980 年第 1 期。

54.《试谈我国的证据判断的原则》，载《北京政法学院学报》1981 年第 4 期。

55.《论刑事诉讼中的证明对象》，载《中国政法大学学报》1983 年第 1 期。

56.《试谈犯罪危害性的分类》，载《政法论坛》1985 年第 1 期。

57.《试论增补免予起诉制度》，载《政法论坛》1988 年第 1 期。

58.《刑事证据关联性新控》，载《政法论坛》1987 年第 5 期。

59.《1988 年诉讼法学学术讨论会观点综述》，载《政法论坛》1988 年第 6 期。

60.《关于收容审查存废之研究》，载《政法论坛》1989 年第 1 期。

61.《试论检察机关侦查的几个问题》，载《政法论坛》1990 年第 4 期（上）、第 5 期（下）。

62.《关于立案标准的探讨》，载《政法论坛》1991 年第 2 期。

63.《试论罪从证定原则》，载《政法论坛》1991 年第 5 期。

64.《论马克思主义人权观的几个理论问题》（周国均笔名“吉同文”），

载《政法论坛》1992 年第 1 期、第 2 期。

65.《刑事立案比较研究》，载《政法论坛》1992 年第 5 期。

66.《关于刑事鉴定之研究》（上），载《政法论坛》1994 年第 5 期（上）、第 6 期（下）。

67.《关于刑事强制措施的修改与完善》，载《政法论坛》1995 年第 6 期。

68.《对证据不足不起诉的探析》，载《政法论坛》1997 年第 2 期。

69.《侦查程序应完善的主要内容》，载《政法论坛》1994 年第 4 期。

70.《严禁刑讯逼供若干问题探讨》，载《政法论坛》1999 年第 1 期。

71.《董必武诉讼法律思想》，载《政法论坛》2001 年第 3 期。

72.《证据不足不起诉的刑事赔偿问题研究》，载《政法论坛》2002 年第 5 期。

73.《试论防卫挑拨》，载《西北政法学院学报》1986 年第 3 期。

74.《关于刑事辨认之研究》，载《法律科学》1993 年第 6 期。

75.《侦查与侦察之研究》，载《检察研究》1993 年第 5 期。

76.《论法的继承性》，载《西北师范学院学报》1984 年第 1 期。

77.《关于通缉之研究》，载《公安大学学报》1993 年第 3 期。

78.《关于侦查实验之探讨》，载《公安大学学报》1994 年第 4 期。

79.《刑事诉讼法侦查程序的修改及简论》，载《公安大学学报》1995 年第 4 期。

80.《论因果关系理论在交通事故责任认定之应用》，载《中国人民公安大学学报》2007 年第 6 期。

81.《关于刑事立案的几个问题》，载《河南师范大学学报》1990 年第 3 期。

82.《关于侦查监督之研究》，载《中南政法学院学报》1990 年第 3 期。

83.《关于侦查中实行扣押之研讨》，载《中央检察官学院学报》1994 年第 2 期。

84.《关于律师辩护与公检法的关系》，载《中央政法管理干部学院学报》1994 年第 3 期。

85.《关于立案不实的几个问题》，载《中国人民警官大学学报》1991 年第 2 期。

86.《关于退回补充侦查的几个问题》，载《中国人民警官大学学报》1995 年第 4 期、

87.《试论假想防卫》，载《中国刑警学院学报》1986 年第 4 期。

88.《关于从轻、减轻、免除刑罚的辩护问题》，载《甘肃政法学院学报》

1994 年第 2 期。

89. 《关于证据不足不起诉的几个问题》，载《人民检察》1997 年第 2 期。

90. 《谈法学研究生的学术研究及写作》，载《研究生法学》1996 年第 4 期。

91. 《试谈法学学术论文的写作》，载《研究生法学》1999 年第 5 期。

92. 《中国刑诉法修改与完善的几个问题》，载《甘肃政法学院学报》1997 年第 3 期。

93. 《关于严禁刑讯逼供的两个问题》，载《河南公安高等专科学校学报》1999 年第 1 期。

94. 《关于证据不足不起诉的国家赔偿》，载《上海政法管理学院学报》2001 年第 1 期。

95. 《试论法学期刊编辑工作创新》，载《湖南政法管理学院学报》2001 年第 6 期。

96. 《关于法学、法律期刊特色的几个问题》载，《河南政法管理学院学报》2001 年第 6 期。

97. 《严禁刑讯逼供的思考》，载《公安研究》1988 年第 3 期。

98. 《贿赂犯罪案件污点证人权利之保护》，载《比较法研究》2005 年第 5 期。

99. 《外国刑事被告人权利之比较》，载《比较法研究》1988 年第 3 期。

100. 《刑事强制措施的修改与完善》，载《法律学习与研究》1992 年第 4 期。

101. 《试论基本证据》，载《学习与探索》1984 年第 6 期。

102. 《关于指定辩护之研究》，载《司法研究》1995 年第 1 期。

103. 《谈律师在依法治国中的作用》，载《司法研究》1997 年第 2 期。

104. 《关于量刑建议权的两个问题》，载《法律应用研究》2001 年第 6 期。

105. 《关于追诉者与被追诉者的关系》，载《河南公安学刊》1998 年第 1 期。

106. 《正确认识追诉者与被追诉者的关系》，载《政法学刊》1998 第 1 期。

107. 《关于证人拒证问题之研讨》，载《河北法学》1993 年第 5 期。

108. 《刑事审级制度的哲学与法理基础》，载《河北法学》2005 年第 12 期。

109. 《刑事被害人法律地位之研讨》，载《河北法学》2003 年第 1 期。

110. 《法学期刊与法制建设》，载《法学》2002 年第 10 期。

111. 《经济体制改革与刑事诉讼》，载《法学杂志》1985 年第 5 期。

112. 《试论提前防卫》，载《法学杂志》1986 年第 6 期。

113. 《发展刑事诉讼法制应探索的主要问题》，载《法学杂志》2002 年第 6 期。

114. 《正确认识刑诉法与司法解释的关系，保障律师辩护权》，载《广西法学》1988 年第 2 期、第 3 期。

115. 《试谈辩护律师在刑事诉讼中的法律地位》，载《江西法学》1994 年第 4 期。

116. 《试谈刑事辩护与刑事证据》，载《广东法学》1994 年第 3 期。

117. 《关于无罪辩护的几个问题》，载《福建法学》1994 年第 2 期。

118. 《谈谈对不同心理状态被告人的审讯》，载《法制建设》1985 年第 3 期。

119. 《试论合法证据与非法证据》，载《政法丛刊》1987 年第 3 期。

120. 《如何写作法学论文》，载《人民检察》1993 年第 1 期。

121. 《我对人民检察的几点看法》，载《人民检察》1996 年第 7 期。

122. 《重在调查研究、严禁刑讯逼供》，载《人民检察》1993 年第 12 期。

123. 《论律师与被追诉者的关系》，载《人民检察》1998 年第 4 期。

124. 《关于保障律师诉讼权利的探析》，载《北京检察》1998 年第 2 期。

125. 《法院能否变更指控罪名的探讨》，载《人民司法》2000 年第 1 期。

126. 《关于被告人“应当如实回答”规定之探究》，载《公安学刊》1993 年第 4 期。

127. 《刑事鉴定的特点和基本原则》，载《政治与法律》1993 年第 5 期。

128. 《犯罪现场勘验中的几个问题》，载《法治论丛》1993 年第 5 期。

129. 《关于侦查与侦察之研究》，载《检察研究》（吉林）1993 年第 5 期。

130. 《关于侦查主体与客体研究》，载《现代法学》1993 年第 6 期。

131. 《刑事案件证人出庭作证制度研究》，载《中国刑事法杂志》2002 年第 2 期。

132. 《要保持宪法的稳定性和连续性》，载《学术论坛》1979 年第 3 期。

133. 《试谈法学期刊编辑工作的创新》，载《法学论坛》2009 年第 20 卷。

134. 《论新中国证据制度的创立和发展》，载《新疆社会科学》1986 年第 3 期。

135. 《关于退回补充侦查之研讨》，载《新疆社会经济》1993 年第 2 期。

136. 《法学期刊编辑之素质要求》，载《江苏警察学院学报》2008 年第 2 期。

137. 《新律师法之亮点》，载《中国逻辑与语言函授大学学报》2008 年第3期。

138.《关于拒绝辩护之研讨》，载《政法学刊》1994年第2期。

139.《刑事诉讼法与保障律师诉讼权利的关系》，载《法学学刊》1998年第1期。

140.《论律师应负举证责任》，载《法学与实践》1994年第4期。

141.《谈谈法学学术论文的写作技巧》，载《政法学报》1994年第4期。

142.《关于主编公安政法院校学报的几个问题》，载《警学经纬》1996年第2期。

143.《谈逮捕的条件和必要性》，载《河南司法》1981年第1期。

144.《司法拘留同刑事拘留、行政拘留的区别》，载《河南司法》1982年第8期。

145.《论诬告陷害是侵犯公民人格尊严的犯罪行为》，载《河南司法》1983年第10期。

146.《试谈律师介入诉讼的时间》，载《中国律师》1994年第5期。

147.《关于辩护中的逻辑运用》，载《律师与法制》1994年第6期。

148.《律师如何适用风云突变的法庭辩论》，载《广西律师》1994年第2期。

149.《试谈律师论辩的技巧》，载《四川律师》1994年第2期。

150.《中国共产党领导的人民民主政权历来重视和保护人权》，载《阵地》1991年第2期。

151.《宪法修正案与个体经济发展》，载《蓝盾》1999年第6期。

152.《维护社会治安，保障四化建设》，载《思想解放》1979年第5期。

153.《公检法机关要分工负责、互相配合、互相制约》，载《思想解放》1979年第5期。

154.《苏共关于法制改革的决议》，载《法学动态》1989年第5期。

155.《侦查部门负责人的诉讼监督》，载《外国法学译丛》1984年第4期。

156.《法庭中的公诉人》，载《国外法学参考资料》1983年第2期。

157.《法学学术论文写作之我见》，载《山西大学学报》2001年第3期。

158.《中国刑事法的修改》，载《中国刑法、刑诉法的修改》（德文版）1999年第10期。

159.《法学、法律期刊发展趋势》，载《当代法官》2006年第5期。

160.《试析普通程序简化审及其完善》，载《法律适用》2004年第12期。

161.《我国古代死刑复核制度的特点及其借鉴》（周国均、巩富文，约

1.2 万字)，载《中国法学》2003 年第 5 期。

162.《足球黑哨行为收礼之罪与非罪问题》，载《华侨大学学报》2004 年第 5 期。

163.《足球“黑哨”问题之法律透析及其治理》（周国均、王长莹)，载《北京体育大学学报》2005 年第 4 期。

164.《一部具有中国特色的劳动法词典》，载《政法论坛》1987 年第 5 期。

165.《早修刑诉法 强化辩护权》，载《人权法评论》2005 年 8 月。

166.《试论因果关系理论在交通事故责任认定之应用》，载《中国人民公安大学学报》2007 年第 6 期。

167.《翻供之辩与翻供者人权保障》（周国均、史立梅)，载《中国刑事法杂志》2005 年第 5 期。

168.《试论我国刑事强制医疗的司法化》（周国均、李娜玲)，载《山东警察学院学报》2009 年第 1 期。

169.《行政执法与刑事执法对接之正当性》（周国均、程绍燕)，载《山东警察学院学报》2010 年 7 月。

170.《检察官客观义务新探》，载《河南政法管理干部学院学报》2010 年第 3 期。

171.《我国公诉检察官客观义务及其履行》，载《时代法学》2010 年第 4 期。

172.《我国非法证据排除规则之主要特色》，载《湖北警官学院学报》2010 年第 6 期。

173.《试论检察官客观义务之界标》，载《山东警察学院学报》2011 年第 1 期。

174.《应赋予检察院拘留权》，载《中国检察报》1992 年 6 月 1 日。

175.《完善侦查规定的思考》，载《中国检察报》1994 年 4 月 14 日。

176.《侦查》，载《中国检察报》1994 年 3 月 29 日。

177.《侦察》，载《中国检察报》1994 年 4 月 2 日。

178.《侦查与侦察考略》，载《中国检察报》1994 年 4 月 14 日。

179.《强化公诉职能 提高公诉水平》，载《检察日报》1996 年 7 月 16 日。

180.《刑事诉讼法中应广泛应用“三角形”模式》，载《检察日报》2005 年 4 月 14 日。

181.《行刑对接：正当性毋庸置疑》，载《检察日报》2010 年 7 月 9 日。

三、《诉讼法学研究年会论文集》中的论文

182. 《侦查程序应完善的主要内容》(1994 年卷)。
183. 《论刑事强制措施的修改与完善》(1995 年卷)。
184. 《对证据不足不起诉的探讨》(1996 年卷)。
185. 《关于严禁刑讯逼供的几个问题》(1998 年卷)。
186. 《关于法院能否变更指控罪名的探讨》(1999 年卷)。
187. 《以系统论为统摄 构建科学的刑事诉讼制度》(与宋志军合著)(2008 年卷)。
188. 《试论我国刑事强制医疗措施的司法化》(与李娜玲合著)(2009 年卷)。
189. 《我国非法证据排除规则之主要特色》(2010 年卷)。
190. 《我国历代死刑复核制度特点及其借鉴》(与恐富文合著)(2004 年卷)。
191. 《翻供之辨析与供者人权之保障》(与史立梅合著)(2005 年卷)。

四、《董必武法学思想研究文集》中的论文

192. 《董必武的诉讼法学思想》(约 1.5 万字),载《董必武法学思想研究文集》,人民法院出版社 2001 年版,第 466～485 页。
193. 《继承和发扬董必武同志的法学思想》(周国均、刘蕾,约 9 千字),载《董必武法学研究文集》(第 5 辑),人民法院出版社 2006 年版。
194. 《董必武的法律思想与构建社会主义和谐社会》(周国均、杜曦明,约 1.1 万字),载《董必武法学思想研究文集》(第 7 辑),人民法院出版社 2008 年版,第 179～194 页。
195. 《董必武法学教育思想与法学人才培养》(周国均、程绍燕,约 1 万字),载《董必武法学思想研究文集》(第 9 辑),人民法院出版社 2010 年版,第 560～569 页。
196. 《学习和继承董必武同志的一切为民法学思想》(周国均、程绍燕,约 1 万字),载《董必武法学思想研究》(第 10 辑),人民法院出版社待 2012 年版。

五、《诉讼法论丛》中的论文

197. 《我国刑事证据理论的回顾与展望》,载《诉讼法论丛》1985 年第 8 期。
198. 《关于严禁刑讯逼供的几个问题》,(第 3 卷,1999 年)。

六、主要书评

199.《指导司法的良师益友》，载《检察日报》2005 年 11 月 12 日。

200.《颇具特色的刑事诉讼法学工具书》，载《人民法院报》2006 年 8 月 22 日。

七、主要访谈录

201.《要创新还要务实》，载《光明日报》2000 年 12 月 19 日。

202.《我国刑诉法的修改与反腐败公约之衔接》，载《法制日报》2005 年 12 月 5 日。

203.《政法名流周国均》，载《检察日报》1996 年 6 月 9 日。

204.《质量数量　孰轻孰重》，载《检察日报》1998 年 10 月 2 日。

205.《矢志不渝　为国效力》，载《北京法制报》1996 年 7 月 14 日。

206.《法律直面“黑熊事件”》，载《首都公安报》2002 年 3 月 8 日。

207.《为了心中那杆秤》，载《鄂州日报》2002 年 5 月 12 日。

208.《立实践之基　创理论之新》，载《检察日报》2011 年 4 月 17 日。

209.《著名法学家周国均教授》，载《逻大教师掠影》2011 年 12 月 31 日。

210.《名师风范》，载《中国语言与逻辑大学学报》2010 年第 1 期。

八、将学术观点和业绩收录入书

211.《中国法学家辞典》，中国法学家周国均（2450 字），中国劳动出版社 1991 年版。

212.《跃上葱笼几多旋》，编辑学家周国均（4465 字），河南大学出版社 1998 年版。

另附：81 种期刊上发表文章

1. 中国社会科学
2. 中国法学
3. 法学研究
4. 中国人民大学学报
5. 法学家
6. 北京政法学院学报
7. 中国政法大学学报
8. 政法论坛
9. 西北政法学院学报
10. 法律科学
11. 公安大学学报
12. 中国人民公安大学学报
13. 河南师范大学学报
14. 中南政法学院学报

15. 中央检察官学院学报
16. 中央政法管理干部学院学报
17. 中国人民警官大学学报
18. 中国人民刑警学报
19. 甘肃政法学院学报
20. 人民检察
21. 研究生法学
22. 河南公安高等专科学院学报
23. 上海政法管理干部学院学报
24. 湖南政法管理干部学院学报
25. 公安研究
26. 比较法研究
27. 法律学习与研究
28. 学习与探索
29. 司法研究
30. 法律应用研究
31. 河南公安学刊
32. 政法学刊
33. 河北法学
34. 法学
35. 法学杂志
36. 广西法学
37. 江西法学
38. 广东法学
39. 福建法学
40. 法制建设
41. 政法论丛
42. 北京检察
43. 人民司法
44. 公安学刊
45. 政治与法律
46. 法制论丛
47. 检察研究
48. 现代法学
49. 中国刑事法杂志
50. 学术论坛
51. 法学论坛
52. 新疆社会科学
53. 新疆社会经济
54. 江苏警官学院学报
55. 中国逻辑与语言函授大学学报
56. 政法学刊
57. 法学学刊
58. 法学与实践
59. 政法学报
60. 警学经纬
61. 河南司法
62. 中国律师
63. 律师与法制
64. 广西律师
65. 四川律师
66. 阵地
67. 蓝盾
68. 思想解放
69. 法学动态
70. 外国法学译丛
71. 国外法学参考资料
72. 山西大学学报
73. 德文版期刊
74. 当代法官
75. 法律适用
76. 华侨大学学报
77. 北京体育大学学报
78. 人权法评论
79. 山东警官学院学报
80. 时代法学
81. 湖北警官学院学报

参考文献

一、刑事诉讼原理

1. 宋英辉著:《刑事诉讼原理》, 法律出版社 2003 年版。

2. 魏晓娜著:《刑事正当程序原理》, 中国人民公安大学出版社 2006 年版。

3. 杨立新著:《刑事诉讼平衡论》, 中国人民公安大学出版社 2006 年版。

4. 王新环著:《公诉权原理》, 中国人民公安大学出版社 2006 年版。

5. 程绍燕著:《刑事听证研究》, 中国人民公安大学出版社 2016 年版。

二、刑事诉讼理论与正义论

1. 宋世杰著:《刑事诉讼理论研究》, 河南人民出版社 2000 年版。

2. 谢佑平著:《刑事司法程序的一般理论》, 复旦大学出版社 2003 年版。

3. 陈瑞华著:《刑事证据法的理论问题》, 法律出版社 2015 年版。

4. 刘万奇著:《中国刑事诉讼的理念与现实》, 吉林大学出版社 2007 年版。

5. 邹川宁著:《司法理念是具体的》, 人民法院出版社 2012 年版。

6. 孙笑侠著:《程序的法理》, 商务图书馆 2005 年版。

7. 陈和华、叶利芳著:《刑事司法学》, 中国方正出版社 2004 年版。

8. [美] 约翰·罗尔斯著:《正义论》, 中国社会科学出版社 1988 年版。

9. 吴忠民著:《社会公正论》, 山东人民出版社 2004 年版。

三、法价值

1. 李德顺著:《价值论》, 中国人民大学出版社 2007 年版。

2. 刘永富著:《价值学的新视野》, 中国社会科学出版社 2002 年版。

3. 卓泽渊著:《法的价值论》, 法律出版社 1999 年版。

4. 袁贵仁著:《价值观的理论与实践》, 北京师范大学出版集团 2006 年版。

5. 左卫民著：《价值与结构》，法律出版社 2003 年版。

6. ［美］彼得·斯坦等：《西方社会的法律价值》，中国法制出版社 2000 年版。

7. 刘晓兵著：《刑事程序价值论》，中国检察出版社 2009 年版。

8. 谢鹏程：《基本法律价值》，山东人民出版社 2000 年版。

四、马克思主义法哲学

1. 李步云著：《马克思主义法哲学引论》，陕西人民出版社 1992 年版。

2. 刘晓兵著：《法哲学思考》，知识产权出版社 2005 年版。

3. ［德］C. 拉德布鲁赫著：《法哲学》，法律出版社 2005 年版。

4. 文正邦著：《法哲学研究》，中国人民大学出版社 2011 年版。

5. 陈兴良著：《刑法学哲学的走向》，法律出版社 1999 年版。

6. ［德］阿图尔·考夫曼著：《法律哲学》，法律出版社 2011 年版。

7. 罗成典著：《西洋法律哲学导论》，秀威资讯科技有限公司出版、红蚂蚁图书有限公司发行 2013 年版。

8. 韩阳著：《刑事诉讼的法哲学反思》，中国人民公安大学出版社 2012 年版。

9. 锁正杰著：《刑事程序的法哲学原理》，中国人民公安大学出版社 2002 年版。

10. 谢佑平著：《刑事程序法哲学》，中国检察出版社 2010 年版。

五、法哲学与社会学

1. 郑永流主编：《法哲学与法社会学论丛（一）》，中国政法大学出版社 1998 年版。

2. 郑永流主编：《法哲学与法社会学论丛（二）》，中国政法大学出版社 2000 年版。

3. 郑永流主编：《法哲学与法社会学论丛（三）》，中国政法大学出版社 2000 年版。

4. ［美］E. 博登海默著：《法理学：法律哲学与法律方法》，中国政法大学出版社 1999 年版。

5. 杜万华著：《马克思法哲学与法律社会学理论研究》，法律出版社 2003 年版。

六、法律社会与社会学

1. 吴汉东总主编：《法社会学》，北京大学出版社 2008 年版。

2. 赵振江著：《法律社会学》，北京大学出版社 1998 年版。

3. 田成有著：《法律社会学的学理与运用》，中国检察出版社 2002 年版。

4. ［美］唐·布莱克著：《社会学视野中的司法》，法律出版社 2002 年版。

5. 蔡文辉、李绍嵘著：《社会学概要》，世界图书出版公司 2007 年版。

6. 郑杭生著：《社会学》，中国人民大学出版社 2009 年版。

7. 吴增基等主编：《现代社会学》，上海人民出版社 2005 年版。

8. 李少春著：《社会学的发展历程》，中央编译出版社 2003 年版。

七、人权与国际司法准则

1. 王德禄、蒋世和编：《人权宣言》，求实出版社 1989 年版。

2. 程味秋、［加］杨诚、杨宇冠编：《联合国人权公约和刑事司法文献汇编》，中国法制出版社 2000 年版。

3. 卞建林、杨宇冠著：《联合国刑事司法准则撮要》，中国政法大学出版社 2003 年版。

4. 赵秉志、王秀梅编：《国际刑事审判规章汇编》，中国人民公安大学出版社 2003 年版。

5. 程味秋、［加］杨诚、杨宇冠主编：《公民权利和政治权利国际公约培训手册》，中国政法大学出版社 2002 年版。

6. 谢佑平主编：《刑事诉讼国际准则研究》，法律出版社 2002 年版。

7. 董云虎、刘武萍编著：《世界人权约法总览》，四川人民出版社 1990 年版。

8. 张春津著：《人权论》，天津人民出版社 1989 年版。

9. 张文显著：《权利与人权》，法律出版社 2011 年版。

10. 徐显明主编：《人权法原理》，中国政法大学出版社 2008 年版。

11. 夏勇著：《人权概念起源》，中国政法大学出版社 2001 年版。

12. 汪建成、黄伟明著：《欧盟成员国刑事诉讼概论》，中国人民公安大学出版社 2000 年版。

13. ［美］艾伦·德肖维茨著：《你的权利从哪里来?》，黄煜文译，北京大学出版社 2014 年版。

14. 李林著：《走向人权的探索》，法律出版社 2010 年版。

八、无罪推定

1. 徐灿著:《无罪推定研究》, 中国人民公安大学出版社 2019 年版。

2. 张小海著:《无罪推定权利论》, 中国民主法制出版社 2015 年版。

3. 佀化强、李伟译: 《合理怀疑的起源》, 中国政法大学出版社 2012 年版。

4. [英] 沃特金斯著:《科学与怀疑论》, 邱仁宗、范瑞平译, 上海译文出版社 2006 年版。

5. 黄朝义著:《无罪推定》, 五南图书出版公司, 2001 年版。

6. 程远:《无罪推定原则在我国的命运》, 南京师范大学 2007 年硕士学位论文。

7. 贺志军:《论明知的推定》, 湖南师范大学 2003 年硕士学位论文。

8. 李振林:《刑法中法律拟制论》, 华东政法大学 2013 年博士学位论文。

9. 隋钰南:《拟制问题研究》, 苏州大学 2012 年硕士学位论文。

10. 奚丹霓:《论无罪推定》, 中国政法大学 2013 年博士学位论文。

11. 张云鹏:《刑事推定论》, 吉林大学 2007 年博士学位论文。

12. 赵俊甫:《刑事推定研究》, 吉林大学 2008 年博士学位论文。

13. 张华:《无罪推定原则的历史演变》, 中国人民大学 2008 年博士学位论文。

14. 张俊甫著:《刑事推定论》, 知识产以出版社 2009 年版。

15. 中国政法大学刑事诉讼法教研室: 刑事证据学参考资料 (无罪推定问题专辑), 中国政法大学 1984 年版。

九、沉默权研究

1. 陈光中主编: 《沉默权问题研究》, 中国人民公安大学出版社 2002 年版。

2. 孙长永著:《沉默权制度研究》, 法律出版社 2001 年版。

3. 易延友著:《沉默权的自由》, 中国政法大学出版社 2001 年版。

十、法律伦理

1. 宋惠昌:《马克思恩格斯的伦理学》, 红旗出版社 1986 年版。

2. 石文龙著:《法律伦理学》, 中国法制出版社 2006 年版。

3. 李建华等著:《法律伦理学》, 湖南人民出版社 2006 年版。

4. 王泽应编著:《伦理学》, 北京师范大学出版社 2012 年版。

5. 廖申白著:《伦理学概论》，北京师范大学出版社 2009 年版。

6. 王海明著:《新伦理学》，商务印书馆 2001 年版。

7. 宋志军著:《刑事证据契约论》，法律出版社 2010 年版。

8. 李本森主编:《法律职业伦理》，北京大学出版社 2005 年版。

9. 怀效锋主编:《法官行为与职业伦理》，法律出版社 2006 年版。

10. [美] 霍尔姆斯·罗尔斯顿著:《环境伦理学》，杨进通、许广明校，中国社会科学出版社 2000 年版。

11. [美] 阿拉斯代尔·麦金太尔著:《伦理学史》，商务印书馆 2004 年版。

十一、法律推理类

1. 张保生著:《法律推理的理论与方法》，中国政法大学出版社 2000 年版。

2. 王舸著:《案件事实推理论》，中国政法大学出版社 2013 年版。

3. 邓子滨著:《刑事法中的推定》，中国人民公安大学出版社 2003 年版。

4. 郑成良等著:《司法推理与法官思维》，法律出版社 2010 年版。

5. 庄重译:《法律推理引论》，中国政法大学出版社 2002 年版。

6. [美] 史帝文·J. 伯顿著:《法律和法律推理导论》，张志铭、解兴权译，中国政法大学出版社 2000 年版。

7. [美] 凯斯·R. 孙斯坦著:《法律推理与政治冲突》，金朝武等译，法律出版社 2004 年版。

8. [英] 彼得·利普顿著:《最佳说明的推理》，郭贵春．王航赞译，上海科技教育出版社 2007 年版。

十二、诉讼心理学

1. 徐伟、鲁千晓著:《诉讼心理学》，人民法院出版社 2002 年版。

2. 贾润森著:《刑事审判心理学》，群众出版社 1989 年版。

3. 陈录生、马剑侠著:《新编心理学》，北京师范大学出版社 2002 年版。

4. 崔丽娟等著:《心理学是什么》，北京大学出版社 2002 年版。

5. 刘毅著:《变态心理学》，暨南大学出版社 2005 年版。

十三、证人心理

1. 吴中林著:《证人心理学》，四川大学出版社 1987 年版。

2. 乐国安等著:《证人心理学》，中国人民公安大学出版社 1987 年版。

十四、比较与借鉴

1. ［中］陈光中、［美］柯恩主编：《比较与借鉴：从各国经验看中国刑事诉讼法改革路径》，中国政法大学出版社 2007 年版。

2. 李林主编：《依法治国与和谐社会建设》，中国法制出版社 2007 年版。

3. 程味秋：《中外刑事诉讼比较与借鉴》（文集），中国政法大学出版社 2001 年版。

十五、刑事诉讼移植

1. 汪海燕著：《刑事诉讼法律移植研究》，中国政法大学出版社 2015 年版。

2. 何勤华主编：《法的移植与法的本土化》，法律出版社 2001 年版。

十六、刑事诉讼法（含刑事审判）史

1. 蔡枢衡著：《刑事诉讼法教程》，种松志、马潇点校，中国政法大学出版社 2012 年版。

2. 徐朝阳著：《中国古代诉讼法、中国诉讼法溯源》，中国政法大学出版社 2012 年版。

3. 李交发著：《中国诉讼法史》，中国检察出版社 2002 年版。

4. 李文玲著：《中国古代刑事诉讼法史》，法律出版社 2011 年版。

5. 吴磊著：《中国司法制度》，中国人民大学出版社 1988 年版。

6. 程维荣著：《中国审判制度史》，上海教育出版社 2001 年版。

7. 那思陆著：《中国审判制度史》，上海三联书店出版社 2009 年版。

8. 夏之乾著：《神判》，上海三联书店出版社 1990 年版。

9. 夏之乾著：《神意裁判》，团结出版社 1993 年版。

10. ［英］罗伯特·巴特莱特著：《中世纪神判》，徐昕等译，浙江人民出版社 2007 年版。

11. 春雷著：《中国近代刑事诉讼制度变革研究》，北京大学出版社 2004 年版。

12. 曾新华著：《当代刑事司法制度史》，中国检察出版社 2012 年版。

13. 赵秉志著：《酷刑遏制论》，中国人民公安大学出版社 2003 年版。

十七、刑事诉讼史

1. 张晋藩主编：《中国司法制度史》，人民法院出版社 2004 年版。

2. 汪海燕著：《刑事诉讼模式的演进》，中国人民公安大学出版社 2004 年版。

3. 武延平、刘根菊著：《刑事诉讼法学参考资料汇编》，北京大学出版社 2005 年版。

十八、论文集

1. 陈光中教授八十华诞庆贺活动筹备组编：《和谐社会构建与诉讼法学繁荣》陈光中教授八十华诞庆贺文集，中国政法大学出版社 2010 年版。

2. 《陈光中文集》（第一卷、第二卷、第三卷），中国政法大学出版社 2010 年版。